国家社会科学基金重点项目研究成果

城乡一体化路径演进研究：民本自发与政府自觉

黄坤明　著

科学出版社

北京

内 容 简 介

城乡关系是人类社会发展中最基本的关系之一，是所有争取实现现代化的国家所必须面对的重大的理论和实践问题，也是我国发展战略中的首要问题。本书从中国城乡经济社会改革与发展的历史与现状的变迁轨迹出发，深入阐述了国内外有关城乡关系及城乡一体化的理论基础，解读了以发达国家、发展中国家和新兴工业化国家等不同类型国家城乡关系演变的基本经验；结合中国实际，研究了“城乡一体化”的基本内涵和特征；从理论分析和实证研究等多个角度，对中国城乡经济社会一体化发展的路径、内在规律以及影响因素进行了系统的研究与分析，揭示出政府与民本在城乡一体化发展中的角色定位和作用，凝练出研究的核心结论：中国城乡一体化的路径在于“民本自发与政府自觉一体两翼、合力推进”，并由此提出了构建城乡一体化发展新格局的思路。

本书适合关注我国城乡关系、关注“三农”问题的研究人员和工作人员阅读。

图书在版编目(CIP)数据

城乡一体化路径演进研究：民本自发与政府自觉/黄坤明著. —北京：科学出版社，2009

ISBN 978-7-03-023930-3

Ⅰ. 城…　Ⅱ. 黄…　Ⅲ. 城乡 – 一体化 – 路径 – 研究　Ⅳ. F299. 2

中国版本图书馆 CIP 数据核字（2009）第 004854 号

责任编辑：林　鹏　李　敏　刘　鹏 / 责任校对：张怡君

责任印制：徐晓晨 / 封面设计：王　浩

科学出版社 出版

北京东黄城根北街 16 号

邮政编码：100717

http://www.sciencep.com

天津市新科印刷有限公司 印刷

科学出版社发行　各地新华书店经销

*

2009 年 1 月第　一　版　开本：B5（720 × 1000）

2024 年 1 月第四次印刷　印张：19 1/2

字数：367 000

定价：58.00 元

（如有印装质量问题，我社负责调换）

序

城乡关系是人类社会发展中最基本、最重要的关系之一。从一定意义上说，城乡关系处理是否得当，直接关系到国家的现代化进程是否顺畅。马克思的《共产党宣言》科学地阐述了从封建社会到资本主义社会再到社会主义社会历史变迁中的城乡关系，强调“把工业与农业结合起来，促进城乡之间的对立逐步消灭”是社会主义社会的重要历史任务。逐步消除城乡工农差别，促进城乡和谐发展是社会文明进步的重要标志。世界各国的发展都经历过城乡对立、城市剥削农村的痛苦过程。中华人民共和国建立几十年来，也曾经历过计划经济年代城乡分割、差别发展的曲折道路，形成了特殊的城乡二元经济结构的体制，严重制约了国家的发展。改革开放以来，我国在突破城乡分割的体制机制上进行了积极的探索。特别是中国共产党第十六次代表大会以来，我们党深刻总结了以往的经验教训，明确了科学发展观这一新的指导思想，确立了统筹城乡经济社会发展的新方略，提出了统筹城乡发展、建设社会主义新农村的战略任务。中国共产党第十七次代表大会进一步提出了“建立以工促农、以城带乡的长效机制，形成城乡经济社会发展一体化新格局”的新目标，党的十七届三中全会上，《中共中央关于推进农村改革发展若干重大问题的决定》又把“加快形成城乡经济社会发展一体化新格局”作为推进我国改革发展的根本要求。在此期间，胡锦涛总书记还提出了“两个趋向”的重要论断和城市化与新农村建设“双轮驱动”等重要观点。在党中央的指导下，各地在统筹城乡发展、推进城乡一体化改革实践方面进行了积极探索，形成了良好的社会氛围，取得了显著成效。

浙江省作为我国改革开放的先行地区，统筹城乡的改革探索也走在了全国前列，率先制定了《统筹城乡发展、推进城乡一体化》的规划纲要，出台了一系列统筹城乡发展、推进社会主义新农村建设的政策措施，实施了“千村示范、万村整治”等系列工程，浙江省的改革探索实践为理论学术研究提供了丰厚土壤。黄坤明同志的《城乡一体化路径演进研究：民本自发与政府自觉》一书正是改革发展实践与理论研究相结合的成果。黄坤明同志有着丰富的“三农”工作和地方领导工作的阅历和经验，他曾在浙江省的湖州市和嘉兴市亲自组织统筹城乡发展、建设社会主义新农村和推进城乡一体化的工作，进行了大胆的探索，创造了许多成功经验。我对浙江省湖州市、嘉兴市的统筹城乡改革发展曾做过多次调研，与黄坤明同志也是由于探讨这一共同关注的课题才相知相熟的。我对坤明同志在繁重的领导工作岗位上还能进行如此深入的理论研究表示由衷地钦佩。坤明同志的这一专著，体现了他对实践创新与理论创新相互促进规律的深刻认识。正是坤明同志有着对农民群众深厚的感情和对统筹城乡改革发展工作的巨大热情和丰富的实践经验，才使得这一研究成果显示出与众不同的特点和优点。该研究成果最为显著的一个特点是用马克思主义科学研究方法把改革实践与理论研究紧密结合起来，以实践思考来引领理论分析的深入，又以理论研究来指导新的改革实践。全书对城乡关系和城乡一体化作了全面系统的文献研究、历史比较和典型实例分析，深刻地阐述了一般二元经济结构与我国在计划经济年代形成的城乡二元结构的差异性，对我国特殊的城乡二元经济社会结构作了深刻的剖析。同时，对改革开放以来，浙江省各地在推进市场取向改革和工业化、城镇化进程中，从农民自发的冲击城乡二元结构到政府自觉地推进城乡配套改革的历程和经验进行了系统分析和总结。在此基础上，进行了理论思考和规律提炼，从制度创新的视角构建了城乡经济社会一体化发展的理论分析框架，并对城乡一体化的科学内涵、科学价值、科学经验和形成城乡经济社会发展一体化新格局的对策思路进行了深刻的演绎和阐述，其中的许多观点、建议具有前瞻性和创新性。细读坤明同志的这一研究成果，至少在以下几个方面具有理论创新性和现实的指导意义，给我们提供了许多有益的启示。

一是统筹城乡发展、推进城乡一体化是国家发展战略的重大创新。作者运用马克思主义唯物辩证法的观点，通过系统分析众多国家在迈向现代化的历史进程中城乡关系的演变，仔细梳理了中国共产党第十六次代表大会以来中共中央提出的一系列统筹城乡发展的理论政策，全面总结了全国各地推进城乡一体化改革实践，提出了城乡关系是国家发展战略中首要问题的重要观点，认为中共中央提出的统筹城乡发展和推进城乡一体化是国家发展战略的重大创新，对实现我国科学发展、和谐发展具有极为重要的意义。这是在深刻总结了国内外经济社会发展经验教训，在科学发展观指导下，努力缩小城乡差距、突破城乡二元结构、形成城乡经济社会发展一体化新格局的新战略，也是我国新阶段推进社会主义新农村建设，从根本上解决“三农”问题，实现全面建设小康社会和现代化目标的必由之路，是确保当前经济社会又好又快发展的正确的战略抉择。

二是全面正确地认识城乡一体化的科学内涵。统筹城乡发展、推进城乡一体化是我国在30年改革发展中形成的新的发展理念和改革思路，是马克思主义发展观的科学体现，反映了我们党对中国特色社会主义现代化建设规律认识的不断升华。城乡一体化从本质上讲，是对城乡经济社会发展达到了城乡地位平等、开放互通、优势互补、共同繁荣、和谐发展的一种经济社会发展水平和状态的理论概括。统筹城乡发展、推进城乡一体化，在发展目标上就是要把整体提高城乡居民收入水平和生活质量、实现人的全面发展、让农民和市民共享现代文明幸福生活作为发展的根本出发点和落脚点，努力缩小城乡差距、工农差距、地区差距和贫富差距，形成城乡经济社会发展一体化的新格局；在发展战略上就是要摒弃城乡差别发展战略，实现市场化、工业化、城市化和农业农村现代化同步推进的发展战略；在发展体制上就是要彻底消除城乡分割的二元经济社会结构和各种制度障碍，推进城乡配套的综合改革，赋予农民公平的国民待遇、平等权利和发展机会，建立有利于城乡一体化发展的新体制；在发展机制上就是改变以往农业支持工业、农村奉献城市的单向发展机制，坚持工业反哺农业、城市带动农村和多予少取放活的基本方针，充分发挥城市对农村的带动作用和农村对城市的促进作用，形成以工促农、以城带乡的发展新机制，促进城乡共同繁荣和进步。

三是深化对推进城乡一体化发展的动力机制和演进路径的研究。通过对我国城乡关系历史演变分析，特别是对浙江省嘉兴市、义乌市等地改革发展实践的剖析，对推进城乡一体化发展的动力机制和演进路径进行了总结提炼，提出了城乡经济社会发展一体化进程本身就是一个制度变迁和创新过程的观点。揭示了在我国这样一个城乡二元经济结构的特殊条件下，通过体制改革和制度创新，从城乡差别发展走向城乡一体化发展的客观规律性。我国现有的城乡分割的二元经济结构是在计划经济年代形成的，在现实中有很强的历史路径依赖性。因此，破除城乡二元结构既需要农民发挥改革的排头兵、主力军的作用，发起对阻碍城乡一体化的旧体制的强大冲击，推进诱致性制度变革；同时也需要政府强制性的制度变迁来破旧立新。各级政府要顺应农民群众的意愿和生产力发展的客观要求，积极自觉地推进体制改革和制度创新。这几年的改革发展历程概括起来就是由民本自发推进的诱致性制度变迁和政府自觉推进的强制性制度变迁相互影响、共同作用的过程。这一制度创新的基本动力首先来自农村，来自农民追求脱贫致富的内在动力，掀起农村市场化改革和工业化、城镇化的浪潮。而后，逐步上升到政府自觉的、强力主导的改善城乡关系的种种制度供给和制度创新的举措。浙江省在30年改革发展中形成的以农民为主体的新型工业化、新型城镇化与新农村建设协调推进的发展路径和在实践中形成的“人民大众创造财富、人民政府创新环境”以及“人民创业创富、政府管理服务”的发展理念和思路，就是这种制度变迁和创新的真实写照和典型样本，充分体现了城乡一体化发展动力机制的有效性和演进路径的正确性。实践和理论分析都表明，农民主体和政府主导、市场无形之手和政府有形之手在推进城乡一体化进程中是互为条件、不可或缺的。因此，在改善城乡关系、推进城乡一体化进程中，我们必须充分尊重农民群众首创精神，鼓励农民的创新行动，充分发挥农民在推进工业化、城镇化和新农村建设中的主体作用，同时又要发挥政府在深化改革和制度创新中的主导作用，创造让市场机制在城乡资源配置和生产力发展中发挥基础性作用的环境条件，为城乡一体化发展创造有效的制度环境和社会条件。

四是前瞻性地探索开创城乡经济社会发展一体化新格局的对策措施。统筹城乡经济社会发展、突破城乡二元结构、加快形成城乡经济社会发展一体化新格局，是我国今后一段时期改革发展的主旋律。本书通过对成都市、嘉兴市、义乌市等地统筹城乡配套改革实验做法的比较分析，可以从中悟出我国下一步深化城乡综合配套改革、开创城乡经济社会一体化发展新格局的基本对策思路，就是要坚持以科学发展观为统领，以破除城乡二元结构、缩小城乡差距为目标，以城乡居民共享平等发展机会和文明富裕生活为中心，根据“两个趋向”的重要论断、强化新型城市化与新农村建设“双轮驱动”的动力机制，实现工业反哺农业、城市带动农村和多予少取放活的基本方针，把城乡经济社会发展作为一个有机的整体加以统一筹划，把解决“三农”问题放在优先的位置，有效整合工业化、城市化、农业农村现代化的各项举措，整体推进城乡物质文明、精神文明、政治文明和生态文明建设；以深化城乡配套的体制改革为动力，突破城乡二元结构，推动城乡资源要素的合理流动、高效开发和可持续利用，优化城乡生产力和人口空间布局，调整国民收入和分配格局，加快建设城乡全覆盖的公共财政体制和公共服务体系，形成以城带乡、以乡促城的发展新机制，努力开创城乡地位平等、开放互通、互补互促、共同进步的发展新格局。各地在改革发展实践中，重点要推进六个统筹：一是要统筹城乡综合配套改革，加快破除城乡二元结构，推进有利于城乡经济社会一体化发展的制度建设；二是要统筹城乡产业发展，要以工业化、城市化来促进传统农业改造，加快走中国特色农业现代化道路；三是要统筹城乡基础设施和社区建设，加快改造传统村落，使居住在农村社区的农民也能享受到现代文明生活；四是要统筹城乡公共服务体系建设，加快公共服务网络向农村覆盖，实现城乡基本公共服务均等化目标；五是要统筹城乡精神文明建设，加快改造传统农民，培育一批有文化、懂技术、会经营的高素质新型农民；六是要统筹城乡生态文明建设，努力改善农村人居环境和生态环境，不断增强城乡可持续发展的能力。

钱江浪潮不息，理论探索不止。衷心祝愿浙江省在贯彻落实党的十七届三中全会精神、全面开创城乡经济社会发展一体化新格局的新进程中，更好地发挥人民群众的主体作用和各级党委、政府的主导作用，并在有志于城乡一体化理论研究与实践工作的同志们的共同努力下，不断取得改革发展的新成效。

陳锡文

2008 年 11 月

目　录

第1章 引　　言

1.1 研究背景

1.1.1 城乡关系是国家发展战略中的首要问题

城乡关系是所有的现代化理论都不能绕过的，是所有争取实现现代化的国家发展历程中所必须面对的问题，如何科学处理城乡关系也是所有国家在工业化进程中普遍面临的重要问题。对于中国这样一个历史悠久、地域辽阔、城乡分割的大国来说，城乡关系更是实现现代化的国家发展战略中的首要问题。众所周知，中国有着世界上历史最悠久的传统农业，有着世界上最庞大的农民群体，有着悬殊的区域发展差异，其城乡关系的复杂程度可谓是超过世界多数国家。从某种意义上来说，中国的工业化、城市化、现代化都是以解决农业、农村和农民问题为核心的同一个过程。只有做到了统筹城乡发展，彻底破解了城乡二元结构，建立了平等的城乡关系，中国才能够说是实现了真正意义上的现代化，实现了结构转变方面的深层次的实质性城市化。

中华人民共和国成立50多年来，尤其是改革开放30年来，我国在经济领域创造了奇迹，经济发展的速度是世界罕见的。但是，相对于城市而言，农村的发展还是缓慢的，城乡的差距不但没有缩小，相反有增大的趋势，特别是城乡二元结构造成的种种深层次矛盾更加突出。农业发展长期落后，农村经济发展缓慢，农民增收困难，“三农”问题日益严峻，成为严重影响中国实施现代化方略的头等重要问题、热点问题和难点问题，成为“全党工作的重中之重”。为破解“三农”难题，中国共产党和政府进行了持续不懈的努力和理论实践探索。

党的十一届三中全会以来，党和政府多次对农村工作作出部署。1978年12月召开的党的十一届三中全会，重新确立“解放思想、实事求是”的思想路线，作出了把工作重点转移到社会主义现代化建设上来的战略决策。1982年1月1日，中共中央批转《全国农村工作会议纪要》，确立了家庭联产承包责任制。《全国农村工作会议纪要》指出：目前农村实行的各种责任制，包括小段包工定额计酬，专业承包联产计酬，联产到劳，包产到户、到组，包干到户、到组等，都是社会主义集体经济的生产责任制。党的十二大提出“计划经济为主，市场调节为辅”的原则。随后，党的十二届三中全会通过《中共中央关于经济体制改革的决定》，指出我国实行的是有计划的商品经济。1983 年中共中央下发文件，指出联产承包责任制是在党的领导下我国农民的伟大创造，是马克思主义农业合作化理论在我国实践中的新发展。十三大是党的十一届三中全会以来路线的继续、丰富和发展，实现了马克思主义中国化的新飞跃，开辟了具有中国特色的社会主义建设之路。党的十三大通过了《沿着有中国特色的社会主义道路前进》的报告，报告阐述了社会主义初级阶段理论，提出了党在社会主义初级阶段“一个中心、两个基本点”的基本路线，制定了到 21 世纪中叶分三步走、实现现代化的发展战略。1991 年 11 月举行的十三届八中全会通过了《中共中央关于进一步加强农业和农村工作的决定》，提出把以家庭联产承包为主的责任制、统分结合的双层经营体制作为我国乡村集体经济组织的一项基本制度长期稳定下来，并不断充实完善。家庭联产承包责任制作为农村经济体制改革第一步，突破了“一大二公”的旧体制，解放了农村生产力。1992 年 10 月召开的党的十四大总结了十一届三中全会以来 14 年的实践经验，确立了我国经济体制改革的目标是建立社会主义市场经济体制。这是党的历史上第一次明确提出了建立社会主义市场经济体制的目标。把社会主义基本制度和市场经济结合起来，建立社会主义市场经济体制，这是我们党的一个伟大创举，是党进行理论探索得出的最重要的结论之一，也是社会主义认识史上一次历史性的飞跃。随后，党的十四届三中全会通过《中共中央关于建立社会主义市场经济体制若干问题的决定》，勾画了社会主义市场经济体制的基本框架，制定了继续深化改革的总体蓝图。1997 年 9 月召开的党的十五大，系统、完整地提出并论述了党在社会主义初级阶段的基本纲领，提出公有制为主体、多种所有制共同发展是我国社会主义初级阶段的一项基本经济制度。十五大将非公有制经济纳入社会主义初级阶段的基本经济制度框架内，非公有制经济在国民经济中的地位得到了前所未有的重视和肯定，为统筹城乡发展提供了有力支持。1998 年 10 月，党的十五届三中全会通过《中共中央关于农业和农村工作若干重大问题的决定》，这对于开创我国农业和农村工作新局面具有重大意义。党的十六大提出全面建设小康社会的奋斗目标和建成完善的社会主义市场经济体制的战略部署，十六大报告指出“统筹城乡经济社会发展，建设现代农业，发展农村经济，增加农民收入，是全面建设小康社会的重大任务”，标志着我党在认识和处理城乡关系方面由偏重城市转向城乡并重，由城乡兼顾转向城乡统筹。党的十六届三中全会审议通过《中共中央关于完善社会主义市场经济体制若干问题的决定》，明确提出完善社会主义市场经济体制的目标、任务、指导思想和原则，并指出要“按照统筹城乡发展、统筹区域发展、统筹经济社会发展、统筹人与自然和谐发展、统筹国内发展和对外开放的要求，更大程度地发挥市场在资源配置中的基础性作用，为全面建设小康社会提供强有力的体制保障”。党的十六届五中全会指出要“统筹城乡经济社会发展，推进现代农业建设，全面深化农村改革，大力发展农村公共事业，千方百计增加农民收入”。党的十七大报告在阐述和部署社会主义新农村建设任务时明确提出，“要建立以工促农、以城带乡长效机制，形成城乡经济社会发展一体化新格局”。这是党中央对统筹城乡发展提出的新方针和新要求，是打破城乡二元结构、加快农业和农村发展、促进农民富裕的根本途径，为下一步推进城乡经济社会协调发展指明了方向。2008 年 10 月召开的中国共产党十七届三中全会以推进农村改革与发展为主题，强调在当前我国改革发展进入关键阶段，要抓住和用好重要战略机遇期，胜利实现全面建设小康社会的宏伟目标，加快推进社会主义现代化，就要更加自觉地把继续解放思想落实到坚持改革开放、推动科学发展、促进社会和谐上来，毫不动摇地推进农村改革发展。进一步提出，必须统筹城乡经济社会发展，始终把着力构建新型工农、城乡关系作为加快推进现代化的重大战略。会议还提出了一个宏伟蓝图，那就是到 2020 年，基本建立城乡经济社会发展一体化体制机制。

近年的中央“一号文件”也对推动建立新型城乡关系作出了部署。比如，2006 年中央“一号文件”指出要“加大工业反哺农业力度，以工促农，以城带乡，实现城乡互动协调发展”，并对城乡统筹作出了相应的制度安排，确保社会主义新农村建设的顺利进行。党的十六届六中全会强调指出要“扎实推进社会主义新农村建设，促进城乡协调发展，加快建立有利于改变城乡二元结构的体制机制，推进农村综合改革”。2008 年中央“一号文件”进一步指出要“加强农业基础地位，走中国特色农业现代化道路，建立以工促农、以城带乡长效机制，形成城乡经济社会发展一体化新格局”。针对改革不同时期面临的问题和阻力，中共中央先后制定出台了 10 个“一号文件”（表 1-1），顺应和指导了农村改革，有力地促进了农村改革和农业生产，给我国农村带来了巨大的变化。“城乡统筹发展”、“建设社会主义新农村”、“城乡经济社会发展一体化”等的提出，是党和国家调整城乡关系的一种战略思路，是基于我国基本国情作出的必然选择，体现了全面建设小康社会的内在要求，为从根本上理顺城乡关系指明了方向。

所有这一切都在告诉我们，长久以来，中国共产党人一直在不断探索一条城市与农村共同发展之路、城市居民和乡村农民共同富裕之路、全体民众摆脱贫困落后之路，也就是构建城乡经济社会发展一体化之路。

表 1-1　改革开放后关于“三农”问题的 10 个“一号文件”

时间	文件名称	主要内容
1982 年 1 月 1 日	《全国农村工作会议纪要》	对迅速推开的农村改革进行了总结。文件明确指出包产到户、包干到户或大包干“都是社会主义生产责任制”，同时还说明它“不同于合作化以前的小私有的个体经济，而是社会主义农业经济的组成部分”
1983 年 1 月	《当前农村经济政策的若干问题》	从理论上说明家庭联产承包责任制“是在党的领导下中国农民的伟大创造，是马克思主义农业合作化理论在我国实践中的新发展”
1984 年 1 月 1 日	《关于一九八四年农村工作的通知》	文件强调要继续稳定和完善联产承包责任制，规定土地承包期一般应在 15 年以上，生产周期长的和开发性的项目，承包期应当更长一些
1985 年 1 月	《关于进一步活跃农村经济的十项政策》	取消了 30 年来农副产品统购派购的制度，粮食、棉花取消统购，改为合同定购。家庭联产承包责任制也进一步系统化
1986 年 1 月 1 日	《关于 1986 年农村工作的部署》	进一步摆正了农业在国民经济中的地位，在肯定原有的一靠政策、二靠科学的同时，强调增加投入，进一步深化农村改革。明确提出个体经济是社会主义经济的必要补充，允许其存在和发展
2004 年 2 月 8 日	《中共中央国务院关于促进农民增加收入若干政策的意见》	促进农民增收，尤其是各项政策措施更多地向粮食主产区和种粮农民倾斜。从当年开始，国务院决定 5 年内取消农业税。这是时隔 18 年后中央再次把农业和农村问题作为中央一号文件下发，也是中华人民共和国成立 55 年来中央首次就农民增收问题出台的文件
2005 年 1 月 30 日	《中共中央国务院关于进一步加强农村工作提高农业综合生产能力若干政策的意见》	坚持“多予少取放活”的方针，稳定、完善和强化各项支农政策，加强农业基础设施建设，加快农业科技进步，提高农业综合生产能力。自 2006 年起废止农业税
2006 年 2 月 21 日	《中共中央国务院关于推进社会主义新农村建设的若干意见》	从统筹城乡经济社会发展、推进现代化农业建设、促进农民增收、加强农村基础设施建设等 8 个方面，提出 32 条支农、惠农的具体措施，推进社会主义新农村建设

续表

时间	文件名称	主要内容
2007年1月29日	《中共中央国务院关于积极发展现代农业扎实推进社会主义新农村建设的若干意见》	把发展现代农业作为社会主义新农村建设的首要任务：用现代物质条件装备农业，用现代科学技术改造农业，用现代产业体系提升农业，用现代经营形式推进农业，用现代发展理念引领农业，用培养新型农民发展农业
2008年1月30日	《中共中央国务院关于切实加强农业基础建设进一步促进农业发展农民增收的若干意见》	加强农业基础地位，走中国特色农业现代化道路，建立以工促农、以城带乡长效机制，形成城乡经济社会发展一体化新格局

资料来源：根据1982～2008年中央“一号文件”整理而成。

1.1.2　城乡协调发展是不断深化改革开放的历史必然

改革和发展始终是我国现代化进程中的两大主题。自十一届三中全会以来启动的改革开放，是我国现代化进程中具有划时代意义的大事，深刻地改变了我国发展的道路、发展的模式和发展的进程。正如胡锦涛总书记在十七大报告中所指出的，“改革开放是决定当代中国命运的关键抉择，是发展中国特色社会主义、实现中华民族伟大复兴的必由之路；只有社会主义才能救中国，只有改革开放才能发展中国、发展社会主义、发展马克思主义”。

我国是一个发展中大国，也是一个经济转轨大国。始于20世纪70年代末的改革开放，在加快推进经济转轨和社会转型的同时，保持了经济社会的持续快速发展。改革、开放与发展并举，构成了30年来我国发展阶段的一个基本脉络。1978～2008年，经过30年的实践，我国已成功地实现了从高度集中的计划经济体制到充满活力的社会主义市场经济体制、从封闭半封闭到全方位开放的伟大历史转折，从而全面、深刻地改变了我国的发展道路、发展模式和发展进程。进入新世纪、新阶段，实现我国经济的可持续发展、社会的全面进步，仍将有赖于全面推进改革进程。

经过30年改革，我国经济得到了快速发展。2007年，我国的国内生产总值（GDP）总量是1978年的68倍、进出口贸易总额是1978年的105倍、财政收入是1978年的45倍。随着经济的快速增长，我国的经济结构、社会结构、制度结构发生了深刻的变化。

(1) 经济实现了持续快速增长，综合国力进一步提高

统计表明，1978～2007 年，中国的 GDP 年均增长 9.8%，远高于同期世界经济 3.3% 左右的年均增长速度。从经济发展水平来看，截止到 2002 年，我国人均国民总收入已经达到 1100 美元；截止到 2007 年，我国人均国民总收入达到了 2550 美元左右，实现了小康水平目标，即达到了第三世界中比较富裕国家水平（人均国民总收入 1000 美元）。从产业结构变化来看，2001 年，我国第一产业增加值降到 15% 以下，第三产业增加值首次超过 40%。2007 年，我国第一产业增加值比重已经下降到 11.7% 的水平。[①] 从就业结构的变化来看，按照国际通行标准，工业化初期结束的标志之一是农业劳动力比重不超过 50%；工业化中期结束时，农业劳动力比重低于 30%。我国的农业劳动力比重在 2000 年已低于 50%，到 2006 年下降到 42.6%。从城市化进程来看，世界银行对全球 133 个国家的统计资料表明，当人均 GDP 从 700 美元提高到 1000 美元至 1500 美元、经济步入中等发展中国家行列时，城市化进程会加快，城市人口占总人口比重将达到 40%～60%。从我国来看，2003 年城镇人口占总人口比重首次超过了 40%，到 2006 年进一步提高到 43.9%。[②]

(2) 民生得到显著改善，人民生活总体上步入了小康水平

我国城镇居民恩格尔系数在 1996 年已降到 50% 以下，2000 年农村居民恩格尔系数也降到 50% 以下[③]，这表明我国城乡居民生活总体上达到了小康水平。2006 年我国城乡居民恩格尔系数进一步分别下降到 35.8% 和 43%。

(3) 初步建立了社会主义市场经济体制

我国是以渐进方式来推进市场化改革的，它是促使我国经济社会发生巨大变化的主要动力。一方面，市场化改革促使市场逐步代替政府，成为资源配置主体，发挥了市场配置资源的基础性作用，也保障了资源的优化利用；更重要的是，市场化进程还伴随着思想解放，改革开放实践又释放了思想解放动能。可以说，改革是促使我国经济活力得以释放的重要原因之一。目前，很多国家，包括一些发达国家，相继承认了中国的市场经济地位，中国已基本成为一个市场经济国家的共识开始形成。这表明，我国市场经济的基本框架已经确立。

当前我国经济体制、经济发展方式和社会结构正在发生深刻变革。这种变革

---

① 用产业结构分析一个国家或地区的发展阶段时，通常把第一产业增加值不超过 10%（亚洲国家不超过 15%）、第三产业增加值超过 40% 作为一个参考指标。

② 根据《中国统计年鉴（2007）》相关数据计算而来。

③ 根据联合国粮农组织的标准，恩格尔系数在 59% 以上为贫困，50%～59% 为温饱，40%～50% 为小康，30%～40% 为富裕。

会带来巨大的发展活力，但也蕴涵着深刻的社会矛盾；这种变革为经济社会发展提供了重要机遇，但也提出了严峻挑战。正如党的十七大报告中提出的：进入新世纪、新阶段，我国的改革发展会呈现一系列新的阶段性特征。第一，经济持续快速增长与资源环境约束的矛盾呈逐步扩大趋势；第二，经济快速增长的巨大潜力与体制机制存在缺陷的矛盾；第三，经济总量、物质财富不断增加与城乡差距、贫富差距扩大的矛盾。这主要体现在以下五个方面：①劳动报酬的增长水平明显低于经济增长水平。例如，1998～2005 年，工业企业利润和国家财政收入年均增速均超过 30%，但城市劳动者的劳动报酬年均仅增长 9.9%。30 年改革开放中，我国企业产值年均增长 10% 左右，但劳动者薪酬年均仅增长 1%～3%。②贫富差距有进一步扩大的趋势。2001～2005 年，高收入家庭年均收入增长高达 15% 以上，但低收入家庭年均收入增长仅为 5.3% 左右。③城乡收入差距有进一步扩大的趋势，如 2006 年城乡收入差距扩大到 3.3 倍左右，如果把各种福利因素计算在内，我国城乡的实际收入差距在 5 倍左右。④全社会公共服务需求全面快速增长与基本公共产品供给短缺的矛盾更加突出。近些年来，全社会公共需求增长速度很快，社会公共需求结构也发生了变化。另外，基本公共服务在经济社会发展中的重要性日益凸显。研究表明，基本公共服务在导致我国城乡差距、贫富差距的影响因素中占有较大比例。⑤经济发展、社会进步与公共治理滞后的矛盾值得关注。

为此，需要进一步探索我国经济社会发展中所面临的一些深层次矛盾和问题，突破制约经济发展和社会进步的体制性障碍，扭转改革中的利益失衡局面，重视发展成果的共享，走向一种利益共享式的改革。世界各国的发展史都表明，实现财富的公平分享比财富的创造更困难，解决民生问题的成就比取得经济增长的成就更难获得各个阶层的满意评价。财富创造的成就越辉煌，要求财富共享的社会压力就越强烈。从建设和谐社会的角度看，如何解决经济发展的可持续性以及人民福祉问题，这关系到下一步改革发展的路径选择。

党的十四大以来，社会主义市场经济体制的改革目标已经基本实现，我国经济社会发展的体制环境发生了重大变化，包括以公有制为主体的多种所有制经济取得突破性进展、由市场配置资源的基础性改革取得重大进展，这为整个市场经济体制框架的完善奠定了良好的基础。目前，计划经济体制改革中的深层问题没有完全解决，一些重大制度创新仍属框架性的，其稳固性有待进一步细化和加强。我国前期改革的主要目标是初步建立社会主义市场经济体制，释放被束缚的社会生产力。今后改革的目标将是适应社会需求变化，以人的发展为目标，及时、主动地从经济领域改革拓展到政治、社会和文化等各个领域，致力于形成和完善一种能够使社会资源有效配置、经济有效运行的市场机制，创造一种能够最大限度地发挥人的积极性和创造性，进而创造出提高社会整体创新能力的社会环境和制度安排，这是新阶段全面改革的实质所在。

城乡分割体制，是我国下一阶段改革所面临的一个最主要的体制性障碍问题。因此，消除这一障碍，统筹解决我国目前经济社会发展中巨大的城乡差距等问题，走城乡一体化发展之路，将成为下一步改革的重中之重，这也是与我们国家建设小康社会、走共同富裕之路紧密联系在一起的。所谓"共同富裕"，从社会群体的高度和广度看，主要是解决城市与乡村、工人与农民之间的相当悬殊的社会的、政治的、经济的差距问题。

1.2 城乡关系问题的提出和研究意义

1.2.1 城乡关系问题的提出

中华人民共和国成立以来，我国农村经济社会发展取得了举世公认的伟大成就，为我国实现现代化奠定了坚实基础。但是，由于历史、体制、观念等诸多方面的原因，城乡差距过大等问题日益突出，成为制约我国经济社会发展的瓶颈。特别是我国提出到2020年全面建设小康社会的奋斗目标后，农村成为全面建设小康社会的重点和难点。

经过30年改革，虽然我国在消除城乡差别方面取得了一定成效，但城乡二元体制仍未从根本上发生改变。二元结构成为解决"三农"问题的制度瓶颈：自20世纪80年代中期开始，"三农"问题便作为一个严峻的问题摆在我们面前，无论是农民的就业、收入、教育、医疗和社会保障等问题，农村的土地流转、农业结构调整、农产品国际贸易、农村市场体系建设等问题，还是生态环境保护、城镇化的推进等问题，都已经严重阻碍了我国经济社会的发展。尤其是随着改革的进一步深入、经济的进一步发展、城乡居民收入差距进一步扩大、农民收入增长的逐渐减缓、劳动力的转移矛盾加剧、农村社会事业发展滞后，造成城乡间一系列的经济社会问题，使"三农"问题变得更为复杂。

(1) 城乡二元分割的体制

历史地看，城市与乡村的对立是一个在人类社会生活中长期存在的现象，它的消失也不可能在短期内实现，就是在当今的发达国家，也还或多或少地存在着这种现象。但是，像我们这样的经济不发达的大国，这种现象就会更为突出。20世纪50年代构建的城乡二元体制，不但没有减弱这种对立，相反使这种对立有了一定程度的强化，甚至将城乡切割成了不平等的两部分。不论在经济地位、社会地位还是政治地位上，城市居民都高于农村居民，这种体制上的不平等转变为先天性（血统上）的不平等。在城乡制度安排上，延续多年的户籍制度、财税制度、教育制度等严重制约了农村经济社会的发展，使农村始终落后于城市。作为我国人口数量最大的社会群体——农民，在经济社会发展中并没有享有与其他群体平等的经济利益和社会权益；而农村也从未能与城市同步发展，农村的科技、教育、文化、卫生、体育等现代文明远远落后于城市；农村在社会保障、医疗等方面所享有的发展机会和政府福利，被处于边缘状态。

我国农村社会保障（包括优抚救济、养老、医疗保险、福利等）支出年均400多亿元，仅占GDP的0.15%左右，其中有2/3来自乡镇企业和农民个人自筹，基本上是农民自我保障。在农村教育方面，据2001年统计，与城镇相比，农村文盲率为11.12%，高出5个百分点；农村居民的小学文化程度占比为41.11%，高出16.11个百分点；农村居民的高中文化程度占比为51.22%，低了14.14个百分点。据调查，农村居民治病时，能够得到各种医疗保障的人口仅占12.7%，其中合作医疗保障的人口占6.16%，87.3%的居民依靠自费治疗。

（2）城乡分化的发展路径

城乡分割的二元体制严重制约了我国国民经济的发展，特别是制约了农业和农村的发展，影响了农民的积极性。这种情况直到当前还依然顽固地存在着，甚至在有些方面还有所强化，城乡关系由于城乡体制的分割而导致了发展上的明显分化——即在经济、社会、政治乃至文化的发展上，城乡不但没有缩小差距，而且还在继续扩大，这种趋势成为一种巨大的惯性，反过来继续推动着发展的分化：城市发展越来越快、越来越好，农村的发展变得相对缓慢，导致城乡差别难以缩小。

城乡居民收入差距不断扩大，已成为最令人关注的焦点之一。城乡发展不协调，最主要的问题是农村发展水平低，而农村发展水平低的核心问题是农民收入水平低。改革开放以来，我国城乡居民收入差距经历了一个先缩小后扩大、再缩小再扩大的过程。改革开放之初，1978年城乡居民收入差距为2.57:1，1983年一度缩小到1.17:1。随后，国民经济虽然高速增长，但收入差距反而不断扩大。2000年扩大到2.18:1，2001年为2.19:1，2002年达到3.11:1，2003年为3.24:1，到了2007年，更是达到历史性的3.33:1。如果再将城市居民享受的住房、医疗、教育、交通以及公共服务计算在内，城乡居民真实的收入差距会更高，在6:1左右。

这些在工业化过程中形成的城乡分割的二元经济结构和社会结构，使得现阶段农业与工业、农村与城市、农民与市民之间的疏远越来越明显。农业的发展、农民生活水平的提高和农村的富裕，需要一个有利的成长环境和牢固的保障支持系统。那么，打破城乡二元结构、解决城乡分割问题的根本出路在哪里？

具有先发优势的西方发达国家，如美国，在工业化和城市化的过程中同时实现了农业现代化，并在工业化、城市化和农业现代化之间形成一种内在互动机制，相互促进。工业革命的发展，尤其是钢铁工业和机械制造业的发展，为农业生产工具的改良和农业生产方式的转变提供了物质和技术基础。随着工业革命的深入发展，要求建立起与工业化发展相适应的现代农业生产体系，农业技术革命使农业生产实现了机械化和专业化，根本性地提高了农业劳动生产率，农业劳动力逐渐减少，农业生产规模不断扩大，为传统农业向现代农业的升级奠定了基础。工业化的发展还为农业提供了完善的基础设施，其中交通运输网络的形成促进了西部的开发，西部地区城市经济的发展带动了农业经济的进步，农产品在满足当地需求的基础上，参与世界市场分工，农业的商品化和专业化程度不断提高，小麦王国、棉花王国相继出现。1860 年美国一个农民一年生产所得仅能供养包括自己在内的 4. 5 人，1930 年也不过是 9. 8 人，但今天这个数字已提高到 128 人。摆脱了传统生产方式的束缚，现代化的农业不仅扩大了工业的基础资源，而且为工业生产提供了资金、劳动力和市场，促进了工业化和城市化的大发展。

与发达国家不同，发展中国家，如拉丁美洲国家，他们的工业化主要不是本国社会分工的结果，而是在外力刺激下推动的。为了工业化的原始积累，这些国家都采取了优先发展工业的战略，实行工业挤压农业的政策。重视工业而轻视农业，片面地把发展重点放在城市，强调对城市和工业的投资，而分配到农业部门的资源不仅与非农业部门相差悬殊，甚至还不能满足维持正常发展所需的资源配置，农业部门的资源被其他部门所挤占。只强调工业的重要性，通过单一的扩大工业部门来带动经济的发展，而农业部门只是向工业部门提供粮食、原料和劳动力。一些拉丁美洲国家，在经济发展的过程中，长期忽视农业的积极作用，导致农业减产、粮食供应紧张、农业部门长期滞后、城乡差距加大，使整个国民经济陷入困境。

而发达国家在工业化初期，也曾牺牲农业而优先培育工业。但是在工业化过程中，发达国家意识到农业作为传统部门的重要性，及时调整了重工轻农的发展战略，使工农业协调发展。“拉美化”的一个主要现象就是，大量失地、无地和贫困农民涌入城市社会，构成一个庞大的贫困人口群体，更有一批失地农民在农村各地漫游，“其中不少人还拖家带口，终年在各地农村四处流动，一个国家少则几十万人，多则数百万人”，过着流浪、艰苦的生活。这背后的深层原因就是国家在推进现代化过程中没有处理好城乡关系，特别是没有有效地保护好广大农民的利益。

因此，我们面临的问题是：我国的城乡关系能否达到一体化的状态？如果不能，我们能否避免拉丁美洲国家已经存在的问题？目前摆在我们面前急需解决的有三个问题：第一，我们需要什么样的城乡关系？第二，如何看待当前我国的城乡关系？第三，如何实现城乡协调发展？

1.2.2 研究意义

中国自古以农立国。在现代化进程不断加快的今天，“三农”问题已成为制约我国全面协调发展的根本问题之一。党的十七大明确提出：“解决好农业、农村、农民问题，事关全面建设小康社会大局，必须始终作为全党工作的重中之重。”作为一个建立在农业文明基础上的大国，我国的“三农”问题本身就与其他国家，尤其是西方发达国家不同。加之我国“三农”问题的形成，本身就是制度安排的结果，有着鲜明的中国特色。以往对我国“三农”问题的研究基本上没有脱离经济政策和社会政策的藩篱，用二元经济理论等发展经济学的原理或通过社会政策上的修修补补来解决中国的“三农”问题，这肯定不得要领。[①] 从本质上看，城乡一体化发展的过程，就是我国解决“三农”问题，实现农业、农村、农民现代化的过程。要实现统筹、平等、和谐的城乡一体化发展，必须打破传统障碍，结合国情，大胆进行制度创新，做出相应的制度安排。党的十七大提出：“要加强农业基础地位，走中国特色农业现代化道路，建立以工促农、以城带乡长效机制，形成城乡经济社会发展一体化新格局。”“坚持把发展现代农业、繁荣农村经济作为首要任务，加强农村基础设施建设，健全农村市场和农业服务体系。”“以促进农民增收为核心，发展乡镇企业，壮大县域经济，多渠道转移农民就业。”“坚持农村基本经营制度，稳定和完善土地承包关系，按照依法自愿有偿原则，健全土地承包经营权流转市场，有条件的地方可以发展多种形式的适度规模经营。探索集体经济有效实现形式，发展农民专业合作组织，支持农业产业化经营和龙头企业发展。培育有文化、懂技术、会经营的新型农民，发挥亿万农民建设新农村的主体作用。”同时，还要加大支农惠农政策力度，增加

① 比如农业问题，如温铁军论述过的，由于资源禀赋的制约，中国历来并无类似于西方的纯粹“农业”经济问题；中国面对的其实主要是农民问题、农村问题。同样如此，因为许多“农村问题”的根子实际上在城市。所以，“三农”问题不是一个经济学问题，也不完全是一个社会学问题，从根本上说可以讲是一个政治学问题。

农业投入，促进农业科技进步，增强农业综合生产能力。深化农村综合改革，推进农村金融体制改革和创新。根据党的十七大提出的实现全面建设小康社会奋斗目标的新要求和建设生产发展、生活宽裕、乡风文明、村容整洁、管理民主的社会主义新农村要求，党的十七届三中全会通过了《中共中央关于推进农村改革发展若干重大问题的决定》，提出到2020年农村改革发展基本目标任务是：农村经济体制更加健全，城乡经济社会发展一体化体制机制基本建立；现代农业建设取得显著进展，农业综合生产能力明显提高，国家粮食安全和主要农产品供给得到有效保障；农民人均纯收入比2008年翻一番，消费水平大幅提升，绝对贫困现象基本消除；农村基层组织建设进一步加强，村民自治制度更加完善，农民民主权利得到切实保障；城乡基本公共服务均等化明显推进，农村文化进一步繁荣，农民基本文化权益得到更好落实，农村人人享有接受良好教育的机会，农村基本生活保障、基本医疗卫生制度更加健全，农村社会管理体系进一步完善；资源节约型、环境友好型农业生产体系基本形成，农村人居和生态环境明显改善，可持续发展能力不断增强。

所有这些，都为统筹城乡发展、推进城乡一体化的制度创新提供了基本框架安排。这是我们党和国家在解决“三农”问题上一次最为根本的制度创新，完全跳出“就农言农”的思路，跳出一般的经济政策和社会政策的窠臼，在中国现代化的大格局下思考求解“三农”难题的新途径，实现了解决“三农”问题由经济学向政治学的转向。

综上所述，在中共中央提出统筹城乡发展、建设社会主义新农村这一时代背景之下，研究如何通过制度创新实现城乡一体化，从根本上解决长期困扰我国经济、政治、社会发展的“三农”问题，具有重大的理论价值和现实意义。

1.3 研究思路和逻辑结构

1.3.1 研究思路

本研究的总体思路是，结合政治学、管理学、经济学等学科，以二元结构为研究起点，以历史变迁为研究背景，运用马克思主义制度经济学和新制度经济学的解释框架，以浙江省、浙江省的嘉兴市和义乌市、四川省的成都市的城乡一体化进程为案例，刻画和解释城乡一体化发展的制度变迁过程和趋向。

改革开放前后，我国城乡二元经济结构具有不同的成因和特点：改革开放前，重工业优先发展战略以及城乡分割的体制框架和组织结构，是我国城乡二元经济结构形成和强化的主导因素。这一阶段，城乡二元经济结构的形成和强化，带有明显的“行政主导型”特征。改革开放后，人为分割城乡联系的现象逐步改变，但是受传统体制惯性、城乡改革非均衡性等因素的影响，我国城乡二元经济结构得以延续下来，并在某些方面有所强化。特别是 20 世纪 80 年代中期，经济体制改革的重点转向城市，这一阶段的城乡二元经济结构的强化，带有行政主导和市场化改革非对称的双重特征，城乡生产率和收入水平差距扩大，成为当前经济社会仍然面临的突出矛盾。在现阶段，缩小城乡发展差距、加快城乡二元经济向同质的现代化经济转变，已成为无法回避和刻不容缓的重要议题。

本研究遵循两条逻辑主线展开：一是城乡一体化发展中的基本经济要素的流动和积累；二是城乡一体化进程中的民本推进和政府作用。围绕这两条逻辑主线展开的分析，构成了文章的规范性分析框架。

逻辑主线一：基本经济要素的流动和积累。

土地、劳动力、资本是基本的经济要素，它们的流动与积累是城乡二元经济结构转型的关键环节。基本经济要素的有效流动，反映了市场机制配置资源作用的不断增强，市场竞争效率的不断提高。经济市场化进程的不断深化，在要素流动的过程中，必然派生出一系列制度，这些制度构成了城乡一体化发展的内生变量。生产要素市场集中在城市，是一个不可改变的现实。因此，实现城乡一体化的体制创新，主要内容是克服城乡之间的要素配置分割体制，建立城乡一体的要素市场，创造包括农村市场主体在内的各类市场主体平等使用生产要素的环境，消除要素在城乡之间自由流动的各种体制和政策性障碍。

逻辑主线二：城乡一体化进程中的民本推进和政府作用。

城乡二元经济结构转型的实质是从非均质的二元经济转向均质的一元经济。在新古典经济学分析框架下，这一转换过程可以通过市场机制自发完成，但现实经济运行却与理论论证存在一定程度的背离。西方发达国家的二元结构的消解是通过“自下而上”的市场化进程，利用海外掠夺等方式，在经济发展过程中逐渐实现的；而我国既是一个发展中国家，同时又处于由计划经济向市场经济转轨的阶段，这决定了我国城乡二元经济转型过程，既呈现各国面临的一般特点，同时又具有诸多自身特性：我国 30 年改革的基本路径是采取“自下而上”与“自上而下”相结合的渐进方式，计划体制和市场机制的交织并行，使得城乡二元结构的消解有着与发达国家完全不同的历史背景和路径，由于“市场失灵”的存在，短期内无法弱化甚至有可能会强化城乡二元经济结构，因此，作为最主要的政策制定者和制度供给主体的政府，在城乡二元经济结构转型过程中的作用至关重要。市场机制与制度安排、民本推动和政府作用等诸因素的共同作用，才有助于消除城乡二元分割体制，达到城乡经济与社会的和谐发展。

1.3.2　逻辑结构

根据研究目标和内容，本研究主要包括现状分析、框架构建、比较借鉴、实证研究、结论与展望五部分，由此构成本研究的逻辑结构（图 1-1）。

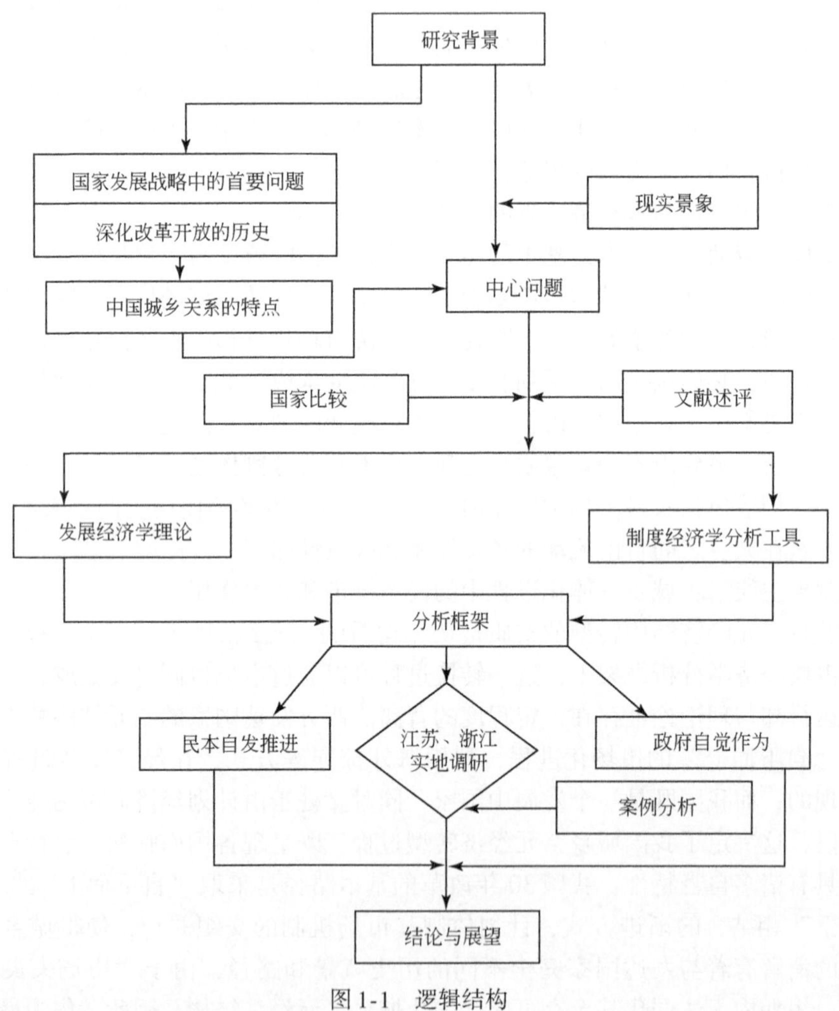

图 1-1　逻辑结构

1.3.3 篇章结构

本研究共分为11章。

第1章为引言部分，总结介绍本研究的相关内容，主要包括：介绍本研究的现实背景，明确本研究的核心问题，厘清研究的总体思路，概述本书的大致结构。

第2章和第3章为文献综述与理论构建。针对研究的中心问题，对相关文献进行梳理、评述，辨析概念，拓展“城乡一体化”的内涵，为下一步研究进行铺垫。在发展经济学和制度经济学等理论的基础上，概括相关理论的研究假设、基本观点、逻辑关系，比较和总结它们解释中国城乡一体化发展的适用性和局限性。

第4章比较借鉴了发达国家、发展中国家和东亚新兴工业国家处理城乡关系的历程和经验，并从中抽象出城乡关系演进的一般规律。

第5章从二元结构视角，对中国城乡关系在中华人民共和国成立后的变迁历程进行了定量分析，深入阐述了中国城乡关系发展的历史、原因和经济、社会、政治效应，并得出城乡一体化发展的历史必然性和紧迫性。

第6章从农村工业化和农村城镇化视角出发，研究中国城乡一体化制度变迁的基本出发点之一就是民本推进。

第7章则从地方政府行为和职能出发，研究中国城乡一体化制度变迁的另一个出发点就是政府自觉、强力推动。

第8、9、10章则分别以浙江省嘉兴市、浙江省义乌市和四川省成都市作为城乡一体化路径演进的案例，运用本文提出的理论框架，具体探讨了城乡一体化的发展路径。

第11章是本书的结论和展望部分。总结了本书的基本结论和理论贡献，并对我国“政府自觉”与“民本自发”相结合的“一体两翼、合力推进”城乡一体化战略进行了展望。

1.4 理论探索

（1）深化了对城乡一体化内涵的认识，明确城乡一体化的科学价值，体现了城乡一体化的实践意义

国内外学者从各自不同的研究角度对城乡一体化下过各种各样的定义。本研究在充分认识城乡一体化有关概念的基础上，对城乡一体化的深刻内涵进行再认

识，明确了城乡一体化的科学价值，为我国在现阶段生产力水平不够高、区域发展差距较大的现实国情下推进城乡一体化进行了理论准备。同时，深入探讨了城乡一体化的多面性含义和隐含的公共政策，高度体现了城乡一体化的实践价值。

（2）从制度创新的视角构建了城乡经济社会一体化发展的理论分析框架

本书在充分认识城乡一体化有关概念的基础上，将城乡关系变迁置于“制度”视角下来展开，从民本和政府两个角度，运用制度分析的思路对城乡关系及其变迁路径进行研究。从经济学角度来看，城乡一体化过程应该是一个在市场的作用下，使城乡生产要素自由流动，从而达到城乡资源合理分配的过程，市场应该起到主导作用。可是在我国市场经济还不够完善的现阶段，政府的介入是十分必要的。政府的作用是提供公共产品和公共服务，制度的供给作为“公共品”，是政府创新的本质所在。在城乡一体化过程中，政府加强城乡一体化建设的财政投入固然重要，提供高效率的公共服务也不可或缺，但更为重要的是提供有效率的制度安排。因此，文书从制度创新的角度构建了城乡一体化发展的规划、经济等框架。

（3）阐释了城乡一体化发展的机制和路径

党的十七大提出“城乡经济社会一体化发展”，推进城乡一体化是一个新的战略指导思想和总体发展思路，但如何推动城乡经济社会的一体化进程，如何构建城乡一体化的发展机制，还有待于深入系统地研究。本书对城乡一体化发展机制和路径进行了研究，做了一些创新性探索。

（4）借助比较制度分析的方法来研究经济史、社会史、政治史领域的相关问题，不但能够说明制度的多样性和互补性，而且能够为进一步的经验归纳得出较为科学且行之有效的结论

制度的选择不是刚性的，而是有其“历史的路径依赖性”的。对城乡一体化发展的研究，进一步延伸了“历史的路径依赖”理论的研究视野。在本书的研究中，不但考虑了特定的地区在特定的经济发展期的特殊过程，而且结合了文化等因素去考虑制度选择的渊源，这不仅为找到适合区域历史传统、文化底蕴和经济发展水平的合理制度和发展模式提供了可靠依据，而且丰富和拓展了城乡一体化发展的制度安排的多样性，为全国范围内城乡一体化不同发展路径的选择提供了理论支持。

第 2 章　文献综述和再认识：对“城乡一体化”现有的解释及进一步的理解

城乡关系是追求现代化的发展中国家共同面对的一个重要课题。早在第二次世界大战后，随着新独立国家工业化的展开，城乡关系就开始引起国际学术界的关注，并产生了一大批经典研究成果，对很多发展中国家的政策也产生了深远的影响。我国自 20 世纪 50 年代启动工业化进程，但由于多种原因，城乡关系问题在很长时期内并未被学术界给予足够的关注，改革开放后才逐渐为人们所深刻认识，并日益成为研究的一个重要课题。

2.1　相关概念辨析

目前对城市化和城乡发展有很多提法，如城镇化、乡村城市化和城乡融合、城乡统筹、城乡一体化等，这些提法在意义上比较接近，在研究内容上相互交织。概念界定的误差往往会使研究目的和方向发生偏差，因此，有必要对城乡关系的有关概念进行辨析。

2.1.1　区域

物质都以一定的空间形式表现出来。地球的表层空间因其自然禀赋、物质状况的多样性、差异性而被分隔成一个个具体的单元，这个单元就是“区域”。因此，区域首先是地理科学研究的概念，一般认为，它是指地球表面上的一定空间。它既是一个客观上存在的，又是被人们观念上进行抽象的空间概念。

对于区域概念，不同社会科学研究有不同的理解。政治学一般把区域看作国家实行行政管理的行政单元；社会学把区域作为具有人类某种共同社会特征（语言、宗教、民族、文化）的聚居社区；经济学把区域理解为一个在经济上相对完整的经济单元。区域是一个多侧面、多层次而且相对性极强的概念，人们可以从多个角度来观察和分析各种不同的区域。城乡一体化研究对区域的认识，是从区域的基本属性出发的，就如美国著名区域经济学家埃德加 · M. 胡佛所说：

“所有的定义都把区域概括为一个整体的地理范畴，因而可以从整体上对其进行分析。”

2.1.2 城市与乡村

城市与乡村作为一种非均质的地域经济空间，它们是人类赖以生存、活动和发展的地域实体。从区域经济的空间组织角度，可以把城市与乡村分解为两个互为关联的子系统：城市与乡村的分解是社会分工和商品经济发展的产物，是人类历史发展到一定阶段的产物。

关于城市与乡村的内涵，可以从地理、生态、经济、政治等不同角度加以描述。城市经济学家 K. J. 巴顿认为：“城市是一个坐落在有限空间地区内的各种经济市场——住房、劳动力、土地、运输等——相互交织在一起的网络系统。”地理学家认为城市与乡村是两种异质的人类聚落空间，从聚落形态的角度给城市和乡村两种不同的定义，美国 R. D. 罗德菲尔德为代表的外国学者认为：乡村是“人口稀少、比较隔绝、以农业生产为主要经济基础、人们生活基本相似，而与社会其他部分，特别是城市有所不同的地方”。20 世纪 30 年代后，学术界侧重于从城市与农村的经济功能进行划分：乡村是主要从事农业生产、人口分布较城镇分散的地方，主要依赖自然过程进行生产；城市则是主要从事非农业生产、人口密度较大的地方，往往是一定地域范围内的政治、经济、文化、交通和信息中心。

1993 年商务印书馆出版的《辞源》对“城市”一词的解释是：人口密集、工商业发达的地方；对“乡村”的解释是：主要从事农业、人口分布较城镇分散的地方。城市和乡村各具特性，乡村主要依赖自然过程进行生产，城市则是区域经济社会、交通和信息的中心。

现代城市与乡村是一个复杂而又模糊的概念。首先，乡村人口的非农化和乡村地域向综合化方向发展，城市发展的生态化和城市地域空间的不断扩展，这种动态性演变特征使得乡村和城市之间的分界日趋模糊，以至于一些学者认为发达国家的农村地区已经不再存在，城市化取代了一切。其次，随着城市化进程的加快，城乡相互作用日益加强。近 20 年来的中国，城市里有了大量乡村人口活动和乡村社会文化特征，乡村里也有了越来越多的城市生产活动和生活方式。这种社会文化特征和生态经济特征在城乡之间相互重叠，带来了城乡组成要素的非整合性。最后，从城乡的动态性和非整合性特征中可以看出，不论是聚落还是文化或经济活动，城乡都是一个连续体。因此，界定现代社会的城市与乡村并不是一件容易的事。

我国至今没有恰当而稳定的城乡地域划分标准，主要原因是我国一直以市镇的行政界限作为城乡划分的基础，没有建立城镇的实体地域概念。而我国市镇的行政管辖范围都大于其景观上的实体范围，包括了相当一部分的乡村地域和农业人口。

综上所述，严格界定现代意义上的城乡地域界限绝非易事，即使在某一特定地域划分出二者的界限，也仅仅只是行政区划要求，对于城乡的现实内涵并不具有实际意义。就本书所研究的“城乡一体化”而言，城乡是指在当前发展阶段，仍具有城市和乡村主体特征的城市与乡村地域。“城”是指广义上的城，包括乡村以外的一切城市型聚落，包括城市及建制镇，与城镇等意；“乡”则是指集镇和农村，二者可从职业构成、人口规模、空间组织特征、经济特征、职能特征、生活方式等方面加以区别。

2.1.3 城市化

城市化是一个被广泛引用且内涵较为丰富的概念。由于人们对城市的概念理解不一，因而对城市化也有不同的解释。城市化本身的特点决定了这一概念的复杂性，它不是一个单一性的范畴，而是一个复合型范畴，包含着经济意义、社会意义、空间意义、生态意义、人口意义等内容，内涵极其丰富，必须从多角度理解才能对之全面把握。一般意义上讲，城市化是指由于社会生产力的发展而引起的人口向城镇集中、城镇数量增加及其规模扩大、城市物质文明和文化不断扩散、区域产业结构不断转换的过程。

城市化一词源于英文 urbanization，其词头 urban 意为“都市的、市镇的”；其词尾 ization 由 iz(e) + ation 组成，表示行为的过程，意为“……化”。城市化一词的出现，至今已有 100 多年的历史。然而由于城市化研究的多学科性和城市化过程本身的复杂性，对城市化概念的界定，一直是众说纷纭，莫衷一是，各有特点。

从广义上讲，城市化是指居住在市、镇地区的人口占总人口比重的增长过程，是由于社会生产力的发展而引起的市、镇数量增加及其规模扩大，人口向市、镇集中，市、镇物质文明和精神文明不断扩散，区域产业结构不断转换的过程。但不同学科对城市化的理解有所不同。经济学家通常从经济与城市（镇）的关系出发，强调城市化是从乡村经济向城市经济的转化，特别重视生产要素流动，即资本流、劳动力流在城市化过程中的作用，同时也注重从世界经济体系的角度探讨一国一地区的城市化问题；地理学家强调城乡经济和人文关系的变化，认为城市（镇）是地域上各种活动的中枢，城市化是由于社会生产力的发展而引起的农业人口向城镇人口、农村居民点形式向城镇居民点形式转化的全过程；社会学家以社群网（即人与人之间的关系网）的密度、深度和广度作为研究城市（镇）的对象，强调社会生活方式的主体从乡村向城市（镇）转化。人口学家研究城市化，主要是观察城市（镇）人口数量的增加变化情况，城市（镇）人口在总人口中比例的提高，城市（镇）人口规模的分布及其变动等，并分析产生这种变化的经济、社会原因及后果；人类学家则以社会规范为中心，认为城市化是人类生活方式的转变过程，即由乡村生活方式转为城市（镇）生活方式的过程；历史学家则认为城市化就是人类从区域文明向世界文明过渡中的社会经济现象。

与“城市化”近似的概念还有“城镇化”、“乡村城市化”，三者都是在研究我国的城市化过程中经常提到的概念，不同的学科和不同的学者由于理解的角度有所不同，因此就产生了对城市化概念的不同提法。一般来说，在国际上通用“城市化”，而“城镇化”和“农村城市化”这两种说法在国内比较普遍。

首先，关于“城市化”和“城镇化”概念的外延界定。在国内，对于这两个概念的分歧主要在于外延存在的界定。我国客观上存在着城市与城镇概念的混淆，所以对“urbanization”一词就出现了“城市化”和“城镇化”两种不同译法。对于这两个概念的外延界定，主要有三种观点：第一种，认为城市化既包括大、中、小城市，也包括小城镇，即城镇化是城市化的一部分；第二种，认为城市化仅指大、中、小城市，而城镇化不仅包括小城镇，同时也包括城市，因此城镇化的范围要大于城市化；第三种，则是把城市化等同于城镇化，持这种观点的人在国内比较普遍，他们主要是以我国的城市行政制度为依据，在将“城镇”理解为一个合成词的基础上，把“城镇化”定义为“城市化”在中国的具体形式，更有学者认为“城镇化”是有中国特色的“城市化”。

采用“城市化”或“城镇化”这两个术语，存在深层次的缘由。改革开放后开始出现“城市化”术语，但由于在当时严格控制大城市和偏爱小城镇的特殊背景下，我国的决策层和部分学术界人士对“城市化”这一提法心存顾虑，把“城市化”狭义地理解为主要指发展设区的大、中城市，不包括发展小城镇，致使“城市化”术语的推广应用受到不小阻力。为此中国城市与区域规划学界和地理学界于1982年共同在南京召开了“中国城镇化道路问题学术讨论会”，明确指出城市化与城镇化为同义语，体现了社会经济发展的必然趋势，建议以“城镇化”替代“城市化”，以避免某些不必要的误解。此后这两个同义的术语在社会上一直被同时使用。除了一些学者把这两个概念等同之外，政府部门基本上也是用“城镇化”这个概念来代替“城市化”，例如，有关政策文献中提到的“实施我国城镇化战略”、“走中国特色的城镇化道路”等。基于“城镇化”提法的社会历史原因，对我国目前大规模“urbanization”存在一定的本意扭曲。如今国家的宏观背景已经改善①，对城市概念有了一个明确的界定，有必要还其原来面目。

其次，关于“农村城市化”或“农村城镇化”的概念。这两个概念为我国部分社会学者和地理学者所常用，其含义指由于我国的农村人口数量大且农村比较落后，农村乡镇企业的发展创造了大量的第二、第三产业就业机会，农业剩余劳动力和人口在乡村地区完成职业上的非农业转化，而不需要进入城市，因此“农村城市化”或“农村城镇化”曾经是作为一种城市化战略而提出的概念，被认为是随着我国的小城镇、乡镇企业的发展而出现的一种城乡发展方式改革的创新提法。许多学者提出，农村城市化是城乡协调发展的主要动力，“农村城市化”提法也是基于当时离土不离乡情景之上的，甚至有排斥城市化的意味。一般来说，使用“农村城市化”或“农村城镇化”这种提法的人，大多数主张我国走小城镇城市化道路。他们的观点就是实现我国农村剩余劳动力的就地转移，转移的地点是小城镇而不是城市。

不管是“城市化”、“城镇化”还是“农村城市化”，其最终的结果都应是达到城乡一体化，实现农民职业的非农化和生活的现代化。本书鉴于研究过程中的统一性，这三种概念不加以严格区分，统一使用“城市化”这种提法。

2.1.4 城乡统筹

所谓“统筹”，意指统一谋划，相互兼顾，共同发展。何谓统筹城乡发展，理论界尚没有一个明确界定。归纳起来，关于统筹城乡经济社会发展，主要有两层基本含义：一指城乡之间的关系与发展，要做到统筹兼顾，不能顾此失彼；二指经济与社会发展方面，两方面要相互适应、共同发展，使经济与社会发展互相促进、各得其所。统筹城乡发展的目标就是要改变城乡二元结构，实现城乡协调发展和城乡一体化。

(1) 对城乡统筹含义的理解

研究者普遍认为，统筹城乡是一个内容宽泛的概念，故而在表述上也异彩纷

---

① 《中华人民共和国城市规划法》中已确认，“本法所指的城市，是指国家按行政建制设立的直辖市、市、镇”，即把建制镇也纳入城市范畴。

呈。如陈锡文阐述到：党的十六大报告中提出来的统筹城乡发展是一个宽广的内容，不仅仅指财政方面，而是指整个国家经济的发展方面如何做到统筹。郭翔宇认为，统筹城乡发展，是针对传统计划经济体制和二元经济社会结构下工农分割及城乡分治的发展状态而提出来的；统筹城乡发展，要求我们要站在国民经济和社会发展全局的高度，把农村经济与社会发展纳入整个国民经济与社会发展全局之中，并与城市发展进行统一规划、综合考虑，改变重工轻农的城市偏向。鞠正江认为，统筹城乡发展的基本内涵包括：统筹经济资源，实现城乡经济均衡增长和良性互动；统筹政治资源，实现城乡政治文明共同发展；统筹社会资源，实现城乡精神文明的共同繁荣。陈希玉认为，城乡统筹，就是改变重城市、轻农村，“城乡分治”的传统观念和做法，通过体制改革和政策调整，消除城乡之间的藩篱，破除城乡“二元结构”，把城乡作为一个整体，对国民经济发展计划、国民收入分配格局以及重大经济政策实行城乡统一规划，把解决“三农”问题放在优先位置，更多地支持农业，关注农村，关心农民，实行城乡协调发展。

城乡统筹具有丰富的内涵，体现在经济和社会发展的方方面面。胡进祥认为，统筹城乡发展是指党和国家及各级政府在谋划城乡关系与经济发展和社会进步时，要紧紧把握城乡一元化发展观，消除城乡二元结构及其赖以存在的政策和制度安排，构建城市和乡村相互兼顾、协调发展的平台，全面建设包括广大农村在内的小康社会。李茂生、陈昌盛、王新丽、贾英姿等认为，统筹城乡发展的基本含义是打破城乡分割，缩小城乡差距，推进中国城乡二元结构的根本转变，通过城乡协调、可持续发展，实现城乡一体化、现代化。陶武先认为，统筹城乡发展的基本内涵在于：把工业与农业、城市与乡村、城镇居民与农村居民作为一个整体统筹谋划、综合研究，通过体制改革和政策调整，协调工农关系、城乡关系，逐步清除城乡之间的藩篱，从根本上解决“三农”问题，促进城乡经济社会协调发展，推进城乡分割的二元结构向城乡一体化的现代经济社会结构转变。

（2）对统筹城乡实质的理解

焦伟侠、陈俚君认为，统筹城乡发展的实质有三层意思：一是改变重城市、轻农村以及“城乡分治”的传统观念和体制，通过体制改革和政策调整，消除城乡分割，使城乡之间人口、产品、资金、技术、信息有效流动；二是把城乡作为一个整体，对国民收入分配格局和重大经济社会政策进行重新设计，实行城乡统一筹划，把调整农业、支持农村、关心农民作为城市化的重要内容，实现城乡共同繁荣；三是要解决中国经济的二元结构和高级化问题。

(3) 关于城乡一体化与统筹城乡的关系

有研究者从学理上说明统筹城乡发展不同于城乡协调发展、城乡一体化。郭翔宇认为，统筹城乡发展，是国家的一种政策倾向，是政府的一种宏观调控手段，其宗旨和目标是使城乡经济社会能够协调发展，最终实现城乡一体化；统筹城乡发展，是一个动态的过程，需经过较长时间，在逐步缩小城乡差别的基础上来实现。浙江省农业和农村工作办公室课题组认为，统筹城乡发展，是相对于城乡分割的“二元经济社会结构”而言的，它要求把农村经济与社会发展纳入整个国民经济与社会发展全局之中进行通盘筹划、综合考虑，以城乡经济社会一体化发展为最终目标，统筹城乡物质文明、政治文明、精神文明和生态环境建设，统筹解决城市和农村经济社会发展中出现的各种问题，打破城乡界限，优化资源配置，实现共同繁荣。统筹城乡发展的实质是给城乡居民平等的发展机会，通过城乡布局规划、政策调整、国民收入分配等手段，促进城乡各种资源要素的合理流动和优化配置，不断增强城市对农村的带动作用和农村对城市的促进作用，缩小城乡差距，使城乡经济社会实现均衡、持续、协调发展，促进城乡分割的传统“二元经济社会结构”向城乡一体化的现代“一元经济社会结构”转变。刘国炳认为，统筹城乡发展是城乡关系问题，是过去城乡一体化、城乡协调发展等观点的一个延续和发展。实际上它与城乡一体化、城乡协调发展、城乡融合、乡村城市化等内涵有很大区别。具体而言，城乡一体化、城乡融合、乡村城市化可以说是一种目标和结局的统一；城乡协调发展体现的是一种关于城乡关系的愿望和要求；统筹城乡发展是一种解决城乡问题手段和途径的统一。它们的共性都牵涉城乡关系问题，但个性却各有所指，意义结果是不同的。“统筹”两字，应该说是这一战略观点的价值核心。在现阶段提出统筹城乡发展，是推进共同富裕的重要举措，是社会主义发展目标的现实要求。

总而言之，统筹城乡经济社会发展的目标是：改变目前普遍存在的城市与乡村发展中比较严重的不平衡所造成的城乡二元经济和社会结构。统筹的手段是：充分利用城乡各自的优势资源条件，在效率优先、兼顾公平的原则下，协调推进经济发展和社会进步，实现城乡之间优势互补，在经济联系上加强合作，相互开放市场，实现共同发展。

2.1.5 城乡一体化

“一体化”，英语为 integration，导源于拉丁语 integration，原意为“更新”。直到 1620 年，出版物中的“一体化”有了“将部分结合为一体”的含义。integration，译成汉语有“结合、综合、统合、集成、整体，协调、整合、同化”等表述，其基本含义是将部分结合、整合为一体。

由于学科背景以及出发点的不同，城乡一体化涉及经济社会、生态环境、文化生活、空间景观等各个方面，因此对城乡一体化概念就有诸多不同的理解，至今城乡一体化还没有统一的定义。社会学者和人类学者从城乡关系的角度出发，认为城乡一体化是指相对发达的城市和相对落后的农村，打破相互分割的壁垒，逐步实现生产要素的合理流动和优化组合，促使生产力在城市和乡村之间合理分布，城乡经济和社会生活紧密结合与协调发展，逐步缩小直至消灭城乡之间的差别，从而使城市和乡村融为一体。经济学者则从经济发展规律和生产力合理布局角度出发，认为城乡一体化是现代经济中农业和工业联系日益增强的客观要求。规划学是从空间的角度对城乡结合部做出统一规划，即具有一定内在关联的城乡交融地域上，各个物质与精神要素进行系统安排。环境学是从生态环境的角度，认为城乡一体化是对城乡生态环境的有机结合，保证自然生态过程畅通有序，促进城乡健康、协调发展。

由于“城乡一体化”内涵的丰富和多样性，本书在后文中对这一概念的理论意义和实践价值进行了再认识。

2.2 国内外相关研究进展与评述

在工业化、城市化和整个社会的现代化历史进程中，城乡之间的相互联系和相互作用始终是贯穿其中的主线。人口、资金、信息和物资在城乡之间的流动便是这种相互联系和相互作用的具体体现，其空间效果构成了城乡经济和社会的空间组织方式。城乡关系与乡村发展已经成为第二次世界大战以后兴起的发展研究的重要领域之一。

2.2.1 国外相关研究进展及评述

工业革命给城市发展带来了巨大变化，创造了前所未有的财富，城市逐渐成为人类文明和先进的象征，而农村则沦于愚昧、落后的困境。随着城乡分割、城乡对立等现象的产生，以及城市与乡村各自发展所带来的一系列问题的困扰，许多思想家、政治家、社会学者与城市学者开始研究理想社会，提出了城乡协调发展的观点及其诸多方案，比较有影响的有：空想社会主义者的“乌托邦”、马克思和恩格斯的“城乡阶段发展理论”、霍华德的“田园城市”理论、沙里宁的

“有机疏散理论”、芒福德的“城乡发展观”等。

16 世纪初，英国著名政治家、空想社会主义的创始人托马斯·摩尔提出理想中的“乌托邦”社会方案。“乌托邦”意为理想之国，托马斯·摩尔期望通过对理想社会组织结构等方面的改革来改变当时他认为不合理的社会现实。在他的描述中，共有 50 个城，城与城之间最远一天到达，城市不大，以避免与乡村脱离。乌托邦居民没有固定的农业人口，每户有一半的人在乡村工作，住满两年轮换；街道宽，通风良好，住户不上锁，以废弃财产私有的观念；生产的物品放在公共仓库中，每户按需要领取，设有公共食堂，公共医院；农村和城市都一样的洁净秀丽。

17 世纪初，意大利的空想社会主义者康柏内拉在《太阳城》一书中描绘了一位航海家在环球旅行时见到的一个不为人知的“太阳城”，这里是没有暴力、追求平等、祥和的理想主义王国，希望人类在一种和谐、平等、幸福的氛围中享受快乐的生活。追求没有私有制、没有剥削、人人劳动，这是康柏内拉理想中的孤岛。18 世纪末，法国的空想社会主义者巴贝夫提出：“把现代社会生活中的舒适，同自然纯朴生活的优点极好地结合起来。”他以此作为未来社会的目标。

随着资本主义的发展，空想社会主义者对资本主义社会城市化过程中的矛盾有了更加深刻的认识。19 世纪初，圣西门、傅立叶、欧文三位杰出的思想家设想的未来理想社会，将实行工农业生产结合、脑力劳动和体力劳动结合。傅立叶在其设想的和谐社会中提出用“和谐制度”代替现存的社会制度，用组织“法朗吉”的试验方法建立新的社会制度。他提出了名为“法朗吉”的理想社会单元，由 1500 ~ 2000 人组成，生产与消费相结合，但不是家庭的小生产而是有组织的大生产；通过公共生活组织，减少非生产性家务劳动，以提高社会生产力；在“法朗吉”内，人人劳动，男女平等，免费教育，工农结合，没有城乡差别，没有脑力劳动和体力劳动的差别。劳动将成为一种享受，每个人将根据劳动得到公正的分配。他还为“法朗吉”绘制了一套建筑蓝图。建筑物叫“法伦斯泰尔”，中心区是食堂、商场、俱乐部、图书馆等。建筑中心的一侧是工厂区，另一侧是生活住宅区。傅立叶幻想通过这种社会组织形式和分配方案来调和资本与劳动的矛盾，从而达到人人幸福的社会和谐。

空想社会主义者很注意城乡关系问题，主张农业与非农业职业、农村与城市居民相互替换，主张消灭城乡对立，等等。罗伯特·欧文提出用“劳动交换银行”及“农业合作社”的方式解决生产私有化与消费社会性的矛盾，在此基础上建立“新协和村”，住 500 ~ 1000 人，有公用的厨房和幼儿园，在村内组织机器化程度很高的大生产，在村子的周围地区则有耕地和牧地，进行农业生产；为了做到自给自足，必需品由本村生产，集中于公共仓库，统一分配。他在美国印第安纳州建立了“新协和村”，但在当时的条件下，没过几年就失败了。

从“乌托邦”到“太阳城”、“法郎吉”、“新协和村”，虽然这些空想社会主义者的想法和实践都失败了，但他们把城市的发展看作一个经济社会的发展范畴，努力使城市的发展与周边农村地区的发展相协调，使工业生产与农业生产相协调，这为后来的城乡发展理论提供了许多有益的参考和借鉴。

19 世纪 40 ~ 90 年代，马克思和恩格斯批判地吸收了空想社会主义的观点，把社会主义从空想变成科学，创立了科学社会主义学说。“一切发达的、以商品交换为媒介的分工基础，都是城乡的分离。可以说，社会的全部经济史，都概括为这种对立的运动”。这句话明确体现了马克思、恩格斯对城乡关系问题的重视。他们从历史和逻辑发展的角度阐明了城乡之间的关系演变，提出了新的城乡发展理论。从城乡对立走向城乡融合是马克思主义经典作家对城乡一体化理论的基本概括，可以说，城乡融合是社会发展的必然趋势。马克思主义关于城乡一体化发展的论述，主要是从社会学和经济学的角度进行的探讨。马克思、恩格斯认为，在人类历史的发展过程中，城市与乡村的相互关系经历了三个辩证发展的阶段：第一阶段，城市诞生于乡村，乡村是城市的载体，乡村在整个人类社会系统中占据主导地位；第二阶段，从工业革命开始，人类社会的城市化进程加速，城市经济逐渐占据人类社会的主体地位，城市工业化的发展也造成城市与农村在经济、社会、文化等方面的差异愈加明显，城乡分割、城乡对立等现象也逐渐显露出来；第三个阶段，随着城市化的深入发展，城市与乡村之间的依存度大大加强，城市与乡村之间逐步走向融合，城市与乡村通过协调合作实现城乡的一体化发展。

马克思和恩格斯认为，城乡分离是分工的结果，“物质劳动和精神劳动的最大的一次分工，就是城市和乡村的分离，城乡之间的对立是随着野蛮向文明过渡、部落制度向国家过渡、地方局限性向民族过渡开始的，它贯穿着全部文明的历史并一直延续到现在。城乡分离起源于分工，它是社会进步的一种标志”。他们认为这种分离又使在较长时期内社会资本向城市集中，进而各种要素（包括经济、政治和文化方面）都逐步向城市集中。但各种要素向城市的过度集中，使得城市对乡村的统治不断加强，最终必然导致城乡之间的对立。他们认为，这种城乡对立在私有制下无法解决，只有在公有制的条件下才能把农业和工业结合起来，促使城乡之间的对立逐步消失，最终实现城乡一体化。恩格斯曾经指出，资本主义社会“乡村农业人口的分散和大城市工业人口的集中只是工农业发展水平不够高的表现，它是进一步发展的阻碍，这种阻碍在目前已被人们深深地感受到了，那些将要消灭旧的分工以及城市和乡村分离并且将使全部生产发生变革的革命因素，已经在现代大工业的生产条件中处于萌芽状态”。他预见到废除私有制后，在按照共产主义原则组织起来的社会里，城市和乡村之间的对立将“消灭”，城市和乡村将“融合”。这种融合就是“要使现存的城市和乡村逐步演变为既有城市的一些特征，又有乡村的一些特征的新社会实体。公社公民将从事工业和农业生产，将结合城市和乡村生活方式的优点而避免二者的褊狭和缺点”。列宁和斯大林也曾总结和阐述了社会主义条件下的新型城乡关系。他们指出，消灭城乡对立和城乡差别是“共产主义建设的根本任务之一”，“建立城乡之间的结合”是“党和国家实践的基本问题”。斯大林在总结原苏联社会主义经济建设的实践时也曾指出：“在几乎是荒野的地方出现了居民众多的新的大城市。旧的城市和工业区也大大发展了。”原苏联成立的 20 多万个集体农庄和 5000 多处国营农场实践性地证明了城市与乡村能够共同发展。

第二次世界大战后，一些国家在城市人口急剧膨胀之后，乡村和小城镇的人口不断增长，并开始超过了都市人口的增长速度。人们把这种城市人口向乡村“返迁”的情况叫“逆城市化”，并认为这种发展趋势在一定程度上证实了马克思、恩格斯提出的城乡融合是一个不以人们意志为转移的规律。

1898 年，英国城市学家埃比尼泽·霍华德（Ebenezer Howard）提出了田园城市（garden city）的理论。在他的著作《明天：一条引向真正改革的和平道路》（*Tomorrow*：*A Peaceful Path to Reform*，1902 年再版时改名为《明日的田园城市》）中倡导“用城乡一体的新社会结构形态来取代城乡对立的旧社会结构形态”。他在序言中说：“城市和乡村都各有其优点和相应缺点，而城市—乡村则避免了二者的缺点，城市和乡村必须成婚，这种愉快的结合将迸发出新的希望、新的生活、新的文明。本书的目的就在于构成一个城市—乡村磁铁，以表明在这方面是如何迈出第一步的。”他在书中还绘制了标明“城市”、“乡村”和“城市—乡村”的三块磁铁，同时作用于“人民”，并提出了“人民何去何从”的问题，从而形象地阐释了他的“城乡一体化”的观点。他倡导的是一种社会改革思想，即用城乡一体的新社会结构取代城乡分离的旧社会结构形态，这种思想影响了英国（英国于 1899 年建立了田园协会）、奥地利、澳大利亚、比利时、法国、德国、美国等发达国家，田园城市模式一度成为世界所推崇的模式。田园城市理论深深地影响着当代的城市规划思想与方法，同时也为城乡发展提供了可靠的思路。但是，由于受诸多因素的限制，霍华德的田园城市并不是为了消灭城乡差别，田园城市所想象的也是一种自给自足的生活方式，而且城市和乡村磁铁相对于城市磁铁和乡村磁铁是完全孤立的，因而田园城市只是消极地避开了城市和乡村的弊端，想为人们营造一个看似美好的空间。

芬兰建筑师 E. 沙里宁针对城市过于集中而产生的弊病，提出了关于城市发展及其布局结构的理论——“有机疏散论”，并于 1942 年在他的著作《城市：它的发展、衰败和未来》一书中对有机疏散论做了系统的阐述。他认为，今天趋向衰败的城市，需要有一个以合理的城市规划原则为基础的革命性的演变，使城市有良好的结构，以利于健康发展。沙里宁提出了有机疏散的城市结构的观点。他认为，这种结构既要符合人类聚居的天性，便于人们享受共同的社会生活，感受到城市的脉搏，而又不脱离乡村自然环境。可见，沙里宁的“有机疏散论”深受霍华德“田园城市”模式的影响。

沙里宁认为，城市的发展和自然界的所有生物一样，都是有机的集合体，因此，城市发展的原则可以从自然界的生物演化中得到启示，城市建设所遵循的基本原则也应与此相一致。在这样的思想体系指导下，他全面考察了中世纪欧洲城市和工业革命后的城市建设状况，分析了有机城市的形成条件和在中世纪的表现及其形态，对现代城市出现衰败的原因进行了揭示，提出治理现代城市衰败、促进其发展的对策，从而架构起城市有机疏散理论。他认为，为了挽救城市因过于集中而衰败，必然对城市从形体上到精神上全面更新，按照机体的功能要求，把城市人口和部分产业分散到可供合理发展的外围地域。城市内部的重工业、制造业是有机疏散的重点，城市中心地区的日常生活供应部门将随着城市中心的疏散，离开拥挤的中心地区。随着产业的扩散，城市中心地区的许多家庭也疏散到新区居住，以得到更适合的居住环境，降低中心地区的人口密度。而一些服务性行业和城市行政管理部门则设置在城市的中心位置。城市中心地区由于工业外迁而腾出的大面积用地，应该用来增加绿地以及为城市中心地区工作的技术人员、行政管理人员、商业人员提供居住地。有机疏散的两个基本原则是：把个人日常的生活和工作即沙里宁称为“日常活动”的区域，做集中布置；不经常的“偶然活动”的场所，不必拘泥于一定的位置，则做分散布置。日常活动尽可能集中在一定的范围内，使活动需要的交通量减到最低程度，并且不必都使用机械化交通工具。而往返于偶然活动的场所，虽路程较长亦属无妨，因为在日常活动范围外缘绿地中设有通畅的交通干道，可以使用较高的车速迅速往返。有机疏散最显著的结果就是使密集的城市地区分割成几个地域相关联的小面积镇区，并且各个镇区之间即有联系，又有隔离，从区域角度看，则是一个城乡差距较小的城乡区域均质体。1918 年，沙里宁按照有机疏散的理论制定了芬兰大赫尔辛基方案。

“有机疏散论”的可取之处在于将城市与外围乡村作为一个整体，通过规划和产业再布局实现城乡分工协作与耦合发展，通过有机疏散的城市发展方式，使人们居住在一个兼具城乡优点的环境中。这种将城市和外围郊区统筹考虑的布局思想，体现了城乡一体化发展的基本思路。该理论在第二次世界大战后对欧美各国建设新城、改建旧城，以至大城市向城郊疏散扩展的过程有重要影响。值得注意的是，产业布局需要遵循集聚经济和规模经济规律，人为的疏散必须与市场机制和竞争绩效相互结合，否则就会出现因产业“空洞化”而导致的城市中心区的衰落以及因产业聚集效应的降低而出现的产业衰落。20 世纪 70 年代以来，有些发达国家城市过度地疏散、扩展，又产生了能源消耗增多和旧城中心衰退等新问题。

美国著名的城市学家刘易斯·芒福德（Lewis Mumford）于 1946 年为《明日的田园城市》一书再版写序时，对霍华德的城乡一体化思想大加赞扬，说“霍华德把乡村和城市的改进作为一个统一的问题来处理，大大走在了时代的前列”。到了 20 世纪 60 年代，他又明确指出：“城与乡，不能截然分开；城与乡，同等重要；城与乡，应当有机结合在一起，如果问城与乡哪一个更重要的话，应当说自然环境比人工环境更重要。”他推荐赖特的主张，即通过分散权利来建造许多“新的城市中心”，形成一个更大的区域统一体（regional entities），通过以现有城市为主体（但要大大的分散），就能把这种区域的统一体引向许多平衡的社区里，这就有可能使区域整体发展，不仅可以重建城乡之间的平衡，还有可能使全部居民在任一地方都享受到真正的城市生活的益处，同时，又可避免特大城市在发展过程中所产生的各种困扰，最终达到霍华德的“田园城市”的发展模式。

1950 年以来，世界上许多国家特别是发展中国家的工业化和城市化进程明显加快，中心城市的空间范围迅速扩张，在城市边缘出现了规模庞大的城乡交接地带；同时，由于交通基础设施的发展，不仅使过去独立发展的城市之间产生了密切的联系，而且在城市之间的交通通道上形成了新的发展走廊，这些区域具有特殊的既非城市，也非农村的空间形态，但又同时表现出城乡两方面的特点，因此被学者称之为“灰色区域”或者“被扩展的都市区”。20 世纪 80 年代中期，加拿大学者麦基（T. G. Mcgee）针对这种新型空间结构提出了 Desakota（在印尼语中，desa 是村庄，kota 是城市）的定义，它们一般出现在人口密集的亚热带或热带地区，处于大城市之间的交通走廊地带，借助于城乡间强烈的相互作用，带动了劳动密集的工业、服务业和其他非农产业的迅速增长，实现了居民职业活动和生活方式不同程度的转变。

麦基的 Desakota 模式是向传统西方国家以大城市为主导的单一城市化模式提出的挑战，对城乡之间的相互作用和双向交流的论述，为亚洲许多国家的城市化研究提供了新思路。但同时我们也应该看到，Desakota 理论还存在许多不完善的地方，因为他是基于对亚洲一些国家的实地调查总结得出的，在分类、特征和动力机制上，还存在局限性。

发展中国家在乡城转换（rural-urban transition）过程中存在不同方式。麦克·道格拉斯（Mike Douglass）通过对泰国东北部的研究，认为传统的城市极化效应可以带来城市的繁荣，但相伴随的是农村的老龄化、区域经济的落后、农民生活的贫困；而采取城乡一体化（rural-urban integration）的方式，建立城乡联系的区域网络系统，可以促进城乡经济共同增长。这种设想是一种内生的经济发展战略，目的是通过建立网络构架克服城乡分离，激活区域经济，给小城镇和乡村带来共同的利益。斯卡利特·爱泼斯坦（Tscarlett Epstein）与戴维·杰泽夫（David Jezeph）从第三世界国家的发展背景入手，认为它们大多沿袭西方发达国家经济发展模式，采取"城市偏向"（urban bias）的政策，忽视了乡村地区的发展，其结果是城市基础设施趋于紧张、城市贫困人口比例不断上升等城市病涌现。针对这些问题，他们提出一个三维城乡合作模型，包括乡村增长区域（rural growth areas）、乡村增长中心（rural growth centers）、城市中心（urban centers），通过城乡之间的合作来解决乡村与城市共同的贫困问题。毕雪纳·南达·巴拉查亚（Bhishna Nanda Bajracharya）提出通过发展小城镇，加强小城镇与乡村之间的联系，为城乡一体化发展提供基础，进而促进乡村发展。

从上面的分析可以看出，城乡一体化研究总的来说理论上还不成熟，尚未形成一个统一的理论框架与理论模式，研究工作还在摸索当中。在不同经济发展水平国家，其研究重点是不一样的：发达国家的趋势是城市向乡村的产业与居住转移，所以在研究中更注重空间环境的城乡融合设计；在"过度"城市化的发展中国家，把小城镇作为城乡经济增长的连接点，大城市通过产业转移，为小城镇提供更多的就业机会，吸纳农村富余劳动力，解决大城市问题，同时，建立以小城镇和乡村为节点，以交通通讯为网络的城乡一体化发展模式，促进小城镇的繁荣与农民受益的提高，带来城乡共同发展。

2.2.2 国内相关研究进展及评述

在我国，城乡一体化实际上是在改革实践中首先提出来的，它的产生与我国改革开放后乡镇企业的兴起、小城镇的大量涌现、乡村城市化迅速发展密不可分。有学者认为，城乡一体化在我国的提出与发展大致经历了三个时期：一是改革开放后到 80 年代中后期，是城乡一体化的提出与探索阶段；二是 80 年代末期到 90 年代初期，开始对城乡边缘区进行研究；三是 90 年代中期至今，是研究内容日臻完善时期。事实上，学者们对城乡一体化的研究，经过了从实践到理论的认知发展过程，在城乡一体化发展研究的前期阶段，更侧重于对城市和乡村在发展过程中城乡景观变化的描述，如对城乡边缘区的研究成为前沿，而对影响城乡关系的其他因素则关注不够，尤其是对影响城乡发展演变的制度因素关注较少。随着实践的发展和研究的深入，近年来对城乡一体化的研究开始向构建城乡一体化理论框架与理论体系转变，这将有助于升华城乡一体化发展的理论意义和拓展其实践价值。

2.2.2.1 对城乡一体化空间景观的描述和研究

从城乡一体化发展的实践历程来看，这一概念是苏南地区在 1983 年首先提出的，随后，上海市、天津市、浙江省、辽宁省等经济较发达地区开始探索对中心城市与周边乡村地区的发展通盘考虑的城乡一体化发展战略。长江三角洲和珠江三角洲是我国改革开放的前沿，加之部分地区实行“市管县”的行政管理体制，使得乡镇工业迅速发展，城乡之间科技、文化、社会交往日益频繁，城乡人民生活水平的差距在缩小，城市边缘区向农村有了很大推进。有学者从城乡景观演变这一现象出发，研究了城乡空间景观演变的发展趋势，认为城—镇—乡的体系或网络是在集中和分散这两种趋势的相互作用下形成的，其目的是做到农村有中心、城市有腿脚，城乡紧密结合。同时，研究者还进一步探讨了城—镇—乡网络和农村社区结构分析中所涉及的小城镇布局、规划和建设问题。1990 年前后，我国城乡一体化研究开始向城市边缘区这一兼具城市和乡村地域特征的区域推进。这一时期我国学者对城市边缘区的概念界定、特性分析、类型划分、空间演变机制等进行了探讨。研究者首先界定了“城市边缘区”这一概念，认为它是城市化发展到一定阶段所形成的独特的地域实体，是城乡互为渗透、城市化发展迅速和城乡矛盾尖锐的城乡过渡地带及土地利用转变地带；城市边缘区是城市活动和乡村开发的交集，其空间结构主要是受土地配置制约。随后，开始了对城市边缘区发展衍化的动力机制的探讨，并对城市边缘区的类型进行了划分：崔功豪等提出边缘区演变的动力机制是城市内部发展压力作用于郊区所产生的被动型城市化力和郊区自发的城市化力共同作用的结果，其发展受到城乡经济发展水平、社会文化心理等因素的影响，其中经济发展是决定性因素，经济活动的内容和方式决定了边缘空间结构特征，并提出我国城市边缘区的发展过程可划分为农业型、半工业型、工业型三个阶段；顾朝林等在探讨中国城市边缘区划分的基础上，对中国大城市边缘区的人口特性、社会特性、经济特性、土地利用特性以及地域空间特性进行了研究。其后，研究者进一步研究了城乡一体化的空间意义，指出城乡一体化系统由社会、经济、自然、城镇系统构成；提出城乡协调的区域观、可持续协调观等城乡一体化规划的观念；城乡一体化景观格局设计和规划中充分尊重生态规律，必须把城市和乡村统一到景观格局的背景中加以研究，维护和恢复城乡一体化过程中景观生态过程及格局的连续性和完整性。

2.2.2.2 城乡一体化理论体系的构建

随着对城乡一体化空间演变规律认识的深入，研究者们开始了理论上的探索，讨论城乡一体化目标、战略、特征、发展方向、动力机制与实现条件，以及阻碍因素和具体措施等，研究内容趋向具体化与系统化。

（1）城乡一体化的定义

1988 年，原国家计划委员会经济管理研究中心秘书长骆子程在论及走城乡一体化道路时说："何谓一体化？就词汇而言，《辞海》指出：'比喻关系密切如同一个整体一样。''化'，指'变'、'改'。我的领会，如用于社会经济即城乡经济发展变化上，有关系密切趋于一体之意。""城乡一体化是社会生产力发展到一定阶段所形成的一种新型的城乡关系，是以城市为中心，小城镇为纽带，广大农村为腹地的；有分工、有协作、多层次、开放型的社会经济统一体。"

《中国城郊发展研究》课题组的专家们强调，严格地说，城乡一体化应是"市、郊一体化"。"一个城市市、郊一体化的内涵可以表述为：以该城市的市区和城郊为整体，以提高市、郊综合劳动生产率和社会经济效益为中心，统筹规划市、郊建设，合理调整产业结构，优化生产要素配置，促进资源综合开发，加速各项社会事业的共同发展，从而使城市和城郊的经济持续、稳定、协调地发展。"凌岩在《农村城市化论》中指出："所谓城乡一体化，当然不是要求市区去经营农业，也绝不排斥合理的区域分工，其重点还在发展乡村。城乡一体化的实质，在于通过规划，对全市的产业、人口、设施进行合理布局，使市区和郊区更加你中有我，我中有你，从而导致城乡之间的差别真正消失。城乡差别消失的第一本质，就是变二元结构为一体化。"

（2）城乡一体化的内涵

研究者从经济、社会、生态、文化等方面论述了城乡一体化的基本内涵，认为"城乡一体化，其含义是指在城市化中人口逐步向城市转移的同时，城乡经济共同得到发展，城市居民与农村居民的生活质量、生活水平和生活方式基本在相等线上发展，也就是马克思指出的从城乡分离到逐步实现城乡融合的设想"。城乡一体化是社会发展的必然趋势，它是生产力发展到一定水平时，城市和乡村成为一个相互依存、相互促进的统一体，充分发挥城市和乡村各自的优势和作用，城乡的劳动力、技术、资金资源等生产要素在一定范围内进行合理交流与组合，在空间上互为环境，生态协调、环境幽雅，人们享有充分的自由；城乡一体化包括空间一体化、人口一体化、经济一体化、市场一体化、生态一体化、社会一体化、制度一体化等科学内涵；城乡一体化的具体内涵包括体制的一体、经济的链接、社会的趋同、空间的融合，并提出城乡在功能、行业、收入、景观诸方面的差异必然存在；城乡一体化是从区域角度出发，寻求区域持续、协调、全面的发展途径；它是在明确城乡分工、相互促进基础上的双向发展并形成最优空间网络系统的过程，其最终目的是为城乡居民创造一个物心俱丰的生存环境；城乡一体化“是从城乡双方的共同利益出发，变城乡之间互相分割为互相结合，变相互封闭为相互通开，实现以城带乡，以乡促城，使城市和农村协调发展，共同繁荣”；城乡一体化的基本特征为经济上整体协调和空间上整体协调。“城乡一体化是指城市和乡村以一个整体出现，其间人流、物流、信息流自由合理地流动，城乡经济、社会、文化相互渗透、相互融合、高度依赖，城乡差别很小，各种时空资源得到高效利用。城乡一体化是从系统科学的角度对城乡社会经济发展状况的一种概括性描述，是城乡社会经济文化发展的一个较高阶段。在这样一个发展阶段，城乡的地位是相同的，但城市和乡村在系统中所承担的功能将有所不同。”

还有研究者认为“城乡一体化”是从中国进入现代化建设新阶段的需要出发，以改变城乡二元结构为主要特征的活动。从经济学角度考察，其基本含义是消除城乡之间商品、资金和劳动力等生产要素自由流动的障碍，实行不同程度的经济联合和共同的经济调节，形成一个城乡统一的市场体系。在城乡一体化的发展过程中，逐渐形成一个能够统筹、协调和整合城乡之间各种经济关系的中心，由这个中心调节一体化范围内的经济社会活动。实行城乡一体化战略，将促使城乡之间相互协作、优势互补，以城带乡、以乡促城，互为市场、资源共享，相互服务、融合互动，以推进城乡经济、社会、文化和生态持续协调发展；它是不断适应科学技术、生产力的发展和提高竞争能力的需要，对经济生活不断进行整合、调节的结果；实行这个发展战略，是一个长期连续滚动的发展过程，它是一个指向，不是最终结果，但却将不断逼近未来社会的“城乡一体化”。城乡一体化具有六大特征：一是长期性，即城乡一体化是个长期战略，不可能在短时期内实现；二是整体性，即兼顾城市与乡村的协调、统筹与均衡；三是地域性，即城乡一体化的载体是以城市为中心的一个有限度的辐射区域；四是互动性，即城乡互动；五是双向性，即城市化与逆城市化并存；六是广泛性，即涉及城乡不同发展阶段上的各方面的不同内容。

（3）城乡一体化发展的动力机制

研究者从城乡系统发展角度出发，认为城乡一体化发展有其内部动因和外部动力，包括城市“集聚经济”的拉力、农村工业化的推力，以及城乡间统一的要素市场和基础设施的融合作用力，是城乡一体化发展的基本动力；城市现代化、改革开放政策及引进外资等是我国城乡一体化发展的主要动力；城乡一体化的动力机制包括中心城市的向心力和离心力、乡镇企业的发展和乡村的工业化、小城镇的发展和乡村城镇化、农业的产业化与现代化等。简而言之，城乡一体化的动力机制分别有城市化、小城镇发展、农业产业化等。当然也有人提出，“工业化导致城市化是资本主义社会的特有规律”、“是资本主义本性所决定的社会现象”，并认为“社会主义国家实现工业化不是出现加剧城乡对立的城市化，而是出现消灭城乡差别的城乡一体化”。显然这样的城乡一体化仅从社会制度考虑问题。

（4）城乡一体化的实现条件

研究者提出城乡职能分工的合理化，经济发展和市场配置的一体化，区域性基础设施的一体化，以及城乡经济、资源与环境的可持续发展等，既是实现城乡一体化的必备条件，又是城乡关系是否处于协调发展状态的一种标志；农业现代化、城乡经济一体化、基础设施的革新、城乡生活水平与生活质量的提高、城乡生态环境美化是城乡一体化实现的条件；城乡一体化必须同时具备的条件为城乡生产力达到较高的发展水平、地区经济发展比较均衡、城镇相当密集、交通通信等基础设施能适应或超前于当前经济社会发展的要求；城乡一体化的标志是网络型地域经济系统的生成，核心是市场一体化，并将我国城乡一体化模式概括为“城带乡”、“城乡统筹规划”、“工农协作、城乡结合”、“城乡互动”四种模式。

（5）城乡一体化的实践价值

树立城乡一体化的观念，统筹兼顾，全面安排，充分发挥城乡各自的优势和特色，合理配置经济区生产力，促进城乡经济和各项事业的协调发展，有助于新农村建设和三农问题的解决，有助于农村剩余劳动力的转移和破解二元社会结构。例如，从 1981 年起，北京郊区是以城乡一体化的战略思想来指导经济工作；周玉等以新民县为例总结了发展新型城乡关系的主要方向、内容、实质等经验；刘巩等探讨了城乡经济综合交流的几种类型以及城乡双方的经济结构需要进行综合调整和改革的相应措施。

从目前研究进展来看，尽管对城乡一体化的定义、内涵、动力机制、实现途径和模式等理解有所不同，但绝大多数研究者都认为在以下两点达成了基本共识：首先，城乡一体化并非城乡“一样化”和“平均化”，不是要完全消灭城乡差别，最终达到城乡社会经济的绝对均等，因为城市和乡村这两种地域组织形式的形成，是由特定的制度、生产力、资源和生态环境等各方面的条件和机制共同作用的结果，城乡两大系统在社会结构、经济发展特点、思想文化意识和生态环境特点等方面总存在差异；其次，城乡一体化不是城乡水平的低层次平衡和平均主义，而是从城乡地域系统综合协调的角度，为城乡两大系统的社会经济发展创造平等竞争和共同协调发展的体制环境和运行机制，方向应该是城市与乡村互相吸收先进和健康的、摒弃落后和病态的一种双向演进。

综观我国学者所做的研究可以看出，虽然围绕城乡一体化的概念、内容、目标、实质、动力机制、标志、模式等展开过热烈讨论，对若干理论问题达成了一些基本共识，在实践上，政府部门和学术界为了推进城乡一体化的发展也做了不少努力和尝试。但总体上说，无论在系统性和深度方面，研究都有待进一步拓展，有些研究成果还有待进一步商榷和实践检验，主要存在以下几点不足：一是多数学者是从各自领域来观察研究城乡一体化发展及问题，各专业领域的研究成果较多，而综合性的研究成果较少；二是着眼于某一时段出现的应急性研究较多，从历史发展角度研究的较少，每个时期的研究集中于一个话题，如 80 年代主张发展小城镇安置农村富余劳动力，90 年代后着眼于户籍制度改革问题，而其他问题的研究有所不足；三是对城乡一体化定性研究的较多，而定量研究成果有所不足，如在对城乡一体化研究的测度标准和指标体系中，大部分学者仍以人口比重、城镇化水平、三次产业的产值比重等少数几个指标为主，缺乏从城乡经济联系、人口往来、就业联系、产业空间结构演变等动态过程和城乡相对发展水平来考察城乡一体化的进程与结果的研究。

除了学者们对城乡一体化理论的孜孜以求，实际工作部门对城乡一体化也进行了大量理论探索和实践阐释。浙江省嘉兴市 2004 年 1 月提出构建城乡一体化先行之地的战略，有关部门和学者致力于探索城乡一体化框架，并正式下发《嘉兴市城乡一体化发展规划纲要》（以下简称《纲要》）。根据《纲要》，嘉兴市把全市 3915 平方公里作为一盘棋考虑，构筑以市区为中心，一主多副、功能互补的网络型、组团式大城市框架，中心城市辐射能力不断增强，成为推进城乡一体化进程的强大引擎。这个《纲要》的价值在于初步勾画了城乡一体化的一个比较全面的框架，大致包括以下四个方面：

第一，城乡一体化的内涵、目的和实质。《纲要》开宗明义指出：“城乡一体化是指在生产力、城市化水平发展到一定阶段，城市与农村逐步实现结合，以城带乡，以乡促城，城乡互为资源，互为市场，互相服务，最终实现城乡经济、社会、文化、生态的协调发展。城乡一体化是一项长期复杂的社会系统工程，其目的是要建立统筹城乡协调发展的推进机制，其实质是要消除城乡二元结构，使城乡共享现代文明。”

第二，推进城乡一体化的指导思想、基本原则和总体目标。《纲要》在说明指导思想和总体目标的同时，还提出四项基本原则：统一规划有序推进原则；市场运作与政府推动相结合原则；城乡双向发展推进原则；市、县（市、区）联动发展推进原则。

第三，推进城乡一体化的主要内容。现代化进程中的城乡一体化，其内容包括多个层面：①城乡空间布局一体化；②城乡基础设施建设一体化；③城乡产业发展一体化；④城乡劳动就业与社会保障一体化；⑤城乡社会发展一体化；⑥城乡生态环境建设与保护一体化。

第四，推进城乡一体化的保障措施。保障措施对落实城乡一体化规划具有十分重要的意义。嘉兴市根据实际情况，拟采取六大措施：①以深化认识、规划制定和落实为切入点，营造城乡一体化工作的良好氛围；②以深入改革为突破口，构筑有利于城乡一体化的创新机制、体制；③以推进城市化为立足点，强化城镇集聚、辐射功能；④以建设招商引资大平台为支撑点，夯实城乡一体化的经济基础；⑤以农业农村“行动计划”为着力点，努力缩小城乡差别；⑥高度重视“慢变量”的建设，全面推进城乡一体化工作。

综上所述，国内20多年来城乡一体化的研究一般都是针对现实中的重大问题展开的，十分鲜明地体现了研究跟着问题走的特点。

作为近20多年来学术界和政界关注的重点，对“城乡一体化”的研究主要是根据现实问题的特点，借鉴西方比较成熟的理论框架进行，并在运用过程中不断进行多学科的交叉融合和创造性的发展，研究成果颇丰。由于研究的现实性很强，不同时期研究的问题不尽相同，所以政策性建议比较多，在实际应用中这些建议对解决现实问题也起到了积极作用。从研究的趋势看，根据先发国家的经验教训，有针对性地思考中国问题的研究日益增多，理论的前瞻性和现实的关切性紧密结合正成为该领域研究的一个重要特征。但不容否认，由于研究问题的复杂性，目前的研究并没完全从解释政策、为政策寻找理论合理性中完全解放出来。如何把政策关切与学理性探索更好地区别和结合还是值得学术界继续思考的问题。

2.3 “城乡一体化”再认识

虽然国外的研究没有明确提出过“城乡一体化”的概念，却包含了许多有关城乡一体化的精辟思想和精彩观点；我国对城乡一体化的研究和实践，尽管目前尚未形成系统的理论，但已经大大拓展和深化了对城乡一体化的理解。

城乡一体化既是一个城乡综合的经济、社会、空间发展过程，又是城乡经济社会发展的一个终极目标，城乡一体化的发展模式体现了区域整体协调发展和可持续发展的理念。城乡一体化表现为，地域社会经济系统的演变过程不断地朝着区域内城乡要素优化组合的方向发展，是城乡协同度、融合度日益提高的过程。它是社会生产力发展的外在表现和内在要求，随着社会生产力的发展，它的内容和含义也将发生变化。

马克思、恩格斯认为，人类社会的发展和进步，都是生产力和生产关系矛盾运动的结果。城市的产生过程，是生产力发展到一定阶段的产物，随着生产力的发展，城乡差别的消失是历史的必然。在人类历史的发展过程中，城市与乡村的相互关系经历了三个辩证发展的阶段：第一阶段，城市诞生于乡村，乡村是城市的载体，乡村在整个人类社会系统中占据主导地位，在封建时代，“每一个国家都存在着城乡之间的对立，等级结构固然表现得非常鲜明，但是，除了在乡村里有王公、贵族、僧侣和农民的划分，在城市里有师傅、帮工学徒以及后来的平民短工的划分之外，就再也没有什么大的分工了”；第二阶段，从工业革命开始，人类社会的城市化进程加速，随着工业的发展，城市经济逐渐占据了人类社会的主体地位，并随着城市工业化的发展，城市与农村在经济、社会、文化等方面的差异也愈加明显，随着工业革命的发生和殖民地的扩张，“资产阶级使农村屈服于城市的统治，它创立了巨大的城市，使城市人口比农村人口大大增加起来，因而使很大一部分居民脱离了农村生活的愚昧状态”，城乡分割、城乡对立等现象也逐渐显露出来；第三个阶段，随着社会生产力的进一步发展，城市与乡村之间的依存度大大加强，城市与乡村之间逐步走向融合，“城市和农村的对立也将消失……乡村农业人口的分散和大城市工业人口的集中，仅仅适应于农业发展水平还不够高的阶段，这种状态是一切进一步发展的障碍，这一点现在人们就已经深深感觉到了”。“消灭城乡对立不是空想”。当然这是一个长期的过程，“大工业在全国尽可能平衡的分布，是消灭城市和农村分离的条件，所以从这方面说，消灭城市和乡村的分离，这也不是什么空想。的确，文明在大城市中给我们留下了一种需要花费许多时间和努力才能消除的遗产”。最终，城市与乡村通过协调合作共同实现城乡的一体化发展。

汲取中外先哲的思想精髓、吸收理论层面的探讨和来自于实践层面的切身感受，笔者认为：城乡一体化是一个复合概念，它至少应包含以下几个方面。

第一，城乡一体化是经济、社会、文化、空间长期发展的动态过程，而不是一个静态概念，它是城乡关系的高级阶段，是区域内城乡关系演化的最终目标。

第二，城乡一体化是一种制度安排，它反映了经济社会发展的客观规律和建立在对这一规律的深刻洞察和透彻把握之上的政府能力，是市场作用和政府善治相互影响、协同演进的结果。

第三，城乡一体化体现了城乡之间相互依存、相互作用的关系。城乡二者在功能上存在着极强的关联性和互补性，实现城乡一体化并不是城乡同一化或城乡同样化。城市和乡村的形成是特定的制度、生产力、资源和生态环境等各方面的条件和机制等共同作用的结果。城乡两大系统在社会结构、经济发展特点、思想文化意识和生态环境特点等方面各自具有独特的特性，不存在城市替代乡村或是乡村替代城市的问题。

第四，城乡一体化从根本上说体现着区域全面、协调、可持续的发展途径。它是在明确城乡分工、相互促进基础上的双向发展过程，不是空间的均衡化，而是一个有效聚集、有机疏散、高度协作的最优的经济、社会、空间网络系统。城乡一体化本身也有着城乡优势互补的意思在里面。在一体化的过程中，当然主要是乡村向城市看齐，因此，一体化又往往与乡村的城市化联系在一起的。没有乡村的城市化，也就没有一体化。当然，在一体化过程中城市也会吸收乡村的某些有益于人的发展的要素，这在空想社会主义的种种设想中可以看到。一句话，城乡一体化与人的更高意义上的发展是紧紧联系在一起的。

第五，城乡一体化体现了城乡之间经济、社会、文化、生态等有机联系和演进的方式。它不是城乡发展的低水平均衡和平均主义，而是从城乡综合协调的角度出发，为城乡两大系统的社会经济发展创造平等竞争和共同协调发展的体制环境和运行机制。在经济层面，通过市场机制，使资源、资金、技术在城乡地域空间和不同产业间有序流动和优化组合，促使城乡经济持续发展；在社会层面，调整城乡两大集团的利益分配，缩小城乡差距，为城乡居民创造公平的发展环境和生活空间；在生态层面，从区域社会整体利益、公众的基本需求和可持续发展的角度出发，将城乡的生产、生活活动纳入区域社会生态系统中，全面、综合的评价城乡在生态环境上的有益贡献和负面影响，建立共建、共有、共享、可持续的城乡生态系统；在文化层面，在承认城乡文化异质性和互补性等差别的基础上，用公正、理性、进步的文化价值观将城乡文化统一起来，把乡土观念和现代城市文明有机结合起来，促进城乡社会全面发展。

第六，城乡一体化要求逐步缩小以至消灭工农差别、城乡差别，促进工农结合、城乡结合。这既是社会主义的本质要求，也是城乡一体化的根本任务和最终目的，即全社会成员在生产、交换、分配、消费等各个环节上的平等，实现各产业劳动者真正的平等，这也是城乡劳动者全面发展的前提。

基于上述六个方面认识，城乡一体化内涵可概括为：在一定区域内，以广泛尊重城乡居民的发展权为前提，在城乡制度创新和制度运行协调的基础上，通过劳动力、技术、资金等生产诸要素的自由流动和配置，充分发挥城市和乡村各自的优势和作用，使城市和乡村在社会经济、生活方式、思想意识、生活水平及生态环境等方面广泛融合，形成“相互依托、优势互补，以城带乡、以乡促城，互为市场、资源共享，相互服务、共同发展”的城乡关系，实现城乡经济、社会、环境持续协调发展的过程。其实质在于：以人为本，通过统筹城乡发展实现城乡融合，但这种融合并不是消灭城乡差别，而是在充分发挥各自功能、优势的基础上，将城市和乡村建设成为一个相互依存、相互促进的统一体，成为居民物心俱丰的理想的居住、生活、生产空间。其主要内容包括：城乡制度安排相互衔接；生产要素市场开放互通；产业发展关联密切；公共服务资源共享；教育和社会保障全面覆盖；城乡基础设施建设无缝对接；环境资源开发和保护协调有序；城乡空间功能鲜明、布局合理。其中制度安排是城乡一体化发展的核心因素，生产要素市场开放互通和产业发展关联密切是城乡一体化发展的动力实质，公共服务资源共享以及教育和社会保障全面覆盖是城乡一体化的根本保证，城乡基础设施建设无缝对接和城乡空间功能鲜明、布局合理是城乡一体化的空间依托和表现形式，环境资源开发与保护协调有序是城乡一体化发展的物质保障。

第3章 理论基础

一般认为，城乡关系的研究开始于机器大工业生产兴起时期。产业革命以前，城市与乡村的经济性质并未彻底改变，而机器大工业生产的出现却撕裂了“农业和工场手工业的原始家庭纽带”，导致了严重的城乡二元化，人们因此才开始对城乡关系进行系统深入的研究。从历史上看，各国在发展初期都经历了城乡关系失衡的状态。不过，在发达国家，由于城市化过程时间较长，吸收了流入城市的大量农村人口，使得城乡对立的矛盾不是非常尖锐。然而，在广大发展中国家，则是另一番景象：一边是现代化的大城市，另一边是贫困、落后、分散的广大农村。原有城市缺乏对农村人口的吸收能力，新城市缺乏发展壮大的动力，加之政府“城市偏向”与城市居民的“乡村歧视”，城乡之间的二元结构十分突出。本书对城乡一体化研究主要基于二元经济结构理论，这里所说的二元经济，是指在发展中国家发展过程中出现的现代“资本主义部门”（capitalist sector）和传统的“非资本主义部门”（non-capitalist sector）同时并存的经济现象。现代资本主义部门以现代工业部门为代表，非资本主义部门以传统的农业部门为代表。现代资本主义部门与非资本主义部门的根本区别在于是否雇佣劳动并出售其生产的产品以谋取利润。二元结构明显是发展中国家所普遍具有的一个基本特征。工业化是由传统社会向现代化转型的逻辑起点，而工业化过程所必需的集聚特性，势必导致城市以工业为主，生产规模较大，技术比较进步，劳动生产率和工资收入较高；乡村则以农业为主，生产规模小，工具简单，市场不发达，收入水平普遍偏低，从而形成城市相对发达而农村贫困落后的二元经济结构。在这种经济二元结构的基础上，市场、技术、区域、金融、社会、文化等都广泛地存在着二元结构。

3.1 二元经济结构理论

发展经济学的研究对象是发展中国家的经济，谋求发展中国家经济社会的全面发展是其主要任务。而发展中国家经济落后的重要原因是经济结构的二元性，因此，从这个角度来说，二元经济结构理论是发展经济学的理论基础之一。

二元经济也是在发展中国家存在的有关生产和组织的各种不对称性。第二次世界大战后，一些经济学家开始运用结构分析方法来研究经济运行模式和运行机制问题，“二元结构”其实是对发展中国家普遍存在的一种经济现象的描述。所谓“二元”是指发展中国家经济体系的经济性和社会性的分化，如发展中国家内部存在着部门或地区间技术上的差异、区域经济发展不平衡、本国社会制度与外来社会制度之间存在社会风俗习惯和社会价值观念方面的差异等。“二元经济”概念最早源于荷兰经济学家 J. H. 伯克，他在对 19 世纪荷兰的属地东印度（今印度尼西亚）的社会经济状况进行研究后，于 1953 年出版了《二元社会的经济学和经济政策》。他认为印度尼西亚在社会制度和经济制度上，实际上有传统社会和资本主义现代经济并存的“二元”特征，这种二元特征导致了传统部门和现代部门中的个人效用函数、行为准则及资源配置方式迥然不同。从此，人们开始了应用“二元”理论来分析社会经济现象。后来，“二元”理论得到多方面的深入和拓展，如本杰明·希金斯提出的技术二元结构理论，冈纳·缪尔达尔在《经济理论和不发达地区》一书中提出的地理二元结构，海拉·明特提出的组织二元结构，爱德华·肖和罗纳德·麦金农提出的金融市场的二元结构理论等。这些理论都在不同程度上受到“二元”理论模型的影响，使“二元”理论成为分析发展中国家各种经济问题的基础理论。

在“二元经济”理论发展过程中，影响最大、应用最广的是美国著名发展经济学家、诺贝尔经济学奖获得者阿瑟·刘易斯（A. Lewis）的二元经济结构理论。1954 年，他在《劳动无限供给条件下的经济发展》一文中系统地提出了发展中国家经济二元结构的理论模型，对发展中国家的各个发展阶段的经济二元性特征作了一般性概括，并对其做了经典性的评注，为发展经济学的研究做出了突出的贡献。

3.1.1 刘易斯的二元结构模型

刘易斯认为，在发展中国家国民经济呈现出二元性，存在着性质不同的两种部门，一个是“资本主义部门”，又称为现代部门，即以现代化方式为特征的工业部门；另一个以传统方式为特征的农业部门或称为传统部门，这两个部门在劳动生产率、工资水平、资本运用、生产规模、生产方式、生产效率、收入水平等方面都存在着明显的不同。这种经济结构的二元性是发展中国家普遍存在的共性，也是经济发展的出发点。传统部门劳动力供给构成了二元经济的内在特征，二元经济发展的核心问题是传统部门的剩余劳动力向现代部门转移的问题，也就是说，通过现代化大工业的发展，取得资本积累，使农村剩余劳动力得到充分的转移，诱发了产业结构的演变，使城市化水平得到了提高，最后经济由二元变成一元，从而达到消除经济中工农业之间及其内部所存在的各种结构失衡的目的。

传统部门存在大量的剩余劳动力，使得超过需求的劳动力的边际生产率极其低下，在提供同等数量与同等质量的劳动条件下，非熟练劳动者在现代部门比在传统部门得到更多的工资。因此，这个部门的劳动力供给弹性是无限的，即二元经济结构社会大量农业剩余劳动力的存在，导致了“劳动力无限供给”和“工资水平不变”的特征。相对于资本和自然资源来说，传统的农业部门的劳动力有剩余。由于传统的农业部门的劳动边际生产率为零或负数，因而农业部门的劳动人数减少后，产量并不会因此降低。此外，由于传统农业部门的生产率低，工资只能维持劳动者最低生活水准，农业劳动者是在接受最低水平工资的条件下提供劳动的。在他看来，边际生产率为零甚至为负数的剩余劳动力，形式上在农业部门就业，实际上是隐蔽的失业。在城市工业中，现代工业部门工人的工资比乡村传统农业部门高，剩余劳动力自然会由农业部门向工业部门流动。从现代城市工业部门来说，由于劳动生产率较高，它可以提供比农业部门高得多的工资，这往往成为吸引农民的最主要因素。一旦工业部门的劳动力因不断增加而使这一部门的边际生产率趋向于零时，现代工业部门就会通过利润的再投资使边际生产率增加，从而继续吸收农业部门的剩余劳动力。总之，传统部门中较多的剩余劳动力在不提高现代部门工人工资、不损失传统部门产出的条件下，为现代经济部门所吸收。只有当农业部门的剩余劳动已全部由工业部门吸收之后，农业部门的工资水平才能提高，农业生产者的经济地位才能有所改善。此时工农业得到均衡发展，二元经济结构即转化为一元经济。

在二元经济结构理论中，刘易斯把经济发展分为两个阶段，第一个时期被称为无限劳动力供给阶段，第二个时期被称为资本投入与劳动供给保持平衡的发展阶段。第一阶段的主要特征是劳动力的供给大大超过需求。由于工业资本较少，无论对劳动力的需求如何扩大，并不能完全吸收剩余劳动力，即劳动的供给是无限的，所以此阶段经济发展主要靠资本的积累，经济发展的过程就是利润增加引起资本增加、资本增加使得工业部门扩大的过程。随着资本量特别是随着投资规模的增大，劳动生产率在工业部门工资不变的情况下，利润不断增加，资本不断投入，规模不断扩大，所需要的劳动力逐步扩大。当资本积累达到一定程度，现代部门可以转化为资本的利润的增长速度超过劳动力供给的增长速度时，即工业部门将农业剩余劳动力全部吸收，这时候农业部门再也没有无限劳动力供给的出现，两部门之间收入差距将会减少，保持一种均衡状态。此时，经济发展进入到了第二个阶段，即劳动供给平衡发展阶段。在这个模型的基础上，工业化的过程实际上就是资本、劳动等资源不断从农业部门转移到工业部门的过程，而经济发展的过程是一个经济和社会结构不断转型的过程。在以农业为主的传统社会中，农业生产的边际报酬递减，人多地少的矛盾产生大量剩余劳动力，而剩余劳动力的生存压力构成了劳动力向其他部门转移的动力。另一方面，由于工业的规模经济和专业化经济的程度都大大高于农业，工业部门的报酬水平也大大高于农业，因而工业部门必然会吸引大量的资本和劳动投入，从而使工业部门得到迅速的发展。工业化的发展必然促进城市化，因为随着工业的不断发展，一方面规模经济不断扩大，另一方面经济的专业化分工水平不断提高，从而使聚集经济越来越显著。

刘易斯认为，传统农业部门劳动力的无限供给构成二元经济的内在特征；二元经济发展的核心问题就是传统农业部门的剩余劳动力向现代工业部门的转移问题。实际上，现代部门正是通过从传统部门吸收劳动力而获得发展；而现代部门扩张，通过提供就业机会、分享物质设施、传播现代思想和制度、相互贸易等途径，既使传统部门剩余劳动力转移又使传统部门获益，并且得以改造更新而转化为现代部门，使现代部门促成再生产性资本的进一步增长、生产规模的进一步扩大、生产率和收入水平的进一步提高。以现代部门扩张为主，现代部门和传统部门互联互动并且循环往复，不仅推动和促进了二元经济转变为一元经济，而且推动和促进了不发达经济转变为发达经济。因此，刘易斯模型把经济发展的重心从传统农业向现代工业的结构转换过程联系起来，揭示了传统农业部门与现代工业部门的消长机理，指出传统部门与现代部门并非是静态的相互割裂的，而是动态的相互影响的，从而在二元经济结构的基础上，建构起一种全新的经济发展模型。

但刘易斯的二元结构理论忽视了农业的作用，没有认识到农业由于生产率的提高而出现剩余产品应该是农业中的剩余劳动力向工业流动的先决条件。此外，这一理论还假设农业剩余劳动力进入城市后，能立即找到工作，而这样的前提也是明显不切实际的，因为发展中国家不仅存在严重的农业隐性失业问题，也面临着严峻的城市失业问题。因此，刘易斯的二元结构理论受到了一些发展经济学家的批评。

3.1.2 费景汉－拉尼斯模型

美国发展经济学家、耶鲁大学的古斯塔夫·拉尼斯和费景汉在其 1964 年出版的《劳动剩余经济的发展》一书，提出了拉尼斯－费景汉的二元结构理论，对刘易斯模型进行了发展和深化，将二元经济结构的演变进一步细分为三个阶段，创立了“刘易斯－拉尼斯－费景汉模型”这一经典之作。与刘易斯二元结构理论相比较，拉尼斯－费景汉的二元结构理论比较清楚地说明了工业部门发展与农业部门发展之间的关系，强调了传统经济向现代经济转化中，农业剩余对工业部门扩张和对农业剩余劳动力转移的重大意义。拉尼斯和费景汉指出，不重视农业在促进工业增长方面的重要性，就会造成农业的停滞。农业剩余劳动力转移的同时伴随着农业剩余的转移，而农业剩余的增长和农业劳动生产率的提高是农业劳动力向非农产业转移的前提条件，因此农业部门的作用并不是被动消极的。他们还提出，劳动吸收速度必须大于人口增长速度，这样才能摆脱马尔萨斯人口陷阱；农村劳动力的转移取决于农业技术进步、人口增长和工业资本存量的增长等。

拉尼斯－费景汉的二元结构理论把发展中国家经济发展过程分为如下三个阶段：

第一阶段是农村劳动边际生产率等于零阶段，即劳动力无限供给阶段（类似刘易斯理论）。在此阶段，农业部门显性失业人口极多，剩余劳动力流出不会影响农业总产出，工业部门可以在固定的工资水平下获得源源不断的劳动力。

第二阶段是农村劳动边际生产率大于零小于农业平均固定收入阶段。在此阶段中，农村存在隐性失业，农业劳动力的继续转移会减少农业总产品，引起农产品价格上涨，推动工业部门工资上升，降低工业利润，影响工业扩张速度，导致对劳动力需求相对下降，进而阻碍劳动力转移进程。第二阶段向第三阶段的转移时期是农业劳动力转移最困难的时期，其关键是提高农业劳动生产率，只有这样才能保证农业劳动力继续向工业部门转移。

第三阶段是农村劳动边际生产率等于或大于农业平均固定收入阶段。在此阶段中，农村剩余劳动力全部转移到工业部门，农民和工人的收入水平一样都由劳动边际生产率来决定。这时，传统的农业经济就进入了发达的资本主义经济阶段。工农业部门都得以均衡发展，二元经济成功转变为一元经济。所以，拉尼斯和费景汉认为，必须大力发展农业，提高农业生产率，使得农业生产率与工业生产率同步增长，工业部门的扩张才不会受阻，农业部门的发展也才不会停滞，经济发展才会顺利进入到商业化和现代化阶段。

在三个阶段中，拉尼斯和费景汉认为难度最大的是如何使农村剩余劳动力持续转移到第三阶段。他们认为，解决这一难题的唯一途径是在农村剩余劳动力转移过程中同时提高农业劳动生产率，使农业生产部门和工业生产部门同步发展，即要遵循所谓的平衡发展的原则。

3.1.3 乔根森二元结构模型

乔根森（Jorgenson）模型与刘易斯模型有许多相似之处，其特点是强调两个部门之间生产的不对称性。

美国经济学家乔根森对刘易斯－拉尼斯－费景汉模型的乡村剩余劳动力转移的假设提出质疑，试图在一个纯粹新古典主义框架内探讨工业部门的增长是如何依赖于农业部门发展的，从而创立了一个新的二元经济发展模型——乔根森模型。乔根森模型与刘易斯模型有许多相似之处，其特点是强调两个部门之间生产的不对称性。他认为，每一部门的生产活动可以被表现为与生产要素——土地、劳动和资本的产出有关的函数。二元经济发展理论的一个独有特征就在于生产关系中的某种不对称性。假如两种生产函数基本上是对称的，也就是说，每一个函数包括三种生产要素，由此得到的模型将适合于发达经济中的行业平衡问题。而在二元经济理论中，传统的或者农业部门的产出仅仅是土地和劳动的函数，这里没有资本积累；在制造业部门中土地则不作为生产要素出现，制造业的产出水平只是资本和劳动的函数。

乔根森模型不同于刘易斯－拉尼斯－费景汉模型，它不是建立在剩余劳动与不变工资假定上的，不承认农业有边际生产率等于零的剩余劳动的存在，也不认为农业与工业的工资水平是固定不变的。他认为，为了使经济持续发展和避免陷入低水平均衡陷阱，工业部门积累资本是必要的，但是，其先决条件是农业的剩余。由于农业剩余的出现，现代部门的发展成为了可能，即农业产出达到了人口最快增长时所需要的农产品数量，农业部门就会出现剩余劳动力。这部分剩余劳动力是需要转移的，而农业劳动力向工业部门转移的速度取决于农业剩余的增长速度；同时，还取决于工业部门的技术进步状况。工业部门的技术进步越快，其储蓄率就越高，劳动力增长越快，经济也就增长越快，最终完成二元经济结构的转化。因此，乔根森把他的模型叫做新古典模型，而把刘易斯－拉尼斯－费景汉模型叫做古典模型。

与刘易斯－拉尼斯－费景汉模型相比较，乔根森模型具有如下特点：①乔根森模型是建立在农业剩余基础上的，而刘易斯－拉尼斯－费景汉模型却是建立在剩余劳动基础上的。②在乔根森模型中，工资水平不是固定的，而是上升的；而在刘易斯－拉尼斯－费景汉模型中，工资水平却是固定的。③在乔根森模型中，人口增长是由经济增长决定的，正是这个观点否定了刘易斯－拉尼斯－费景汉模型的剩余劳动假说和固定工资观点。④在乔根森模型中，劳动力转移的意义不在于生产率的增加，而在于消费结构的必然变化。乔根森认为，在经济发展过程中，农业劳动力之所以持续地转移到工业部门，是因为消费需求结构发生了变化。与刘易斯－拉尼斯－费景汉模型相比，乔根森模型否定了固定工资假定，更强调农业的发展和技术的进步，更着重市场机制在劳动力转移过程中的作用，比刘易斯－拉尼斯－费景汉模型更接近现实。但是，乔根森模型也存在着明显的缺陷，主要有两点：一个是他对粮食需求收入弹性的假定，即认为在存在农业剩余时，粮食需求收入弹性为零，这个假定显然与事实不符；另外一个是他在理论中应用了马尔萨斯人口论的观点，也与实际情况不相符合。此外，这一理论还存在一些与刘易斯－拉尼斯－费景汉模型共有的问题，如忽视农业物质投资的重要性、忽视城市失业的存在等。

3.1.4 哈里斯－托达罗模型

哈里斯和托达罗为了解释普遍存在于很多欠发达国家的，在面临广泛的城市失业情况下由乡村向城市移民的持久性现象，在1970年提出了一个具有启发意义的哈里斯－托达罗假说：即在被分割的但是同质的劳动市场上，用预期工资的均等取代工资的均等。他同时指出，发展农村经济、提高农民收入是解决城市失业和“城市病”及“农村病”的根本途径。

在发展经济学的理论文献中，哈里斯－托达罗模型也是与两部门新古典增长模型相背离的著名例子（Harris，Todaro，1970）。事实上，在哈里斯－托达罗模型中几乎不存在积累。除了一种特殊的不对称性，即制造业中的工资高于市场出清的水平以外，这是一个标准的两部门新古典模型。另外，与刘易斯模型和乔根森模型相同，资本在两个部门之间是不流动的，而且劳动是导致均衡的流动量。劳动在部门间分配，在农业工资等于制造业工资乘以制造业的就业率这一水平的时候达到均衡，贸易条件可以被看作内生的或者在小型开放经济条件下被看作外生的因素。其关键的特征是，缺乏效率的原因在于劳动的边际产品在各部门中不再相等。后来有许多论文考虑了应对这一缺乏效率的政策，对资本流动性的假设条件做了修改（Bhagwati，Srinivasan，1974；Corden，Findlay，1975）。但是，在哈里斯－托达罗模型与刘易斯模型和乔根森模型之间血缘的相似性应该是明显的。在所有的模型中，流动要素的边际产品在两个部门之间是不相等的，因为制度上的不对称性使得该生产要素的收益在每一部门中的决定方式有所不同。在哈里斯－托达罗模型中，制造业脱离了以劳动边际产品决定其价格的办法，而在刘易斯模型和乔根森模型中，农业部门存在着同样的情况。

3.1.5 西方发展经济学家对二元经济特征的论述

二元经济是指在发展中国家发展中出现的“资本主义部门”和“非资本主义部门”同时并存的经济现象。前者以现代工业部门为代表，后者以传统农业部门为代表。西方发展经济学家认为，现代工业部门与传统农业部门形成鲜明的对比是发展中国家二元经济的基本特征。除此之外，在生产技术、劳动力市场、金融市场和区域经济等方面也存在明显的二元特征。

(1) 技术二元性

所谓技术二元性是指在发展中国家，现代工业部门与传统农业部门在生产技术上的对比。在刘易斯提出劳动二元论之前，本杰明 · H. 希金斯就提出了“技术二元论”，以生产函数的差异来表示传统农业部门与现代工业部门之间的区别。其他学者也曾提出贫穷国家的劳动力就业问题源于技术上的“二元”，即现代工业部门与传统农业部门之间不同的生产函数。希金斯指出传统农业部门具有如下特点：它的生产函数中拥有可变的生产技术系数，劳动力和资本是可以相互替代的；但是就其要素禀赋而言，劳动力是相对丰富的生产要素，而资本则是相对不足，因此其生产技术属于劳动密集型。在现代工业部门中生产函数具有固定技术系数的特点，资本和劳动在生产中是不可替代的。在实际生产中，只有资本和劳动的比例等于固定技术系数时，资本和劳动两种要素才能同时得到充分利用。总之，在发展中国家，一方面是拥有先进技术的现代工业部门，这些部门的技术水平比较先进，具有资本密集型的特点；另一方面依然存在着落后的传统部门，这些部门的技术水平非常落后，具有劳动密集型的特点。

(2) 劳动力市场的二元性

劳动力市场的二元性主要表现在两部门之间的收入差别。在传统农业部门就业的劳动者收入普遍偏低，生活环境比较恶劣，而在现代工业部门工作的劳动者则拥有较高的收入。造成这种差距的原因是多方面的，刘易斯将其归纳为以下几个方面：第一，城市的生活费用比农村高，城市居民需要支付较高的水电、房租等费用；第二，农业劳动者习惯于乡村的那种散漫、自由的生活和工作环境，一旦迁入城市后，便置身于一个高节奏、受约束的生活和工作环境中，心理上有些不适应，因此，有一部分收入弥补这种心理成本；第三，为了引诱农村劳动力流入城市，还必须有一部分额外的净收入作为刺激因素；第四，城市工业部门工会的力量也有可能使工资水平上升（但刘易斯又说，即使没有工会，工农收入差别仍然存在)。除此之外，还应包括以下几方面的原因：一是现代工业部门的技术水平普遍高于传统农业部门，从而现代工业部门劳动力的劳动生产率高于传统农业部门的劳动生产率，因此，工业部门劳动者的工资水平高于传统农业部门的工资水平，这是合情合理的；二是一些发展中国家的政府推行了以牺牲农业来发展工业的战略，如向传统农业部门征收重税或采取降低农产品收购价格，提高向农民出售的工业品价格等措施，这些措施在一定程度上减少了农民的收入。

(3) 金融市场的二元性

所谓金融市场的二元性是指在发展中国家存在着两个金融市场——有组织的金融市场和无组织的金融市场。现代工业部门的大公司能以非常优惠的条件和很低的利息在有组织的金融市场（organized financial market）上获取银行和金融机构的贷款；相反，传统农业部门中的农民和手工业者则很难得到这类市场上的银行和金融机构的资助，他们只能在无组织的金融市场（unorganized financial market）上从一些高利贷者手中取得高息贷款。很多发展经济学家分析了发展中国家金融市场存在二元特点的原因，其中海拉·明特（Hyla Myint）的分析比较有代表性。在他看来，一方面利息率的差额可以用批发和零售贷款之间的交易成本和信息成本的差别来说明。首先，银行和金融机构向现代工业部门中的大公司发放大宗贷款的运作成本，远远低于向传统农业部门数目众多的小借款人发放相同数目贷款的运作成本；其次，传统农业部门的这些小借款人往往居住得比较偏僻和零散，估计他们信誉的信息成本很高。另一方面传统农业部门的技术水平普遍较低，经营的风险很大。因此，现代银行和金融机构没有向传统农业部门进行渗透是很自然的现象。当然也可以通过一些对本地情况比较熟悉的放贷人向银行大批的借入，然后向传统部门的小借款人发放，但这些中介人由于各种原因很难接近现代银行体系，只能用自己的金融资源向传统部门的借款人发放贷款，因此，他们收取的利息很高，而且浮动很大。

(4) 区域二元性

最早提出区域二元理论的是瑞典经济学家、1974 年诺贝尔经济学奖得主冈纳·缪尔达尔，他运用一系列概念，如“扩散效应”（spread effect）、“回波效应”（backsetting effect）以及“循环积累因果关系”（circular and cumulative causation）等说明了发展中国家区域二元结构形成的机制或原因，并提出了克服这种二元结构的政策性建议。他指出，在发展中国家经济发展初期，地区间的发展水平是大致相等的。有些地区在外部因素的影响下，先行一步发展起来，这会打破地区发展的固有平衡。这种地区发展的不平衡将在“循环积累因果关系”的作用下不断加强，使得较先进的地区进一步发展，而落后的地区更加落后。缪尔达尔通过生产要素在两个地区之间流动的例子，说明了“循环积累因果关系”的作用过程。

缪尔达尔指出，在发展中国家的不同地区之间，生产要素流动的结果不像新古典主义所描述的那样，将使要素价格或要素收入以及经济发展水平趋于一致。相反，由于相当长时期内，发达地区对落后地区的影响主要不是表现为“扩散效应”而是表现为“回波效应”，因此，地区间的发展不平衡不是缩小了而是扩大了，其原因在于：发达地区对生产要素（特别是对劳动力）的吸收是有选择性的，这样，经济发展的过程实际上是落后地区高质量生产要素不断流失并向发达地区集聚的过程。只有经过相当长的时期之后，发达地区由于人口过度稠密、基础设施紧张、生产成本递增、资源不足、资本过剩以及外部不经济等因素而减缓发展速度时，“扩散效应”才会发生作用，要素流动方向才会发生逆转。缪尔达尔认为，为了避免“循环积累因果关系”的影响，防止区域发展中出现两极分化，不能消极地等待市场力量发生作用，必须由政府制定相应的政策和措施，刺激和帮助落后地区快速发展。缪尔达尔通过观察和分析发展中国家经济发展过程中区域发展不平衡的形成原因和作用机制，提出了与新古典主义理论不同的理论及政策结论，是十分有意义的。后来，威廉姆逊根据截面和时间序列数据的分析，并采用“人均收入差量系数”衡量地区发展不平衡的程度，实际上是对缪尔达尔理论的一个经济验证。其截面数据分析表明，一国经济发展水平与地区经济发展不平衡关系最大的是那些正在经历发展和结构变动的国家和地区。时间序列数据的分析表明，发达国家在其发展的较长时期中，地区发展的不平衡呈现出“倒U形”曲线的变化，即开始时不平衡程度增大，当达到一定程度之后，开始逐步缩小。缪尔达尔的区域二元理论后来被用来分析发达国家与发展中国家之间在国际交往中的政治、经济关系，被发展为“国际二元结构”理论。“区域二元”在任何国家经济发展过程中都是存在的。哈维·珀（Harrey S. Perloff）和洛顿·温戈（Lowdon Vingo）曾经描述了美国在经济发展过程中出现的二元结构。与发展中国家不同的是，发达国家的区域二元差距随着经济的发展逐渐缩小，而发展中国家区域二元差距在发展过程中却有着逐渐增大的趋势。

3.1.6 对二元结构理论的简要评析

发展中国家二元经济结构的产生，有其内部原因，也有外部原因；有自身经济发展历史条件、经济制度、区域和社会文化因素的影响，也有国际因素的影响。在发展中国家，农业部门生产的特征是劳动密集型，而工业部门生产的特征是资本密集型并且生产要素间缺乏替代弹性，这样就使得工业部门资本密集型的生产方式限制了就业机会，而生产要素间缺乏替代弹性则阻碍了农业部门劳动力向工业部门的转移，导致了农业部门永远处于不发达的状态。另外，从区域角度来讲，二元结构存在也延缓了落后地区的发展，导致了发达地区的经济扩张以牺牲落后地区为代价，使落后地区不发达状态进一步恶化。

二元结构理论是对发达国家曾经经历过的发展道路的理论概括，具有一定合理性。二元经济结构理论对发展中国家经济社会发展有着十分重要的启示：首先，工业化进程是城市化进程的一个重要方面，城市化过程是一个伴随着工业化不断发展的过程，随着经济的不断发展，工业化和城市化将逐步推进；其次，二元结构是发展中国家在实现工业化过程中的必然现象，二元结构之间的差距将出现先上升后下降的变动趋势，二元结构也逐渐向一体化的结构转变，因此，经济建设应该顺应城乡发展的客观规律，根据实际情况有计划、有步骤地进行，从而保证其顺利实施。但理论总是有许多的假设和前提，因此在活生生的实践中，它总会出现偏差。在二元经济结构理论的影响下，大多数发展中国家采取了牺牲农业、片面追求城市工业增长的战略。这种发展模式是二元经济结构和二元利益结构的结合物，从而形成了发展中国家常见的一种现象——城市偏向，直接导致了经济社会在地区间、人际间不能均衡发展，并使城市与农村、一部分人与另一部分人的物质、文化素质差距扩大，贫富差距扩大，使少部分人享受现代化的生活，拥有丰富物质条件，而大多数人与之无缘。其主要表现为以下几方面内容：①实行抬高工业品对农产品比价政策，使农业剩余转移到工业中；②政府政策倾斜和诱导，刺激了投资者在工业、城市中，而不是在农业、农村中创办企业；③对一些工业实行保护政策，使农业获得了价格过高的生产资料和消费品；④城市居民比农民享受更多、更好的教育、卫生、文化和交通等方面的服务。

同时，二元经济结构理论也有不可避免的缺陷。如按照刘易斯模型的逻辑，事实上往往会造成对农业的过度损害，也不能对发展中国家城市失业与农村人口流入城市同步增长现象做出合理解释，而且模型中的许多假定并不符合发展中国家的实际情况。如刘易斯在架构理论时，把不发达经济分为两个部门，即城市中以制造业为中心的现代化部门和农村的传统部门，经济发展的首要环节就是把大量的农业人口转变为城市人口，从而实现二元结构向一元结构的转变。要消除二元结构，就需要扩大城市工业以吸收农业剩余劳力，而城市工业的发展离不开资本积累和技术进步。这里隐含了一个假定，即城市部门不存在失业，任何一个愿意转移的农民都可以在城市现代工业部门找到工作。

我们在评述西方经济学家的“二元经济结构”理论的时候，发现这些经济学家忽视或者故意忽视了更加宏观意义上的“二元”——即发达国家的经济和发展中国家的经济的“二元”。从一定意义上说，发展中国家的贫弱是与受发达国家的剥削和侵蚀分不开的，也就是说，发达国家的“发达”是建筑在损害发展中国家的利益的基础上的。正如马克思说过的，那些先进的资本主义国家相当于世界的“城市”，而落后国家相当于世界的“农村”，“城市”剥削着“农村”。因此，要改变世界的二元经济结构，单靠发展中国家自身的努力是远远不够的，彻底改变世界经济和金融格局，才是治本之道。现在，人们高兴地看到，这种改观正在一步步的处于实现之中。

3.2 极化发展理论

极化发展理论是由法国经济学家弗朗索瓦·佩鲁（Francois Perroux）开创，后经法国经济学家布代维尔（J. B. Boudevile）、美国经济学家赫希曼（A. O. Hirschman）和弗里德曼（J. Friedmann）等学者的研究而形成的一种颇有影响力的区域发展理论。20 世纪 60 年代，不少发达国家和发展中国家都曾把经过概念转换和包装后的增长极论作为一种战略思想、政策工具和发展模式用于指导城乡区域经济的部署，其主旨是解决诸如大城市过分拥挤、萧条地区经济停滞不前和边远农村地区贫困落后等区域问题，但至今增长极理论的实践还没有明显的成功例证。

3.2.1 增长极理论

20 世纪 50 年代初，法国经济学家弗朗索瓦·佩鲁针对古典经济学家的均衡发展观点，指出现实世界中经济要素的作用完全是在一种非均衡的条件下发生的。1955 年他在《增长极概念的解释》一文中正式提出增长极的概念，并在 1961 年出版的《二十世纪的经济》一书中，对增长极理论进行了充分的阐述。他指出：经济增长并非同时出现在所有地方，它以不同的强度首先出现于一些增长点或增长极上，然后通过不同的渠道向外扩散，并对整个经济产生不同的积极影响。佩鲁在其理论中，从四个方面阐述了增长极的作用机制：①技术创新与扩散。增长极能不断地进行技术创新，从而使新技术、新产品、新组织和新的生产方法层出不穷，一方面吸引其他地区的最新技术和人才，另一方面又将新技术扩散到其他地区。②资本的聚集与输出。增长极良好的投资环境，能从其所在地区和部门或从其他地区和部门吸引、集聚大量资本，同时为了满足其对原材料、农产品等需求，增长极又向周围地区和部门输出资本。③规模经济效益。增长极的企业和行业集中，生产规模庞大，可以形成规模经济，产生内在经济效益，同时由于完善的基础设施以及其他服务部门的建立，因而形成了显著的外部经济效益。④凝聚经济效果。增长极的形成，将促使产业活动和技术、资本、贸易、人口在地域上的聚集，从而产生具有多种功能的经济中心，并通过与周围地区的密切联系，利用吸引和扩散作用机制，推动整个区域乃至一个国家的经济发展。

最初，佩鲁的“增长极”概念是只具有经济含义、与地域空间系统无关的概念，它指经济空间中在一定时期内起支配和推动作用的经济部门，主要用以论述推进型产业或关键产业在经济发展中的作用，用抽象的经济空间来论述经济的非均衡发展。后来很多学者在此基础上从多角度提出多种形式的增长极概念，使该理论得以发展和完善，其中布代维尔、缪尔达尔和赫希曼的最为经典，他们分别将地理空间和空间组织的概念引入增长极理论中，将增长极的经济含义延伸到地理含义。

1957 年，法国地理学家布代维尔和其他学者一起将“极”的概念引入地理空间，并提出了“增长中心”这一空间概念。布代维尔强调经济空间的区域特征，认为“经济空间是经济变量在地理空间之中或之上的运用”，“增长极概念与推进型产业相关联……把它作为经济活动在地理上集聚的极比作为不同于全国矩阵的部门复合体系统更为可取。总之，增长极将作为以拥有推进型产业的复合体的城镇出现”。1966 年布代维尔对增长极下了一个简要的定义：增长极是指在城市区配置不断扩大的工业综合体，并在其影响范围内引导经济活动的进一步发展。布代维尔把增长极同极化空间、同城镇联系起来，就使增长极有了确定的地理位置，即增长极的“极”位于城镇或其附近的中心区域。这样，增长极包含了两个明确的内涵：一是作为经济空间上的某种推动型工业；二是作为地理空间上的产生集聚的城镇，即增长中心。增长极便具有“推动”与“空间集聚”意义上的增长之含义。布代维尔的增长中心的思想具有很强的吸引力，他提出了投资应该集中于增长中心，并且增长会从这个中心向周围地区传播的观点。从 20 世纪 60 年代起，人们对增长极的研究自然就沿着部门增长极（推动型产业）和空间增长中心（集聚空间）两条主线展开。

作为区域非均衡发展的经典理论，增长极理论从城市与周边地域相互联系的角度出发，把增长极同城市、城镇体系联系起来，成为许多国家促进区域经济发展特别是发展落后地区的理论依据。一个国家或地区因受人力、物力和财力的限制，不可能在整个国家、整个区域范围内进行投资来同步发展，只能优先选择特定的、能够快速实现高效增长的地理空间作为中心，通过对有限的生产要素的集约利用，诱发集聚经济效益的出现，使中心地成为区域中处于支配地位的增长极；通过具有“增长极”性质的城市和地区的优先发展，可以从技术创新与扩散、资本集中与输出、产生规模经济效益、形成聚集经济效应等四个方面带动相邻城市和地区的共同繁荣。在经济发展过程中，“增长极”由于区域经济增长的乘数效应以及发展成熟再增长的受遏，将会导致其资本、技术、劳动力的扩散，逐渐向其他地区和部门传导，带动整个区域的发展。因此，城市化的过程可以被称为是区域增长极的实践形式。

3.2.2 赫希曼的“极化-涓滴效应”学说

1958年，美国经济学家艾伯特·赫希曼出版了《经济发展战略》，针对平衡增长理论模型的缺陷及其运用在发展中国家经济发展中所面临的一系列难以克服的困难和障碍，着重从现有资源的稀缺和企业家的缺乏等方面对平衡增长理论进行了批评，提出了极化-涓滴效应学说，解释了经济发达区域与欠发达区域之间的经济相互作用及影响。他指出，“一国经济要提高其国民收入水平，必须首先发展其内部一个或几个地区中心的经济力量，这些增长点的出现就意味着增长的不平衡是增长本身”。赫希曼认为，核心地区的增长动力主要来源于所产生的聚集经济效益，但核心区的聚集不可能无限地进行下去，因为在区域不平衡发展过程中将产生两种效应——极化效应和涓滴效应。① 其中，极化效应是指由于城市的发展，其高工资、高利润吸引农村的资本和人才；涓滴效应则是指城市地区的成长对农村地区产生的产品购买、投资增加，以及农村地区向城市地区的移民，并由此提高农村地区的边际劳动生产率和人均消费水平。显然，涓滴效应有利于缩小农村与城市的发展差距，而极化作用则趋于扩大城乡间既有的发展差距。这两种效应的大小决定于城市的发展在多大程度上依赖于农村的产品。如果城市的发展必须依靠农村的产品，那么，“涓滴效应与极化效应相比，终究将会占据优

---

① 20世纪60年代，缪尔达尔和赫希曼借用了增长极理论分别创设了内容大致相当的“扩散效应”与“回波效应”、“极化效应”与“涓滴效应”，用以解释区域之间尤其是城乡之间的发展不平衡现象。所谓“回波效应”或“极化效应”，是指某些地区的经济发展会引起另一些地区的经济衰落；所谓“扩散效应”或“涓滴效应”，是说某地区的经济发展后，会逐渐形成经济中心，由此促进该地区及周围地区的经济发展。后来的研究者以实证方式论证了在工业化初期，“回波效应”或“极化效应”对区域负作用会逐渐增大而产生发展失衡，导致地区间差异扩大，出现两极化境地。尔后随着区域的综合协调发展，“回波效应”或“极化效应”的影响强度不断减弱，增长极逐渐为整个区域所兼容，“扩散效应”或“涓滴效应”开始显性化，并在一定时期超过“回波效应”或“极化效应”，最终使区域经济发展达成均衡，整个经济发展过程呈现出倒“U”型趋势。

势……反之，如果城市的发展主要依赖于国外产品的供给，那么，涓滴效应的产生将受到抑制，极化效应将占据主导地位”。赫希曼的理论分析了发展中国家经济结构的特点，并在此基础上说明了发展中国家工业化道路的特殊形式。该理论认为，由于发展中国家并不具备平衡发展所需要的资本和其他资源，平衡增长理论在发展中国家是难以行得通的①，单纯强调国民经济各部门均衡发展和各种产品的广大市场的全面形成，会造成生产效率低下。经济发展是经济从一种类型向其他更先进类型转化的渐进过程，是一种不平衡的连锁演变过程。发展中国家应集中有限的资本和资源首先发展一部分产业，其他部门通过利用这些产业部门投资所带来的外部经济效应而逐步得到发展，也就是要将经济看作是一个连续不断的能动过程，并确认主导部门的存在。他认为，国民经济各部门之间的资本－产出比率或利润率总是有差异的，一些部门利润率较高、创新能力强、有较大发展前途，另一些部门利润率较低、比较落后、逐渐衰落。在不同的增长率的产业部门之间，由于存在投入、产出的关系，某一部门的增长常对其他部门产生一种压力，以诱导其他部门的增长。因此，经济增长的过程通常是，由一个或数个增长中心向其他部门传导。这种不平衡前进的方式较之平衡增长的好处是，给引导投资的决定带来相当可观的机会，并由此经济地利用了不发达国家稀缺的资源。赫希曼模型的理论构想比较合乎发展中国家的实际，对发展中国家的反贫困战略产生了深远的影响。

城市和乡村作为构成区域的基本地域单元，在区域经济的发展过程中，其经济的发展是相互促进、相互影响、相互制约的。由于城市在区域经济发展初期具有比较优势而先于乡村发展起来，因此成为经济相对发达的地区，而乡村则成为经济欠发达的地区。城乡内部结构及外部发展条件的不同，导致城乡经济发展不平衡。某一地区经济发展的初级阶段，城市处于区域经济发展的主导和支配地位，不断地从腹地——乡村地区获取一切有利于其发展的各种要素和资源，从而使城市的经济发展水平不断提高，乡村的发展受到压制。各个国家和地区的经济发展的实践也证明了这种极化效应对区域经济发展所产生的影响及其造成的城乡经济差距过大的后果。目前，我国正处于体制转型时期，如何正确审视并指导城乡经济的协调发展，改变城乡差距不断扩大的局面，是目前乃至今后一段时期城乡经济发展必须面对和解答的问题。所以，正确运用这一学说对于解决城乡经济发展失衡这一问题具有现实的指导意义。

① 平衡增长理论的思想源于凯恩斯的小于充分就业的均衡理论。

3.2.3 缪尔达尔的“循环累积因果”理论

1957年，冈纳·缪尔达尔在《经济理论和不发达地区》一书中提出了“地理上的二元经济”结构理论，利用“扩散效应”和“回波效应”概念，把二元结构理论引入了经济发展理论，阐释了城市中心区对其边缘和外围的促进作用和不利影响，指出城乡的诸多差异会引起“累积性因果循环”，导致城市区域发展更快，乡村区域发展更慢（乡村发展陷入纳克斯描述的“贫困的恶性循环”），使城乡差异在逐步增大中出现“马太效应”，最终在空间组织结构上呈现出“中心－外围”结构。要改变这种地理上的二元经济，政府应该在发达地区累积起发展优势时采取不平衡发展战略，促进其扩散效应的形成。

缪尔达尔在批判新古典主义经济发展理论所采用的传统静态均衡分析方法的基础上，认为市场机制能自发调节资源配置使各地区的经济得到均衡发展不符合发展中国家的实际，而且长期信奉市场机制的发达国家也没有实现地区的均衡发展。因此缪尔达尔提出，应采用动态非均衡和结构主义分析方法来研究城乡地区空间发展问题。缪尔达尔认为，市场力的作用一般倾向于增加而非减少城乡区域间的不平衡。由于发展不平衡，使得某些地区发展更快一些，而另一些地区发展则相对较慢。作为城市中心的区域由于初始优势而超前于别的地区获得发展，那么这种发展优势将保持下去，因此其发展得更快，而农村将发展得更慢。这就是“循环积累因果原理”，这一原理的作用就导致“地理上的二元经济”结构的形成。

缪尔达尔用“循环积累因果关系”解释了“地理上二元经济”的消除问题。他认为，循环积累因果关系将对城乡地区经济发展产生两种效应，一是回波效应，即劳动力、资金、技术等受要素收益差异的影响，由农村向城市流动。回波效应将导致地区间发展差距的进一步扩大。二是由于回波效应的作用并不是无节制的，城乡间发展差距的扩大也是有限度的，当城市发展到一定程度后，由于人口稠密、交通拥挤、污染严重、资本过剩，自然资源相对不足等原因，使其生产成本上升，外部经济效益逐渐变小，从而减弱了经济增长的势头。这时，中心城市生产规模的进一步扩大将变得相对不经济，资本、劳动力、技术就自然而然地向落后地区扩散。缪尔达尔把这一过程称之为扩散效应，扩散效应有助于落后地区的发展。同时缪尔达尔认为，城市经济增长的减速会使社会增加对农村产品的需求，从而刺激这些地区经济的发展，进而导致农村与城市发展差距的缩小。

3.2.4 弗里德曼的“核心－外围”理论

“核心－外围”理论由美国著名城市与区域规划学家弗里德曼在1966年出版的《区域发展政策》一书中提出，该理论也被称为“核心－边缘”理论或“中心－边缘”理论。它是从发展经济学视角出发，研究发达国家与不发达国家之间不平等经济关系时所形成的相关理论和观点。该理论已成为发展中国家研究空间经济的主要分析工具。

弗里德曼利用J. 熊彼特的创新思想建立了空间极化理论。他认为，发展可以看作一种由基本创新群最终汇成大规模创新系统的不连续积累过程，核心区是具有较高创新变革能力的地域社会组织子系统，外围区则是根据与核心所处的依附关系而由核心区决定的地域社会子系统。核心区与外围共同组成完整的空间系统，其中核心区在空间系统中居支配地位：即由于贸易不平等、掌握先进技术、创新能力和经济权力，推行有利的经济贸易政策等原因，核心区居于统治地位，促进经济发展的要素均产生和集中在核心区，而外围区缺乏经济自主以及技术、资本和信息等要素，它的发展则依赖于核心区。在这一过程中，创新在核心区起到了决定性的作用——核心区存在着对创新的潜在需求，使创新在核心区不断出现；创新又增强了核心区的发展能力和活力，从而巩固了核心区对外围的统治地位。弗里德曼非常重视核心区的作用，认为核心区位于空间系统的任一网络结构上，空间系统可以支配到边缘广大的外围空间。一个支配外围地区重大决策的核心区的存在，决定了该地区空间系统的存在。任何特定的空间系统都可能具有不止一个核心区，特定核心区的地域范围将随相关空间系统的自然规模或范围而变化。一般认为，迅速发展的大城市系统，通常具备有利于创新活动的条件，具有较高的增长倾向，创新往往是从大城市向外围地区进行扩散的，外围区的发展途径受控于且依附于核心区域，核心区与外围区共同构成一个完整的二元空间结构。他认为：发达城市的核心区的技术、资本和信息等优势，使得空间二元化在发展初期阶段日趋明显，然而，政府的作用以及区际人口迁移等将影响创新的扩散与资源配置的格局，最终使得核心区与外围的界限逐渐消失。在空间系统发展过程中，有六个自我强化、反馈的效应支持了核心区的成长，分别是：①主导效应，外围的自然、人文和资本等资源向中心的净转移；②信息效应，中心内部潜在相互作用的增加；③心理效应，创新的成功对更多创新的刺激作用；④现代化效应，中心为适应创新而发生的社会价值观念和行为方式的转化；⑤连接效应，一个创新引起新的创新的趋势；⑥生产效应，为创新而提供有吸引力的结构支持，包括经济规模的增长和专业化。信息效应和心理效应常常与主导效应相伴随，而现代化效应则与连接效应和生产效应密切相连。在这些效应的作用下，中心不断成长。相比之下，外围的发展将处于不利地位。

按弗里德曼的“核心－外围”理论的理解，城市与乡村的关系就是核心区域与边缘区域的关系：城市所在的区域是国家空间经济系统的核心区，在这个区域里，权力分配使它们更容易将其他区域的资源吸收进来，对边缘区的乡村具有较高的吸引力。相反，乡村处于边缘区域，它们依赖于核心区并被其控制，权力分配的不平衡使它们处于不利地位。它们对自己的发展模式和发展速度都没有控制权，使其成为核心区域控制下的子系统，要想摆脱对核心区的依赖，打破核心区的控制都是极其困难的。因此，城乡关系在政治性和社会性的力量影响下，可以是控制与被控制的关系，也可以是带动、互补、经济利益一体化、相辅相成的关系。

“核心－外围”理论肯定了城市在区域经济发展中的中心地位，认为城市在强化自身经济社会实力的同时，通过交通、信息、商品、流通、金融等系统把它与周围的区域紧密连接在一起，就可能带动边缘区域的城镇和乡村的发展，这成为实现发展中国家城乡协调发展的重要依据。

“核心－外围”理论作为本书探讨城市带动乡村发展的一个理论依据，也为本文所构想的城乡体制改革的制度安排提供了重要的参考。由于“核心－外围”结构的不完善，如果乡村的资源得不到制度的强力保护，它们依靠自身的力量根本无法控制资源的外流，这样更不利于自身的持续发展，城乡关系就很难实现真正的平等，也就很难实现协调发展。所以，要促使新的核心区域的形成，必须借助政府制度安排的调整，通过不断扩展核心区域与边缘区域的市场联系、资源开发、空间联系，并缩小它们之间的差距。这样逐级发展下去，才能形成新的权力转移，从而实现整个城乡关系从失衡到协调的转变。同时，这种“核心－外围”理论，似乎只是强调了作为核心的城市的作用，而对处于外围地位的乡村的重视是大为不够的。现在看来，我们需要的是两个积极性，而不是一个积极性。

3.2.5 对上述各理论的简要评析

增长极或核心区的极化与扩散、区域经济的不均衡增长，是一定时期区域经济空间结构形成的基础。一个核心区产生的外部经济的能力越大，其推动效应越强；由于创新、支配和推动等活动的出现、强化和消失，经济增长可以视为一个由一系列不平衡机制构成的过程。在这种区域经济非均衡作用下，在区域经济空间内就形成了由处于支配地位的核心和受核心支配的外围区所组成的城乡地域空间的二元结构。佩鲁的增长极理论、赫希曼的“极化 - 涓滴效应”学说、缪尔达尔的“循环累积因果”理论、弗里德曼的“核心 - 外围”模型等，都强调区域经济增长的不平衡规律，同时把城乡经济联系看成是以城市为中心的、“自上而下”的一种联系，强调以城市为中心、资源要素从城市到乡村的流动来带动乡村地区的发展。这些理论都有一种城市偏向的趋向。因此，有些学者批评这些理论过分强调了城市的作用，表现为“城市偏向”的城乡关系；有些学者批评这些理论只是对区域空间结构进行静态描述，缺乏对城乡联系过程的动态分析，限制在区内的联系，没有考虑区外的联系。上述20世纪50～70年代在发展中国家占主导地位的理论，各自从不同方面强化了“唯城市工业化论”，发展中国家的农业发展几乎完全被忽视了。1948～1960年，整个发展中国家人均粮食产量平均增长率仅为0.6%，而1960～1970年，降为0.1%。这种严重的城市偏向政策，本质上是反城市化的，因为它在相当程度上固化甚至强化了城市与农村之间不合理的利益格局，扩大而非缩小城乡差距。据联合国统计，拉丁美洲农村居民中生活在贫困线以下的高于60%，最严重的国家如玻利维亚高达97%，秘鲁达75%，巴西达73%。而2005年爆发农民起义的墨西哥恰帕斯山区的印第安农民，每天收入不足5美分，处于饥寒交迫境地。

3.3 平衡发展理论

3.3.1 拉格纳·纳克斯的“贫困恶性循环论”

1953年拉格纳·纳克斯（Ragnar Nurkse）在其出版的《不发达国家的资本形成问题》一书中，从“贫困的恶性循环论”入手，系统阐述了他的平衡发展战略，说明了贫困条件下经济停滞的原因。“贫困的恶性循环论”实际上是运用凯恩斯的收入分析方法演绎出来的经济增长模型。在这个模型中，收入是投资的函数，投资决定于储蓄，储蓄又决定于收入。由于一个部门的产出成为另一个部门的投入时，他们在供求关系上就相互依赖，如果仅优先发展某一个部门，必然会导致整个经济体系发展的失调。在纳克斯的模型中，收入的增长决定于资本的增长，资本的增长又决定于收入的增长，两者互为因果，形成循环。对发展中国家来说，这种循环是恶性的，体现在两个方面：其一，从资本供给方面来看，发展中国家人均收入低，低收入导致低储蓄，低储蓄造成低投资，低投资又决定了低收入；其二，从资本市场的需求来看，发展中国家的人均收入低，低收入导致了低购买力，低购买力又造成了投资动力不足，而投资不足又决定了低收入。这两种循环的结果必然导致国民经济运行的恶化，这就是所谓的“贫困恶性循环”。这种贫困的恶性循环是经济增长的最大障碍，打破这一障碍就是经济发展所要解决的首要问题。为此，纳克斯提出了平衡增长理论，即对国民经济的各个部门、各种企业进行全面的大规模的投资，以推动经济全面、均衡增长。他认为，平衡增长之所以必要，主要原因在于外部经济效益和各部门之间在供求上的互补性、不可分性。一个部门的产出成为另一个部门的投入时，它们在供求关系上就相互依赖，如果仅仅优先发展某一部门，必然会导致整个经济体系发展的失调。这种“贫困恶性循环论”从一个国家或一个地区来说，当然是有一定的道理的，但是，在经济全球化的当今世界，这样说只会掩盖国际资本市场中的不合理状况的现实，也无助于提高不发达国家建设自己家园的信心。

3.3.2 罗森斯坦－罗丹的“大推进”理论

保罗·罗森斯坦－罗丹（Paul N. Resenstein-Rodan）是英国著名经济学家、平衡增长理论的重要代表人物。所谓平衡增长理论，是指在整个工业或整个国民经济各个部门同时进行大规模的投资，使工业或国民经济各部门全面发展，以此来摆脱贫穷落后面貌的一系列理论主张。平衡增长理论可以分为三种类型：一是强调投资规模的平衡增长理论，其核心是通过大推进式投资来克服经济中的不可分性，以推动各工业部门的增长；二是强调经济发展如何起步，走什么样的发展路线的平衡增长理论，其核心是要求将资源配置于国民经济各部门，使整个经济全面地实现增长，以摆脱贫穷恶性循环；三是前面两种类型的折中。

20 世纪 40 年代，保罗·罗森斯坦－罗丹提出大推进理论。他主张，在整个国民经济各部门中，各工业部门要同时并按照同一比例进行大规模投资，以便使整个工业按同一速度全面增长，以此来彻底改变贫穷落后面貌，促进经济发展，实现现代化。他认为，发展中国家要摆脱贫困，必须大力发展工业，实现工业化。但发展中国家长期以来工业落后，基础设施不全，劳动生产率低，资本形成不足，加之资本供给、储蓄和市场需求的“不可分性”，小规模的、个别部门的投资无法解决根本问题，因此，必须采取“大推进”战略，在各工业部门同时并按同一投资率进行大量投资。由于供给会自动产生需求，这样，各个部门就能产生相互依赖的市场，从而导致整个工业部门的全面增长；否则就会出现有些工业部门发展过快，产品过剩，销路不畅，而有些部门可能会发展过慢，出现产品短缺。他还认为世界落后地区的工业化若想成功，形成一种有组织的制度结构是必不可少的。此外，罗森斯坦 - 罗丹强调工业化的首要任务，就是为使农民转变为产业工人提供训练，而且必须由政府来提供。

3.3.3 对上述理论的简要评析

罗森斯坦 - 罗丹的“大推进”理论和纳克斯的“贫困恶性循环论”，看到了各部门之间的有机联系，强调各个部门之间应当协调发展，主张全面大规模投资和合理配置资源，为发展中国家寻求经济发展突破口、调整投资结构、发展民族经济、消除贫困提供了重要依据。但是发展中国家在发展本国经济的过程中，往往受到资本、技术、人才等多种因素的制约，在资金有限、技术欠缺、人才不足的情况下，做到平衡增长理论要求的全面投资、齐头并进是不现实的。尤其是在发展初期实行这种战略，必然会造成各种经济关系的全面紧张。其次，平衡发展理论强调了国内市场的互补性质和市场的不可分性，提出广阔的市场需求是发展中国家实现工业化的必要条件。但是，平衡发展理论所谓的需求是以萨伊定律为基础的，暗含着“供给会自动创造需求，宏观供求关系能够自动趋于平衡”这一不合实际的判断。20 世纪 30 年代资本主义的大危机，早已宣告了萨伊定律的破产，凯恩斯宏观经济理论就是在埋葬萨伊定律的基础上建立起来的。再次，“大推进”理论片面强调工业而忽视农业的发展，因而在整个经济的层面上看，是一种不彻底的平衡理论。用这样的理论指导经济实践，必然会导致城乡发展的更加不平衡。最后，平衡增长对行政控制机构和国家计划的依赖性很大，这种依赖会抑制市场机制的作用，扭曲供求关系，造成平衡增长的变形，从平衡增长开始，很可能产生不平衡增长的结果。

平衡发展理论和极化发展理论各不相同，都有一定的合理性。但也都比较极端，不能解决实际问题。因为任何一个发展中国家，特别是发展中的大国，都不可能只发展一两个产业，也不可能齐头并进，而只能是在重点产业优先发展的同时，建立工业体系和国民经济体系。同时，工业化、现代化的模式也不可能是唯一的，不可能是各个国家都采用同一个发展模式，走同一条道路。在经济发展的实践中，平衡增长和非平衡增长都是相对的。中国经济发展正是需要平衡增长与非平衡增长相结合。

纵观以上理论，它们多是在发达国家城乡关系问题并不明显的条件下创立的，且一般把城市与乡村分离开来研究，这对发展中国家协调城乡关系的针对性明显不足。同时，西方城市发展观和增长正统论（即主张优先发展制造业实现都市化）一直占据研究主流，导致城市学者和社会学者的诸多研究都是站在城市的角度，研究城乡规划、发展、布局问题和以城市为中心的社会发展进步问题，没有将城乡关系纳入明确的分析框架，没有跳出城市并站在更加广阔的视野下研究城乡关系。在处理城乡经济发展关系的实践方面，20 世纪 70 年代，日本“第四全综国土规划”和韩国的“第三次国土规划”，突出强调点（城镇）、线（基础设施）和面（农村地域）的网络化发展，分别较好地处理了本国的城乡发展问题。但是，国际上其他发展中国家实际国情千差万别，即使是与那些具有重大参考价值的墨西哥、泰国、印度、巴西等国相比，中国的城乡关系问题在形成机理、演变过程、所处阶段以及城乡关系应该采取的对策措施等方面都具有很大的特殊性。所以我们在面对这一特殊问题时，无法而且也不能够照搬国外现成的结论，只能够借鉴参考。

3.4 西方新制度经济学

3.4.1 制度的内涵和制度的构成

在人类社会中，作为群体中的个人，其行为要被社会所约束。不管这些约束是诉诸文字的规章并被要求强制遵从，还是约定俗成的习惯，它们都构成了社会稳定并继续运行的基础，我们把这些约束统称为制度（institutions）。

3.4.1.1 制度的内涵

诺贝尔经济学奖得主之一 D. C. 诺思在其专著《制度、制度变迁与经济绩效》就开宗明义地道出了他对制度概念的基本理解：“制度是一个社会的博弈规则，或者更规范一点说，它们是一些人为设计的、型塑人们互动关系的约束。”他把博弈规则分为两大类：正式规则（宪法、产权制度和合同）和非正式规则（规范和习俗）。

青木昌彦归纳了博弈论视野下的三种制度观，他的定义是：“制度是关于博弈如何进行的共有信念的一个自我维系系统。制度的本质是对均衡博弈路径显著和固定特征的一种浓缩性表征，该表征被相关域几乎所有参与人所感知，认为是与他们策略决策相关的。这样，制度就以一种自我实施的方式制约着参与人的策略互动，并反过来又被他们在连续变化的环境下的实际决策不断再生产出来”。

拉坦在《诱致性制度变迁理论》一文中也将制度定义为一套行为规则，它们被用于支配特定的行为模式与相互关系。

舒尔茨把制度定义为一种行为规则，这些规则涉及社会、政治及经济行为。

例如，它们包括管束结婚与离婚的规则，支配政治权力的配置与使用的宪法中所内含的规则，以及确立由市场或政府分配资源与收入的规则。在舒尔茨看来，制度是为经济提供服务的。他在其《制度与人的经济价值的不断提高》（该文曾获得《美国农业经济学杂志》授予的杰出论文奖）一文中对制度作了经典性的分类：①用于降低交易费用的制度，如货币、期货市场等；②用于影响生产要素的所有者之间配置风险的制度，如合约、分成制、合作社、公司、保险、公共社会安全计划等；③用于提供职能组织与个人收入流之间的联系的制度，如财产，包括遗产法、资历和劳动者的其他权利等；④用于确立公共品和服务的生产与分配的框架的制度，如高速公路、飞机场、学校和农业试验站等。

在新制度经济学分析框架里，制度作为研究的对象，有着丰富的内涵：①制度与人的动机、行为有着内在的联系。从深层次看，历史上的任何制度都是人的利益及其选择的结果。新制度经济学家反复强调，新制度经济学应该从现实的组织体制出发，同时也要从现实中的人出发，因为实际的人是在由现实制度所赋予的制约条件中活动的。人们的任何社会经济活动都离不开制度，什么事能做，什么事不能做，实际上就是一个制度（即规则）问题。在新制度经济学看来，人理性地追求效用最大化是在一定的制约条件下进行的，这些制约条件就是人们“发明”或“创造”的一系列规则、规范等。如果没有制度的约束，那么人人追求效用（或收入）最大化的结果，只能是社会经济生活的混乱或者低效率。②制度是一种“公共品”。制度是一种公共规则，作为一种行为通则，制度并不是针对某一个人的。

“制度”与“制度安排”是不同的。“制度安排”是管束特定行为模式和关系的一套行为规则，即支配经济单位之间可能合作与竞争的方式的一种安排，它是制度的具体化。制度安排可能是正规的，也可能是非正规的，它可能是暂时性的，也可能是长期的。制度安排至少有两大目标，即经济原则（或经济效率）和安全原则。经济原则（或经济效率）是提供一种结构，使其成员的合作获得一些在结构外不可能获得的追加收入；安全原则是指提供一种能影响法律或产权变迁的机制，以改变个人（或团体）可以合法竞争的方式。

3.4.1.2 制度的构成

制度通过提供一系列规则界定人们的选择空间，约束人们的相互关系，从而减少环境中的不确定性，减少交易费用，保护产权，促进生产性活动。对制度的构成或制度结构的剖析，是制度分析的基本理论前提。制度构成是由社会认可的非正式制度、国家规定的正式制度和实施机制这三个基本要素所构成。

（1）非正式制度（informal constraints）

非正式制度是人们在长期交往中无意识形成的，具有持久的生命力，并构成代代相传的文化的一部分。从历史来看，在正式制度设立之前，人们之间的关系主要靠非正式制度来维持。即使在现代社会，正式制度也只占整个约束很少的一部分，人们生活的大部分空间仍然由非正式规则来约束。一般来说，非正式制度包括对正式制度的扩展、细化和限制，社会公认的行为规则和内部实施的行为规则。非正式制度的产生减少了衡量和实施成本，使交换得以发生。但是，非正式制度又存在一定的局限性。如果没有正式约束，缺乏强制性的非正式约束，就会提高实施成本，从而使复杂的交换不能发生。非正式制度主要包括价值信念、伦理规范、道德观念、风俗习性、意识形态等因素。在非正式约束中，意识形态处于核心地位，因为它不仅可以蕴涵价值观念、伦理规范、道德观念和风俗习性，而且还可以在形式上构成某种正式制度安排的“先验”模式。对于一个勇于创新的民族或国家来讲，意识形态有可能取得优势地位或以“指导思想”的形式构成正式制度安排（或正式约束）的“理论基础”和最高准则。

（2）正式制度（formal constraints）

正式制度是指人们有意识创造的一系列政策法则。正式制度包括政治规则、经济规则和契约，以及由这一系列的规则构成一种等级结构，从宪法到成文法和不成文法，到特殊的细则，最后到个别契约，它们共同约束着人们的行为。

（3）实施机制

制度构成的第三个部分是实施机制。人们判断一个国家的制度是否有效，除了看这个国家的正式制度与非正式制度是否完善以外，更主要的是看这个国家制度的实施机制是否健全。离开了实施机制，那么任何制度尤其是正式制度就形同虚设。

3.4.2 制度变迁

3.4.2.1 制度变迁与其内在机制

制度变迁是制度的替代、转换与交易过程。作为一种“公共物品”，制度同其他物品一样，其替代、转换与交易活动也都存在着种种技术的和社会的约束条件。制度变迁可以被理解为一种效益更高的制度（即所谓的“目标模式”）对另一种制度（即所谓“起点模式”）的替代过程。在制度的变迁过程中，机会成本与实际转换成本是制度转换中必须考虑的约束条件。

任何制度变迁都包括制度变迁的主体（组织、个人或国家），制度主体变迁的源泉以及适应效率等诸多因素。有效组织是制度变迁的关键。组织的类型很多，包括政治组织、经济组织和教育组织等。组织建立的目的是获得收入和其他目标的最大化，它是具有共同目标的个人结成的集合。如果说制度是社会游戏的规则，则组织就是社会玩游戏的角色。在稀缺经济和竞争的环境下，竞争将迫使组织为自己的利益（收入与偏好）持续不断地在发展技术和知识方面进行投资以求生存，这些技能、知识以及组织获取这些技能、知识的方法，将渐渐改变我们的制度。作为我们这个社会最大的组织——政府，也同样面临各种各样的竞争压力，也有着自己的目标与利益，在作为制度供给者的同时，也是制度变迁的需求者。

制度变迁的源泉是相对价格和偏好的变化。由于制度变迁是一个演进的过程（包括制度的替代、转换过程与交易过程），是通过复杂规则、标准和实施的边际调整实现的，因此，相对价格和偏好的变化是引致制度变迁的源泉。相对价格的变化包括要素价格比率的变化、信息成本的变化和技术的变化等，这些变化将导致某些相应制度的改变，为谋求制度变化的主体获取更多的收益。偏好的变化是制度变化的另一个来源，即当相对价格发生根本改变，并逐渐改变人们的行为模式，使之合理化，则理想、风尚、信念和意识形态等偏好就成了制度变化的重要来源。

制度变迁的内在机制要求有效制度为组织提供适应效率。适应效率与那些决定经济长期演变的途径密切相关，是一个社会获取知识和学习的愿望，是引致创新、分担风险、进行各种创造活动的愿望，是解决社会长期“瓶颈”和问题的愿望。如果制度中缺少这些愿望的激励安排，则社会发展将处于停滞状态。

3.4.2.2 制度变迁方式

（1）诱致性制度变迁

诱致性制度变迁指的是现行制度安排的变更或替代，或者是新制度安排的创造，它由个人或一群（个）人，在响应获利机会时自发倡导、组织和实行。诱致性制度变迁必须由某种在原有制度安排下无法得到的获利机会引起。

诱致性制度变迁的发生必须要有某些来自制度不均衡的获利机会。从初始制度均衡，到制度不均衡，再到制度均衡，周而复始，这个过程就是人类制度变迁的过程。引起制度不均衡的原因很多，有的新制度经济学家把它归结为四个因素：一是制度选择集合改变，二是技术改变和社会生产力的发展，三是要素和产品相对价格的长期变动，四是其他制度安排改变。

诱致性制度变迁的主体是一群人或一个团体。由于在不完全信息下，人只具备有限理性，而且具有不同经验和在结构中具有不同作用的个人，对制度不均衡的程度和原因的认知也不同。此外，他还会寻求分割变迁收益的不同方式。在这种情况下，要使一套新的行为规则（或规范）被接受和采用，个人之间就需要经过讨价还价的谈判并达成一致的意见（或一致同意）。在诱致性制度变迁的过程中，谈判成本是至关重要的一个制约因素。谈判成本过高往往使一些诱致性制度变迁无法产生。诱致性制度变迁是否发生，主要取决于个别创新者的预期收益和预期成本的比较。

正式的制度安排变迁，需要创新者花时间、花精力去组织、谈判并得到这群（个）人的一致性意见。这就涉及组织成本和谈判成本。其次，正式制度变迁中一个突出问题是外部效果和“搭便车”的问题。外部效果产生的原因是因为制度安排并不能获得专利，“搭便车”问题可能会因为制度安排是一种公共品而产生。外部效果和“搭便车”的后果是，人们可以简单地模仿由别人创造的合约方式或制度安排，而无需付费，这样，提供方案的人就缺少激励，创新者的报酬将少于作为整体的社会报酬（即私人收益率低于社会收益率）。另一个后果是，由于存在外部效果和“搭便车”问题，正式制度安排创新的密度和频率，将少于作为整体的社会最佳量。因此，可能会持续地出现制度不均衡和制度短缺。

诱致性制度变迁的特点可概括为：①盈利性，即只有当制度变迁的预期收益大于预期成本时，有关群体才会推进制度变迁；②自发性，诱致性制度变迁是有关群体（初级行动团体）对制度不均衡的一种自发性反应，自发性反应的诱因就是外在利润的存在；③渐进性，诱致性制度变迁是一种自下而上、从局部到整体的制度变迁过程，制度的转换、替代、扩散都需要时间。

（2）强制性制度变迁

强制性制度变迁由政府命令、法律引入和实现。与诱致性制度变迁不同，强制性制度变迁可以纯粹因在不同选民集团之间对现有收入进行再分配而发生。

强制性制度变迁的主体是国家，国家的基本功能是提供法律和秩序，并保护产权以换取税收。根据新制度经济学的分析，国家在使用强制力时有很大的规模经济。作为垄断者，国家可以比竞争性组织（如初级行动团体）以低得多的费用提供一定的制度性服务。

为什么需要国家推进强制性制度变迁？第一，制度供给是国家的基本功能之一。统治者至少要维持一套规则来减少统治国家的交易费用。这些规则包括统一度量衡、维持社会稳定安全的一系列规则。统治者的权力、威望和财富，最终取决于国家的财富，因此统治者也会提供一套旨在促进生产和贸易的产权和一套执行合约的执行程序。第二，制度安排是一种公共品，而公共品一般是由国家

“生产”的。在制度变迁的过程中，即使某一群体发现了制度不均衡以及外在利润，也尽量要求政府提供相应的制度安排。因此，人们要求政府提供制度这个公共品的需求是持续存在的，而新制度经济学忽视了这一点。第三，弥补制度供给不足。如前所述，诱致性制度变迁会碰到外部效果和“搭便车”问题，由此使制度安排创新的密度和频率少于作为整体的社会最佳量，即制度供给不足。

3.4.2.3 制度变迁与路径依赖

路径依赖方法，最早是经济学家大卫·保罗和阿瑟用于研究技术变迁的。他们认为，路径依赖是指具有正反馈机制的随机非线性动态系统，一旦为某种偶然事件所影响，就会沿着一条固定轨迹或路径一直演化下去，即使有更佳的替代方案，既定的路径也很难改变，即形成一种“不可逆转的自我强化趋向”。阿瑟在研究经济中报酬递增与路径依赖的关系时指出，一种技术的市场份额不仅依赖于偏好和技术的可能性，而且还依赖于报酬递增而导致锁定效应的历史小事件。

诺思把路径依赖方法从技术领域引入制度研究领域，认为制度变迁也存在路径依赖问题。制度变迁过程与技术变迁过程一样，存在着报酬递增和自我强化的机制。这种机制使制度变迁一旦走上了某一条路径，它的既定方向会在以后的发展过程中得到自我强化。“人们过去做出的选择决定了他们现在可能的选择”，沿着既定的路径，经济和政治制度的变迁可能进入良性循环的轨道，迅速优化；也可能顺着原来错误的路径往下滑，甚至被锁定在某种无效率的状态而导致停滞。一旦进入锁定状态，要摆脱就十分困难。

制度的路径依赖实际上是说制度存在着历史惯性，一种制度一旦形成，不管有效与否，都会在一定时期内继续存在。诺斯认为，制度变迁受文化、政治这两个重要过程的累积影响。路径依赖对制度变迁具有强烈的约束作用，由于现行制度存在的惯性、政治因素、文化传统、观念的制约，以更有效率的新制度替代低效率的旧制度，是一个艰难的过程，很容易进入负的路径依赖状态。

3.4.3 制度创新与制度变迁

创新理论是 J. 熊彼特提出的，戴维斯和 D. C. 诺斯以创新理论对制度变革的原因和过程进行分析，从而补充和发展了 J. 熊彼特的制度创新学说。新制度经济学认为制度创新决定技术创新，技术创新作为外生性变化而推动制度创新。制度创新是指能使创新者获得潜在利益而对现行制度进行变革的种种措施与对策，通过制度变革可以建立起某种新的组织形式或经营管理形式。创新必须是在预期收益大于预期成本的条件下才可能实现。

新制度经济学对创新发生的过程进行了描述：制度安排在外部环境发生较大变化时，原有的制度就会成为经济发展和增长的制约因素，制度的稳定演化为制度的僵化，由此将阻碍经济增长和经济发展，在这种情况下，如果存在实现制度创新和制度变迁的潜在收益大于成本，就具备了打破僵硬制度的激励机制。首先，会出现一批 J. 熊彼特所谓的拥有企业家精神的个人或组织，善于发现制度创新的机会，并敢于冒险，率先进行技术创新和制度创新，从而获取其中的潜在收益。其次，需要一批创新者的追随者，他们愿意协助创新者实现技术创新和制度创新。再次，如果预期创新成功，并发现确实会带来现存制度不能带来的收益，就会出现创新的模仿者，以便获取创新带来的潜在收益。此外，如果与此制度的相关者也普遍认可新的制度安排，当新制度创新获得了社会认可的临界多数，就会实现新制度对旧制度的替代，意味着社会制度变迁的最终完成。从上述分析可以看出，制度创新实际上是制度变迁的过程。制度创新与制度变迁是相互联系、相互制约、相互作用的有机系统。制度创新是制度变迁的前提条件，也是制度变迁的结果。

第 4 章　城乡关系变迁的国家比较

由于不同国家城乡发展水平以及城乡关系演变的历史和现实各不相同，因此需要分别对它们进行考察。近代工业社会以来，城乡关系变迁中市场和政府的不同作用，形成了发达国家、发展中国家、新兴工业化国家各具特点、不同演变路径下各不相同的格局。

4.1　发达国家——欧、美、日等国家城乡关系的变迁

欧、美、日发达国家工业化起步早，其城乡关系的变迁不仅代表了世界上最先进的国家的情况，而且基本上反映了整个城乡关系发展变迁的全部历程，因此有必要对欧、美、日发达国家城乡关系变迁进行考察。

4.1.1　欧、美、日国家城市化进程

城市化是一个渐进的过程，18 世纪之前，世界各国的城市化水平几乎都处于同一起跑线上，为 3% ~5%。可以说工业革命之前，不存在真正意义上的城市化，城市化仅仅属于孕育起步时期。18 世纪中叶开始的产业革命，大大推进了资本主义社会工业化的进程，进而推进了资本主义国家城市化进程。作为产业革命发祥地的英国大约用了 90 年的时间便率先基本实现了城市化，城市化率达到 50% 以上。在英国的带动下，其他发达资本主义国家的工业化和城市化水平不断提高，1800 ~1850 年，世界城市人口平均每 10 年增长 16.4%，1850 ~1900 年平均增长 16.3%，1900 ~1950 年平均增长 15.7%。在发达国家的推动下，大部分发展中国家也在 20 世纪中期开始了城市化进程。目前，发达国家的城市化水平平均为 80% 左右，而发展中国家大都在 50% 以下。

当然，发达国家的城市化进程也不是一步达成的，而是经历了一个循序渐进的过程。根据区域经济与社会发展水平不同来划分，发达国家城市化经历了以下三个发展阶段。

(1) 城市化的起步阶段

这一阶段整个欧洲处在工业革命初期，城市工业的发展带来了城市人口的增加。但是由于工业结构单一，城市规模不大，城市经济效益不佳，因此对农村劳动力的吸纳能力较弱，人口城市化率较低。这一阶段，虽然各国社会生产力发展的水平不同而存在着差异，但总体上都在 19 世纪中后期到 20 世纪初，进入城市化的起步阶段。美国是发达国家农村城市化发展较早的国家之一，它到 1879 年城市人口就已达到了 30% 左右；而日本则从 1868 年的明治维新到 1920 年城市人口比例达到了约 20%；德国、英国、法国等发达国家也随着经济、社会发展，城市化水平达到了 15% ~30%。这一时期发达国家推进农村城市化的特点是在工业化水平较高的地区率先进行。

(2) 城市化的加速阶段

在工业革命的推动下，欧、美、日发达国家城市化速度加快，城市无论是在规模上还是在数量上都有很大的发展，城市对人们的生活产生巨大的影响。发达国家的农村城市化的初始阶段，仅仅是各国城市化发展的序曲，当发达国家进入产业革命的末期到第二次世界大战前夕，各国的城市化伴随着工业化发展呈现出跳跃式发展态势。如美国到 1940 年城市人口比例已达到了 55% 左右，超过了农村人口；此时，日本的农业人口也大量向城市转移，同时期城市人口达到 40% 多。各国城市化发展已通过交通业的迅速发展，由中心城市向周边沿路（包括水路）扩散，并粗具城市聚群发展的雏形。

(3) 城市化高速发展阶段

从第二次世界大战后到 20 世纪 80 年代初期，科学技术发展带来的交通业和通信业的突破性发展，使各国工业化进入高涨阶段，也带动了第三产业的突飞猛进，促进了各国农村人口加速向城市流动。城市化迅猛发展造成城市人口过度膨胀，城市居民生活质量和环境质量下降，从而导致人口向城郊迁移，进而又引起商业衰退，城市人口进入饱和状态。通过调整后，城市化进程呈健康发展趋势，特别是随着产业活动的郊区化和城市聚群的发展而引起的城市由集中向分散化发展以及农村经济的快速发展，城乡发展几乎没有区别，甚至由于城市交通与环境问题，各国城市人口向农村转移的现象明显增多。德国作为欧盟发达国家中城市化水平最高的国家之一，至 2001 年城市化水平达到 90% 以上，是实现城乡一体化最为成功的国家之一。德国在推进农村城市化发展的过程中，其城市人口主要分布在占 95% 以上的中小城市里。近年来，德国大城市有 20 万左右的人口继续向城郊和小城市流动，且外移的速度在逐步加快，城乡人口趋于平衡。

4.1.2 欧、美、日国家城乡关系演进的特点

4.1.2.1 城市化进程与经济发展水平密切相关

从城市的起源和英国早期的农村工业化，以及乡村小城镇的崛起，可以看出城市化作为一种复杂的社会经济现象，与许多因素有关，但经济因素与城市化进程最为密切也最为关键。一般来说，经济发展水平与城市化水平是相匹配的。美国经济学家 H. 钱纳里曾对 1950 ~ 1970 年 101 个国家的经济发展水平数据与城市化数据进行过回归分析，证明在一定的人均国民生产总值水平上，一定的生产结构、劳动力配置结构与城市化水平相对应。

从城市化的起始条件看，产业结构的变化是城市化的前提条件，而城市化进一步带动了产业结构的变化。在经济结构变动中工业化最先影响城市化。由于工业化的最大特点是生产专业化，从而要求生产要素的集中，而生产要素的集中就是最初的城市化。由此可见工业化和城市化是经济要素这一本质事物的两种表现形式，所以不能把城市化简单地理解为工业化的后果。当今世界各国中，除中国等少数国家外，工业化起步以后，城市化水平一般都高于工业化水平。在经济结构的非农化过程中，第二产业与第三产业对城市化的影响也是不同的。从各国城市化走过的历程来看，城市化与第二产业的相关系数低于与第三产业的相关系数，例如，美国 1870 ~ 1970 年城市化率的变化同第二产业、第三产业发展水平的变化之间的相关系数，前者为 0.6055，后者为 0.9770；1920 ~ 1979 年日本该相关系数分别为 0.8612 和 0.9287。

4.1.2.2 政府在城市化进程中起到不同的作用

发达国家的政府在城市化进程中都起着或大或小的作用，但美国和英国城市化更多地是一种自发的、自然形成的过程，即使是“城市化”这个名词，也是后人对这一过程的概括。在城市化进程中，国民的自主意识得到充分体现，有限政府的内政职能作用主要体现在提供公共物品和服务，包括环境建设、低收入家庭的住房、非营利的文化设施、公共活动设施的建设、历史文化遗址的保护等。整个社会的一切经济活动，都是在比较健全的市场经济体制下依据市场规律进行运作。按照美国州政府对地方政府的自治宪章，如果一个居民社区的人口密度和规模具有城市的特征而需要获得市政服务时，就可以组成为具有法人资格的自治市。它不但有征税权，而且还有制定分区规划和政策的权力。这些地方组织，一方面大大地推进了城市化或大都市区化的进程；另一方面也因数目繁多，呈现日

益加剧的分化割据局面，与有序发展的客观要求极不相称。值得警惕的是，这种自由性质的市场经济体制，加之有限政府的“软”手段，在有利于调动市场主体积极性的同时，也使美国社会积累下了犯罪、暴力、吸毒、失业、贫困和城市基础设施老化等问题。

日本和德国虽然是市场经济国家，但整个城市化进程都是按照政府的意图进行的。相比较而言，日本和德国政府在推进本国城市化方面较美国和英国参与的程度更高一些。在日本和德国的城市化进程中，从整体国土规划、工业发展规划到社会保障等，都可见到政府的影子。

日本政府自第二次世界大战结束后就开始了大规模的国土整治工作。首先设置了专门负责国土整治的机构——国土厅，1950 年制定了被称为“国土开发宪法”的《国土综合开发法》，其目的是要根据国土的自然条件，综合利用、开发、保全国土，并合理安排产业布局，提高社会福利水平。后来又根据经济发展的特点，先后 4 次制定了“全国综合开发计划”，其实质就是保障全国经济的快速、协调、平衡发展，进而使城市化进程顺利进行。从《一全综》到《四全综》，4 次“全国综合开发计划”历时半个世纪，从某种意义上说，它们是日本城市化进程的一个缩影，也是日本政府在整个日本城市化进程中所发挥作用的真实写照。

德国政府在应对城市化进程中的种种问题上，通过建立完善的社会保障制度和提供健全公共服务来保障城市化的顺利进行。同世界各国城市化进程一样，德国在高速城市化的进程中，也出现了大量严重的社会问题，包括住房拥挤、环境卫生差、疾病蔓延、周期性失业严重、劳动力素质差、城市公共服务不足等。面对错综复杂的问题，当时的德国政府认识到劳工安宁是国家统一和国防所必需的，社会问题只有国家才能解决。因此，德国政府通过全面规划、综合治理，改善了居民的居住环境，提高了生活质量；通过建立完善的社会保障制度，缓解了周期性失业问题，赋予全体居民应对生活挫折的基础性制度力量；通过行政区合并，促进劳动力就地城市化；通过严格的基础教育制度和职业培训制度，大幅度提高了劳动力的文化素质。根据社会发展的需要，德国快速建立了一整套为城市化稳定发展所必需的制度框架，及时解决城市化进程中的各种社会问题，被西方发达国家视为先进社会立法的楷模。

4.1.2.3 城市化伴随着明显的农村劳动力转移

城市化是农村人口转移的一个重要结果，发达国家特别是英国、美国、法国、德国，人口的流动基本上自发的，但政府的政策不无影响。英国和德国在 18 和 19 世纪对《定居法》的修改和停止执行，以及德国农奴制的废除，消除了人口流动的法律障碍。英国的《圈地法》、美国内战时的《解放南方奴隶》的宣言和《宅地法》以及战后解散南部联盟的军队、各国行政的集权化和军队的集中等措施，都直接或间接地推动了农村人口向城市的流动。第一次世界大战以后，各国广泛实行的城市规划、贫民区的改造、郊区的住宅建设、产业布局等方面的政策对城市发展也产生了一定影响。

同时，农村人口向城市流动的速度和规模，与一个国家工业化开始的早晚和进程的快慢、土地集中的程度、农业的内部结构、农业机械化程度和生产率的高低、人口的增速和劳动力市场状况等因素有着密切的关系。英国是第一个开始工业革命的国家，加上圈地运动对农民的剥夺，最先实现农业革命，农业中畜牧业比重大，所需劳动力少，农业不断释放出剩余劳动力，农村人口向城市的转移开始得早、规模大，城市化进程快。德国从 1871 年国家统一到第一次世界大战之前，为了满足工业化、城市化的发展所带来的对于劳动力资源的需求，大部分人口不断流向日新月异的新兴城市，许多居住在农村的人口陆续进入城市。19 世纪的最后 10 年，德国城乡人口比率发生质的转变，城市人口所占比例开始高于农村人口所占的比例，成为国家居民的主体成分。美国由于建国道路的特殊性，农村人口向城市的转移很不平衡。最先实现工业革命的东北部地区，城市发展较早，而中西部和远西部地区，随着横贯东西铁路干线的开发和修通，许多东部农民、外来移民和一部分城市人口涌入西部。在铁路沿线和矿区，平地产生了一大批城市，这是美国西进运动特有的现象，加快了美国城市化的进程。四国中，法国农村人口转移的速度最慢，延续时间最长。法国工业革命开始得并不晚，但进程相对缓慢。由于法国小农经济在农业中的比重比其他国都大，生命力较强，农民在维护自己的权利方面较有成效，土地对他们的牵制力较大，因而农民向城市流动的愿望不像上述其他几国那样强烈。

目前，发达国家的城市人口比例一般都在 80% 以上，城市化率最高的国家超过了 90%。但是，当城市人口的比例达到顶峰以后，各国都出现城市人口向农村回流的趋势（这种回流并非城市人口转向农业）。由于交通运输、通信、电力、煤气等产业高度发达，城乡差距缩小，一些工业企业、军事设施迁到了环境清幽、地皮廉价的农村；为避开市区污染和嘈杂的环境，城市中上阶层中的许多人迁到城郊农村居住，特别是一些退休老人更选择到宁静的农村安度晚年；接近城市的农村地区住宅建设的发展和农村居民点的增多，分流了部分城市人口。由于以上种种因素，农村人口的比例不但没有减少，反而还有所回升。过去农村人口向城市的迁移被称为“贫困的迁移”，当代大城市人口向旅游胜地、气候适宜地和恬静乡村的流动被称为“富裕的迁移”、“休闲的迁移”。

4. 1. 2. 4 强调农业的基础地位，提供完善的农村社会保障制度

提高农业发展水平几乎是每一个已实现高度工业化和高度城市化国家的共同经验，农业劳动生产率的提高为各国城市化快速发展提供了基本保障。在实践中，无论是美国、英国、德国还是日本，城市化进程中都没有忽视农业的基础地位。美国在城市化发展中，一直把农业的发展放在重要位置，通过推广农业机械化和发展集约经营，较早实现了农业的现代化。1820 年美国一个能供养 4. 1 人，1900 年为 7. 0 人，到 1964 年，一个农业劳动力能养活 33 人，农村生产率提高成为城市化的强有力支撑。英国由于城市化中前期城市人口增加迅速，农产品出现严重的供不应求，政府通过扩大可耕地面积、提高耕作技术和选用优良品种，大幅度提高了农业产出。1700 年，英国一个农业劳动力只能养活 1. 7 人，到 1800 年能养活 2. 5 人。德国在农村城市化过程中，通过“普鲁士道路”推动农业发展，使农村土地所有制和经营方式发生了转变。日本为了提高农业的机械化程度，加快农村劳动力向其他产业转移，加大了对农业的基础投入，实现了从耕作、插秧到收获的全面机械化，从而大大加快了农村城市化。

同时，发达国家在城市化进程中还为农民提供完善的农村社会保障，解决农民的后顾之忧。城乡一体化的社会保障制度，缩小了城乡间的差别，对农村城市化建设起到了良好的推动作用。以日本为例，日本的农村社会保障制度包括农业灾害补偿制度、粮食蔬菜价格稳定制度、农村养老制度和医疗保障制度。这四项制度的保障范围面广，确保了农村劳动者在遭受意外事故、生病以及年老时的收入问题。同时，政府还为农民提供大量兼业经营的机会。这样，农民不仅可以得到有保障的农业收入，还可以得到兼业经营的收入，大大提高了农民的收入水平。这在一定程度上缓和了城乡间的矛盾，加快了农村城市化进程。

4. 1. 3 欧、美、日国家推进城市化发展的效果

城市化是一把双刃剑：一方面，城市化已成为各国推动产业结构升级、内需扩大、经济持续增长的重要力量；另一方面，快速的城市化不仅带来一系列城市问题，还给农业发展带来了巨大压力。

4. 1. 3. 1 推进城市化发展的成效

(1) 快速提高了城市化水平

发达国家从 19 世纪中后期特别是从第二次世界大战以来，积极推进城市化

发展战略，在这个过程中它们并不急于求成，而是根据各国经济、社会和科技发展水平，同步推进城市化。英国、德国、美国在发达国家中是实现工业化最早的国家，到1920年以后，他们的城市化水平就达到60%以上。日本则由于在第二次世界大战后才大力推进工业化政策，到20世纪70年代中期工业化达到鼎盛时期，1975年达到76%。在进入70年代中期后，随着世界新技术革命来临，经济、社会进入大发展时期，发达国家均进入高度城市化发展期，城市化水平由第二次世界大战前的平均40%上升到80%，也就是说发达国家的农村城市化发展由加速阶段到高速发展阶段仅用了30年左右时间就完成了。

（2）促进了城乡协调发展

农村城市化发展的成功与否，主要看城市化与农业、农村现代化是否实现了均衡发展。发达国家在推进农村城市化的同时，也注重推进落后农村的发展和农业、农村现代化。一是各国重视乡村现代化，把城市化建设与增强城乡经济的活力作为着力点。如德国在推进城市化时，注重南方地区尤其是农村的发展，力促落后农村的现代化。日本则制定《山区振兴法》、《过疏地区活跃法特别措施法》等解决农业、农村发展问题。二是缩小城乡差距，增加农民的收入。发达国家缩小城乡差距最重要的做法是：大量减少农村人口，把农业剩余劳动力转移到城市；通过对农业补贴、农产品价格支持、提供无息或低息贷款，吸引企业投资农业，提高农业机械化水平，使农民有效地增加收入，奠定村、镇经济发展基础。通过上述措施，美国、日本、欧洲各国的城市工人与农村农民收入比达到1∶0.9，城乡收入差距很小，甚至有些国家的农民收入超过工人，如日本1977年的农民平均收入为92.2万日元，工人则为81.7万日元。由于各发达国家在扶持农村现代化过程中，也同时改善农村的环境，强化道路建设和完善社会保障制度，至1980年后，各国城市人口出现向小村镇和农村疏散态势，呈现出城乡融合的状态。

（3）促进了城市经济、社会大发展

发达国家在推进农村城市化期间，保持城市化与工业化发展同步推进，注意农业和农村现代化等，一方面，满足了工业化过程中对劳动力的需求，保持了工业内部轻、重工业产业结构的合理性，并使中小企业实现长足发展，实现了工业化的财富积累效应；另一方面，一旦城市化和工业化得到迅速发展，则实施反哺农业政策，并加快科技发展，引进国外先进技术和人才，从而使发达国家城市经济迅速发展，非农产业的产值比例高达95%。因此，20世纪70年代后，上述各国就成为全球经济、社会、科技发展的强国，确立了其支配全球经济发展的霸主地位。

4. 1. 3. 2　推进城市化发展存在的缺陷

城市化战略在促进发达国家经济社会发展的同时，也带来很大的负面效应。一方面，大、中城市规模的急剧膨胀，使城市发展或多或少地出现“城市病”。如美国、日本的特大城市较多，人口的高度聚集，导致城市垃圾、生活污水急剧增长，而工业化的高度发展，使工厂的有害气体、工业废水不能得到有效控制，由此对城市生存环境带来重大影响。虽然 20 世纪 70 年代后各发达国家大城市人口持续向中小城市迁移和扩散，在一定程度上减轻了“城市病”，但从根本上治理则必须通过进一步完善城市管理与服务功能，加快发展科学技术来实现。另一方面，城市化所需要的耕地非农化过量，导致了农业经济发展出现衰退。尽管发达国家在推进城市化过程中，用法律等手段遏制耕地的非农化问题，但由于城市化的快速扩张对这些国家特别是像日本等一些人多地少国家的农业发展是个沉重的打击。如日本在农村城市化过程中，由于农业用地损失 60% 左右，导致自身粮食需求的 70% 以上依靠进口，而一旦全球农业受到自然灾害侵扰造成国际农产品市场动荡，将阻碍其经济发展和社会稳定。

4. 2　发展中国家——拉丁美洲国家城乡关系变迁

与发达国家一样，拉丁美洲国家城乡关系的演进也深刻地体现在其城市化进程中，了解并反省拉丁美洲国家的城市化进程有助于我国构建和谐的城乡关系。

4. 2. 1　拉丁美洲国家城市化发展概况

通常情况下，城市化是伴随着工业化、现代化而产生的现象。但拉丁美洲的城市化比较特殊，它起初是早期西班牙、葡萄牙殖民活动的产物。直到 19 世纪拉丁美洲各国独立后，才依靠自身的工业化和现代化推动了城市的迅速扩张，使拉丁美洲地区成为发展中国家城市化水平最高的地区。

19 世纪末 20 世纪初，拉丁美洲各国出口经济的繁荣和外国移民的涌入促进了城市化的迅速发展。1870 ~ 1930 年，城市人口占总人口的比重有了大幅度的增长，期间，1 万人以上的城市人口占全国总人口的比重：阿根廷从 17. 3% 增至 38. 1% 、智利从 15. 2% 增至 38. 0% 、委内瑞拉从 16. 8% 增至 36. 7% ；1930 年，巴西、哥伦比亚、墨西哥和秘鲁的这一比重已达 15% 。

第二次世界大战结束后，一些拉丁美洲国家全面推进工业化，工业发展战略由初级产品出口为主转向进口替代工业化为主。各国政府集中全国的资源，重点和优先发展与工业化相关的基础设施，并大力投资制造业。期间，它们实施了牺牲农业、扶植“幼稚工业”的产业倾斜政策和一系列吸引外资的优惠政策。由于现代化进程的快速推进，拉丁美洲国家从传统的农业社会向现代工业社会迅猛过渡，结果大大改变了拉丁美洲国家社会的面貌。1950～1980 年，工业生产总值增长 5 倍，年均增长 6.6%。迅速发展的工业化和工业布局的高度集中，促进了城市人口的高速增长。从城市人口绝对数量上来看，20 世纪 50 年代，拉丁美洲国家城市人口增加 45%，1970～1980 年增加 43.6%，1980～1990 年增加 40.3%，拉丁美洲国家的城市人口已从 1930 年的 3000 万增加到 1990 年的 3 亿多。从城市人口的比重来看，1950 年拉丁美洲城市人口（2 万以上的市镇居民为城市人口）占总人口的 41.6%，1980 年达到 65.6%，已接近欧洲的城市化水平。

4.2.2 拉丁美洲国家城市化中存在的问题

毋庸置疑，拉丁美洲国家城市化所取得的成就有目共睹，但拉丁美洲国家城市化发展的背后却隐藏着种种危机，已构成拉丁美洲国家现代化持续推进的障碍。城市化的发展始终存在着一个是否与社会经济发展水平相适应的问题，也就是说，城市化水平不论是过分超前还是过于滞后，都可能对社会经济发展产生不利影响，在拉丁美洲国家具体表现为“过度城市化”。“过度城市化”（over urbanization），是指城市化速度大大超过了工业化速度，造成城市化水平与经济发展水平的脱节。

拉丁美洲国家城市的人口为每 10 年翻一番，但这并不意味着拉丁美洲国家的工业化已对城市化提出这样高的要求。到 20 世纪 70 年代中期，拉丁美洲国家城市人口的比重已占地区总人口的 60%，但工业人口的比重却不超过 30%。世界银行《1995 年世界发展报告》提供的数据表明，墨西哥的工业化和经济发展水平远远不如发达国家（如瑞士、奥地利、荷兰和意大利），但 1993 年墨西哥的城市化水平已达 74%，明显高于奥地利的 55%、荷兰的 62% 和意大利的 67%。2000 年，拉丁美洲国家的城市化率已上升到 78%，2002 年，巴西的城市化率达到 82%。拉丁美洲国家城市化程度的提高固然为工业发展创造了有利条件，但超越发展阶段的城市化也使拉丁美洲国家付出了沉重代价，带来了严重的社会问题。

4.2.2.1 贫困化、贫富差距问题严重

拉丁美洲国家过度城市化带来了贫困化、分配不公、贫富差距悬殊的问题。

据国际劳工组织 1993 年 10 月的报告，拉丁美洲 18 个国家在 1992 年的最低工资仅相当于 1986 年的 65%，即下降 35%。除智利、哥伦比亚、哥斯达黎加和巴拉圭外，其他国家的最低工资都在下降，其中秘鲁下降 80%、厄瓜多尔下降 70%、萨尔瓦多下降 68%、危地马拉下降 62%、墨西哥下降 61%、阿根廷下降 61%，巴西下降 50%。1980～1990 年，拉丁美洲国家公共部门和农业劳动者的收入下降了 17%；2002 年地区平均实际收入相当于 1997 年的水平；与 1997 年相比，拉丁美洲地区贫困人口增加了 2000 万，总数达 2.27 亿，占总人口的 44%。尽管后来拉丁美洲国家出台了种种扶贫计划，并大力解决通货膨胀问题，使拉丁美洲国家的贫困人口从 2002 年的 2.21 亿减少到 2006 年的 2.05 亿，贫困化率从同期的 44% 下降到 38.5%，但拉丁美洲国家的贫困化问题仍然严重。

在贫困化的同时，贫富差距也日益扩大。世界银行的研究报告《拉丁美洲的不公正：与历史决裂?》认为，拉丁美洲的不公平很严重，即便是该地区相对而言比较公平的国家（如乌拉圭和哥斯达黎加），也比经济合作与发展组织（OECD）中的任何一个成员国或任何一个东欧国家更不公平。该研究报告提供的数据表明，巴西和危地马拉的基尼系数接近 0.6，在世界上“名列前茅”。在大多数拉丁美洲国家，占总人口 10% 的富人获得的收入占国民总收入的40%～47%，而占总人口 20% 的穷人所占的比重仅为 2%～4%。

4.2.2.2 失业问题严重

拉丁美洲国家的城市化和工业化不同于美国、西欧和原苏联。拉丁美洲国家的城市化开始于工业化之前，而工业化的发展继续推进城市化的进程。经济发展缓慢，城市人口膨胀，导致拉丁美洲国家城市的失业率很高。1970 年，在利马市已进入工作年龄的男性人口中，16% 的人没有工作；哥伦比亚巴兰基市的失业率则达到 19%，这些数字还不包括就业不足的人数，而就业不足在整个拉丁美洲地区是一个很普遍的现象。1995 年拉丁美洲地区公开失业率为 7.3%，失业和从事非正规经济的人约占全部劳动力的 50%。一个相当大的非正规部门及其多种表现形式的存在，是当今拉丁美洲国家城市经济的典型特点，约有 42% 的拉丁美洲人在非正规部门工作。

1980～1985 年，整个拉丁美洲的非正规部门以平均 6.8% 的速度增长，而正规部门在 5 年中仅增长 2%。2003 年失业人数净增 70 万，城市公开失业率创 10.7% 的历史新高，城市失业总人数达 1670 万。在秘鲁城市地区，至少有 60% 的劳动力从事非正规经济活动。非正规部门为新移民提供了就业机会，从而推动农村人口流向城市，这又加剧了城市的过度发展。

4.2.2.3 农业、农村发展滞后

第二次世界大战后拉丁美洲国家以牺牲农业为代价的进口替代模式导致了工农业发展的失调，这成为日后一系列危机和社会动荡的根源之一。第二次世界大战结束后，国际市场对原材料和农产品需求增加，拉丁美洲国家农业的出口赚得了大量外汇，然而这些资金并没有继续投向农业部门，而是优先投向了工业领域；同时，工业品价格提高，农产品价格压低，使得工农业产品的剪刀差不断扩大，从而影响了农民生产的积极性。这种牺牲农业成就工业的做法在 20 世纪 70 年代产生了严重的后果。

“该时期拉丁美洲国家农业发展呈现出不平衡的特征。一方面，是农业生产结构的不平衡。越是国外市场需求旺盛的产品，其生产效率越高，相反，主要供国内消费的粮食生产在大多数拉丁美洲国家却每况愈下。享有‘世界面包篮’美誉的拉丁美洲居然出现了进口粮食的尴尬局面。另一方面，是不同规模经营单位之间的不平衡。农业现代化程度较高的农牧场通常是拥有优质土地、能进行大量投资和采用先进技术的大中型企业，而为数众多的个体农民仍然停留于传统的耕作方式。”这样一来，拉丁美洲国家的农业部门就逐步形成了现代农业和小农业并存的局面，并且重出口、轻内需，因此，在农村基础设施建设、信贷和技术改造上向大型出口农业倾斜；同时，由于农业长期缺乏足够的投资和技术革新，导致了生产效率低下，使得从事内需生产的小农经济濒临破产。农村贫困加剧，城乡两极分化日益严重，大量农民涌入城市，加大了城市就业的压力，从而为后来社会矛盾的激化埋下了隐患。

对此，墨西哥学者帕迪斯曾有过精辟的描述：拉丁美洲各国经济的全部几乎都集中在实现工业化进程方面，更糟的是，工业化被理解为发展的同义词。相反，农业部门则被看成是不发达的标志，于是两大部分就相互对立起来，农业被视为传统部门，工业被视作现代部门，唯有工业部门才能吸收和扩散技术进步。

可见，拉丁美洲国家在城市化进程中片面强调工业化，导致了农业生产能力的落后和农村发展水平的滞后。

4.2.2.4 社会问题严重

在拉丁美洲许多国家，大量农村人口盲目涌入城市而造成城市人口迅速增加，城市人口恶性膨胀导致就业机会不足，造成城市中的贫富差距拉大。由于贫富悬殊过大，社会不稳定的因素急剧增加，各种社会问题凸现出来。暴力活动、毒品犯罪、道德沦丧问题在拉丁美洲国家城市比较突出。巴西的里约热内卢，每

天有 20 多人被杀，是世界上暴力活动最多的城市之一。拉丁美洲是世界上三大毒品产地之一，当前毒品的生产已发展成拉丁美洲的一个重要产业。尽管全世界都在声讨毒品行业，但在拉丁美洲却无法铲除毒品的种植和加工业。拉丁美洲城市的贫民窟则是从事毒品交易和犯罪的温床。巴西最大的贫民窟——里约热内卢罗西尼亚贫民窟是拉丁美洲和整个世界最大的贫民窟，人口约 30 万。那里不仅缺水缺电，建筑简陋，而且是贩毒、抢劫、强奸、谋杀不断发生的地方。罗西尼亚贫民窟实际上由贩毒集团和帮派团伙控制，警察如想进去抓人，要首先同里面的帮派团伙打招呼，征得同意后方可进入，贩毒集团和帮派团伙为保护自己的势力范围配备了大量的武器。

拉丁美洲国家城市中存在的严重社会问题，导致社会的动荡和政局的不稳。拉丁美洲国家政权更迭频繁，不利于政府政策的连续性。政府也没有更多的精力去关注和解决城市中的发展问题，使拉丁美洲国家城市在管理上处于无序状态，城市化进程屡屡受挫。

4.2.2.5 城市资源与环境问题严重

在许多拉丁美洲国家的城市，由于过度的人口膨胀超过了城市资源和环境的承载力，许多城市环境污染严重，交通拥挤，供水困难。墨西哥城是世界上最大的城市之一，也是污染最严重的城市之一。随着城市人口的增加和工业的发展，用水量猛增，过量抽取地下水使城市从 20 世纪 70 年代起下沉了许多，酿成了重大的市政建设问题。城市贫民拥挤在老城破损不堪的陋室或自己搭建的贫民窟里。加拉加斯典型的贫民窟是简易的砖瓦房，往往全家挤在一张破床或旧毯子上睡觉。贫民窟实际上不存在下水道、排污系统等卫生设施，一旦下雨，便成了污秽的泥潭，臭水和污物散发出难闻的气味。在整个拉丁美洲地区的城市中，由于废气、水、垃圾等杂物造成的污染问题随处可见，拉丁美洲国家城市环境的恶化又制约了城市的可持续发展。

4.3 新兴工业化国家——韩国城乡关系变迁

4.3.1 韩国城市化进程

韩国位于朝鲜半岛的南部，国土面积近 10 万平方公里，相当于我国山东省土地面积的 2/3，人口 4840 万，只有山东省总人口的一半。韩国曾经是一个落后的农业国，自古以来就有“农业天下之大本”一说。从 20 世纪 60 年代开始，韩国经济走上了振兴之路，成功地推行了外向型经济发展战略，并适时启动了工业化和城市化战略。伴随着几十年的经济持续增长，韩国的城市化水平由1960年的28.00%提升至1980年的57.23%，2000年人口普查时，已达79.68%。到20世纪90年代中叶，人均国民生产总值已超过1万美元，全国约2/3的国民已成为城市中产阶层。目前，韩国城市化水平已接近90%，是新兴的工业化国家，被誉为亚洲“四小龙”之一，跻身于亚洲经济发达国家行列。

韩国的城市化是人口向城市集中的过程，在历史上主要经历了三个阶段。

第一阶段是从20世纪30年代起到40年代中期。1910年开始，日本吞并韩国，接下来就是长达35年的殖民统治。在30年代以前，日本主要对韩国的原材料和农业产品进行掠夺。进入30年代后，日殖民当局改变政策，加强了对工业的扶持，为其进一步的侵略提供条件。在此期间，大量的农村务农人口失业，他们中的一部分人进入城市成为产业工人；同时，各大城市也成了产业工人最为集中的地区。城市人口从30年前的57万增加到272万（包括现在的朝鲜），城市人口比例也从3.3%上升到11.6%。

第二阶段是从日本投降（1945年）开始。大批在第二次世界大战期间流亡中国和日本的韩国人回到韩国。另外，朝鲜战争（1950年）所产生的大批难民从朝鲜半岛中部迁往南部。这些人在城市周围安定下来，从事生产劳动。

经过这两个阶段，韩国的城市化水平有了显著发展。但由于期间韩国一直处于殖民统治及此后连年战争之中，城市化的水平提高是建立在殖民政策的变化和战争结束难民迁移的基础之上。事实上，它的城市化依然没有进入正常发展的轨道。

第三阶段是从20世纪60年代开始。韩国政府连续制定了六个“五年计划”，经济逐渐起飞，工业化水平迅速提高。10年间，利用原有经济、技术、交通设施比较完善的汉城——釜山铁路沿线中心城市，重点发展劳动密集型出口创汇产业。70年代，政府重点扶持中间产品、原材料及资本密集型产品的生产，形成了以釜山为中心的东南沿海经济发展的区域增长极。80年代，韩国大力发展技术和知识密集型的产业，西海岸第三代区域增长极形成。伴随着30年来的快速工业化，韩国的城市化水平产生了一个戏剧性的增长，从1960年前的28%发展到1990年的74.4%，年均提高1.55个百分点，城市化进程高速推进，同时，主要农产区包括全罗南、北道、庆尚南、忠清道的农业人口向中心汉城（现称首尔）、釜山聚集。这一阶段的经济腾飞及工业化齐头并进的城市化是韩国城市化进程的主体部分。

4.3.2 韩国城市化发展的模式分析

4.3.2.1 工业化带动城市化发展模式

韩国的城市化是韩国工业化推动的结果。20 世纪 60 年代起，韩国推行的工业化模式——开放型工业化使韩国人口不断向城市地区加速转移。30 年的经济飞速发展和工业化的高速发展推动了韩国城市化水平的快速提升，城市化水平从 1960 年的 28%上升到 1990 年的 74.4%，30 年间提高了 46 个百分点。

根据世界各国城市化的一般规律，工业化是人口城市化的根本动因。韩国工业的迅速增长始于 20 世纪 60 年代初，1965 ~ 1984 年，韩国的工业增长率是农业增长率的 6.3 倍。工业化发展模式一般有两种分类方法：一是以优先发展的工业部门为标准，分为轻工业优先发展模式和重工业优先发展模式。二是以内外向度为标准，分为“进口替代型”工业化和“出口导向型”工业化。从 1962 年起，韩国中央和地方政府先后开发建设了 9 个重工业区和 24 个地方工业区。在韩国工业化过程中，轻工业和重工业优先发展程度在不同时期有所不同，但自 1962 年开始认真着手发展国家经济以来，韩国制定并实施了符合本国国情的出口导向型发展战略。出口导向型产业一般是本国具有比较优势利益的产业部门，成长速度快。由于城市特别是沿海城市的开放度高，生产要素的区际流动频繁，城市化进程也相应比较迅速。20 世纪 60 年代起，迅速推进的国家工业化进程使韩国城市数量不断增加，城市规模不断扩大，居住在城市的人口数量直线上升。目前，已经有接近 90%的韩国人口居住在城市，韩国已经实现人口高度城市化。

4.3.2.2 高度集中的城市化模式

在韩国城市化快速发展时期，少数中心城市获得优先发展，并且在全国占据规模结构和功能结构的突出位置。1990 年，韩国六大城市人口占全国城市总人口的 59.7%，其中汉城人口达到 1061.3 万，城市首位度为 2.79。除了人口在城市高度集中外，韩国的城市在空间分布上也高度集中。韩国的六大城市分布在以汉城为中心的京仁工业区和以釜山为中心的东南沿海工业区及其连接两地的高速公路沿线。

韩国高度集中的城市化模式，在国土利用方面也得到了体现。2000 年，在韩国 99 460 平方公里的国土中，农耕地和林地占 87%，而住宅用地（2.4%）、工厂用地（0.5%）等用地仅占 2.9%，道路、铁路、学校用地等公共用地占 2.7%。4800 万人居住在占国土面积 2.4% 的区域，所有产业活动在仅占国土

0.5%的空间上展开。

4.3.2.3 政府推动的城市化模式

韩国虽然是市场经济国家，但是政府在经济中的作用始终左右着城市化的进程。韩国被称为是“行政推动型工业化”国家，在城市化战略的实施过程中，区域经济开发和规划很大程度上是在行政计划框架之内运行的，一般通过工业化用地（经济开发区）的设立和开发来推动人口等要素向某些区位的快速集聚，这是一种典型的“计划空间”结构。

在韩国的政治制度中，中央集权的特征比较明显，这是影响城市集中发展的主要因素。作为这种制度的象征，国家的首都在全国经济、政治、文化生活中发挥着巨大的作用，在城市体系中居于突出的城市功能地位。这在一定程度上削弱了非首都城市的竞争能力，从而制约着全国城市的体系结构。1975～1991年，以汉城（现称首尔）为中心的首都圈GDP占全国的比例由40.4%上升到45.8%，东南沿海地区所占GDP的比例一直徘徊在30%左右。韩国政府与政治制度在韩国城市化进程中起到了重要引导作用的同时，也带来了许多不可避免的问题。

4.3.3 韩国城市化存在的问题

韩国城市化虽然经过惊人的发展速度现已发展到完善阶段，但由其城市化进程的特点和加速城市化的做法决定了韩国城市化所存在的问题。

4.3.3.1 社会二重结构深化

韩国城市化是随着国家差别性地域开发战略而进行的，国家地域开发战略是以瓦解和荒废农业、分化和工人化农民为前提追求超额利润；地域投资战略是以特定地域的条件为基础和以更容易进行资本积累为前提进行投资的。国家的城市偏向政策，使得市场上出现了非等价的交换关系，农业和工业、农村和城市间不均衡的成长在韩国社会资本积累过程和城市化过程中起了主要作用。从农村分流出的大规模人口变成产业工人或贫民，为社会提供廉价劳动力，使具有一定的物质基础和具备了廉价劳动力的大城市迅速膨胀起来，城市化进程加快，而其他地区即农村地域或未开发地区则相对落后，使得社会二重结构深化。

4.3.3.2 大城市与周边城市产生微妙关系

在城市化过程中，城市体系的内部分化随着城市之间不平衡发展得到促进，即城市居民不一定在所有任何城市都能享受到相同的生产条件、雇佣结构、所得分配、生活资料的所有等，大城市的条件相对丰厚了许多。

大城市因其经济基础与政治地位得以进一步发展，辐射其周边的城市或地区，形成本社与分工厂式的空间组织形式。在这种形式下，地方城市创造的剩余价值转移到中央城市，不仅如此，在经济萧条及产业结构调整时期，地方城市的分工厂首先受到关闭的危机；又因为掌握议事决定权的上级经营阶层不在本地，使得频繁发生的劳资纠纷和劳动运动不能及时得以解决，因而常常陷入深深的混乱状态之中。

4.3.3.3 随着城市化的提高，城市基础设施乏力

随着大量人口涌入城市，城市基础设施的不足和落后逐步显现出来。就具代表性的基础设施道路而言，在汽车的普及率比先进国家低得多的情况下，交通严重堵塞，这已引起社会的普遍关注。通行量的剧增，加重了道路的负担，随之产生了交通时速减低、交通事故增加等现象。除基础设施的乏力之外，其质量落后也是一大问题，如时而发生的建筑物或桥梁倒塌、地下埋藏设施破坏、煤气爆炸等大型事故。虽然这些都是城市化进程中可能出现的问题，但是韩国城市化进程中大城市急剧膨胀，加剧了问题的严重性。

4.3.3.4 随着城市化的提高，环境污染严重

韩国快速的城市化也加剧了环境的污染。就水质而言，因为河川和河水管理不完善、处理设施不完备、有毒工业废水注入河流、下水道网老化、城市建设工程中地下埋藏物被破坏造成地下水污染等原因，污染周边邻近河流、港湾、海洋，其严重程度使农作物和鱼贝类的成长受到影响，直接威胁其地域居民的身心健康。韩国的环境污染也是很严重的，据统计，韩国大城市环境污染度比先进国家的大城市大气污染度明显要高一些。如汉城城市大气中亚磺酸气的浓度是东京的2倍、洛杉矶的3倍，而韩国其他大城市比汉城要更加恶劣得多。环境污染一方面是由工业排放气体包括火力发电、石油原料制品生产、城市汽车排气等造成的，另一方面是因为随着城市化的提高，城市居民生活水平随之提高，生活资料的消费量扩大和更新而引发的副产品废弃物剧增等城市生活方式所致。

4.4 典型国家城乡关系变迁对我国城乡发展的启示

从国际经验看，加快农村城市化是由落后农业国走向发达工业国的必由之路，也是农业、农村现代化的必由之路。一些国家在推进城市化过程中有非常成功的措施和经验值得我们学习、借鉴；同时存在一些失误，甚至是严重的弊端需要我们警戒避免。因而，理性分析其他国家城市化进程中正反两方面的经验，可以对我国推进城乡统筹发展问题上得出一些有益启示。

4.4.1 重视农业基础性地位，推进农业产业化经营

农业是工业化和城市化的基础和保障，农业的发展和农村生产率的提高是城市、农村和谐发展的重要前提。发达国家（如美国、德国、日本）和新兴工业化国家（如韩国）在城市化过程中都没有忽视农业的基础地位，一直把农业的发展放在重要位置，重视农业与工业及第三产业的协调发展。同时，它们在城市化进程中还为农民提供完善的农村社会保障制度，解决农民的后顾之忧，并缩小了城乡间的差别，对农村城市化建设起到了良好的推动作用。而拉丁美洲国家在过度城市化过程中采取牺牲农业成就工业的做法，给城市化发展带来种种弊端，带来诸如贫困化、贫富差距恶化、失业问题严重等问题。因而，在城市化进程中必须牢牢抓住农业的发展，通过推进农业的产业化经营，提高农业劳动生产率，从而有力地支持第二、三产业的发展。

中国历史上一直是以“重农”而著称，但中华人民共和国成立以后我们却自觉不自觉地走上了一条主要由农民、农业为国家工业化提供资金的道路，利用“剪刀差”来完成原始积累。由农民、农业提供建设资金，各国都实行过或正在实行，但我国农民、农业为工业化提供的资金积累，无论是资金之大还是时间之长，都是世界其他国家所少有的。改革开放以后，我国对农业的投入总量逐年增加，对改善农业生产条件、保持农村社会政治稳定起了重大作用。但是，由于受诸多因素的影响和制约，我国对农业资金投入不足的问题还是比较突出，这在一定程度上影响了“三农”问题的解决和全面建设小康社会目标的实现进程。对此，我国应积极大胆借鉴其他国家的好的经验和做法，从具体政策和资金投入上加强对农业产业和产品结构的优化调整及农业产业化经营的支持。同时，我们要进一步落实“以城带乡，以工促农”的发展战略，进一步进行土地制度创新，调整农业产业结构，以专业化、规模化、集约化为主攻方向，做大做强农业，不断培育壮大农

业龙头企业，增强农业综合能力。大力推进农业产业化经营，提高农业综合效益和比较收益，推进传统农业向现代农业转变，推进新农村建设的进一步完善。

4.4.2 发挥政府职能，推进城乡统筹发展

在实施以城带乡的过程中，必须充分利用和发挥市场机制的作用。但是仅靠市场是不行的。由于农业具有很强的外部性和公益性，农业生产周期长，农产品的需求供给弹性低等，因此，市场对农业的调节具有很大的局限性。市场经济要按照比较利益的原则，把社会资源配置到经济效益最大的部门和企业中。王娟丽在《城乡统筹发展的系统思考》中用富者愈富、穷者愈穷的“马太效应”基模分析了城乡差距拉大的原因，并指出市场分配机制会使城市愈来愈富，农村愈来愈贫。我国过去的历史已充分证明了这一点：一方面，农业资金相对于工业奇缺，另一方面，农业的资金却源源不断地流向工业；一方面，农村人才相对于城市奇缺，另一方面，农村中的人才大量流向城市；一方面，农业耕地资源短缺，另一方面，城市发展又占有大量耕地。这就导致了我国城乡差距、工农差距日益悬殊。改革开放以来，这种差距继续朝扩大的趋势发展。因而要改变这种城乡差距的现状，仅靠市场机制不行，还要靠政府干预。

在其他国家的城乡关系变迁过程中，政府扮演了积极重要的角色。政府通过行政职能、工业化战略、国土开发规划，强有力地推动了城市化进程。如日本先后四次制定了“全国综合开发计划”，促使城市化进程顺利进行；德国快速建立了一整套社会保障制度框架，保障了城市化稳定发展；韩国在城市化战略的实施过程中，采取“行政推动型工业化”思路，在行政计划框架内推动城市化进程等，都取到了积极的成效。因而，在城乡关系变迁中，应当重视政府职能发挥，一方面通过制定科学的开发战略和区域规划，推动城市化进程；另一方面在城市化进程中，注重城乡统筹和谐发展，根据经济发展水平健全和完善农村社会保障制度，防止城乡差距、贫富差距扩大。

像其他发展中国家一样，我国在推进现代化的过程中或多或少地采取了城市偏向政策，建立高度集中的计划经济体制，实行优先发展重工业的战略，造成了严重的工农业失衡、城乡分割的二元格局。改革开放以后，随着经济体制的转型和发展战略的调整，城市偏向政策有所调整，但城市偏向意识仍然根深蒂固，城市偏向的政策依然存在，如对农业的支持、对社会保障的安排、对教育的投入等。对此，我国应该借鉴发达国家、新兴工业化国家的经验，吸取拉丁美洲国家城市化的教训，正确发挥政府职能。政府在充分尊重市场规则的前提下，积极有

效地引导和推进城市化进程和城乡统筹发展，通过用好经济杠杆、行政手段和法律手段，加强协调、管理职能，全面加强农村各项事业建设；加强对农业农村的财政转移支付，加大对农业、农村的投资；加强对农村大中型水库、排灌渠道等水利设施建设，道路、桥梁等交通设施建设，电力、邮电通讯设施建设；加强对农业的宏观调控，完善市场经济体制，保证主要农产品供求基本平衡；实施向农业倾斜的政策，增加农民收入；完善农村社会保障体系，统筹城乡环保、教育、卫生、文化事业发展，实现城乡协调和可持续发展。

4.4.3 结合本国国情，制定适中、可行的城市化方略

任何事物都是共性与个性的统一，城市化也具有此规律。人们既不能否认城市化共性的存在，一味地追求特色，也不能机械、教条地照搬城市化的一般规律，必须在遵循一般规律的基础上，充分考虑本国国情，才能制定出最佳的城市化方略。日本在市场选择的基础上加大政府参与的力度，美国在遵循集中化原则的基础上发展中小城市等方略，都是这一成功经验的体现。而拉丁美洲国家超越本国经济承受能力，过度发展城市化，给后来的发展带来重重隐患。

在我国城乡二元结构偏差相对严重的背景下，消除由城乡二元体制所造成的“经济不自由因素”，形成并扩大城乡互动发展的“经济自由”，显得至关重要。因而，当前我国的城市化战略关键是要统筹城乡发展，加大体制创新力度，破除旧体制下失衡、矛盾的城乡关系，建立新型的、符合城乡统筹发展观的城乡关系。城乡统筹下的中国城市化战略要使城乡差距趋于缩小而不是扩大；城乡人均公共物品占有应趋于合理而不是向城市过度倾斜；城乡居民所享有的公共权利应趋于平等。为此，一是通过农村非农产业发展和农业结构调整，提高农民收入，稳定农民非农就业，从而推动农民进城定居，提升农民消费结构，进而扩大内需，拉动国民经济良性发展；二是加大各级政府对农业和农村公共物品的投入，改善农业外部环境和农村生产生活条件，缩小城乡福利水平差距，以防止农村经济萧条，安定农村社会；三是赋予农民与城镇居民对等的权利，包括农民的自由迁移权、自主择业权，农村集体土地可以平等交换，建立健全城乡统一的生产要素市场，消除城镇化的制度性障碍。

4.4.4 完善农村社会保障制度，缩小城乡差别

拉丁美洲国家在城市化进程中，由于未能解决相应的城市人口膨胀、就业、

医疗、教育、卫生等问题，结果导致了严重的贫困化、贫富差距加大，滋生了大量的恶性社会问题。而德国虽然在高速城市化的过程中，也出现了大量严重的社会问题，包括住房拥挤、环境卫生差、疾病蔓延、周期性失业严重、劳动力素质差、城市公共服务不足等，但是德国政府通过建立完善的社会保障制度，促进劳动力就业城市化，通过严格的基础教育制度和职业培训制度，大幅度提高了劳动力的文化素质，从而从容应对了城市化进程中的问题。

有学者在比较 20 世纪 90 年代拉丁美洲国家同欧美国家在相同经济增长率的情况下，减困工作的成效却存在巨大差异的基础上，得出了这样一个结论，即在假定其他条件不变的情况下，社会保障对减困可以发挥较大作用。社会保障是二次分配的一个重要手段，较高水平的社会保障体系能够在一定程度上降低贫困率，防止两极分化。拉丁美洲国家在 80 年代以前在调节社会收入分配方面作出了不少努力，建立了社会保障制度，但是他们所建立的社会保障制度是不全面的、不公平的，人们享受养老、医疗等的待遇往往因其所在部门、行业与政府讨价还价能力的大小而出现重大差别，大多数拉丁美洲国家都没有建立诸如工伤保险、家庭救助等主要面向体力劳动者和贫困家庭的保障机制。而保障制度的不完善，导致了拉丁美洲国家贫困化的加剧。

近 10 年来，我国社会保障制度取得了快速发展。以城镇职工基本养老、医疗保险和失业、工伤、生育保险为主要内容的社会保险体系基本建立，城镇居民低保等社会救助制度不断完善，新型农村合作医疗加快推进，保障的范围不断扩大，保障水平逐步提高。但是社会保障覆盖范围比较窄、制度不够健全、管理基础比较薄弱、资金支付压力大、部分社会群体保障待遇不合理，特别是城乡社会保障不平衡、不衔接等问题尤为突出。我国农村社会保障仍然非常薄弱，存在保障制度缺失的情况，一是农村低保制度刚刚开始建立，贫困农民的基本生活保障还有待完善。二是新型农村合作医疗制度有待全面铺开，并逐步规范化运作，许多地方配套资金不到位，保障水平过低，管理经办能力跟不上，运转存在许多问题。三是原农村社会养老保险制度上缺陷明显，运行上仍处在清理整顿阶段，进退两难；新农村社会养老保险制度还没有定位，农村养老保障方面存在明显的制度缺失。总体来看农村社会保障制度发展滞后，农民还缺乏除土地之外的完善的社会保障。

针对我国社会保障水平较低，城乡失衡的情况，建议应当进一步加大国家转移支付，进一步统筹完善城乡社会保障体系尤其是农村社会保障体系，加大对城乡贫困群体的救助力度，重点将失地农民、进城民工纳入社会保障体系。

第 5 章 二元结构与中国城乡关系变迁轨迹

一个国家的产业结构、就业结构应与该国所处的经济社会结构和发展水平相适应。根据发展经济理论，二元经济结构是存在于发展中国家初级发展阶段的一种典型的国民经济结构，任何发展中国家的工业化过程都不同程度地导致了国民经济的二元结构。著名的发展经济学家刘易斯在《劳动无限供给条件下的经济发展》中指出："在发展中国家一般存在着性质完全不同的两种经济部门，一种称为资本主义部门或现代部门；一种称为农业部门或传统部门。传统部门落后，但比重庞大；现代部门先进，但比重较小。二元经济结构是发展中国家经济发展的典型特征。"

从发达国家的经济发展历程来看，城乡二元经济结构是从传统的农业社会走向工业化和现代化必经的过渡形态。城乡二元经济结构是经济发展过程中源于城乡不同的资源特征而自然形成的，城乡之间不同的发展水平导致普遍的城乡差距。这种城乡差距的自然性特征，有其不可避免性，是一种发展中的正常差别，反映了城乡之间的制度差异。随着经济社会的发展，这种城乡差距会不断缩小。但是对于不同的发展中国家而言，由于国情不同，二元经济结构形成及演变的原因与特点是各不相同的。

中国是世界上最大的发展中国家，其经济体的一个基本特征是国民经济的二元结构特征非常明显，而且由于原有计划经济体制的影响，我国的城乡二元经济结构比一般发展中国家更为突出。经济发展的关键是促使二元结构转化，基于这种背景，有必要对中国的二元结构做出分析。

5.1 二元经济结构演化的基本轨迹

中华人民共和国成立之前，中国就存在着二元经济结构，这种二元经济结构体现了发展中国家的共同性质。但不同的是中国的二元经济结构不是由社会内部自发产生的，而是由列强的入侵造成的。19 世纪中叶近代国际资本的入侵，促进了我国传统农业社会的解体。1840 年后，外国资本主义列强发动了一系列侵略战争，近代工业也从国外移植到了我国，构成一种所谓的"嵌入型工业"。这些工业大都集中在沿海地区的城市，形成了现代工业经济部门雏形。在此阶段，二元经济结构的突出特征是封建落后的传统农业经济仍然是国民经济的主体，现代工业经济的比重较小，扩张进程十分缓慢。“城市工业现代经济由帝国主义和买办资本主义所统治。传统的农村经济由封建地主所统治。”畸形的殖民地工业尽管数量很少，但却高度集中于城市；广大农村基本上处于自然经济状态，生产方式落后，生产水平很低，农民自给而不能自足。尽管这种“嵌入型工业”在传统农业经济包围中发展进程十分缓慢，但国民经济结构已呈现二元经济结构的特征。

5.1.1 二元经济结构的测度

发展中国家二元经济结构的特点突出地表现在，传统农业部门劳动的边际生产力远远低于以现代工业为代表的非农产业劳动的边际生产力。最直接的表现是：在传统的农业部门中较大劳动力份额创造出较小的产出份额，而在以工业为代表的现代部门中，较小的劳动力份额却创造出较大的产出份额。在理论构建部分，通过经典的二元结构理论，如刘易斯模型、拉尼斯－费模型和托达罗模型，我们知道二元经济结构体现了农业和工业两部门经济的差异程度，二元经济结构转换的核心内容是实现传统农业部门的剩余劳动力向现代非农产业部门流动。伴随着农业剩余劳动力的流动，农业劳动的边际生产力也就与非农业产业劳动的边际生产力趋于相等。因此，衡量二元经济结构强度必须通过农业与非农业两部门的劳动生产率进行比较来反映。从这种理解出发，这里采用比较劳动生产率指标、二元对比系数指标和二元反差系数，对中华人民共和国成立以来的二元经济结构进行测度。

(1) 比较劳动生产率

比较劳动生产率是某一个部门的产值比重（或收入比重）同在此部门就业的劳动力比重的比率，反映 1% 的劳动力在该部门创造的收入比重。该指标能客观地反映一个部门劳动生产率的高低，一个部门的相对收入或产值比重越高，劳动力相对比重越低，比较劳动生产率就越高。二元经济结构体现为产值和劳动力在现代工业部门和传统农业部门之间的配置，显然，国民经济中现代工业部门和传统农业部门两部门的比较劳动生产率的差距越大，经济结构的二元性就越显著。一般来说，在二元经济结构加剧阶段，传统农业部门比较劳动生产率递减而现代工业部门比较劳动生产率递增，两个部门的比较劳动生产率差距拉大；在二元经济结构削减阶段，传统农业部门比较劳动生产率递增而现代工业部门比较劳动生产率递减，两个部门的比较劳动生产率差距缩小，即传统农业和现代工业部门之间的比较劳动生产率的差距越大，经济的二元性就越显著。二元经济结构的削减就意味着传统农业部门产值比重和就业比重的逐渐降低，现代工业部门的两个比重的相应提高。通过劳动生产率的国际比较表明，传统农业部门的比较劳动生产率低于1，现代工业部门的比较劳动生产率高于1。

（2）二元对比系数

二元对比系数是指二元经济结构中传统农业部门和现代工业部门之间比较劳动生产率的比率。由于比较劳动生产率恰当地反映了一个部门的劳动生产率和劳动力使用状况，所以将农业与工业的比较劳动生产率进行对比，能很好地反映经济的二元化程度。二元对比系数与二元经济结构的强度成反方向变动，二元对比系数越大，两部门的差别越小，反之，二元对比系数越小，两部门的差别越大。两个部门的结构反差越大，二元经济结构就越显著。二元对比系数在理论上处于0～1，最大值为1，通常总是低于1。当二元对比系数为0时，表明农业比较劳动生产率为0，经济二元性最显著；而为1时，农业和工业的比较劳动生产率相同，二元经济完全转变成了一元经济，经济的二元性消失。发展中国家的二元对比系数通常为0.31～0.45，发达国家一般为0.52～0.86。

（3）二元反差系数

二元反差系数是两部门——传统农业部门和现代工业部门产值比重与劳动力比重之差的绝对数的平均值。二元反差系数越小，则二元经济结构就越不明显。二元反差指数理论上也为0～1。与二元对比系数相反，反差指数越大，农业和工业的差距也越大，经济二元性越明显；当二元反差指数为0时，二元经济转变为一元经济，二元性消失。

5.1.2 二元经济结构与城乡关系变迁历程

为直观地展示中华人民共和国成立以来二元经济结构变化①与城乡关系变迁的基本状况，本文利用上述指标，把有关数据进行标准化折算，来测度二元经济结构的演进程度，绘出图5-1。从趋势图出发，总体看来，中华人民共和国成立以来的二元经济结构演进有三个阶段的变化，在政策、制度、经济发展、社会变迁等因素的共同作用下，城乡关系也呈现了不同的特征，表现在以下三个阶段。

① 注：由于资料关系，在分析二元经济结构变化和城乡关系演进历程时，这里以1952年为基期。

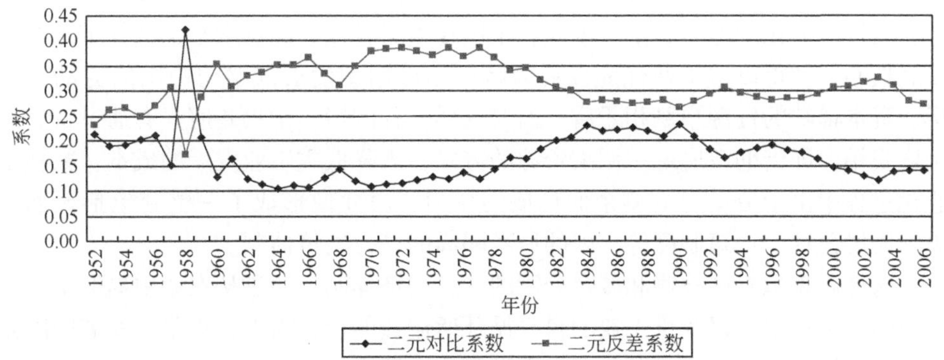

图 5-1　1952～2006 年中国二元经济结构的演进历程

资料来源：根据国家统计局《中国统计年鉴》历年数据和《中华人民共和国 50 年统计资料》计算而成。

5.1.2.1　第一阶段（1952～1978 年）——制度型二元经济结构的形成和加速

这一时期的二元经济结构强度总体上呈不断上升并趋于强化态势。除 1958～1961 年遭受特大自然灾害的特殊时期外，1952～1978 年的 26 年间，二元经济结构强度是中华人民共和国成立后最为显著的时期。二元对比系数在 0.20～0.13 之间变化，二元对比系数在逐步降低，二元反差系数在逐步增加，表明在计划经济条件下，中国的二元经济结构不是降低了，而是在逐步增强。根据美国经济学家库茨涅兹的统计分析，世界上主要发展中国家，除中国以外，二元经济结构强度最大为 4.09，而 1978 年中国的二元经济结构强度却高达 6.92。这表明，那时中国的二元经济结构的高强度特征已经十分突出。这一时期的二元经济结构基本上是制度型的二元经济结构，是由计划经济条件下的重工业优先发展的经济战略推动以及一系列制度限制和约束造成的。

中华人民共和国成立初期，由于受国际环境和历史条件的制约，为尽快摆脱贫穷落后的状况，在原苏联经济发展模式的影响下，1952 年，中共中央在“一五”计划的报告中指出，社会主义工业化是我们国家在过渡时期的中心任务，而社会主义工业化的中心环节，则是优先发展重工业。由此，以政府为主导和重工业优先发展为特征的赶超型发展战略便拉开了帷幕。按照工业化的一般规律，工业化过程应该有序走过轻工业—基础工业—重工业发展阶段，但重工业属于资本密集型产业，投资规模很大，创造的就业机会不多，需要国家具有相当高的资本积累能力。而在中华人民共和国成立初期，中国经济发展水平十分低下：一方面人均国民收入水平和储蓄率低，资本积累能力弱，资金严重匮乏；另一方面，传统农业在国民经济中占有较大的比重，技术落后，劳动生产率不高，产出水平低，支持工业化的能力有限。因此，中国在当时较低的经济水平下选择重工业为发展核心，使得以重工业优先发展为特征的赶超型发展战略与中国的劳动力丰裕、资本稀缺的资源禀赋相矛盾。面对这样一种困境，中央政府只有通过特有的制度安排，即借助政府统一调配资源的方式，来降低重工业发展的成本，减轻工业化过程中由于劳动力的剩余而形成的压力，由此便形成了一整套包括统购统销、人民公社、户籍制度等在内的城乡隔离的二元经济体制。

这种赶超型发展战略和城乡分割的二元经济体制，通过从农业中提取工业化所需的资本积累，以及重工业的自身循环所创造的社会需求，克服了发展中国家工业化初期的资本积累不足与有效需求不足这两大难题，在较低的国民收入水平上实现了较高的工业化水平，建立起了独立完整的民族工业体系。客观来说，中国推行的重工业发展战略，以农业剩余为源泉的积累，确实大大推进了工业化的发展，加速了工业化进程，使我国在较低的国民收入水平上实现了较高的工业化水平；但另一方面，计划经济体制和重工业化政策，也造成了农业经济的衰落，导致了农业、农村经济停滞不前，农民收入长期得不到提高，农业资本投入长期不足，农业技术停滞，农业再生产能力受到限制。一般来说，发展中国家在其工业化过程中，大都以农业为积累的源泉，但积累转化的渠道主要是通过市场机制实现的。而我国则是在高度集中的体制下，主要是通过采取工业与农业产品价格“剪刀差”和征收农业税政策，使农业成为为重工业优先发展提供积累的主渠道，源源不断地把农业剩余转化为工业投资。有关分析认为，改革开放前的20多年，国家仅以工农产品价格“剪刀差”形式从农业中提取的经济剩余估计在6000亿~8000亿元。重工业的优先发展以牺牲农业为代价，不仅造成了农业生产长期低速增长，而且还减弱了经济增长吸收农业劳动力在非农产业就业的能力，阻碍了伴随着经济发展劳动力从第一产业流动出来的就业结构转换进程，也使农业内部的剩余劳动力不断积累，农村隐性失业严重，进而使中国二元经济结构特征日趋凸显。因此，中华人民共和国成立之初开始实施的优先发展重工业这一发展战略和相伴而生的户籍制度直接强化了二元经济结构。

1978年，我国的工业产值为4237亿元，是1952年的12.14倍，其中“一五”（1953~1957年）期间，工业总产值平均年增长率为15.1%①，远远超过了同期西方发达资本主义国家的增长水平；与此同时，我国的农业发展却大大落后了，1978年的农业总产值为1397亿元，仅是1952年的3.03倍，平均年增长不

① 根据国家统计局《中国统计年鉴（1979）》计算而来，计算出来的增长率未扣除物价因素。

到 5%。同时，农业在社会总产值中的比重由 1952 年的 45.42% 下降到 1978 年的 20.41%，减少了一半多；而工业在社会总产值中的比重则由 34.38% 上升到 61.89%，几乎增加了 1 倍①。

一般来说，工业化的发展必然伴随着城市化的发展，但由于城乡分割的户籍制度的作用，我国在快速发展工业的同时，城市化进程却停滞不前。1952～1978 年，特别是 1962 年以后，我国城市人口比重变化甚微，并且在某些时间段，如 1966～1972 年呈下降态势，而同时的工业总产值比重却上升较快，如图 5-2 所示，呈现了城市化与工业化不同步、城市化远远滞后于工业化的基本格局。

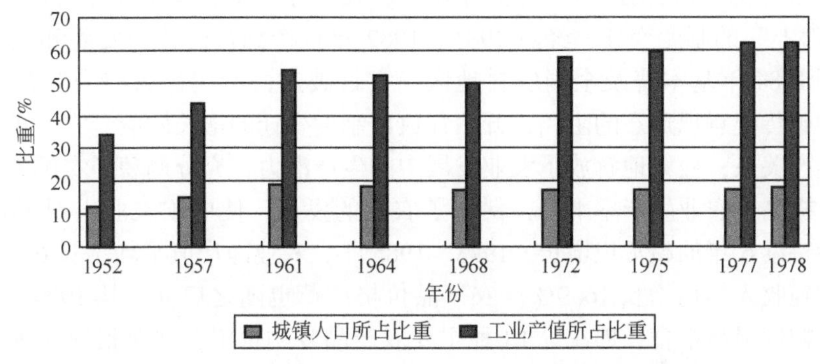

图 5-2　1952～1978 年中国工业化水平与城市化水平的比较

资料来源：根据国家统计局《中国统计年鉴（1979）》相关数据整理。

总之，这一阶段在特定的历史条件下，由于实行重工业优先发展战略和为维护这一战略而内生的户籍制度等造成城乡分割相关的制度，极大地限制了农业再生产的扩大，同时使得农业剩余劳动力的转移受到了极大的限制，造成农业生产率长期停滞甚至有所下降，城市和农村在生产和生活水平上表现出极大的差异，造成了工农业发展严重失调和城乡发展的严重失衡。这种城市支配农村，从农村汲取经济剩余的状况一直持续到改革开放。

5.1.2.2　第二阶段（1978～2002 年）——政府与市场交织作用下的二元经济结构转换演进

自 1978 年改革开放以来，中国二元经济结构的发展进入了第二个时期。这一时期中国的经济正经历着由计划经济体制向市场经济体制的过渡，由此，使得

① 根据国家统计局《中国统计年鉴（1979）》计算而来，计算出来的增长率未扣除物价因素。

二元经济结构转换增添了更多的变量。由于计划约束的逐渐放松，并朝着高效率的方向探寻新的体制，中国的改革成效相当显著，这一时期中国的经济发展也非常迅速；加之中国的经济体制改革首先发轫于农村，后又向城市拓展，最后经济体制改革的重心放在了城市，因此，随之而来的是中国经济结构的二元性呈现了波动：1978～1984年二元经济结构强度逐渐减弱阶段；1984～1993年二元经济结构在小幅波动中有所强化阶段；1993～1996年二元经济结构的强度有所减弱、二元经济结构转化加快阶段；1996～2002年二元经济结构强度再次强化阶段。

（1）1978～1984年，农村改革弱化了二元经济结构

1978年的经济体制改革从农村开始。农村家庭联产承包责任制作为一种“自下而上”的制度变迁，经过1981～1982年包产到户的普遍发展和逐步完善后，到1984年基本普及全国农村地区。它打破过去的“一大二公”的管理模式，冲破传统意识形态的阻挡，开始释放出制度变迁的增长效应；它逐步改变农村的生产关系，极大地解放了农业发展中的生产潜力，充分调动了农民生产的积极性，提高了农业生产率水平，促进了农业的发展，使中国农业出现了自1979年以后持续6年的超常规增长。1978～1985年，农业净产值平均增长6.4%，农民人均纯收入年均增长16.9%。农产品价格改革也随之启动。从1979年开始，逐年大幅度提高粮食、棉花等18种主要农产品收购价格，并对粮棉油等主要农副产品实行超购加价政策，扩大议价收购范围。由于城市的改革尚未起步，大幅度提高农产品收购价格的结构大大缩小了工农产品交换的“剪刀差”，从而改变了国民收入分配格局。据统计，1984年全国粮食产量达到4037万吨，人均4000公斤，创造了历史最高纪录；城市居民人均可支配收入和农民人均纯收入的比例从1978年的2.57∶1降到1984年的1.84∶1；城乡居民的人均消费水平之比从1978年的2.9∶1降到1984年的2.3∶1；城乡居民恩格尔系数的差距从1978年相差10.2个百分点，逐步缩小到1984年的1.2个百分点。

农业超常规增长时期和提高农产品收购价的政策，使得城乡差距逐步缩小。1978年二元对比系数为0.164，二元反差系数为0.424；1984年二元对比系数为0.265，二元反差系数为0.32。从图5-1和表5-1也可以看出，发端于农村的改革使得二元经济结构的转化呈现了加速态势。

表5-1　1978～1984年两部门比较劳动生产率与二元对比系数变动情况

年份	1978	1979	1980	1981	1982	1983	1984
农业部门比较劳动生产率/%	0.40	0.45	0.44	0.47	0.49	0.49	0.50

续表

年份	1978	1979	1980	1981	1982	1983	1984
非农业部门比较劳动生产率/%	2.43	2.27	2.23	2.13	2.09	2.03	1.89
二元对比系数	0.163	0.196	0.196	0.218	0.234	0.242	0.265

数据来源：根据国家统计局《中国统计年鉴（2007）》相关数据计算。

（2）1984～1996 年，城市改革阶段使二元经济结构变化起伏波动

在 1984～1996 年的城市改革阶段，二元结构强度的变化呈现 1984～1993 年的强化阶段和 1993～1996 年的减弱阶段。

1984～1993 年，二元经济结构又趋强化。1984～1993 年，在农村改革后，城市也开始尝试性地进行了某些领域的配套改革。从 1985 年开始，中央政府和地方政府的改革重心都向城市经济体制和社会管理方向战略转移。为了保证城市改革的顺利推进，财政资金和各种资源配置逐步向城市倾斜，以城市为中心的利益格局恢复，集中体现在城市收入分配、社会保障制度改革和国家财税制度改革等领域。

在收入分配方面：①企业工资制度改革。1985～1987 年，国有企业职工工资同企业经济效益挂钩，职工工资中，标准工资部分比重越来越小，以各项名目发的奖金、补贴等工资外收入所占比重越来越大，职工收入增长加速。1993 年后，进一步落实国有企业内部分配自主权，国家不再下达指令性工资总额计划，国有企业职工收入货币化和工资化程度提高。②机关、事业单位工资制度改革。1985 年，机关、事业单位工资实行了以职工工资为主要内容的结构工资制。为了补偿物价上涨的费用，还给职工发放副食品价格补贴，接连提高书报费、洗理费及上下班交通补贴等。1993 年后，机关与事业单位工资制度脱钩，建立起了新的职级工资制和事业单位人员以技术职务为主的等级工资制。③1994 年颁布修改后的新的个人所得税法，提高了工资、薪金的扣除额标准。

在社会保障制度改革方面：①职工基本养老保险制度改革。1985 年国有企业和大部分城镇集体企业推行了养老金社会统筹，机关、事业单位也进行了养老保险制度改革试点；1991 年明确实行养老保险社会统筹，费用由国家、企业和职工三方负担，基金实行部分积累，开展企业补充养老保险；1995 年明确实行社会统筹与个人账户相结合的养老保险制度；1997 年实现基本养老保险制度的并轨。②职工医疗保障制度改革。主要采取医疗费用适当和个人收入挂钩，部分企业实行职工大病、重病医疗费统筹。1988～1991 年实行医疗制度改革试点工作；1994 年试点社会统筹和个人医疗账户相结合的医疗保险制度；1996 年全面

推行了医疗制度改革。③职工失业保险制度改革。1986 年颁布了《国有企业职工待业保险暂行规定》，初步建立我国失业保险制度；1993 年国家将失业职工由原来的 4 种人扩大到 7 种人，失业保险金标准从原来标准工资的 1% 改为工资总额的 0.6% ~1% 。④城市社会救济制度改革。1995 年民政部着手在一些城市推行最低生活保障制度。

在劳动就业制度改革方面：1985 年国务院颁布了以企业实行劳动合同制为核心的四项暂行制度改革；1986 年国家将实行劳动合同制的范围扩大到全部新招职工，并开始试验培育劳务市场；1991 年劳动部提出了“国家宏观调控，企业自主用工，多种形式并存，全员劳动合同”的用工管理模式；1993 年，劳动部门通过多种形式对国有企业富余人员进行转业技术业务训练，组织“再就业工程”，着手建立劳动力市场；1994 年探索签订了集体合同制度；1996 年企业劳动合同制度基本建立，全国各地均制定并颁布了当地最低工资标准；1998 年后许多国有经济比重高的城市就业压力陡升，便纷纷出台限制甚至排斥农民工就业的地方政策，为下岗工人腾出就业岗位。

由于城市改革的进行，诱发了城市经济连续数年的高速增长；而在农村，家庭联产承包责任制作为一种制度创新，在发挥其增长效应时具有“边际收益先递增后递减”的特征，对农村生产的作用趋于减弱；与此同时，由于农民收入的增长主要靠结构的调整，农业劳动力转移出现逆向变化，农村工业化过程中的资本“深化”趋势持续发展，导致在这一时期出现的农业产值份额下降和农业剩余劳动力转移速度下降，中国的经济二元性出现了复归的趋势。到 1993 年中国经济的二元对比系数由 1984 年的 0.265 下降到 0.192（表 5-2），二元结构强度也由 1984 年的 3.7779 上升到 1993 年的 5.2083①。

表 5-2　1984 ~ 1993 年两部门比较劳动生产率与二元对比系数变动情况

年份	1984	1985	1986	1987	1988	1989	1990	1991	1992	1993
农业部门比较劳动生产率/%	0.5	0.46	0.45	0.45	0.43	0.42	0.45	0.41	0.37	0.35
非农业部门比较劳动生产率/%	1.89	1.90	1.86	1.83	1.83	1.88	1.83	1.88	1.87	1.84
二元对比系数	0.265	0.239	0.239	0.244	0.236	0.222	0.247	0.219	0.198	0.192

数据来源：根据国家统计局《中国统计年鉴（2007）》相关数据计算。

① 根据国家统计局《中国统计年鉴（历年）》数据推算而来。

1993～1996 年，二元经济结构的强度有所减弱、二元结构转化加快。

从 20 世纪 90 年代初开始，中国经济进入全面的转型时期。由于改革开放力度加大，国民经济开始了新的较快增长。同时各种制度相对放开，使中国的城市化速度加快，城市基础设施有了突飞猛进的发展，中国工业进入了新的发展阶段。在体制转型过程中，中国在此阶段正处于短缺经济向过剩经济的转变阶段，这为农村工业和乡镇企业的发展预留了空间。1992 年邓小平“南巡”讲话以后，中国沿海地区开放力度加大，发展速度加快，沿海与内地工业化和城市化的发展需要大量的劳动力，而中国农村正好存在相当多的剩余劳动力，乡镇企业在此背景下成为吸纳农村剩余劳动力的一个重要途径；同时，大量的剩余劳动力进入城市，也开始弥补城镇中非正规部门的劳动力短缺，农村外出务工的人数增加，农村人口开始了向城市转移的步伐。

在这种情况下，两部门生产率差异和城乡收入差距又呈现缩小迹象。其中农业部门比较劳动生产率从 1993 年的 0.3523 升至 1996 年的 0.4038，非农业部门比较劳动生产率同期则从 1.8378 降至 1.6082。二元生产率对比系数也相应从 0.1920 提高到 0.2512。从城乡收入差距看，城乡收入比从 1994 年的 2.86 下降到 1997 年的 2.47（表 5-3），出现了 20 世纪 80 年代中期以来少有的下降情况。但这一时期城乡差距的缩小，与其特定宏观背景有关，持续时间也很短。在此之后，城乡差距又开始拉大。

表 5-3　1994～1996 年城乡收入差距变动情况

年份	1994	1995	1996
城镇居民人均可支配收入/元	3496.2	4283.0	4838.9
农村居民人均纯收入/元	1221.0	1577.7	1926.1
城乡收入比	2.86	2.71	2.51

数据来源：根据国家统计局《中国统计年鉴（2007）》相关数据计算。

（3）1996～2002 年，二元经济结构强度再次强化

进入 20 世纪中后期，中国改革开放继续深化，但是中国“软着陆”措施实施之后没过几年，中国宏观经济形势出现了引人注目的转变，改革开放以来非常罕见的物价连续下跌和生产相对过剩现象开始进入人们视野。经济增速的下滑也使城市下岗失业人员增多等现象日益突出起来，出于维护社会稳定等诸多方面考虑，宏观调控部门明显加大了对城市经济的扶持力度，各种社会保障制度也明显向城市部门倾斜。同时波及全球的亚洲金融危机爆发，虽然没有给中国带来灾难性的后果，但是也给中国的经济发展带来了较大冲击，尤其是对农业的冲击更是

不可忽视。其表现为，随着全球买方市场的到来，中国农产品出口更加困难，农民增收的渠道进一步缩小。为了解决金融危机对中国的影响，中国实行了积极的财政政策，这对中国的城市建设起到了很大的推动作用，但是对中国农村的影响相对较小。

在此推动下，从20世纪90年代中后期开始，中国二元经济结构的转换出现了逆转，经济结构的二元性进一步加强。二元对比系数从1997年的0.237持续下降到2001年的0.179，而二元结构强度系数从1997年的3.9809上升到2001年的5.5804①。总体看来，这一时期以两部门生产率差异和城乡收入差距体现的城乡经济结构二元性特征不断强化的态势非常明显。目前，城乡二元矛盾的日益激化已引起中央政府的高度重视，以“三农”问题及缩小城乡发展差距问题正在摆上政府部门的优先议事日程（表5-4）。

表5-4　1997～2001年两部门比较劳动生产率与二元系数变动情况

年份	1997	1998	1999	2000	2001
农业部门比较劳动生产率/%	0.37	0.35	0.33	0.30	0.29
非农业部门比较劳动生产率/%	1.63	1.64	1.67	1.70	1.71
二元对比系数	0.237	0.230	0.213	0.189	0.179

数据来源：根据国家统计局《中国统计年鉴（2007）》相关数据计算。

5.1.2.3　第三阶段（2002年至今）——二元经济结构强度趋缓、转化加速

第三阶段，二元经济结构强度有所缩减，二元经济结构转化加速，城乡关系努力向协调方向演进，但城乡收入差距依然在扩大。

在这一阶段，中国二元经济结构转换出现了与上一阶段不同的特征，即二元经济结构强度有所缩减，二元经济结构转化加速。从图5-1看，中国二元经济结构演进出现收敛趋势，即图形上的“喇叭口”有相对缩小趋势。形成这一特征的原因是多方面共同作用的结果：第一，中国政府在坚持科学发展观理念下，将统筹城乡发展、削减二元经济结构作为构建社会主义和谐社会、全面建设小康社会的重要内容和途径。党的十六大明确提出“统筹城乡经济社会发展，建设现代农业，发展农村经济，增加农民收入，是全面建设小康社会的重大任务”。党

① 根据国家统计局《中国统计年鉴（历年）》推算而来。

的十六届三中全会通过的《中共中央关于完善社会主义市场经济体制若干问题的决定》中提出要“按照统筹城乡发展、统筹区域发展、统筹经济社会发展、统筹人与自然和谐发展、统筹国内发展和对外开放的要求，更大程度地发挥市场在资源配置中的基础性作用，增强企业活力和竞争力，健全国家宏观调控，完善政府社会管理和公共服务职能，为全面建设小康社会提供有力的体制保障”。党的十六届五中全会指出，“要坚持把解决好‘三农’问题工作作为全党工作的重中之重，实行工业反哺农业、城市支持农村，推进社会主义新农村建设”。所有这些，对城乡关系的反思和重新定位，为农业发展、农民富裕提供了有力的体制保证。党的十七届三中全会承先启后，在继续强调发展现代农业、推进新农村建设的基础上，提出“坚定不移加快形成城乡经济社会发展一体化新格局”的目标，把城乡关系的发展目标由“城乡统筹”提升到“城乡一体化”，不能不说是一次重大跨越和理论创新。第二，经过 30 年的改革开放，市场经济体制不断完善、要素市场逐渐完备、劳动力市场逐渐接轨、制约劳动力流动的户籍制度开始破冰，降低了剩余劳动力转移的成本，为二元经济结构的转化奠定了坚实基础。然而，农村发展缓慢、农业生产率低下、农民收入增长有限，城乡差距继续加大的态势没有得到根本扭转……所有这些，都表明缩小城乡差距是一项长期的任务，它始终是令人关注的话题（表 5-5）。

表 5-5　1997 ~ 2006 年城乡收入差距变动情况

年份	1997	1998	1999	2000	2001	2002	2003	2004	2005	2006
城镇居民人均可支配收入/元	5160.3	5425.1	5854.0	6280.0	6859.6	7702.8	8472.2	9421.6	10 493.0	11 759.5
农村居民人均纯收入/元	2090.1	2162.0	2210.3	2253.4	2366.4	2475.6	2622.2	2936.4	3254.9	3587.0
城乡收入比	2.47	2.51	2.65	2.79	2.90	3.11	3.23	3.21	3.22	3.28

数据来源：根据国家统计局《中国统计年鉴（2007）》相关数据计算。

综上所述，中国的二元经济结构是在半殖民、半封建社会中形成的，是在中国推进工业化过程中强化的。总体看来，其演进在政府宏观政策、市场机制共同作用下呈现波动削减态势。以农村发展为导向的政策和以城市为中心的政策对二元经济结构的转化所起的作用大相径庭——以农村发展为中心的政策有利于削减二元性，偏向城市的政策则强化了二元性，中国二元经济结构的消除有赖于政府宏观政策导向的转变。此外，中国二元经济结构具有高强度性和不稳定性，这说明中国二元经济结构消除任务极具艰巨性，同时也意味着中国二元经济结构还将长期存在，并且需要通过协调产业发展和城乡发展加以推动解决。

5.2 中国特殊的二元社会结构及其特征

5.2.1 中国的二元社会结构

大多数发展中国家的二元经济结构，是在工业化的发展过程中自然形成的。中国的二元经济结构的发展演进同时也伴随着中国二元社会结构的演变，是社会内部生产方式矛盾运动和外部政策、制度相互作用的必然结果。20 世纪 50 年代推进的重工业化、户籍制度和统购统销政策，不仅强化了原来已有的二元经济结构，而且在二元经济结构基础上还形成了具有中国特色的二元社会结构，使得原本属于工业化发展进程中的一个阶段性特征演化为制度性安排而长期存在。这样，二元经济结构和二元社会结构相互交织，形成了独具特色的二元经济、社会结构。

5.2.2 二元社会结构的特征

根据刘易斯的观点，发展中国家经济发展的典型特征是二元经济结构。我国是一个农业人口占绝大多数的发展中大国，城乡之间的差别一直存在。问题是，我国城乡之间的差距不只是体现了发展中国家普遍存在的二元经济结构，还体现了中华人民共和国成立后通过一系列城乡分割的制度安排而形成的人为的二元社会结构。二元社会结构是当代中国不同于任何发展中国家的显著特征，是中国城乡差距问题的要害和根源。

所谓“二元社会结构”，是指在整个社会结构体系里，明显地同时并存着比较现代化的和相对非现代化的两种社会形态。社会学理论认为，社会二元结构的本质是制度性的。在发展中国家，不仅存在经济上的工业与传统的农业对立的二元结构，而且还存在城市与乡村、农业居民与城市居民相对分离的两个区域或群体，即对立的二元社会结构，这种相互隔绝常常导致摩擦与冲突。中国作为典型的发展中国家，也具有发展中国家普遍存在的经济与社会上的二元结构。城市社会为一元，乡村社会为另一元，它们之间相互分隔，而且无论在经济形态上还是社会形态上都存在比较大的差异。因此，城乡关系的格局基本可以用二元社会结构来表述①。但是中国的二元社会结构有自己的特殊性，它是在城乡二元分割的社会结构下，由于户籍制度的隔离作用而形成的。其基本特点是：人口无法自由地迁移和流动，城乡之间的经济社会转化基本上是停滞的，现代工业嵌入原有欠发达的社会经济结构是二元社会结构的特征之一。所以，“建国以来中国最根本的社会特征是二元社会结构，二元社会结构就是以二元户籍制度为核心，包括二元就业制度、二元福利保障制度、二元教育制度、二元公共事业投入制度在内的一系列社会制度体系，二元社会结构是中国国情的根本特征”。

5.3 二元结构的基本表现

城乡差距是二元结构的具体反映。我国城乡居民在收入、生活、教育、社会保障和政治生活等方面有着巨大差距，这些差距不但影响了中国城市和农村的共同建设，也阻碍了中国的经济发展和现代化进程。

5.3.1 城乡居民收入差距

城乡居民收入差距过大是城乡差距扩大的主要表现。改革开放以来，我国城乡居民的收入均有较大增长。1978～2006 年，城镇居民人均可支配收入和农村居民人均纯收入分别由 343.4 元和 133.6 元，上升到了 11 759.5 元和 3587.0 元，二者分别增加了 34.2 倍和 26.8 倍。扣除物价因素，2006 年城市居民家庭人均可支配收入比 1985 年增加了 2073.2 元，年均增长 6.57%；同期农村居民家庭人均纯收入增加了 1040.5 元，年均增长 6.31%②。虽然农村居民家庭人均纯收入的平均增速低于城镇居民家庭人均可支配收入的平均增速，但总的来看，城镇居民的收入稳步上升，农村居民的收入稳中有升。

与此同时，城乡居民收入差距在总体上呈现出先缩小后扩大的状态：自 1985 年始，城镇居民人均可支配收入的增长速度大大高于农村居民人均纯收入增长速度，导致城乡居民收入差距呈现出整体扩大的趋势。在改革初期，农村居

① 刘纯彬认为，二元社会结构是由一系列具体制度建造起来的。就其整体来看，实际上是一种社会状态。要从这一系列切身的具体制度中去理解和认识中国的经济制度和社会制度（刘纯彬. 1989. 论中国的二元社会结构——阻滞中国农村工业化城市化过程探析. 社会，8）。最早见诸于正式文稿的“二元社会结构”的提法，是 1989 年农业部政策研究中心乡村工业化、城市化课题组在《经济研究参考资料》（第 4 期）上发表的调研报告《二元社会结构——城乡关系：工业化、城市化》。

② 根据国家统计局《中国统计年鉴（2007）》推算而来。

民收入增长较快，城乡居民收入差距指数由 1978 年的 2. 57 逐步下降到 1984 年的 1. 83；1985 年城镇居民家庭人均可支配收入为 739. 1 元，农村居民人均纯收入为 397. 6 元，城乡居民收入差距指数是 1. 86，在后继年份里这一指数虽稍有波动，但总体上保持攀升势头，1994 年、2002 年、2003 年、2006 年城乡居民收入差距指数分别达到 2. 86、3. 11、3. 23、3. 28① （表 5-6，图 5-3，图 5-4）。

表 5-6　1978～2006 年我国城乡居民收入差距

年份	城镇居民人均可支配收入/元	指数	农民居民人均纯收入/元	指数	城乡收入比
1978	343. 4	100. 0	133. 6	100. 0	2. 57
1980	477. 6	127. 0	191. 3	139. 0	2. 50
1985	739. 1	160. 4	397. 6	268. 9	1. 86
1986	827. 9	182. 5	423. 8	267. 9	1. 95
1987	916. 0	185. 6	462. 6	278. 4	1. 98
1988	1119. 4	187. 9	544. 9	289. 6	2. 05
1989	1373. 9	181. 7	601. 5	285. 8	2. 28
1990	1510. 2	198. 1	686. 3	311. 2	2. 20
1991	1700. 6	212. 4	708. 6	317. 4	2. 40
1992	2026. 6	232. 9	784. 0	336. 2	2. 58
1993	2577. 4	255. 1	921. 6	346. 9	2. 80
1994	3496. 2	276. 8	1221. 0	364. 3	2. 86
1995	4283. 0	290. 3	1577. 7	383. 6	2. 71
1996	4838. 9	301. 6	1926. 1	418. 1	2. 51
1997	5160. 3	311. 9	2090. 1	437. 3	2. 47
1998	5425. 1	329. 9	2162. 0	456. 1	2. 51
1999	5854. 0	360. 6	2210. 3	473. 5	2. 65
2000	6280. 0	383. 7	2253. 4	483. 4	2. 79
2001	6859. 6	416. 3	2366. 4	503. 7	2. 90
2002	7702. 8	472. 1	2475. 6	527. 9	3. 11
2003	8472. 2	514. 6	2622. 2	550. 6	3. 23
2004	9421. 6	554. 2	2936. 4	588. 0	3. 21
2005	10 493. 0	607. 4	3254. 9	624. 5	3. 22
2006	11 759. 5	670. 7	3587. 0	670. 7	3. 28

资料来源：根据国家统计局《中国统计年鉴（1990，2000，2007）》相关数据计算。

① 根据国家统计局《中国统计年鉴（1990、2000、2007）》推算而来。

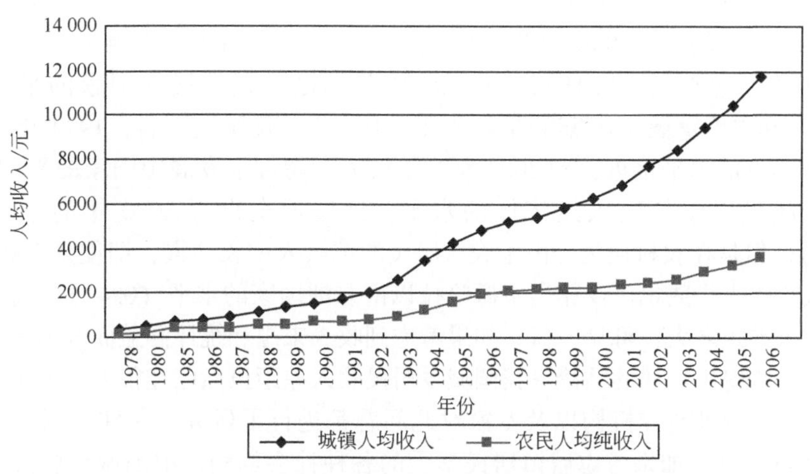

图 5-3　1978 ~2006 年我国城乡居民收入差距变化趋势

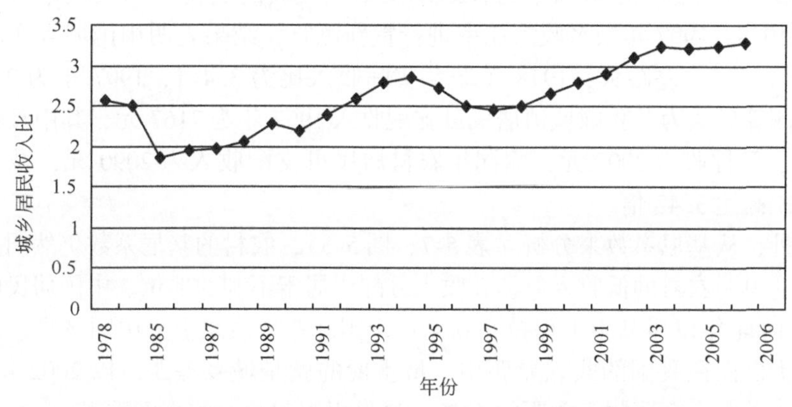

图 5-4　1978 ~2006 年我国城乡居民收入差距指数变化趋势

据世界银行 1997 年对 36 个国家的分析，城乡居民收入的比率一般低于 1. 5:1，极少超过 2:1。相比之下，我国城乡居民收入差距是明显偏高的。如果考虑到城乡居民享有的各种补贴、劳保福利和社会保障等隐性收入，以及农民尚需从纯收入中扣除各种不可能成为消费基金、交纳的税费和用于再生产的部分，据有关专家估计，我国城乡居民的实际收入差距为 5:1 ~6:1。据统计，全国农村还有 14. 8 万个贫困村，其中只有 9. 5 万个贫困村制定了扶贫综合开发规划。2005 年 12 月 16 日，联合国开发计划署《中国人类发展报告 2005》在北京发布。报告指出，与过去相比，中国富人和穷人在城乡之间的分化程度在不断提高，城乡之间收入差距呈现进一步拉大的趋势。

从国际比较看，1990 年我国的纯收入指数为 0.438，相当于欠发达国家 2000 年的平均水平（0.41），到 2002 年我国已接近发展中国家的平均水平（0.61）和中等发展中国家的平均水平（0.62）。就城镇而言，1990 年我国与 2000 年南亚的水平接近，到 2002 年，不仅大大超过了发展中国家的平均水平，而且也超过了中等收入经济体的水平，已接近全世界 2000 年的平均水平（0.72）。但是在农村地区，由于农村居民的纯收入增长缓慢，即使是 2002 年的农村人均收入指数也仅仅相当于撒哈拉以南非洲国家的水平（0.47）。我国城乡居民收入差距之大，可见一斑。如果考虑到收入来源和统计涵盖面等因素，我们可以进一步得出这样的结论，我国城乡居民收入差距虽然已经很大，但是还是被低估了。国内外研究机构以及专家对此问题都进行了研究与关注。据世界银行 1997 年的估计，如果考虑城镇居民享受的各种社会福利，中国城乡居民人均收入比应在 4∶1。蔡昉、杨涛将城市居民的非工资收入（包括住房补贴、医疗补贴和其他没有统计到家庭收入中的补贴以及单位发放的实物）纳入城市居民收入中，对 1978～1997 年城乡收入比率进行重新测算，结果表明中国城乡实际收入差距比名义收入差距大，1978 年城乡实际收入比为 3.4∶1，1997 年为 2.88∶1。朱新武测算后认为，我国城镇居民可支配收入 1997 年为 7167 元，其中显性收入 5160 元，隐性收入 2007 元，而同年农村居民可支配收入为 2090 元，城乡居民收入差距高达 3.43 倍。

另外，从基尼系数来分析（表 5-7，图 5-5），农村的基尼系数仍然明显高于城市，这说明农村的低收入群体在收入分配中居于不利的地位。中国居民收入基尼系数 1994 年以后基本上保持在 0.4 这个国际警戒线之上，中国贫富差距正在逐步扩大。而在我国的收入差距中，最重要的就是城乡差距。以 2002 年为例，城乡收入差距占全国收入差距的 43%。这足以引起政府的高度重视。

同时，从城镇居民和农村居民内部的基尼系数来看，农村居民内部的基尼系数则相对比城镇居民内部的基尼系数高，说明了农村居民间的收入差距较城镇居民之间的收入差距更加明显。

表 5-7　全国居民、城镇居民、农村居民收入分配基尼系数

年份	全国居民收入基尼系数	城镇居民收入基尼系数	农村居民收入基尼系数
1979	0.33	0.16	0.310
1981	0.288	0.16	0.239
1984	0.297	0.16	0.258

续表

年份	全国居民收入基尼系数	城镇居民收入基尼系数	农村居民收入基尼系数
1988	0.382	0.23	0.301
1989	0.349	0.23	0.300
1990	0.339	0.23	0.310
1995	0.389	0.28	0.3415
1996	0.375	0.28	0.3229
1997	0.397	0.29	0.3285
1998	0.386	0.30	0.3369
1999	0.397	0.295	0.3361
2000	0.417	0.32	0.3536
2001	0.450	0.32	0.3600
2002	0.454	0.32	0.3600

资料来源：①根据《2004 中国经济年鉴》整理。

②中国社会科学研究院财政与贸易研究所. 2004. 科学发展观：引领中国财政政策新思路. 北京：中国财政经济出版社。

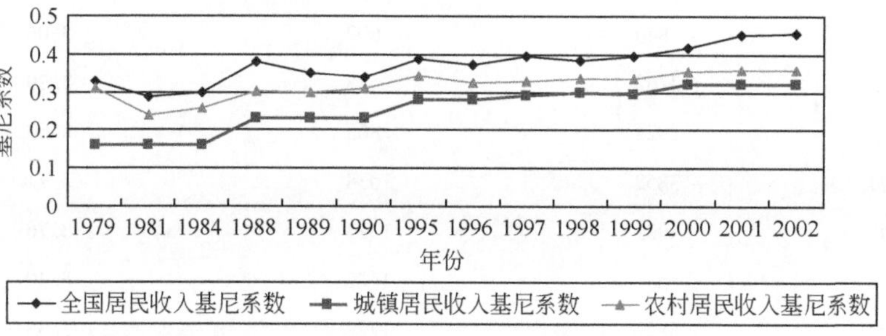

图 5-5　1979～2002 年我国居民收入基尼系数

5.3.2　城乡居民消费差距

收入是消费的基础，收入水平直接决定消费开支和消费结构。城乡消费水平差距的变化与收入差距变化的走向是高度一致的，但中国城乡居民消费的差距比城乡居民收入的差距更突出。改革开放以来，1978～1984 年，城乡居民的人均消费开支差距逐渐缩小，1985～1994 年在逐渐扩大，1994～1997 年有所缩减，自 1997 年开始，城乡消费差距又趋拉大。在收入差距相对扩大的背景下，虽然城乡居民的恩格尔系数在逐渐缩小，但农村居民的恩格尔系数偏差度始终大于城市居民，且 1990 年之后偏差度逐渐上升（表 5-8，图 5-8）。

表 5-8　1978 ~ 2006 年城乡居民消费水平差距

年份	城镇居民消费水平/元	农村居民消费水平/元	城乡居民消费水平之比（城/乡）
1978	405	138	2. 93
1979	425	159	2. 67
1980	489	178	2. 75
1981	521	201	2. 59
1982	536	223	2. 40
1983	558	250	2. 23
1984	618	287	2. 15
1985	765	349	2. 19
1986	872	378	2. 31
1987	998	421	2. 37
1988	1311	509	2. 58
1989	1466	549	2. 67
1990	1596	560	2. 85
1991	1840	602	3. 06
1992	2262	688	3. 29
1993	2924	805	3. 63
1994	3852	1038	3. 71
1995	4931	1313	3. 76
1996	5532	1626	3. 40
1997	5823	1722	3. 38
1998	6109	1730	3. 53
1999	6405	1766	3. 63
2000	6850	1860	3. 68
2001	7113	1969	3. 61
2002	7387	2062	3. 58
2003	7901	2103	3. 76
2004	8679	2301	3. 77
2005	9410	2560	3. 68
2006	10 359	2484	4. 17

资料来源：根据国家统计局《中国统计年鉴（2007）》资料整理。

根据上表绘得城乡居民消费的绝对水平和相对水平之比，如图 5-6 所示。

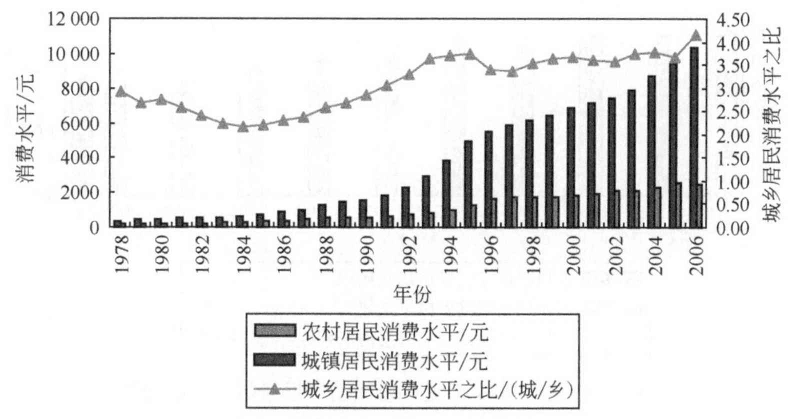

图 5-6　1978～2006 年我国城乡居民消费水平和差距

资料来源：根据国家统计局《中国统计年鉴（2007）》资料整理。

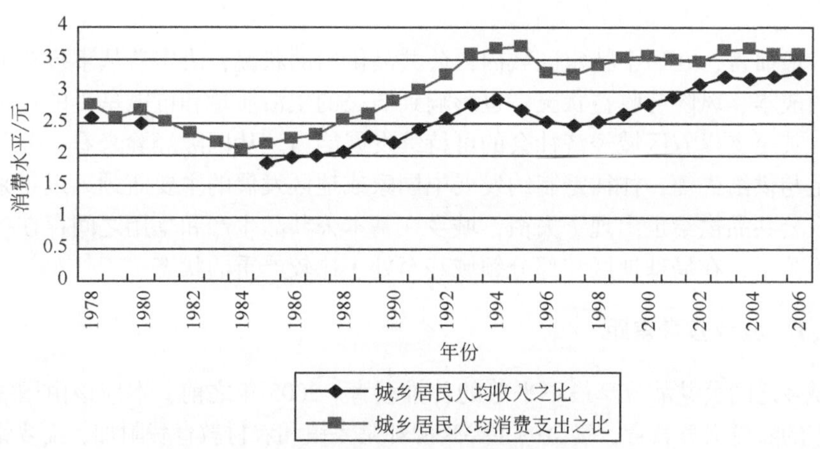

图 5-7　1978～2006 年我国城乡居民消费水平之比

资料来源：根据国家统计局《中国统计年鉴（2007）》资料整理。

从图 5-7 可以看出，1978 年至今，城镇居民的人均收入水平和人均消费水平远在农村居民之上，大约是农村居民的 2～3.8 倍；而且消费水平城镇居民始终高于农村居民，反映出农村居民因收入低而导致消费的艰难。结合城乡居民消费的恩格尔系数（图 5-8），可以看出，农村居民的恩格尔系数要高于城镇，反映出农村居民的消费还是以维生为主。

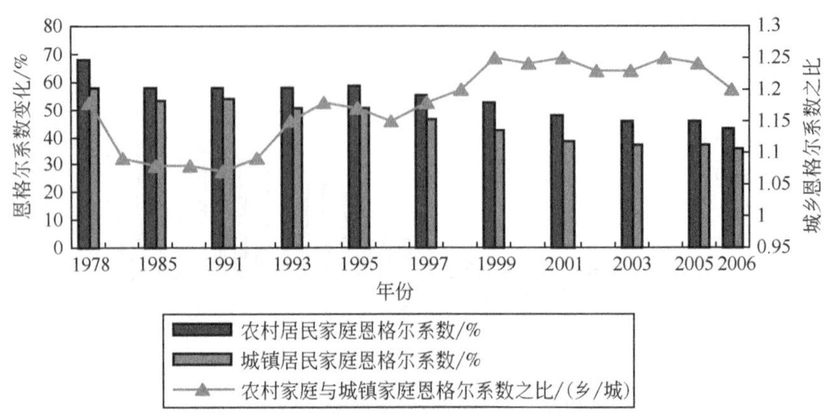

图 5-8　1978～2006 年城乡居民消费恩格尔系数的变化

资料来源：根据国家统计局《中国统计年鉴（2007）》资料整理。

5.3.3　城乡公共品供给差距

一般而言，在一个特定区域内，公共品供给的状况，决定着从事投资或经济活动的成本、风险与收益状况，也影响到居民的生活质量和可能享受的社会福利状况，甚至支撑着区域经济社会的可持续发展能力。从国际经验来看，公共品供给不足与供给失衡，往往是制约发展中国家或地区发展的主要瓶颈。近年来，我国城乡公共品供给也出现了失衡，城乡在基本公共品生产和享用之间存在一定程度的不公平，在局部地区和部分领域甚至处于比较严重的状态。

5.3.3.1　城乡教育差距

城乡之间公共品分享最不平等的首推教育。2005 年之前，本应该由国家财政来承担的农村义务教育，资金的主要来源却是乡镇和农村教育费附加，而乡镇财政收入的主要来源是农民缴纳的农业税。现在虽经改革变成由县级财政负责，但由于中国目前大多数地区县级财政基本上还是“吃饭财政”，很难做到对农村义务教育真正负责，最终的农村义务教育主要还是要靠农民负担。与之相比，城市的义务教育则是由国家承担。基于这种政策，城乡教育差距不断扩大。

一项对全国 37 所不同层次高校的调查显示，城乡之间获得高等教育的机会整体差距为 5.8 倍，在全国重点院校中则达到 8.8 倍，即便在地方高校中也有 3.4 倍，超过了城乡居民经济收入 2.8 倍的名义差距。2004 年，《中国教育报》对 174 个地市和县教育局局长的问卷调查显示，超过 50% 的农村中小学“基本运行经费难以保证”，超过 40% 的小学仍然使用危房。这里必须指出的是，除了教育的硬件条件上的差距外，更重要的是教育观念上的差距。新《义务教育法》公布以后，城市居民中普遍认同了受教育既是权利、又是义务的观念，而广大农村中，对教育是强制实施的法定义务的观念普遍不予认同，认为那还是自己家庭的私事。对到了学龄期不让子女就学的家长处罚的举措也认为很难理解。这本身就是二元经济在思想观念形态上的反映。

城乡教育差距还表现在以下几个方面。

(1) 教育投入的城乡差距

经费不足一直是制约农村教育发展的突出问题。近几年，虽然政府财政向农村倾斜，加大了对农村教育的投入，但是城乡之间教育投入方面仍存在一定的差距。2005 年，全国教育经费为 8418. 8 亿元，用于城市的为 6408. 1 亿元，占 76. 11%，用于农村的为 1938. 7 亿元，占 23. 89%，城市是农村的 3 倍多（图5-9）。

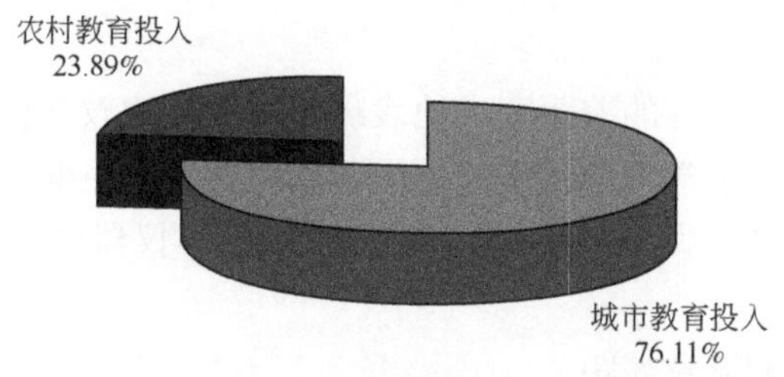

图 5-9　2005 年教育投入的城乡差距

部分较落后地区的农村中小学基础建设投入仍然不足。全国人大义务教育法实施检查组在江西执法检查时发现：该省 66 人以上学生的大班有 1. 38 万个，有的甚至 100 多人挤在一个班上课。在一些高寒、缺水地区，冬季取暖和安全饮用水的开支较大，有的学校仅采暖费一项，就要用去公用经费的一半以上。中西部地区农村中小学公用经费虽比改革前有所提高，但很多地方目前的经费保障水平只能维持学校基本运转。

(2) 生均教育经费的城乡差距

生均预算内教育事业费支出情况：教育部、统计局、财政部联合发布的《2006 年全国教育经费执行情况统计公告》显示，2006 年全国普通小学生均预算内事业费支出为 1633. 51 元，其中农村普通小学生均预算内事业费支出为 1505. 51 元，仅为全国城乡平均水平的 92. 16%；2006 年全国普通初中生均预算内事业费支出为 1896. 56 元，其中农村普通初中生均预算内事业费支出为 1717. 22 元，仅为全国城乡平均水平的 90. 54%。

生均预算内公用经费支出情况：教育部、统计局、财政部联合发布的《2006 年全国教育经费执行情况统计公告》显示，2006 年全国普通小学生均预算内公用经费支出为 270.94 元，其中农村普通小学生均预算内公用经费支出为 248.53 元，仅为全国城乡平均水平的 91.73%；全国普通初中生均预算内公用经费支出为 378.42 元，其中农村普通初中生均预算内公用经费支出为 346.04 元，仅为全国城乡平均水平的 91.44%（表 5-9）。

表 5-9　2006 年教育经费的城乡差距　　（单位：元）

项目	小学		初中	
	城乡平均	农村	城乡平均	农村
生均预算内教育事业费	1633.51	1505.51	1896.56	1717.22
生均预算内公用经费	270.94	248.53	378.42	346.04

资料来源：根据教育部、统计局、财政部联合发布的《2006 年全国教育经费执行情况统计公告》资料整理。

目前，城乡办学条件的差距突出地表现在城乡生均教学仪器设备值方面。全国 1/3 以上地区的中小学生均教学仪器设备值的城乡差距继续扩大，小学生均教学仪器设备值城乡之比为 2.9:1，全国初中生均教学仪器设备值的城乡比平均为 1.4:1。

（3）师资配备的城乡差距

由于农村教学条件比较艰苦、教师待遇比较低下等原因，教学经验比较丰富的高职称教师等优质教育资源向城市和县镇集中，农村高职称教师比重与城市和县镇相比有较大差距。例如，有些教学点派不进足够数量的公办教师，有些地方只能低薪聘请代课教师，很多地方代课教师的工资不到公办教师工资的 1/3。虽说政府推行和鼓励城乡的流转，给到农村短期或长期服务的优秀教师给以多方面的关照和鼓励，在经济上也给予照顾，但由于城乡学校办学条件、学习氛围的巨大差异，很多优秀教师还是不愿到农村去。

目前，中国农村学校的很多教师是由原来的民办教师和代课教师转过来的，学历层次偏低，年龄偏高。据统计，2004 年全国共有 49.9 万代课人员，主要集中在农村小学，其中 75.9% 分布在中西部农村小学。大量代课人员的存在，严重影响了农村教育水平。从学历水平看，2005 年全国小学具有专科以上学历教师，城市 78.01%、农村 47.49%，农村比城市低 31 个百分点；全国初中具有本科以上学历的教师，城市 62.44%、农村 24.34%，农村比城市低约 38 个百分点（表 5-10）。年龄结构上，农村小学年轻教师偏少。

表 5-10　2005 年中小学教师学历城乡情况对比　　（单位：%）

学历	农村	城镇	农村与城镇差距
小学（专科以上学历）	47.49	78.01	30.52
初中（本科以上学历）	24.34	62.44	38.10

资料来源：根据国家统计局《中国经济年鉴，2006》资料整理。

在师生比方面，农村高于城市。按照现行教师编制标准，农村初中、小学的教师每人负担学生数分别为 18 人、23 人，城市初中、小学为 13.5 人、19 人。如何采取有效措施吸引高素质人才到农村学校教书，已成为提高农村义务教育质量的至关重要和迫切需要解决的问题。

（4）入学率的城乡差距

义务教育。统计显示，与 2001 年相比，2006 年全国小学生减少 1832 万人，初中生减少 556 万人。从义务教育阶段学生增减的城乡结构看，农村学校学生绝对数减幅巨大，城市学校学生绝对数只略有减少，而县镇学校学生绝对数增加。对比 2001 和 2006 年数据可以发现，城市、县镇与农村学校学生数之比，小学从 13:18:69 变为 15:23:62，普通初中从 17:35:48 变为 16:41:43，农村学校的学生占比下降，城市和县镇学校学生占比上升。城乡之间小学毕业生初中升学率上的巨大差距也充分反映了义务教育的城乡“鸿沟”。

学前教育。过去 5 年来，虽然我国学前教育的总规模有所扩大，毛入学率逐步提高，但截至 2006 年，我国 3～6 岁幼儿教育毛入学率仅为 42.5%，毛入学率和预期受教育年限不仅大大低于发达国家水平，而且还低于巴西、埃及、秘鲁和泰国等很多发展中国家水平。学前教育发展在区域、城乡之间存在很大差距。目前，虽然还无法从统计上确认学前教育毛入学率的城乡差距，但是从小学一年级新生中受过学前教育者的比例看，2006 年，我国东、中、西部省份分别为 92%、88% 和 75%，差距明显。

高中教育。目前，我国大、中城市和经济发达地区已经基本普及了高中阶段教育，但中、西部经济欠发达地区和农村地区普及程度较低。据统计，2004 年，东部地区高中阶段毛入学率和初中毕业生升学率平均为 59% 和 75%；西部地区平均为 41% 和 57%。2005 年，农村地区（指县及以下）初中毕业生升入普通高中的比例仅为 30% 多，远低于城市地区 80% 以上的水平。高中阶段教育办学条件上的区域间差距也十分明显。比如，2005 年，我国普通高中、职业中学生均教育经费支出最高地区均为最低地区的 6 倍多。此外，高中阶段学校办学条件和质量上的校际差距也值得关注。

（5）文化素质的城乡差距

转移农村剩余劳动力是解决“三农”问题的根本出路，是统筹城乡发展、实现城乡一体化的重要途径。然而农民科学文化素质整体较低已经严重地影响到了农村剩余劳动力的转移步伐。我国第五次人口普查资料显示，在中国农村劳动力文化程度的构成中，文盲和半文盲占8%，小学占32.22%，初中占48.07%（初中及以下文化程度累计高达88.38%），高中占9.38%，大专只占0.40%。2005年，国家教育科学“十五”规划课题“我国高等教育公平问题的研究”课题组的研究结果也表明，农村人口中低学历人口的比例远远高于城市，城市人口中高学历人口的比例明显高于农村。城市高中、中专、大专、本科、研究生学历人口的比例分别是农村的3.5倍、16.5倍、55.5倍、281.55倍、323倍。因此，从整体上看，中国农民仍然是个“知识贫困”的群体。

5.3.3.2 城乡医疗卫生差距

（1）卫生投入的城乡差距

20世纪80年代农村实行家庭联产承包责任制以来，大部分地方农村合作医疗解体，农村卫生保健工作明显削弱，全国的合作医疗覆盖面不到10%，全国2/3的乡镇卫生院濒临倒闭或勉强度日；同时，医药费增长过快，大大超过了农民的收入增长，导致大量农民因病致贫和因病返贫。

统计资料显示，1990～2005年，虽然城乡人均卫生费用都有较大增长，但城乡人均卫生费用之间的差距却在扩大。2005年，中国人均卫生总费用为662.3元，其中城市为1122.8元，农村为318.5元，城市为农村的3.53倍。城乡居民个人卫生费用负担也有较大差别，农村居民人均纯收入不足城镇居民人均可支配收入的1/3，但农村居民个人承担的医疗保健支出占其全年消费性支出的比重（7.87%）却高于城镇居民（7.56%）。

由于农村卫生资源严重缺乏，孕产妇死亡率是城市的2.6倍，新生儿死亡率是城市的2.4倍，5岁以下儿童死亡率是城市的2.7倍。

（2）医疗卫生资源分布差距

2006年，按市县统计的每千人拥有的医疗卫生技术人员为3.59人，医疗机构床位数为2.54张；而每千农业人口乡镇卫生院人员数为1.16人，每千农业人口乡镇卫生院床位数为0.81张。

除了基本卫生资源存在的城乡差距外，农村卫生资源利用率也低于城市。2006年县及县以上医院综合病床使用率为72.4%，而主要为农民服务的乡镇卫生院则仅有42.2%。

在城市和县级以下医院拥有的医疗设备方面，先进医疗设备大多配置在城市医院。以100万元以上医疗设备分布为例，2006年，全部卫生机构共有100万元以上医疗设备总计40 459台，市级卫生机构拥有35 638台，占88.1%；而县级卫生机构只有4821台，仅占11.9%；特别是乡镇卫生院只有523台，仅占1.29%。

(3) 医疗保障的城乡差异

城乡居民实行的是不同的基本医疗保障模式和运行机制。城镇职工参加基本医疗保险，由用人单位和个人共同缴费，实行社会统筹和个人账户相结合的管理模式；城镇非从业人员和中小学阶段的学生等人员参加城镇居民基本医疗保险，以家庭缴费为主，政府给予适当补助，属自愿行为；农民参加新型农村合作医疗，以家庭为单位，由个人、集体和国家三方出资，属自愿行为。

在待遇上，城镇职工基本医疗保险根据医疗费用所处的不同区间来分别给予经济补偿；城镇居民基本医疗保险以大病统筹为主，城镇居民基本医疗保险基金重点用于参保居民的住院和门诊大病医疗支出，有条件的地区可以逐步试行门诊医疗费用统筹。新型农村合作医疗则以大病统筹为主，重点帮助农民提高抵御大病的经济能力。这种制度性差别，使城镇职工和农村居民医疗保险水平的差距过于悬殊。2005年，城镇职工医疗保险人均基金收入1079元，新型农村合作医疗人均基金收入只有42.09元，前者是后者的约26倍；城镇职工医疗保险基金人均支出781.88元，新型农村合作医疗基金人均支出34.50元，前者是后者的23倍。

目前，医疗保障占卫生总费用的1/4左右，广大农民缺乏基本医疗保障，基本上处于自费医疗的状态。2003年城市个人支付的医疗费用占总医疗费用的44.8%，而农民个人支付的医疗费用则达到79%（表5-11）。

表5-11　2003年居民医疗保障方式构成　（单位：%）

方式	城市	农村
合作医疗	6.6	9.5
基本医保	30.4	1.5
大病医保	1.8	0.1
公费医疗	4.0	0.2
劳保医疗	4.6	0.1
其他社保	2.2	1.2
纯商业保险	5.6	8.3
自费	44.8	79.0

资料来源：数据来自《2003年国家卫生服务调查》。

农民由于收入低，一般都承受不了高昂的医疗费。据卫生部抽样调查，在贫困地区患病就诊的为72%，应住院而未住院的高达89%，因病致贫和返贫的占就诊人数的50%。

5.3.3.3 社会保障的城乡差距

中国城乡二元结构在社会保障方面也表现得比较明显。目前，中国基本社会保障体系的重心仍在城镇，农村社会保障体系建设滞后。一方面，城镇养老、医疗、失业、工伤等各项基本社会保障起步早于农村，已经初步建立了相对完善的体制和制度；另一方面，农村基本社会保障体制和制度仍在探索之中。如今，城镇已初步建立了较高水平而且体系较为完整的社会保障体系，而在广大的农村，社会保障体系还基本上处于“空白地带”，农村目前是以家庭保障和土地保障为主、以国家救济和乡村具体办福利为重点的保障类型。截至2005年9月，社会保障在农村的普及率只有13%。总体而言，农村的基本社会保障距离实现农民“困有所救、病有所医、老有所养”目标，仍有较大差距。农村社会保障水平低，也是农村贫困发生率高，贫困人口难以稳定脱贫的重要原因。

(1) 养老保险的城乡差异

城镇已经建立了职工养老保险，而农村养老保险制度尚未完全定型。

根据我国第五次人口普查资料显示，我国60岁以上的人口已经达到1.34亿，占总人口的比例为10.84%。并且每年以3.2%的增长速度递增，预计到2050年，我国老年人口将达到4.12亿，其中大部分居住在农村。同时随着我国计划生育工作的持续开展，农村的家庭结构正发生着很大的变化，这就导致了单纯依靠家庭养老使年轻人的负担过重的问题。

我国城乡居民社会养老保险的现状：目前，我国城镇已基本实现了社会养老保险，而在农村，除局部地区实行养老金制度外，社会养老保险覆盖率很低。城镇企业职工养老保险制度与农村社会养老保险制度的一个很大的区别在于，前者强调风险共担和社会公平，较多地体现了社会保险原则；后者突出个人的养老责任，以土地保障和家庭保障为主。城镇和农村养老保险参保人数出现不同的走势。据统计，2002～2006年，城镇养老保险参保人数从14 736万上升到18 766万，增长27.35%；而农村养老保险参保人数从5462万下降到5374万，下降1.61%。

(2) 社会低保的城乡差异

中国城镇早在20世纪90年代初就已开始建立居民最低生活保障制度和各种社会救助制度，而农村居民最低生活保障2007年才全面启动。城镇社会救助制度已经比较完善，而农村社会救助制度的保障水平有限，处于不稳定状态。

截至 2004 年底，虽然中国已有 8 个省建立农村最低生活保障制度，覆盖 1206 个县（市），享受农村低保人数达到 49 637 万，但这个数字和中国农村的贫困人口总数相比还很小。

在扶贫救助方面，据民政部统计，2003 年底，全国试点农村最低生活保障的地区人数仅有 396. 8 万，城市享受最低生活保障的人数为 2235 万，并且实现了应保尽保。

农村社会救济方面存在着很大的问题。由于税费改革使乡镇经费大幅度减少，只靠县财政提供的有限资金不能保证为所有特困户提供救济，有些经费紧张的地方，农村社会救济工作处于停顿状态。

由于经费短缺，需要救济的人多，所以只能按照低标准提供待遇。在经济不发达的地区，农村最低生活保障制度形同虚设、不能真正发挥作用。从全国来看，农村最低生活保障制度覆盖面虽然达到 67%，但保障人数只占农村人口的 0. 36%，保障面小、待遇标准低的问题十分突出。

2007 年，中国政府决定在全国建立农村最低生活保障制度，将符合条件的农村贫困人口纳入保障范围，重点保障病残、年老体弱、丧失劳动能力等生活常年困难的农村居民。虽然农村低保人数增加比较快，但与城市最低生活保障制度相比，农村最低生活保障制度建设滞后，保障范围、保障程度仍然远远落后。截至 2006 年底，享受最低生活保障的人数，城市为 2240. 1 万，农村为 1593. 1 万，城市比农村多 647 万；城市最低生活标准和最低生活保障平均支出水平分别为 169. 6 元和 83. 6 元，分别是农村的 2. 39 倍和 2. 42 倍。

5. 3. 3. 4　公共基础设施与文化事业发展的城乡差距

我国农村公共设施供给短缺严重，基础设施建设资金投入匮乏，除了少数农村经济十分发达的地区政府能够以公共资源提供基础设施资金外，大多数农村基础设施建设所需资金都要靠农村自身解决，有的地方甚至至今都没有政府出资建设的公共基础设施。根据 2007 年的统计数据显示，在基础设施投入上，城市全社会人均固定资产投资额是农村的近 6. 88 倍，财政预算内投资城乡差距更大，政府投资向城镇极大倾斜。另外，在基础设施和文化事业产品享受以及人均生活用电和用水量等方面，城镇都是农村的 2 倍多。在传统文化消费品中，城镇每百户拥有彩电量是农村的 1. 46 倍，每百户家用电脑拥有量城镇是农村的 14. 5 倍。当农村还有 7% 的地方未通村级公路时，城镇人均拥有公路面积已经达到 11 平方米。城乡基础设施和文化事业的这种巨大的差距不但会影响当代人，而且会影响到未来几代人（表5-12）。

表5-12　城乡公共设施建设和文化事业发展差距

比较项目	城镇	农村	城镇/农村
人均社会固定资产投资额/元	18 782	2730	6.88
每万人拥有公交车辆/标台	10.2	—	—
人均拥有道路面积/平方米	11.4	—	—
农村通公路行政村比重（2006年）/%	—	92.8	—
每百户家庭中拥有电话的户数/(户/百户)	90.5	68.4	1.32
每百户彩色电视机拥有量/(部/百户)	137.8	94.4	1.46
每百户家用电脑拥有量/(部/百户)	53.8	3.7	14.54
居民家庭文教娱乐支出比重/%	13.3	9.5	1.4
人均生活用电量（2006年）/(千瓦时/年)	400	100	4
人均生活用水量/(升/日)	211	71	2.97

资料来源：根据国家统计局《中国统计年鉴（2008)》资料整理。

5.3.3.5　住房福利

城市符合标准的低保人员可以享有廉租房、经济适用房等住房福利。而在农村，对我国广大的农民尤其是贫困农民来说，住房福利仍然是一个制度上的空白。

1998年开始，我国开始全面取消福利分房，实行住房商品化。改革伊始，很多单位将公房出售给职工，随意设定销售价，大多未考虑住房位置和质量，只注重面积。近年来，随着城镇房价持续攀升，绝大部分城镇居民，尤其是那些以远低于市场价取得了较好位置和质量的公房的城镇家庭，从这种住房制度变迁中获得的净收益不断增加。与此同时，农村地区居民由于没有享受到类似的住房福利政策以及农村地区旧房转让和新房交易市场发展不足，农村房价较低，居民人均净房产分布的城乡差距逐步凸显出来。即使单单对比居住质量，城乡差异也很明显。比如城市的社区有物业公司进行管理，而在农村没有此类相关的建设，因而废水、废气和废物的随意排放在农村十分常见，居住环境恶劣。同时农村很多地方住房设计图纸没有充分考虑实际需求，费地费钱费人工，既增加了农民的经济负担，又没有给他们提供较高的居住质量。

5.4　二元经济社会结构的成因分析

大多数发展中国家的二元经济结构，是在工业化的发展过程中自然形成的。

我国的二元经济结构则是社会内部生产方式矛盾运动和外部政策、制度相互作用的结果。20 世纪 50 年代推进的重工业化、户籍制度和统购统销政策，不仅强化了原来已有的二元经济结构，而且在二元经济结构基础上还形成了具有中国特色的二元社会结构，使得原本属于工业化发展进程中的一个阶段性特征演化为制度性安排而长期存在。这样，二元经济结构和二元社会结构相互交织，从而形成了独具特色的二元经济社会结构。这种具有中国特色的二元经济社会结构，既有政策上的某种偏颇造成的，又有某种历史的必然性。城乡一体化本身是一个漫长的过程，要想越过这个过程，一步就走向城乡一体化，那是不可能的。

5.4.1 重工业化发展战略

根据刘易斯的观点，发展中国家经济发展的典型特征是二元经济结构，他曾指出，二元结构可以通过农村剩余劳动力向现代工业部门的流动而逐步趋向融合，最终缩小甚至消除，这是一个自然的渐进过程。作为一个“后发”的发展中国家，由于历史背景和客观前提的存在，在中华人民共和国成立之初的工业化发展战略的选择却强化了二元结构。

据张培刚的研究，中国的工业化发端于 20 世纪初期。当时，中国利用第一次世界大战各国列强忙于战事的机会，建立和发展了本国的工业。随后的军阀混战和其后的抗日战争和解放战争的相继爆发，经济环境急剧动荡，迫使大量国内外资本流向海外，中国工业化进程再次受阻。因此，我国开始大规模的工业化是在中华人民共和国成立之后。1949 年，中国结束了长期的战乱，实现了真正的民族独立，建立了强大廉洁的政府，开始了大规模的经济建设。但是，由于朝鲜战争的爆发，中国的国家安全受到威胁，使得提高积累率尽快建立独立完整的工业体系成为最为紧迫的问题。

自 20 世纪 50 年代以来，中国的工业化选择了一条既不同于发达国家、又有别于大多数发展中国家的道路。按照德国经济学家瓦尔特・霍夫曼的实证研究，农业国工业化过程一般应依次经过三个阶段：消费资料工业优先快速发展阶段；生产资料工业迅速发展阶段；消费资料工业与生产资料工业达到平衡，但后者增长呈现出快于前者增长的趋势。理论界提倡优先发展消费资料工业的原因在于：这种发展不仅符合恩格尔定律所描述的人类需求层次逐级增长规律，也有相应的市场需求和购买力增长作保障，更重要的是这种发展模式能发挥农业国劳动力资源充沛和农产品原料丰富的优势，同时避免资本、技术贫乏的劣势。只有当消费资料工业发展到一定水平、工业化原始资本积累基本完成以后，生产资料工业才后来居上并最终引起农业部门资本有机构成的大幅度提高而彻底完成工业化过程。由此看来，似乎中华人民共和国成立后，应该优先发展消费资料工业。但在中华人民共和国成立之初，我国处在一个经济十分落后的发展起点上：农村人口占绝大多数、经济规模小、人均国民收入相当低；产业结构落后，农业和消费资料工业支持工业化的能力严重不足，以发展农业和消费资料工业来取得资本积累的过程将十分困难和漫长；西方发达国家实行封锁政策，使我国利用境外资本极为困难。苏联建设的成绩和中国自身面临的内外部压力，使得中国政府选择了一条与西方国家和大多数发展中国家都不相同的工业化道路——即在工业化伊始，在资本匮乏、人口众多的客观环境中，建立一种大幅度降低重工业发展成本的制度，也就是优先发展重工业的制度。重工业作为生产资料部门，不但是工业的核心，而且是国民经济的核心。选择重工业优先发展的经济战略，可以直接迈过消费资料发展的阶段，以较短的时间建立起现代化的大工业生产体系。而且，重工业具有自我服务、自我循环的产业特征，可以脱离城乡市场需求自成体系地发展，从而克服当时国内市场特别是农村市场对工业有效需求不足的矛盾。

发展重工业所需的资本投入远远高于消费资料的投入。中华人民共和国成立之初，我国资本严重不足，但劳动力极为丰富，面对高昂的资本品价格和低廉的劳动力价格，单纯利用市场力量很难将资本引入到重工业部门。为此，为实现国家的工业化目标，我国建立起与重工业化发展战略相配套的旨在压低重工业发展成本、抑制城乡资源流动的高度集中的计划经济体制，其核心是动员和组织全社会的一切经济资源，支持重工业的优先发展。其具体的三项制度安排是：以实行对粮、棉、油等主要农副产品的统购统销政策，阻断城乡产品流通渠道；以实行人民公社制度，把农村劳动力限制在农村经济活动之中；以实行全国范围内的户籍管理制度，把农业人口固化在农村社队。

以统购统销政策阻断城乡产品自由流通渠道，是落实国家优先发展重工业战略的第一步。为了压低工业部门职工的工资和生活成本，需要对农产品实行低价格政策。20世纪50年代初，国家商业组织是与私商一道在市场上收购农副产品。当体现重工业优先发展战略的第一个五年计划开始时，国家以低于市场水平的价格收购农副产品，难以同非国有商业组织进行竞争。为保证工业发展和城市需要，中央政府决定对粮食、油料、棉花等主要农副产品实行计划收购和计划销售，1953～1955年国家先后颁布了《政务院关于实行粮食的计划收购和计划供应的命令》、《关于全国实行计划收购油料的决定》、《粮食市场管理暂行办法》、《粮食市场管理暂行办法》、《关于实行棉花计划收购的命令》、《农村粮食统购统销暂行办法》和《市镇粮食定量供应暂行办法》等政策[①]，至此，形成了一套完全脱离市场机制的包括粮食、油料、棉花等在内的供求体系。

对农民实行统购统销政策，完全是一种行政行为，它不仅影响了农民对自己所生产产品的处置权，还挤压了农民自身的消费。然而这些规定并不能确保农民完全按照政府所要求的品种和数量生产农产品，也不能保证农民将生产资料有效投入到农业生产中去。为此，国家需要一种既能增加农产品产量、又能切断生产要素的外流、保证工业化获得所需原料的配套制度安排。于是，20 世纪50 ~ 70 年代，国家先后通过合作化运动和人民公社化运动，在农村对农产品顺利地实行了统购统销制度，将农产品剩余甚至包括资本积累有效地转移到了工业部门和城市。国家利用计划经济体制，依靠扭曲产品和生产要素价格政策配置资源，以确保资源能够流向不符合经济发展条件但符合国家发展目标的重工业部门。这不仅造成农业生产长期低速增长，农业内部的剩余劳动力不断积累，农村隐性失业严重，而且形成传统农业部门与现代工业部门的割裂发展，最终在产业结构扭曲的基础上形成了中国的二元经济结构并使其缓慢强化。

统购统销制度标志着计划经济体制在农村的基本形成，也标志着牺牲农村、农民利益而加速工业化资本积累的不公平分配制度的开始，也是农村社会遭遇经济和社会不公平待遇的开始。统购政策使农民承受了由于产品统购价格低于自由市场价格而形成的价格损失，使农民应获得的利益向城市居民发生了转移，也使农村社会经济发展所需的资本不断地向城市地区转移。尽管，在当时的历史条件下，这种转移是建立工业化体制、积累经济发展所需资本的最好方式，但这种资本积累的社会不公平性也是显而易见的。农村粮食的计划低定价与农用工业品的高价格之间形成了强烈的价格对比，农民在以低价销售粮食的同时，却以高价购进农用工业品，这成为一种资本积累方式，只不过这种方式是隐性的。这种不公平的分配制度，不仅损害了农民的经济利益，而且进一步损害了农村社会经济发展的公平性和农村经济发展的效率。

---

① 如在《关于实行粮食的计划收购和计划供应的命令》和《粮食市场管理暂行办法》中，规定所有私营粮商，在粮食实行统购统销后，一律不准私自经营粮食；1953 年 11 月出台的《关于全国实行计划收购油料的决定》，要求各大区根据中央所规定的统一收购油料的数额分配到省、专区或县，同时在大、中、小城市加强对油料的统一管理，实行食油计划供应，严禁私商收购油料；1954 年 9 月发出的《关于实行棉花计划收购的命令》，规定凡生产棉花的农民，除交纳农业税和留必要的自用部分外，应按照国家规定的价格将所产棉花全部卖给国家，私营棉花商贩一律不得经营籽棉、皮棉的收购和贩运业务。

5.4.2 城乡隔离的体制

城乡隔离体制以严格的户籍管理制度为基础，体现了城乡差别、公民身份不平等，表现为依附在户籍上的城市居民和农村居民在就业制度、教育制度、社会保障制度等方面的差别待遇，是造成城乡差距的基础性和歧视性的制度安排。

为了保证从农业中获取稳定的工业化资金，我国实行了二元户籍管理制度，将全国公民按户籍分为农业人口和非农业人口，将城乡居民划分为农业户口和非农业户口。这一户籍制度的主要特征是将居民与其居住地的关系相对固定化，限制公民在城乡之间、地区之间的自由流动。1958 年《中华人民共和国户口管理条例》及相关配套措施发布实施，标志着户籍制度的正式形成。二元户籍制度与统购统销制度、劳动就业制度、福利保障制度等相结合，形成了隔离的城乡关系。尽管二元户籍制度曾经对发展经济、稳定社会发挥了重要的作用，然而这一制度制约了农业人口的流动，阻碍了农民进城就业，造成了农民的制度性失业，已严重不适应经济发展的现实需要。

城乡隔离体制导致的结果就是生产要素的单向流动，即农村单方面向城市提供资金、劳动力和廉价的土地。农业为工业化作贡献，农业为工业化筹措资金，有利于加快建立工业化体系，为国民经济现代化提供物质基础。但是，在农业为工业化进程作出贡献的同时，必须以农业的持续、稳定增长为前提。而在我国工业化的进程中，由于大量资金流向城镇、大量土地被占用、大量人口滞留在农村，致使农业投入不足、劳动生产率低下，农民收入增长缓慢，城乡发展不协调。

20 世纪 70 年代末开始的经济体制改革首发于农村，并在农村和城市分别进行，基本上没有触动城乡分治体制。尽管 20 世纪 80 年代以来，出现了大规模的农村剩余劳动力从农村向城市的流动，形成了汹涌澎湃的“打工潮”，但这只是农民寻求增加收入的自发行为，是一种体制外的、暂时性的人口流动，政府并没有制定相应的制度安排。进城打工农民的户籍不变，不能享受城市福利，也没有纳入城市就业管理。

近些年来对户籍制度的改革也仅仅是以“条件限制”代替“行政限制”，有资金、有学历人才的流动自由度大大提高，但普通农民受益不大。因此，进入 90 年代后，这种城乡分治体制所表现出来的制度的不平等，进而造成农民机会的不平等，对农民向非农领域转移、增加农民收入的制约作用越来越明显，突出地表现在地域限制、就业限制和教育及社会保障的限制上。

首先是地域限制。现行户籍制度将 8 亿农民束缚在农村，不利于农村人口向城市的转移，不利于解决“人多地少”的根本矛盾。

其次是就业限制。各级地方政府解决就业问题，往往只是以城市居民为中心，以公平为核心的农民的就业几乎从未纳入政府的政策视野。城镇居民由政府引导或安排就业，在体制之内，是政府行为；而农村劳动力则是自发就业，处于体制之外，为个人行为。一些城市为保障城市常住人口就业，制定了各种不利于农民进城就业的规定，他们或出台地方性法规、限制外来人口的就业类型，或制定专门面向民工的带歧视性的就业证卡管理制度。所有这些，都造成农村居民与城市居民竞争就业的机会不平等，损害了农民平等的就业权利，抑制了劳动力、人才的自由流动，不利于劳动力资源的优化配置，不利于形成全国统一的劳动力市场。

再次是教育和社会保障限制。美国政治哲学家罗尔斯认为：受教育是一种基本权利，它的作用在于让人们在竞争中处于相同的起跑线上。而我国目前的教育体制使得农村居民难以和城市居民处于同一起跑线。教育限制表现在：首先是城乡教学质量的差别。接受高等教育往往是农民子女脱离户口限制的首选途径，然而受教学质量差别的影响，农村学生升入大学的比率要远远低于城市，多数留在农村务农或者进城成为“打工族”，农民增收的模式依然是靠务农和进城打工。其次是进城农民工子女的受教育限制，即能否与城市的孩子一视同仁地享有受教育权利的问题。就社会保障而言，与城镇社会保障制度相比，农村社会保障制度的建设相当落后。我国农村基本上是以集体土地承包经营为基础的家庭保障模式，这种保障模式以国家救济和乡村集体办福利事业为主。目前，新型农村合作医疗已经基本实现全覆盖，但除了在经济状况比较好的地区养老保险进行小范围的改革试点以外，其他社会保障项目还很薄弱，完善我国农村社会保障体系任重道远。

总而言之，以户籍制度为中心及其与之相配套的一系列城乡不平等的制度安排，使得农民进步、农村发展等目标受到了多方面的制约：户籍制度限制了农民的迁徙自由；就业制度使得农民面临着不平等的就业机会；教育和社会保障制度的不完善造成农民对未来的预期不稳定。另外，由于这些歧视性待遇和制度的限制，使得农业剩余劳动力流动到城市的成本高、收益低，限制了农村剩余劳动力的转移和农民非农产业收入的提高，也妨碍了农地经营规模的扩大。

5.4.3 城市偏向的政策

许多发展中国家的政府在推进现代化的过程中都采取了城市偏向（urban

preoccupation）政策。城市偏向政策在发展中国家的广泛流传，一方面是由于新型独立国家在重建与复兴的道路上急需理论的指导；另一方面是“发达国家的政府和经济学家们，在规划世界经济政治格局、指导和援助发展中国家时，没有什么思想准备，也没有现成的理论工具来分析那些不具备现代经济结构、主要由小农组成的农业社会的发展过程。因此它们只能照搬西方的社会发展模式来为发展中国家设计道路……从单纯的经济增长的角度来理解发展”。因此，在指导后发国家的发展道路上，发展经济学理论往往是依据西方先发国家的发展道路或发展模式为标本，为后发国家制定发展计划和发展模式。在这种发展理论的指导下，后发国家大部分沿袭或照搬了西方早期工业化国家的发展道路，在经济发展中，以工业经济的迅速增长为主要的发展战略。

美国经济学家利普顿区分了两种不同的城市偏向政策：一是价格政策，二是支出政策。他指出，支出偏向是因某种经济结构而加剧的，在这种经济结构中，乘数效应在城市地区比在农村地区更强；价格平行线则是由于农村地区的物价上涨而加剧的。诺贝尔经济学奖获得者美国经济学家贝克尔等将城市偏向的政策概括为三个方面的内容：一是宏观经济政策扭曲了经济信号，这种政策想把非农产业附加值提高到世界平均值以上；二是政府把投资基金主要配置在基础设施上，根本不考虑在非城市地区区域也可以获得较高回报的可能性；三是在城市区域，公共部门已经达到了任何一种效率标准也都无法证明其合理性的程度。

中国是从一穷二白的基础上发展起来的，在这种客观历史背景下，建立了高度集中的计划经济体制，实行了优先发展重工业的战略。与之相呼应，实行了城市偏向政策，造成了城乡分割的二元格局。改革以后，随着经济体制的转型和发展战略的调整，城市偏向政策有所调整，但城市偏向意识仍然根深蒂固，城市偏向的政策依然大行其道，如在对农业的支持、对社会保障的安排、对教育的投入等方面。中国在工业化进程中形成的城市偏向政策具有两个特点：一是它不仅包括了通常的政府对农产品和投入品的定价和流通干预，更包括了城乡隔离的身份等级制度，存在着农民与市民之间劳动权和受教育权的区别对待以及受保障权的双重标准；通常的农村歧视都会导致所谓的城市化，而中国的农村歧视往往是逆城市化的。二是它体现了较强的连续性，跨越了改革前后两种不同的经济与政治环境。

5.4.3.1　公共财政对农业的支持不足

政府的财政政策没有很好地履行公共财政的职能，财政支出向城市倾斜，导致农业缺乏资金支持，阻碍农业、农村、农民的发展。农村人口占全国总人口的 2/3，但财政用于农村发展的支出只占 10% ~15%，占 GDP 总量的 1%。

农业是任何一个国家的基础产业，也是我国的弱势产业。长期以来，党和国家十分重视农业的发展，在国家财力十分困难、各方面都需要大量资金的情况下，仍不断增加农业资金投入。1978 年国家财政支农资金仅为 15.066 亿元，2006 年已增加到 3172.97 亿元，年均递增 11.1%。1978 年到 2006 年这 28 年间国家财政已累计投入支农资金 22 264.87 亿元，这对我国农业的发展、农业基础设施的改善起到了巨大作用。然而，受国家财力的制约，尽管财政支农支出总量不断增加，但相对比重却处于不断下降趋势，这给农业的持续、稳定发展带来了不利影响。1978 年国家财政支农支出占财政总支出的比重为 13.25%，1985 年下降为 7.66%，1991 年回升为 10.26%，到 2006 年又下降为 7.85%[①]，如图 5-10 所示。

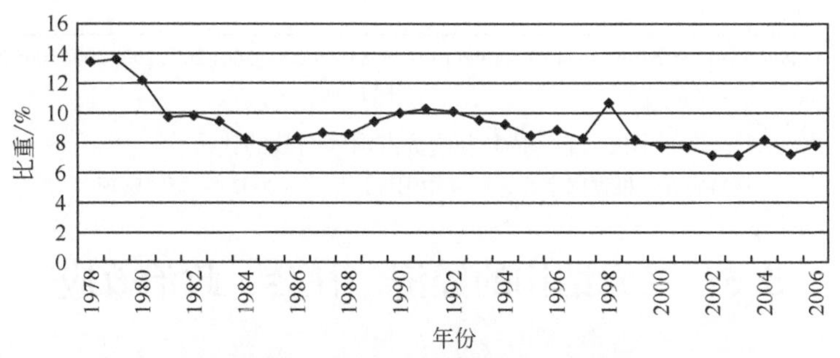

图 5-10　国家财政支农支出的比重

资料来源：根据国家统计局《中国统计年鉴（2007）》资料整理。

5.4.3.2　公共财政对公共物品的提供不够

政府的一大职能就是为社会提供公共物品，但是政府在处理城乡利益关系上的主观偏好使得公共物品在城乡间分配不公。在城市，政府几乎负担所有的公共物品，但在农村，只能是农民自己负担。这种不均衡的城乡公共物品供给制度一方面产生了不公平的国民待遇，另一方面则从根本上引发了农村公共物品的短缺，从而制约了农业的可持续发展。

以医疗卫生资源为例，中国人口占世界的 22%，但医疗卫生资源仅占世界的 2%。而这仅有的 2% 的医疗资源，其 80% 都集中在城市，而在城市中又有

① 根据国家统计局《中国统计年鉴（历年）》测算而成。

80%的资源集中在大医院。农村公共卫生投入严重短缺，占60%的农村人口只能享受20%的卫生资源。据统计，农村卫生总费用中政府、社会和个人卫生投入的比重在1991～2000年的结构发生了显著变化，政府农村卫生投入比重由12.54%下降至6.59%，社会卫生投入由6.73%下降至3.26%，而同期农民个人直接支付费用从80.73%上升到90.15%。与此相对比，2003年，我国卫生事业费支出350.44亿元，占国家财政支出的1.59%，卫生建设投资231.5亿元，占国家基建投资的1.31%，绝大部分用于城市卫生事业（图5-11）。

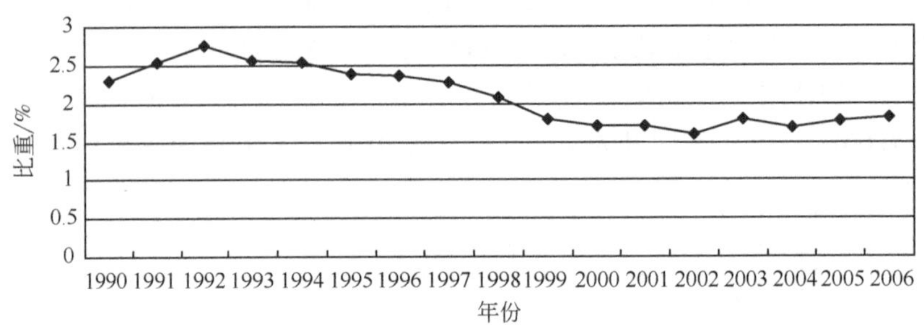

图5-11　卫生事业费占国家财政的比重

资料来源：根据国家统计局《中国统计年鉴（2007）》资料整理。

5.5　二元结构的经济、社会、政治效应

中国二元结构强度的居高不下，已经诱发并强化了一系列重大的社会经济结构矛盾：城乡比例失调，城市化道路任重道远；产业结构严重失调，第一产业和第三产业发展缓慢，第二产业发展过快；城乡收入分配差距过大导致有效需求特别是广大农村地区有效需求长期不足，并且成为经济发展的隐患；城乡居民之间的社会分层仍然严重，全面建设小康社会难度加大。较大的城乡之间差距的存在，不仅是社会和政治不稳定的潜在因素，而且更重要的是会造成对中国经济长期持续增长的阻碍。

5.5.1　二元结构的经济效应

5.5.1.1　农业“没有发展的增长”：大量隐性失业和“过密化”导致农业比较劳动生产率低下

在计划经济时期，中央政府选择重工业优先发展战略，通过吸收农业剩余为

工业化提供资本积累，并依靠城市偏向制度的“三套马车”——农产品统购统销制度、人民公社制度和户籍制度——使这一战略得以实施。推行这一战略导致生产要素市场的严重扭曲，资本过度集中于城市产业，劳动力过度集中于农业。改革开放以来，这种境况依然没有根本改变，如图 5-12 所示。1978 年以来，我国第一产业的劳动密集度远远高于第二和第三产业，其中在 1978 ~ 1990 年，第一产业的劳动密集度比较稳定，但在 1990 年后，第一产业的劳动密集度在显著上升。这说明，改革开放之后，第一产业的劳动密集度过高的状况不仅没有实质性的改善，反而有逐渐加剧的倾向。由于城乡隔离的制度，缺乏劳动力从第一产业进入第二、三产业的渠道，农业劳动力不能通过进入现代部门而得以减少，只能大量滞留在农业部门。

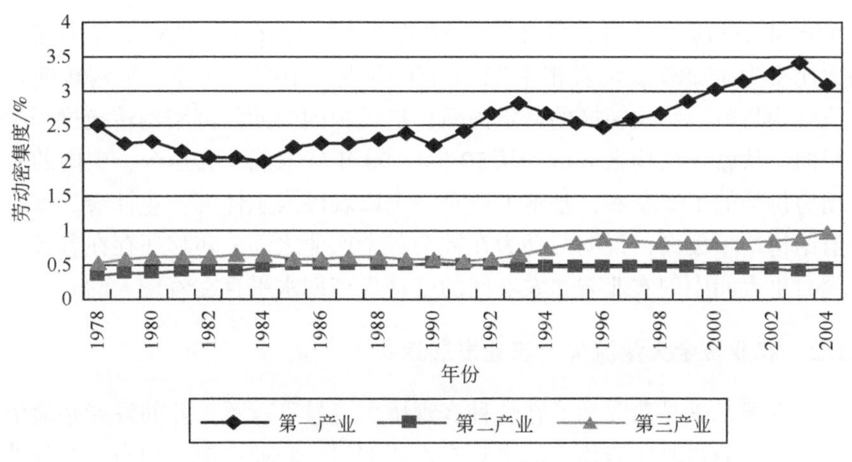

图 5-12　中国三次产业劳动密集度

资料来源：根据国家统计局《中国统计年鉴（2005）》资料整理。

同样，农业剩余劳动力转化滞后从另外的方面也可以加以说明。我国的农业剩余劳动力滞留在农村，导致了劳动力就业结构和产值结构存在较大的结构性偏差（表 5-13），即劳动力就业结构的转换严重滞后于产值结构的转换。在二元经济结构中，政府在国民经济分配政策上会自然而然地出现重工业轻农业、重城市轻农村、重市民轻农民的格局，工业尤其是重工业在倾斜的国民经济分配格局中超常增长，而农业则发展滞后，超负荷运转，使工农业发展比例严重失调，因此，出现就业结构与产值结构的不平衡发展。

表 5-13　第一产业的就业结构与产值结构的偏差值　　（单位：%）

年份	第一产业产值比重	第一产业就业比重	就业结构与产值结构偏差值
1978	28. 1	70. 5	42. 4
1980	30. 1	68. 7	38. 6
1985	28. 4	62. 4	34. 0
1990	27. 0	60. 9	33. 9
1995	20. 5	52. 2	31. 7
2000	16. 4	50. 0	33. 6
2002	15. 3	50. 0	34. 7
2004	15. 2	46. 9	31. 7
2005	12. 6	44. 8	32. 2

资料来源：根据国家统计局《中国统计年鉴（相关年份）》资料整理。

2005 年中国第一产业产值在 GDP 中的比重为 12. 6%，就业劳动力在社会总劳动力比重为 44. 8%，两者相差 32. 2 个百分点。中国二元经济结构转换过程中的产值结构与就业结构转换的严重失衡，造成中国二元经济结构转换过程中的结构性扭曲。从就业结构来分析，从 20 世纪 90 年代末期一直至今，中国的农业仍占劳动力份额的 1/2 左右，基本上还是一个以农民为主体的农业社会。就业结构与产值结构严重偏离，说明劳动力在社会各个产业之间的转移还存在着较大的阻碍，同时也表明中国农业与非农业间的劳动生产率水平存在着较大的差距。

5. 5. 1. 2　农业资金大量流失，农业发展迟缓

我国发展基础是薄弱的，在这种客观历史背景下，重工业的发展必须依靠高积累来支撑。而当时所能倚重的也只有农业部门，农业资源有相当一部分被转移到工业和其他非农产业部门，成为高积累的重要源泉。

农业资源向非农产业部门转移的渠道，主要有三条：一是通过销售农副产品的产品转移；二是通过农业税收和储蓄存款的资金转移；三是通过工农业产品价格“剪刀差”的价格转移。可以说，在传统的计划经济体制下，农业资源的非市场化转移，支持了中国的工业化进程，但由此形成的对农业的高索取和低投入，却严重地削弱了农业的自我发展能力，致使我国农业和农村经济长期停留在维持简单再生产的水平上，与工业的高速发展形成了巨大的反差，加剧了我国城乡经济的二元化。据冯海发等的研究，1952 ~ 1990 年，我国农业通过税收、“剪刀差”和储蓄三种方式为工业化提供资金积累的总量达 11 594 亿元，扣除同期国家财政支农资金，净资金也达 9528 亿元，平均每年高达 250 亿元。有学者研究了自 1952 ~ 1978 年我国工业化转移农业剩余总量，如表 5-14 所示，无论是从

转移剩余总量还是从占国民收入积累额的比重来看，我国农业为工业提供的资金积累规模都是非常巨大的。

表5-14　1952~1978年我国工业化吸取农业剩余总量

年份	吸取农业总量/亿元	占国民收入积累额的比重/%	年份	吸取农业总量/亿元	占国民收入积累额的比重/%
1952	55.60	42.80	1966	194.64	41.40
1953	67.40	40.10	1967	171.57	56.50
1954	81.60	41.80	1968	141.30	47.40
1955	79.63	43.00	1969	160.58	45.00
1956	83.03	38.30	1970	203.92	33.00
1957	94.12	40.40	1971	219.18	32.00
1958	133.56	35.20	1972	220.31	34.00
1959	155.31	27.80	1973	254.35	34.30
1960	158.13	32.60	1974	245.35	31.10
1961	105.29	54.5	1975	264.67	31.90
1962	121.02	122.20	1976	244.67	32.70
1963	121.41	63.30	1977	270.95	32.60
1964	105.61	57.40	1978	297.06	27.06
1965	157.61	43.2			

资料来源：牛若峰．中国农业的变革和发展．北京：中国统计出版社，1997。

改革开放以来，随着农产品统购统销政策的取消和市场机制的推进，传统的“剪刀差”在内容和形式上发生了很大的变化，逐渐演变成“新剪刀差”问题。这种城乡“新剪刀差”主要不是从产品差价中，而是通过对农村的要素转移来实现的，如较低的农田征用、较低的农民工工资等。许多地方政府通过低价征用农民土地的方式，从农民那里转移了大量资金。农村土地征用出让造成的“价格差”，支撑着城镇建设，造成了城乡差距的扩大化。随着国有土地使用制度改革的深入，城镇非农建设用地已从行政划拨全面转向市场化出让，土地出让价格大幅提升，但向农民集体征用土地的补偿办法和补偿标准滞后于实际进展。这是改革开放以来出现的“以乡养城”的一种新形式，是政府筹集城镇建设资金的主要途径。“新剪刀差”从农村获得的剩余主要用于城镇基础设施建设和公共服务建设，用于农村的除了教育外几乎很少。

农业资源被大量转移到现代经济部门中去，却无法从现代经济部门获得“反哺”，这种对农业高索取和低投入的要求，加剧了农村地区经济社会发展的困境。农业缺乏自我调控、自我发展的能力，农业生产率长期处于较低层次，农村的人均剩余也一直停留在较低水平，农业及农村经济既没有向现代经济转化的动力，也没有向现代经济转化的能力。

5.5.1.3 延缓人口城市化进程

世界经济发展史表明，城市化与工业化是一个相互影响、相互推动的发展过程。产业是城市的架构，是城市的基础，产业的发展是城市发展的主体，因此，城市化首先是一种产业结构由第一产业为主逐步转变为以第二产业和第三产业为主的过程。只有依托产业的持续发展，城市才能扩大建设规模，不断发挥要素和人口的聚集效应，因此城市化也是一个以农业为主的就业人口逐步转向非农业就业人口为主的转移和集中的过程。这种伴随着工业化而产生的人口要素的聚集效应是城市化发展的根本动力。所以在经济发展过程中，工业化和城市化经常是相互影响、协调推动地结合在一起。

然而，在我国经济发展和结构转换过程中，工业化和城市化并没有表现出上述关系，而是呈现出城市化发展严重滞后于工业化水平的不和谐特征。我国工业化从一开始，就形成了“城市工业—乡村农业”的严格“分工”，加之工业化的重工业化取向，抬高了传统经济向现代经济转化的门槛，使农村长期被排斥于工业化进程之外。“重工业导向的战略使产业形成了脱离劳动力剩余和资本短缺的条件约束的倾向，向着资本密集型而不是劳动密集型的方向发展，造成资本形成要素中短缺的资金对过剩的劳动力的替代和排斥，非农业生产部门在产值比重增加条件下就业增长缓慢”。由于重工业的资本有机构成高，其发展对就业的贡献率极低，难以提供较多的就业机会，制约农村剩余劳动力的转移，直接产生了就业下降的结果。与此同时，也由于重工业优先发展战略，国家在城市建设上采取了变消费城市为生产城市的政策，城市产业的发展被极大地压缩到纯生产领域，从而极大地阻碍了城市化的进程。城市化滞后又制约了第三产业的发展，加大了农村剩余劳动力转移的困难，使农村人口与土地的矛盾难以缓解。也正由于城乡经济的这种分割状态，以及传统的城乡之间的体制安排，阻滞了剩余农村劳动力向城市的转移，使城市化进程被人为阻断，无法充分发挥其对经济社会发展的调节功能。

5.5.2 二元结构的社会效应和政治效应

5.5.2.1 城镇居民与农民的权利和发展机会不平等

政治权利平等是其他权利如经济权利和文化权利的保障。在城乡分割的制度下，国家明确将居民区分为农业户口和非农业户口两种不同户籍，造成两者在发展机会和社会地位方面不平等，从而在诸多方面制约了农民的发展。由于城市在经济上一直处于主导地位，它在政治上也处于优势，在现阶段，城市与农村的政治关系往往是领导与被领导的关系。事实上，在我国“农村”不仅仅是地域概念，“农民”不仅仅是职业身份，而是蕴涵着更深层次的政治意味，带有明显的身份特征。由于社会地位、经济贡献、文化素质的限制，使得农民这一中国最大的社会群体始终缺乏相应的政治参与。尽管在中华人民共和国成立，特别是经济体制改革以后，中国农民的社会地位和政治参与权有大大改善，但是与维护农民正当权益相比仍不相称。

5.5.2.2 城乡二元结构影响农村地区的稳定和党的执政基础

工农联盟是我国政权的基础，是中华人民共和国的立国之本。农民为中华人民共和国的建立和国家的经济建设，做出了重大的贡献和牺牲。在一定意义上讲，没有农民革命就没有中国革命的胜利，没有巩固的工农联盟，就没有今天稳定的共和国政权。我国的城乡二元结构在影响国民经济发展的基础上，也会削弱甚至动摇现阶段工农联盟的经济基础。经济发展不均衡导致政治上农民对执政党和政府权力认同度降低，导致核心的价值理念受影响。当前，中国社会和政治的稳定依然依赖于农村地区的发展和工农联盟的巩固。邓小平曾反复强调这个问题：“中国有百分之八十的人口住在农村，中国稳定不稳定首先要看这百分之八十稳定不稳定。”而农村出现的任何问题其根本原因是农村经济发展出现的问题，农民收入下降而导致的生活水平下降，甚至农民的生存状态受到威胁，以及城乡之间政策不平等、生活水平差距很大。所以，认真研究和解决“三农”问题，使农民获得更加有力和宽松的经济环境，繁荣农村经济，稳定工农联盟，是构建和谐社会必不可少的重要内容。

第 6 章　民本自发推进城乡一体化

在我国，城乡发展问题不仅是个经济问题，而且也是个社会问题、文化问题。农业的进步、农村的发展、城乡关系的协调，其历史变迁过程充分反映了一个以农业文明为主要特质、同时又兼有深远、浓厚“大同”理想文化渊源的国家的经济、政治、社会演变的历史背景和文化基础。因而，城乡制度的变迁就不仅仅是个单纯的经济过程，而是受到传统文化、习俗及过去的制度遗产制约的社会、文化过程。

改革的实质是一个制度变迁和制度创新过程。我国自 1978 年以来所进行的市场化改革，揭开了一场巨大而深刻的制度变迁和社会转型的序幕，贯穿了所有经济、政治、文化发展的历程，推动了社会的进步，开辟了中国成功走向现代化的道路。中国的改革及其取得的伟大成就充分证明：制度是重要的，是经济社会发展的一个根本性制约因素；非正式制度对于实际的制度变迁过程具有重要影响，制度变迁过程总是正式制度变化与非正式制度变化的统一的和互动的过程。“改革过程、改革措施的选择以及改革方向的确定，都与原有的体制基础和社会、文化、经济传统有着直接的联系。市场经济体制，作为一种制度安排，是一种与一定社会文化经济传统相联系的社会运行系统。”

城乡发展的路径演进历程是正式制度和非正式制度共同作用的结果。在城乡关系变革的过程中，正式制度起着重要作用，但非正式制度作为构成制度环境的重要方面，其存在状况和发展变化也势必影响到制度的选择集合和制度的运行成本，并进而影响到制度的收益状况，最终对我国城乡关系变迁的路径选择产生影响。与正式制度相比，非正式制度由于其内在的传统性和历史沉淀，一方面可以节约交易成本，有效克服“搭便车”倾向，淡化机会主义行为；另一方面，作为文化的一部分，也会以一种非常抽象、复杂的方式出现在人们的社会经济生活之中，并进而影响到正式制度安排。实践证明：正式制度能否与既定的非正式制度因素相契合，往往成为制度创新成功与否的关键。因此，对我国城乡发展问题的研究就必须要充分考虑非正式制度因素这种与生俱来的独有特性，从非正式制度的研究视角，去探究城乡制度演进的内在规律就显得尤为重要和必要。在市场化改革中，对城乡关系演变影响至关重要的非正式制度就是以乡镇企业制度变迁和发展为代表的农村工业化进程。

6.1 非正式制度及其含义

马克思主义制度经济学和新制度经济学的制度变迁理论为我们研究中国城乡一体化路径演进问题提供了有力的工具。

所谓制度变迁，是指制度的替代、转换与交易的过程，它可以被理解为一种效益更高的制度（即所谓“目标模式”）对另一种制度（即“起点模式”）的替代过程。“制度变迁是通过复杂规制、标准和实施的边际调整实现的。”根据变迁动力不同，可以把制度变迁分为两种类型，即强制性制度变迁和诱致性制度变迁。诱致性制度变迁是指一群人在响应由制度不均衡引致的获利机会时所进行的自发性制度变迁；强制性制度变迁指的是由政府法令引起的变迁。制度变迁是正式制度与非正式制度共同起作用的结果。可以认为，强制性制度变迁是正式制度的影响而引致，诱致性制度变迁则是由非正式制度的影响而引致的。正式制度在制度变迁过程中至关重要，而非正式制度也通过影响制度变迁的制度环境和路径选择，也同样具有重要意义。

6.1.1 正式制度与非正式制度

制度是约束人们行为及其相互关系的一套行为规则。“制度是一个社会的游戏规则，更规范地说，它们是为决定人们的相互关系而人为设定的一些制约。”制度的本质是对个人行为和社会关系的一种约束和控制，它通过形塑个体选择从而影响社会运行。制度是对个人行为和社会关系的约束和控制，是通过整个制度约束体系的两个不同组成部分——正式制度和非正式制度共同实施的。正式制度与非正式制度具有不同的起源、特点和作用，处于整个制度作用系统的不同层次。

从制度的形式和实施机制来看，制度是否有成文规则以及是否有权威性的执行和惩罚机构是判定是正式制度还是非正式制度的关键。正式制度是人们自觉地、有意识地创造出并通过国家等组织正式确立成文规则，包括宪法、各种成文法和不成文法、政策、规章、契约等，它往往与正式惩罚及惩罚机构相联系，先由一个主体设计出来，并强加于共同体，隐含着确定的层级结构，甚至具有“理解了要执行，不理解也要执行”的不可商榷的“合法暴力”性质，其制度供给与强制实施的主体是政府及其隶属机构。非正式制度是指从未被人有意识地设计过的规则，是在人们长期的社会交往中自发形成的、渐进演化的、并得到社会认可的一系列约束，主要包括意识形态、价值信念、伦理规范、道德观念、文化传统、风俗习惯等。“非正式规则给任何一套正式规则提供了根本的‘合法性’”，“并且，采用另一个社会的正式规则的国家（例如，拉丁美洲国家采用的宪法与美国类似）会有与其起源国家不同的绩效特征，因为他们的非正式准则和执行特征都不相同。”

6.1.2　非正式制度的特点

在不同的社会形态中，非正式制度是广泛存在的，并且构成正式制度的实施基础。从历史上看，人类曾长期处于“无政府状态”之中，但在那时，也存在着社会秩序与凝聚力，这种社会秩序与凝聚力正是来自于非正式制度，也就是说，在正式制度建立之前，人们主要是依靠非正式制度来协调处理彼此之间的关系。后来随着社会的进一步发展，人类交往模式日趋复杂，特别是国家出现之后，单凭非正式制度不再可能对新的环境实施有效制约，从而促使正式制度的产生。自此，人们的行为便被置身于正式制度与非正式制度的共同约束之下。恩格斯在研究易洛魁人的氏族时，他发现那里的“一切问题，都由当事人自己解决，在大多数情况下，历来的习俗就把一切调整好了”。英国社会人类学家埃文斯·普里查得研究了位于东非南部苏丹的一个部落，名为“努尔人”。这个部落没有中央权威，没有行政管理机构，没有明文规定的法律制度，这是一个没有政府的社会。但是，努尔人部落仍然是有秩序的、相对和谐的社会，他们的社会秩序是靠非正式制度来维护的，这说明，即使没有正式制度，一个群体仍然可以形成稳定的秩序。从现实来看，即使在现代社会，正式制度也只占整个社会约束的一小部分，人们生活的大部分空间还是由非正式制度来约束的。这些非正式制度对社会的存续极其重要，它将生物的人变成社会的人，并将分散的人凝结成合作群体和有序社会。一个社会可能没有正式制度，但不能没有非正式制度。“在日常生活中，我们在与他人发生相互作用时，无论是在家庭、在外部社会关系中，还是在商业活动中，控制结构差不多主要是由行为习惯、行为准则和习俗来确定的。”换言之，离开了非正式制度，便不可能有高效率的社会经济，也不会有健康稳定的社会秩序。

非正式制度对制度变迁过程具有重要影响，制度变迁过程是正式制度变化与非正式制度变化的统一的和互动的。正式制度具有强制性、间断性特点，它的变迁可以在“一夜之间”完成；而非正式制度具有自发性、非强制性、广泛性和持续性的特点，其变迁是渐进缓慢的，具有“顽固性”：第一，自发性。这是指非正式制度安排得相当部分是由文化遗传和生活习惯累积而成的，并非理性设计安排，人们遵循某种非正式制度安排常常是出于习惯而非理性的计算。第二，非强制性。这是指非正式制度的变迁与实施不像正式制度那样必须遵守并有一套强制性的实施机制，而是靠行为主体内在的自觉或良知来维持。第三，广泛性。这是指非正式制度渗透到社会生活的各个领域，调节人们行为的大部分空间，其作用范围远远超过正式制度安排。第四，持续性。这是指一种非正式制度一旦形成就将长期延续下去，其变迁是渐进缓慢的，在变迁中即使正式制度已经完全发生了改变，先前的非正式制度的某些因子也同样会在新规则中“遗传”下来。非正式制度对制度变迁起促进或阻碍作用，一定的正式制度安排只有与相应的非正式制度安排协调起来时，才能有效地得到实施，减少摩擦，达到制度均衡，实现其预期效益；而不适当的非正式制度安排，将干扰正式制度功能的发挥，阻碍正式制度的实施，扰乱社会运行的秩序，从而加大社会运行的操作成本，降低制度绩效。因此，非正式制度的自发性、持续性等特点，使得它对社会经济发展的作用是双重的，当它与经济发展的客观要求相适应时，可以降低交易成本，强化激励机制，提高经济绩效；而当它与经济发展客观要求不一致时，它可以干扰经济的正常运行，阻碍制度的变迁与创新，从而影响经济发展的速度和效益。只有实现正式制度与非正式制度的耦合，制度变迁才能顺利实施，经济绩效才能有显著增长。

6.2 中国农村工业化的内涵及特征

6.2.1 工业化和农村工业化的内涵

发展经济学认为，工业化是传统经济转向现代经济的必由之途，是发展中国家梦寐以求的目标，是任何一个农业国迈向现代化过程中不可能逾越的一个阶段。吉利斯指出：“发展的概念与工业化的概念是紧密相连的，它们常被看成是同义的……从那时起一直到现在，衡量发展的标准就是看由工业化带来的收入的增加。”英国经济学家汤姆·肯普认为：“在现代世界上，几乎没有一个国家的统治者和被统治者不把提高物质生活水平看作是一个理想的目标，不把工业化看作是达到这一目标的重要手段。”英国经济学家罗森斯坦·罗丹也认为：经济落后国家要解决贫困问题，必须是在实现工业化以后。

工业化是一个长期、渐变的过程，现代工业部门的扩张是工业化的主要推动力量。1971 年诺贝尔经济学奖得主发展经济学家西蒙·库兹涅茨从资源结构转换的角度，认为工业化是资源配置的主要领域由农业转向工业的过程，即“产品的来源和资源的去处从农业活动转向非农业生产活动。”而张培刚则进一步指出：“工业化是国民经济中一系列重要的生产函数（或生产要素组合方式）连续发生由低级到高级的突破性变化（或变革）的过程，是一场包括工业发展和农业改革在内的社会生产力的变革。”“是社会生产力的一场带有阶段性（从低级阶段到高级阶段）的变化。”工业化首先是一个过程，是工业在经济生活中的重要性日渐增加的过程。“一种明确的工业化过程中的一些基本特征是：首先，一般说来，国民收入（或地区收入）中制造业活动和第二产业所占的比例提高了，或许因经济周期造成的中断除外。其次，在制造业和第二产业就业的劳动人口的比例也有增加的趋势。在这两种比率增加的同时，除了暂时的中断以外，整个人口的人均收入也增加了”。

所有这些对工业化的阐述，都揭示出：工业化进程中，以现代工业部门的发展为核心、以机器体系为特征的先进物质技术基础取代以手工劳动为特征的落后的物质技术基础、以社会化大生产的生产方式取代个体生产的方式，最终使社会劳动生产率和社会生产能力不断提高，非农产业部门逐渐取代农业部门在国民经济中的主导地位，国民经济结构发生根本性的变化。工业化的目的是提高全体国民的收入水平；工业化的首要内容是现代工业的迅速兴起和发展。因为工业化首先表现为生产技术和社会生产力的变革，然后表现为由此引起的国民经济结构的变动和人们思想观念和文化素质的变化，并最终导致整个经济体制或社会制度的变革。

那么，根据以上理解，可以认为，农村工业化是在农村地区推进的工业化，是国家工业化的重要组成部分，是通过发展农村工业，带动农村各产业的发展，逐渐实现二元经济向一元经济转变的过程。农村工业化具体包含应以下几层含义：第一，农村工业化是产生在农村地区发展和推进的工业化，从发展历程看，它的起点低于城市工业化；第二，农村工业化是一个过程，突出表现为农村资源和农业资源的利用范围与利用效率的不断提高；第三，农村工业化和城市工业化都是国家工业化的一部分，农村工业化的持续发展有利于加速国家工业化的进程，并最终与城市工业化融为一体；第四，随着农村工业化的推进，农村产业结构、农民就业结构、农村人口分布以及农村经济增长方式都将发生根本性改变，最终逐渐实现从二元经济向一元经济的转变。

6.2.2 中国农村工业化的基本特征

中国工业化的起步，资金几乎全部来自农业的积累。改革开放前，中国计划经济体制积累的巨额资金，建立了较为完整的现代工业体系，推进了国家工业化的发展。但快速的工业化运动并没有将中国带入现代化国家的行列，相反，实行计划经济体制时期，我国的工业化是一种将占人口绝大多数的几亿农民排斥在工业化大门之外的孤立封闭的工业化模式。由于实行城乡隔离，城乡间产品不能平等交易，要素不能自由流动，城乡之间缺乏正常的市场联系，造成了工农业发展严重失调和城乡发展的严重失衡。工业化没有合理惠及农民，城市文明难以辐射到农村，形成了工业与农业、城市与农村相互隔离的二元结构。

中华人民共和国成立后，基于当时的社会背景和客观现实，我国确立了重工业优先发展的战略。“中国的工业化是一种由政府发动的，以国营工业企业为主体的，在封闭经济状态下以发展高度资本密集的资本品为行为主体的自力更生的产业革命”。这一工业化发展模式由于其较强的资源动员能力，能够迅速积累起工业化所需资本，为我国的工业化发展打下了基础。1978 年与 1952 年相比，重工业增长了 28 倍，增长率为 13.8%，社会总产值增长了 7.26 倍，增长率为 7.9%。但是，这种工业化模式的缺陷也是显而易见的：中国的工业化是在一个传统的、孱弱的农业基础上急剧推行的工业化模式。为实施这一模式，一方面需要农业提供剩余，不得不以价格“剪刀差”的形式从农业中积累资金，获取工业化所需。据专家测算，1952 ~ 1990 年，我国农业共为工业化建设提供净资金贡献 9530 亿元。农业积累资金的这种非市场化转移，支持了中国城市工业化，但由此形成的对农业的高索取和低投入，严重地削弱了农村工业和农业经济的自我发展能力；另一方面，在就业上“资本排斥劳动”——1952 年，每新增一个工业劳动者就业，需增加固定投资 1197.4 元，而到 1978 年，则需增加 6942.7 元，吸纳劳动力的能力越来越低。因此，通过在城乡政策上推行的人民公社、户籍制度和农产品统购统销制度的三大“藩篱”，农民就被名正言顺地以合法手段阻隔在了工业化和城市化进程之外，无法享受市民凭着特殊的身份可以享受到的就业、住房、医疗、养老、副食品补贴等一系列福利待遇，这种城乡分割政策最终固化为以身份户籍管理为核心的城乡隔绝体制。尽管计划体制下优先发展重工业的战略极大地提高了经济发展水平，但这一战略及其配套措施也进一步深化和固化了中国的二元经济结构和二元社会结构。

改革开放以来，随着统购统销政策的消亡，农业产品的价格剪刀差基本消失，农业和农村逐渐摆脱为工业和城市提供资本积累的地位。计划经济体制的逐渐消融，市场经济体制的逐步确立，使得大量农村剩余劳动力进入城市工作成为可能，农村乡镇企业的发展使得城乡差距缩小。与此同时，单位功能的淡化、包括小城镇建设在内的城市化也进一步推进了城乡二元结构的松动，特别是作为限制农民流动的户籍制度的放松和其在许多地区的作用逐渐淡化，对农民择业和流动的限制逐渐减少等，使得工农关系和城乡关系的改善成为可能。尽管由于城市偏向政策的惯性，加之一些历史遗留问题继续存在，传统发展战略及计划体制遗留的制度和政策并没有完全消失，但随着市场经济制度确立，首先发生在农村进而推进到全国的经济体制改革，从根本上撼动了城乡隔绝的体制，使中国的城乡二元结构出现了许多松动的迹象，并逐渐出现了城乡一体化发展的趋势。在城乡二元结构转化过程中，农村工业化的作用尤为突出——即在农村产生了一个新的工业部门，改变了传统的、以城市为核心的工业化战略，使传统农业和现代城市工业之间联起了纽带，为实现二元结构的转换架起了桥梁。有研究者指出，我国的工业化过程在很大程度上表现为农村的工业化，改革期间的农村工业化是中国经济高速增长的火车头。

同城市工业化相比，农村工业化的崛起和迅速成长有着突出的特点——即鲜明的自发性和民本性特征。

农村工业化的自发性表现在：农村工业化是以市场经济制度为基础、依靠农民自发力量兴起的。众所周知，城市工业化主要是靠国有企业特别是国有工业企业发展起来的；而国有工业企业又是依靠国家利用计划经济体制，从全国调集资源重点培植的。这些企业从诞生之日起，就生存在“不愁吃，不愁穿”的环境之中，基本建设投资和流动资金由国家供给，原材料、能源等生产资料统一由计划调拨，产出品则由国营商品部门统一营销。而以乡镇企业为代表的农村工业化，在起步之日起，就生长在“找米下锅”的发展环境中，资金要靠自己筹集，原材料、能源等生产资料要到市场上去寻找，产品也要依靠市场去销售。在发展过程中，乡镇企业充分利用城市与国有企业改革过程中出现的产业结构的解体与重构、组织结构的重组以及降低生产成本或实现产品更新换代等机会，千方百计通过亲缘、地缘、业缘关系等社会资本的运作来克服既存制度的种种限制，争取尽可能多一点的投资金、投技术、投人才以及产品生产或来料加工，将一些工艺质量水平要求不高或即将淘汰但暂时尚有市场的产品的生产从城市转移到农村，使农民的生活相应地得到了一定的改善。因此，乡镇企业作为农村工业化的中坚力量，从诞生之日起就在社会中摸爬滚打，锻造出了较强的市场竞争力。

农村工业化的民本性特征表现在：农村工业化将占中国人口绝大多数的农民引入到工业化过程中，对就业结构和产业结构转换具有较强的带动性，因而在经济社会发展中，成为大多数人的事业。农村工业化的典型代表——乡镇企业脱胎于农业，它可以采取乡、村集体所有或个体所有，私营与国有企业、集体企业、外商联营等多种所有制形式，可以从事工业、农业、服务业等多种产业。由于它与农村保持密切的血缘关系、土地联系和经济联系，是农民所有、自主经营，从事生产、流通或服务性活动的独立核算的经济组织，是农村经济的有机组成部分。

总而言之，改革开放前我们一直努力实现的工业化的目标，确切来说是一种城市工业化模式，是以城市为中心按照传统计划经济体制的要求，建立一种立足城市、面向城市、服务城市的工业化格局。从制度上分析，城市工业化是借助计划经济制度，依靠政府力量，将城市大门关起来进行的。这种工业化把占中国人口80%以上的农村居民排斥在外，而这些人在通过计划经济体制向城市工业源源不断地贡献了原始资本积累之后，却极少能分享到工业化的成果，工业化和城市化的文明成果都留在了城市中，只有城市人才有权享受。其基本特征是：以城市为主导，以城市的重工业发展为核心，工业文明为城市所享，经济利益为城市居民所有；农业、农村、农民被排斥在城市工业化之外，很难分享工业进步的经济收益和社会进步成果；在工业化策略上采取“以农补工”，在体制和政策上建立了一系列的限制城乡关系正常化的制度，使得工业和农业间正常的市场联系被割断，农业和农民的利益得不到保证和实现，从而造成城市工业化与农业的尖锐对立、城市与农村之间的矛盾日益加剧、农村发展水平的长期落后和对农民利益的严重损害。

与城市工业化不同的是，改革开放以来，中国农民率先突破了传统的工业化模式，开展了以发展乡镇企业为核心内容的农村工业化浪潮。农村工业化从中国国情出发，对我国的农村经济乃至对整个国民经济和社会发展都产生了广泛而深远的影响。乡镇企业的异军突起，迅猛发展，打破了城市办工业、农村办农业的传统格局，采取了以劳动替代资本的发展方式，将亿万农民带进非农产业领域，通过吸纳农业剩余劳动力到农村工业以及服务业中就业，使大多数农民从中受益，从而开创了中国农村工业化的新纪元，使中国工业化走上了农村工业化与城市工业化并存的双重工业化轨道，对世界工业化、城市化的传统形态作了革命性的变革，展示了在中国具体环境下实现二元结构转换的途径和可能。

6.3 中国农村工业化的发展历程及模式

6.3.1 中国农村工业化的发展历程

我国农村工业化的发展经历了一个艰难而漫长的过程。中华人民共和国成立以后，经过经济恢复建设，全国经济形势出现了一个比较繁荣的局面，农村工业①开始兴起。作为农村工业化主体的乡镇企业的前身——农村手工业和社队企业有了很大发展，到1959年底，全国农村陆续建立了70多万个小工厂，从业人员达500万人，产值超过100亿元，占当时全国工业总产值的10%。但随后强制推行人民公社化，使企业丧失了发展的活力。

1978年党的十一届三中全会之后，我国开展了一场旨在矫正传统发展战略及其体制的改革。它打破了原有的工业化格局，在不放弃原有的城市工业化道路的同时，又开了一条农村工业化道路。从此，乡镇企业异军突起，在农村经济和国民经济中的地位发生了巨大变化，取得了世人瞩目的成就，从原来的附属和补充地位成长为农村经济的支柱和国民经济的重要力量。

我国的经济体制改革发端于农村，农村的经济体制改革发端于农业，其标志是1978年12月始于安徽凤阳小岗村的包干到户。随着联产承包责任制的兴起和在全国的迅速发展，传统经济体制配套的人民公社体制的弊端日益凸显，并最终在1984年底以前完成了改革“政社合一”的人民公社体制，建立乡政府。

在农村实行家庭联产承包经营制后，强加给农业的计划经济体制动摇了，从农业中强制提取工业化原始资本积累的制度流程也受到了强烈冲击，并最终被打破。首先，原有的人民公社制度解体后农民可以自由地支配自己的劳动，要想把农民牢牢地限制在土地上，按政府意愿发展农业生产，已经完全不可能；其次，在新的制度条件下，除了国家规定的合同收购产品数量外，农民对自己的劳动产品有了处置权和收益权。这意味着，国家要像以往那样，以远低于市场均衡价格将农民手中的全部剩余产品集中到国营部门手中，既没有制度基础，也缺乏政策依据。同时，在启动农村经济体制改革的同时，国家相应调整了非农产业和农业的交换关系以及资源配置政策，如大幅度提高农产品的收购价格、显著增加农业投资、支持农业的基础设施建设等。农村经济体制改革的成功和经济发展战略的调整，不但解决了农村发展动力不足的问题，使长期受到压抑的农民生产积极性得到完全释放，而且还从制度上减弱了重工业化对农业形成的原始资本的索取强

① 相对于城市工业而言，农村工业自身有其特有的规定性。发达国家一般将布局在农村地域上的工业，不管其来源和所有制形式如何统称为农村工业，部分国家则将农副产品加工业定义为农村工业。[参见：林木西，王慧．工业化的“二元结构”与农村工业化的发展．当代经济研究，2003，(7)：28～32] 苗长虹认为农村工业有两种解释，一种是农村地域上的工业，亦即布局在农村地域上的所有工业，在我国它既包括农村地域上的县办工业和国有工业，又包括乡镇及其以下各级工业。另一种是指农村社区自我发动型工业，在我国又称为乡镇工业，它包括农村地域上除县级工业及国有工业之外的所有工业，即农村地域上乡镇办、村办、个体和其他私营形式工业的总称。(参见：苗长虹．中国农村工业化的若干理论问题．北京：中国经济出版社，1997，22～23)

度。更为重要的是，农村经济体制改革的成功使农村劳动力以及资金等要素的流动和配置也发生了突出的变化：首先，家庭联产承包责任制使得农业劳动力从隐性剩余转向显性剩余，并产生向外转移的强大推动力；其次，伴随收入的不断增加，农民手中开始出现并积累大量的剩余资金。面对手中的剩余资金，农民也要寻找新的投资空间，在国家政策的鼓励或默许下，发展劳动密集型的农村集体经济和个体经济成为可能。从此，传统的工业化模式即以城市工业为中心的重工业优先发展、自我循环的格局受到撼动。当乡镇企业以勃勃生机迅速兴起，并掀起了澎湃浪潮涌向农村各个角落时，过去那种由传统战略及其体制造就的城市搞工业和农村搞农业的二元经济结构格局被第一次打破了，在国家打造的工业化即城市工业化之外，产生了一个新的工业化即农村工业化。由此，我国形成了一种新的经济发展格局，就是在地域分布上出现了城市工业化与农村工业化并存的两重工业化结构格局。

改革开放以后，农村工业化得到国家政策的有力支持并逐渐成为经济发展的热点，其发展有如下特点。

（1）初始发展阶段（1979～1983 年）

1978 年 12 月，党的十一届三中全会指出："社队企业要有一个大发展"。同时，农村改革全面展开，极大地解放了生产力，农村劳动力开始出现剩余，这进一步推进了农民兴办乡镇企业的热情。在改革开放政策的指导下，全国的经济形势有利于乡镇企业的发展，表现在：①计划经济长期积累下的物资短缺，在开始转向市场经济的时期，表现为巨大的市场需求，乡镇企业以市场为导向，利用宽松的市场经济条件，建立起独特的市场经营模式；②改革后，农村基层组织如乡和村，成为社区经营实体，对社区内土地、资金、人员拥有较大的调配权，为乡镇企业兴起提供了充分的物质条件。在这种情况下，农民办企业的热情迅速高涨，到 1983 年，社队企业总产值增长到 1017 亿元，占全国社会总产值的 9.1%，其中工业产值增长到 757 亿元，占全国工业产值的 11.7%。

（2）高速增长阶段（1984～1988 年）

1984 年初，中共中央"一号文件"提出，在兴办社队企业的同时，鼓励农民个人兴办或联合兴办各类企业。1984 年 3 月，党中央、国务院中发［1984］4 号文件，批转了农牧渔业部《关于开创社队企业新局面的报告》，为乡镇企业的大发展奠定了基础：①将社队企业正式改称为乡镇企业，明确乡镇企业由原来的社办、队办改为乡办、村办、联户办、户办同时发展，由主要是农副产品加工产业改变为农、工、商、建、运、服六大产业同时并进；②突破了就地取材、就地生产和就地销售"三就地"的限制，市场得到极大拓宽；③明确指出了发展乡镇企业的意义、作用，制定了指导乡镇企业发展的总方针，提出了开创乡镇企业新局面的历史任务，并对乡镇企业的若干政策问题做出了规定。随后两年的中央两个“1 号文件” 和 1987 年 “5 号文件”，都结合乡镇企业发展中出现的新情况、新问题，提出了若干要求或制定了一系列新政策，为乡镇企业创造了一个非常宽松的外部环境。在政策的支持下，乡镇企业出现超常规发展。主要体现在：①突破了乡村两级办企业的老框框，农民办的个体企业和联办企业在总产值中的比重大幅度上升；②经济联合与协作大量出现，东部发达地区乡镇企业发挥技术、资金优势，与西部资源、劳力优势结合，兴办的联合企业越来越多；③城市国有企业向农村扩散，农民进城办第三产业；④乡镇企业还向国外开放，开展“三来一补”，合资合作逐步增多；⑤有的企业开始出现专业化、社会化协作生产，创出了自己的名牌产品；⑥资金来源也逐步走向多渠道。这些新变化说明，全国乡镇企业进入了一个新的历史发展阶段。1988 年，乡镇企业从业人员达到 9545 万人，总产值 7018 亿元，实现利税 892 亿元，分别比 1978 年增长 237.6%、1262.7% 和 710.9%。

（3）整顿提高阶段（1989 ~ 1991 年）

从 1989 年起，国家压缩基本建设，调整产业、行业、产品结构，对乡镇企业也采取“调整、整顿、改造、提高”的方针，在税收、信贷方面的支持和优惠措施减少了，政策上也明确规定“乡镇企业发展所需的资金，应主要靠农民集资筹措”，“进一步提倡乡镇企业的发展要立足于农副产品和当地原料加工”。在这种情况下，乡镇企业发展速度放慢。1991 年乡镇企业的增长速度仅为 14%，远低于 1985 ~ 1988 年的平均水平。乡镇企业在治理整顿中，不断适应外部条件的变化，调整结构，强化管理，大力引进国外资金、技术、设备和先进管理经验。与此同时，国家也明确提出要发挥中小企业特别是乡镇企业在出口贸易中的重要作用，加强乡镇企业出口体系建设，并要求对乡镇企业出口给予新的扶持政策等。这些做法和政策使乡镇企业在增长速度下降的情况下，外向型经济取得长足进展。1991 年，乡镇企业完成出口交货值 789 亿元，比 1988 年增长了近 200%，占全国出口商品总值的比重由 15.2% 提高到 29.7%。

（4）全面改革与发展阶段（1992 ~ 1996 年）

1992 年，邓小平“南巡”讲话指出，乡镇企业是建设有中国特色社会主义的三大优势之一，推动了乡镇企业的进一步发展。同年，党的十四大对发展乡镇企业的意义又一次进行了重大理论和政策升华，确认发展乡镇企业是繁荣农村经济、增加农民收入、促进农业现代化和国民经济发展的必由之路，要坚持不懈地搞好乡镇企业。乡镇企业在国民经济中的支柱性地位和作为中小工业企业的主体地位得以确立。随后下发的《国务院批转农业部关于促进乡镇企业持续健康发展报告的通知》，要求各级人民政府和有关部门把发展乡镇企业作为一项战略任务，切实加强领导，坚持不懈地抓下去；要认真贯彻落实党和国家对乡镇企业的一系列政策法规，采取更加有力的措施，促进乡镇企业发展。同时，乡镇企业区域发展问题纳入中国共产党最高决策层议事日程。党的十四大报告指出，特别要扶持和加快中西部地区和少数民族地区乡镇企业的发展。1993 年，国务院发布《关于加快中西部地区乡镇企业发展的决定》，指出要把加快发展乡镇企业作为中西部地区经济工作的一个战略重点，并在产业政策、信贷政策等方面给予扶持。中西部地区大都依据当地实际，制定了依靠发展乡镇企业振兴本地经济的战略。同年，党的十四届三中全会做出了《中共中央关于建立社会主义市场经济体制若干问题的决定》，为乡镇企业发展提供了良好的体制环境。1995 年《国务院办公厅转发农业部乡镇企业东西合作示范工程方案的通知》，拉开了乡镇企业东西合作、中西部乡镇企业快速发展的序幕。1996 年，乡镇企业从业人员达 1. 3 亿人，增加值近 1. 8 万亿元，实现出口交货值 6008 亿元，利税总额达 6253 亿元。其中从业人员和利税总额分别是 1978 年的 4. 6 倍和 56. 8 倍。

（5）调整创新阶段（1997 年至今）

1997 年 1 月 1 日正式公布实施的《乡镇企业法》的出台，为乡镇企业的改革、发展和提高奠定了法律基础。1997 年 1 月 14 日，国务院召开了全国乡镇企业工作会议。1997 年 3 月 11 日，中共中央下发了《中共中央、国务院转发农业部关于中国乡镇企业情况和今后改革与发展意见的报告的通知》。这三件大事为乡镇企业深化改革和继续发展营造了更加良好的环境。但是，由于国内市场绝大部分商品供求平衡或供大于求，市场竞争日益加剧，加上东南亚发生金融危机，外部经济环境恶化，乡镇企业出现了一些新困难和新问题。具体包括：①发展速度明显放慢，1997 年乡镇企业增加值增长 18%，增幅比“八五”平均水平低 24. 3 个百分点；②出口增长大幅度下降，1997 年增长 16. 5%，增幅比“八五”平均水平低 46. 9 个百分点；③引进外资相对减少，1997 年增长 12%，增幅比“八五”平均水平低 6. 1 个百分点；④亏损面进一步扩大，1997 年全国乡镇企业亏损面为 8%，比上年增加；⑤吸纳农村剩余劳动力的速度有所减缓。1997 年、1998 年两年全国乡镇企业吸纳劳动力减少 971 万人。乡镇企业面临着很大压力。1998 年 4 月江泽民同志发表了《要从国民经济和社会发展全局的高度来认识乡镇企业的重要地位和作用》的重要讲话，党的十五届三中全会通过的《关于农业和农村工作若干重大问题的决定》进一步指出：乡镇企业是推动国民经济新高涨的一支重要力量。乡镇企业面对严峻的挑战，克服困难，开拓进取，认真实施科教兴企、可持续发展、外向带动和名牌战略，以市场需求为导向，以质量效益为中心，以加快发展为重点，不断深化改革，结构和布局进一步优化，整体素质、运行质量和经济效益不断提高。

6.3.2 中国农村工业化发展的典型模式

中国人口众多，土地面积辽阔，地区差异较大，尤其是具体到微观经济中，差异则更加明显，因此其城乡发展模式也就彼此不同，苏南模式、温州模式、珠江模式便是它们其中的典型代表。

模式的概念最早是由我国著名社会学家费孝通提出的。所谓模式，“就是在一定地区、一定历史条件下，具有特色的经济发展类型”。通过对东南沿海地区农村工业化的实地调查，费孝通总结出东南部发达地区农村经济发展的三种主要模式：温州模式、苏南模式、珠江模式。这三种不同农村工业化模式的形成与发展，既与其宏观区位、自然资源、生产力发展水平、国家政策的差异等经济政治因素密切相关，而且也在相当程度上受着地区传统、价值观、社区文化和作为人口主要成分的农民态度等非正式制度因素的影响。在具体的农村工业化过程中，三个地区结合自己当地的经济、社会、文化和地理环境，走出了不同的农村工业化道路。如陈吉元等认为苏南地区与温州农村虽然均有自然资源贫乏、人力资源丰富、商品意识浓厚的特点，但是却选择了两种完全不同的发展模式，主要是因为两地有着不同的社会文化背景。

6.3.2.1 以发展乡镇集体企业为主的“苏南模式”

所谓苏南模式①，是指以乡镇企业集体所有制和乡镇政府经营为其主要特

① 关于“苏南模式”的文献，见诸于：裴叔平等．苏南工业化道路研究．经济管理出版社，1993；朱通华等．苏南模式发展研究．南京大学出版社，1994；胡福明等．苏南现代化．江苏人民出版社，1996；王家骏．苏南模式的创新．红旗出版社，2002；黄胜平．中国苏南发展研究．红旗出版社，2003；新望．苏南模式的发展与终结．生活、读书、新知三联书店，2005；李可．解读“新苏南模式”——从“苏南模式”到“新苏南模式”．苏南科技开发，2004（8）；吴祥均．“苏南模式”的历史功绩及其终结．中外企业，2001（2），（3）；叶扬．苏南模式——乡镇企业发展的经济学分析．中国乡镇企业，2004（8）；洪银兴，陈宝敏．苏州模式的新发展——兼与温州模式比较．改革，2001（4）；孙祖培．苏南模式：历史的选择与扬弃．江南论坛，2001（9）；周春平．苏南模式与温州模式的产权比较．中国农村经济，2002（8）；王霞林，黄胜平．苏南经济发展模式的最新调查．江海学刊，2003（4）；洪银兴，陈宝敏．苏南模式与中国经济的市场化．宏观经济研究，2002（10）；李平．新“苏南模式”给民营经济发展的启示．经济与管理研究，2005（10）；张振．苏南经济发展的历史考察．现代经济探讨，2005（5）；陈文理．地方政府管理模式的制度创新及其作用——珠江三角洲模式、苏南模式和温州模式的比较．武汉大学学报（人文科学版），2005（1）。

点，通过发展乡镇企业进行非农化的方式和路径。苏南模式形成时间最早，其雏形产生在计划经济年代，1953～1978 年，苏南农村工业就有了一定的基础，20 世纪 80 年代中期确立了“三分天下有其一”的地位，形成别具特色的集体所有制乡镇企业发展模式。苏南紧靠中国最大的经济中心上海，依托苏州、无锡、常州等发达的大中工业城市，苏南农民与上海等大中城市的产业工人存在密切的血缘和非血缘联系，接受经济、技术辐射能力较强；同时，因为距市场中心较近，运输成本较低，产业和产品选择范围较大，这为苏南农村发展非农产业，特别是为乡镇工业的发展创造了良好条件。“苏南模式”充分利用了这一区位优势，实现了本地农村的工业化。苏南的农村工业以城镇为依托，依靠城市企业的技术、人才、信息等基础优势兴起。随着农村工业的发展，城乡经济相互渗透，迅速融为一体，极大地缩小了城乡差别。苏南农村工业化的发展，不仅增强了集体经济的实力，提高了农民的生活水平，而且对农业的经营方式产生了极为深远的影响。苏南地区从乡镇企业的利润中拿出资金添置农业机械、兴办社会化服务设施，为集中生产商品粮的专业大户和合作农场服务，使机械化和社会化程度大大提高；促进了农业与工业经营管理的一体化，即把农业生产经营作为乡镇企业经营的一部分，把从事商品粮生产的劳动力与从事农业服务的专业人员作为乡村企业的成员，促进了农业的适度规模经营，推动了贸易型、创汇型农业的发展。

6.3.2.2 市场导向、民营经济为主的“温州模式”

温州位于浙江东南山区远离大中型工业城市和全国性市场中心，运输成本和信息成本较高，区位条件要远逊于苏南地区，且人多地少，农村集体经济薄弱。但温州有从事家庭手工业的历史传统，温州人在计划经济时期由于生活的压力而形成了走南闯北寻找生机的习俗。改革开放以后，在缺乏国家投资、没有城市辐射、集体经济薄弱的条件下，温州乡镇企业在发展非农产业中，选择了较早放开并实行市场调节的日用小商品为主导产业，迅速走上了以家庭工业和专业市场的方式发展非农产业的道路，以农村家庭企业的发展和扩张，一举打破“政府本位”的经济格局，率先以市场经济的方式推进了农村工业化和农村城市化，小商品的产值大约占了乡镇企业产值的七成左右，从而形成以个体私营经济为基础的“小商品、大市场”的发展格局。1985 年，《解放日报》最先在媒体上提出了“温州模式”概念①，称赞“温州模式”为“令人瞩目的经济奇迹”、“广大农村走富裕之路的又一模式”②。费孝通曾三访温州并撰文解读温州经济发展，“小商品，大市场”由此成为“温州模式”的一种颇具影响的经典性表述。董辅礽与赵人伟称赞“温州模式”为“发展农村商品经济、治穷致富”的“一条可供选择的路子”。上海社会科学院经济研究所原所长袁恩祯将“温州模式”的内涵概括为：以个体经济为主要内容，以家庭工业和专业市场为基本形式，一条通过发展商品经济而实现农村致富之路。温州模式由农民自发推动的以发展个体私营经济为主体，从发展小商品生产起步，发展劳动密集型产品，把小商品做大，把小企业做大做强，以小商品为主的主导产业和主导产品逐渐占领了国内和国外相当大的份额。温州模式依靠发展各种类型的市场特别是专业市场来推动工业发展，形成了以农村商业和农村工业为主体的产业结构，以家庭经营和家庭所有为基础的企业产权结构，以市场调节为特征的运行机制。“温州农村经济发展的基本特点是以商带工的‘小商品、大市场’。从这一特点看去，‘温州模式’就超出了区域范围，而在全国范围内带有普遍意义。”在温州的发展历程中，商品经济的发展，促进了农村城镇建设和小城镇的兴起：农民主动集资架桥铺路、办交通、建学校，并集资在荒滩上建起了现代“农民城”；农民逐渐成为新兴城镇的主体，入镇农民凭借自己的经济实力和经营本领，把众多的小城镇发展成为特色明显、具备规模性和竞争性的专业性生产基地，从而带动商业、运输、加工、邮电、建筑物以及文教卫生事业的同步发展。

---

① 关于“温州模式”的文献，见诸于：张仁寿．苏南、温州农村工业化模式的比较．经济社会体制比较，1986（2）；张仁寿．论“温州模式”的特点和成因．浙江学刊，1986（3）；张仁寿等．“温州模式”研究述评．浙江学刊，1986（4）；张仁寿等．“温州模式”对经济体制改革的向导意义．浙江学刊，1986（5）；张仁寿，李红等．温州农村产业结构的系统分析．探索，1986（3）；张仁寿，李红等．“温州模式”与市场体系．探索，1986（3）；张仁寿，李红等．“温州模式”与小城镇发展．探索，1986（3）；张仁寿，李红等．论温州农村经济模式的意义．探索，1986（3）；张仁寿，李红．温州模式研究．中国社会科学出版社，1990；马津龙．温州市场经济与股份合作企业．温州论坛，1993（增刊）；张军．改革后中国农村的非正规金融部门：温州案例．中国社会科学季刊，1997（秋季卷）；徐明华．温州模式发生与发展的政治经济学——兼论过渡经济学相关的几个问题．深圳大学学报（人文社科版），1999（3）；史晋川．“温州模式研究”开题报告．教育部重大科研项目“温州模式研究”开题报告材料汇编．温州师范学院，1999；金祥荣．多种制度变迁方式并存和渐进转换的改革道路——“温州模式”及浙江改革经验．浙江大学学报，2000（4）；冯兴元．市场化——地方模式的演进道路．中国农村观察．2001（1）；杜润生．解读温州经济模式．市场经济研究，2001（2）；陆立军．略论“温州模式”的精髓与创新．中国农村经济，2004（12）；史晋川，金祥荣，赵伟，罗卫生等．制度变迁与经济发展：温州模式研究．浙江大学出版社，2005。

② 1985年5月12日，《解放日报》发表题为《乡镇工业看苏南，家庭工业看浙南，温州三十三万人从事家庭工业》的报道，以及题为《温州的启示》的评论员文章。

6.3.2.3 以引进外资为主的“珠江模式”

“珠江模式”① 的特点在于外资的大量引进和“三来一补”。珠江模式的形成得益于国家的开放政策。20 世纪 80 年代中期，国务院批准成立了“珠江三角洲经济开放区”，以东莞、宝安等地为代表的珠江三角洲东部地区成为香港加工业的外迁地，凭借毗邻港澳、华侨众多及国家优惠政策倾斜的优势，很快就形成了“珠江三角洲经济模式”简称为珠江模式。在工业方面，依靠毗邻香港、澳门、旅居海外华侨众多的优势，大力发展外向型经济，通过引进外资加快农业进程。主要采取来件装配、来料加工、来样制作、经济交往中的补偿贸易——即“三来一补”，这是珠江三角洲经济发展的主要特色，也是珠江三角洲最主要的农村工业发展模式。珠江模式的形成，其社会条件与苏南和温州具有很大不同。珠江三角洲毗邻港澳，境内铁路、公路、水路交通非常方便。全区有华侨 250 多万人，港澳同胞 278 万人，这些独特的优势，为吸收外来信息、技术、资金、设备等提供了十分有利的条件。从乡镇企业引进外资、发展外向型企业来看，港澳地区与珠江三角洲经济关系十分密切。在引进外资构成中，港澳资本占绝大部分，小部分是华侨和国际资本。珠江三角洲了解国外信息，引进各种技术设备等也主要通过港澳地区。通过大量的经济往来、联办企业等为三角洲地区培训技术和管理人才、引进新技术设备起到了很大的作用，这是珠江三角洲乡镇企业发展的重要条件。

总而言之，在经济发展中，工业化是三次产业发展的枢纽和联结点，在城乡统筹机制的形成过程中起着核心性的作用，实现农村的工业化是城乡统筹机制形成的重中之重，三种模式无一例外地都经历了这一过程。

6.4 农村工业化推进城乡一体化的绩效

改革开放以来，我国农村工业化迅猛发展，取得了举世瞩目的巨大成就。农村工业化的载体——乡镇企业的“异军突起”，是“完全没有预料到的最大收获”，“在世界上是个独创”，“为实现有中国特色的工业化开辟了一条新路子”。

---

① 关于“珠江模式”的文献，见诸于：费孝通．珠江模式的再认识．瞭望，1992（27）；戴定．“珠江模式”应该引起重视．中国乡镇企业，2003（12）；张敏，顾朝林．农村城市化：“苏南模式”与“珠江模式”比较研究．经济地理，2002（4）；王琢．论珠江模式的乡镇企业．中国农村经济，1992（9）；新望，刘奇洪．苏南、温州、珠江模式之反思．中国国情国力，2001（7）；刘国良．苏南模式与温州模式、珠江模式的比较．浙江经济，2006（18）。

我国农村工业化在一定程度上增强了地方和经济组织发展集体工业的积极性，有效降低了各类行政干预，减少了交易成本，提高了管理绩效，加快了中国农村内部的非农产业化进程，为国民经济的发展壮大提供了有力的支撑，并在一定程度上缓解了快速城市化进程中的许多矛盾。党的十五届三中全会强调指出，乡镇企业是推动我国国民经济高涨的一支重要力量，乡镇企业发展壮大了农村经济，支持了农业生产，增加了农民收入，保持了农村经济与社会的稳定。我国的农业是安天下、稳民心的战略产业，而改革开放以来农村工业的异军突起，使我国的农业、农村出现了崭新的面貌，不只提高了广大农民的物质生活水平，也开阔了农民群众的视野，很大程度上改变了农民的初始身份。中央说的“以工促农”，显然不只是指城市工业对农业的促进作用，也指乡镇工业对农业的促进和改造作用。

6.4.1 农村工业化推进了国家工业化进程

农村工业化的发展，使中国工业化过程有了新的内容。它冲破了我国城市搞工业、农村搞农业的二元经济格局，在农村形成了一个工业部门，这一部门既不同于城市现代工业部门，又有别于农村传统的农业部门，从而形成“二元工业化模式”，使我国走出了一条城市工业与农村工业相互依托、相互融合、相互促进的有中国特色的工业化道路。中国传统的工业化道路具有新的内容，丰富了人类社会工业化的历史经验。同时，农村工业化的发展，也使得中国传统的经济和社会结构发生了历史性的变化，农村工业和城市工业的分工与合作，提高了经济效率，推动了城市工业的发展和结构变革。农村工业与城市工业间存在着密切的经济联系，大量农村工业与城市工业建立了协作关系，成为城市工业在农村的延伸和发展。从企业结构看，农村工业主要是中小企业，与国有大中型企业一起形成了我国大中小结合的较为合理的工业企业结构；从产业结构看，农村工业是以农副产品加工、资源开发为主的劳动密集型、轻型加工企业，城郊乡镇工业相当一部分是国有大型工业的配套企业，与国有企业形成了互为市场、相互依存、相互补充的关系。这种分工的建立使城市工业的结构发生变革，经济效率得以提高，从而加快了中国工业化的进程。1998 年农村工业增加值为 15 530 亿元，占全国工业增加值的 46. 3%；到 2001 年，农村工业完成增加值 20 315 亿元，占全国工业增加值的 47. 7%。

6.4.2 农村工业化拉动了国民经济发展

1978 年以前，社队企业大起大落，产品供给总量不大。1978 年以后，进入 80 年代，社队企业重新兴起，农村工业的高速增长打破了以农业为主的产业结构，使农村经济结构发生了质变，出现了经济结构多样化的新局面，农村非农产业取代农业在农村经济发展中居主导地位，成为农村经济发展的主体力量。同时，从城乡产业产出结构上看，农村工业以及服务业发展也改变了国民经济的产出格局。农村中初步形成的以农产品加工、资源开发、劳动密集型和轻型加工为主的大中小企业紧密结合的农村工业体系，不仅生产的农用生产资料品种和产量有较大的增长，为满足人民生活需要和城乡建设需要的产品也日益增加，而且有助于改变我国重工业过重、轻工业过轻的不合理的产业结构，使我国工业结构更符合经济发展规律及资源禀赋状况。如表 6-1 所示，1980 年，在 GDP 结构中，除了 30% 的部分是由农业提供的之外，其余 GDP 中有 95. 2% 是由城市非农产业提供的。此后，随着乡镇企业的迅速发展，由乡镇企业创造的非农产业增加值占 GDP 的比重不断上升，而城市非农产业创造的增加值所占比重却不断下降。2000 年，由乡镇企业提供的非农产业增加值占 GDP 的比重达到了 30% 。同年，全国约有 45. 9% 的 GDP 是由农村提供的。这清楚地表明，改革开放以来，在乡镇企业带动下，农村创造和占有的社会财富份额比以前明显扩大了。

表 6-1 城乡间 GDP 产出结构

年份	GDP 总量 /亿元	农业 GDP		乡镇企业 GDP		城市 GDP	
		绝对额 /亿元	比重 /%	绝对额 /亿元	比重 /%	绝对额 /亿元	比重 /%
1980	4517. 8	1359. 4	30. 1	151. 8	3. 3	3006. 6	66. 6
1990	18 547. 9	5017. 0	27. 1	2475. 0	13. 3	11 055. 9	59. 6
1995	58 478. 1	11 933. 0	20. 5	14 425. 7	24. 7	32 059. 4	54. 8
2000	89 403. 5	14 212. 0	15. 9	26 842. 3	30. 0	48 349. 2	54. 1

注：乡镇企业增加值中已经扣除掉其中的农业增加值。1980 年乡镇企业增加值是从总产值折算过来的。

资料来源：根据农业部《中国农业发展报告（1995 ~ 2001）》；农业部乡镇企业局《全国乡镇企业统计年报及财务决算资料（1996 ~ 2000）》；国家统计局《中国统计年鉴（2001）》整理。

目前，农村工业企业的许多产品，特别是日用消费品，已占全国相当大的比重，繁荣了我国的城乡市场，增加了社会有效供给。如电子及通信设备制造占17%，机械占26%，原煤占40%，水泥占40%，食品饮料占43%，服装占80%，中小农具占95%，砖瓦占95%。

6.4.3 农村工业化提高了农民收入

我国农村居民家庭纯收入结构按性质可分为生产性纯收入和非生产性纯收入两部分。生产性纯收入是农民从事经济活动的结果，也是农户收入的主要组成部分，包括工资性收入、家庭经营收入两部分；非生产性纯收入是指转移性收入和财产性收入，后者占纯收入的比重绝大多数年份在10%以下。生产性纯收入又分为第一产业收入、第二产业收入和第三产业收入，其中第一产业收入主要指农业生产收入，第二、三产业收入指非农产业收入。改革开放以来，随着农村产业结构的调整和经济的增长，农民生产性纯收入的结构发生了很大的变化。最显著的特点是，来自非农产业的收入在农民收入中的比重不断攀升，乡村非农产业的发展对农民收入水平的影响日益增大。

1978年以前，我国农民的收入来源基本上是依靠土地的种植收入。计划经济体制下，农业一直在极低的效率下徘徊不前，农民的收入只能维持在极低的水平线上。在发展农村经济过程中，由于片面强调“以粮为纲”，忽视发展多种经营，造成农村经济结构单一，从事社队企业生产经营的农民不多，而且工资水平比较低，因而农民从社队企业获得的收入比较少。改革前1952～1978年的26年中，农村居民家庭人均纯收入累计只增加了76.57元，年均增长3.3%，其中1965～1978年的13年间，年均增长仅为1.7%；到1978年，全国社队企业职工约2827万人，全年工资总额87亿元，平均每个职工年工资收入306元。

改革开放以来，农民收入出现了明显的增长趋势（表6-2），收入增长格局发生了显著变化：农业收入比重大幅度下降，非农收入比重大幅度提升。

表6-2　1978～2000年农村居民人均生产性纯收入构成的变化

年份	生产性纯收入			生产性纯收入构成	
	绝对额/元	增长率/%	非农产业增长/%	农业收入比重/%	非农产业收入比重/%
1978	124.05			91.47	8.53
1980	168.93	16.7①	35.1	88.57	11.43
1985	367.69	16.8②	29.15	81.12	18.88

续表

年份	生产性纯收入			生产性纯收入构成	
	绝对额/元	增长率/%	非农产业增长/%	农业收入比重/%	非农产业收入比重/%
1990	657.35	12.9③	16.12	77.72	22.28
1991	708.55	2.8	8.27	76.52	23.48
1992	745.95	10.4	27.49	72.89	27.11
1993	872.99	17.0	40.16	67.53	32.47
1994	1144.83	31.1	28.4	68.19	31.81
1995	1479.49	29.2	32.72	67.35	32.65
1996	1813.29	22.6	28.51	65.77	34.23
1997	1987.28	9.6	15.94	63.79	36.21
1998	2039.58	2.6	11.47	60.67	39.33
1999	2078.62	1.9	12.02	56.77	43.23

注：①1978～1980 年均增长速度；②1980～1985 年均增长速度；③1985～1990 年均增长速度。

资料来源：根据国家统计局《中国统计年鉴（1980～2000）》资料整理。

农民的收入增长格局中，家庭经营收入作为农民收入的主要来源，所占比重逐渐降低，由 1985 年的 74.44% 下降到 2003 年的 58.78%。与此同时，财产性和转移性收入占农民收入的比重基本保持不变，工资性收入（1995 年以前称劳动者报酬收入）占农民收入的比重持续增长，由 1985 年的 18.04%，上升到 2003 年的 35.02%。随着乡镇企业的迅速发展，大量农业剩余劳动力从事二、三产业，乡镇企业工资水平提高，到 1998 年乡镇企业支付职工工资达 6252 亿元，加上其他来自乡镇企业的收入，如股金、劳动分红、承包、租赁所得等，农民人均纯收入的 1/3、净增部分的 50% 来自乡镇企业。乡镇企业的快速发展加快了农民致富奔小康的进程。据全国农村固定观察点调查分析的数据，2004 年农民人均家庭经营收入 1737.7 元，占总收入的 59.2%，增长 12.2%；工资性收入 991.4 元，增长 9.4%；转移性收入 145.1 元，增长 23.9%；财产性收入 63.1 元，增长 6.7%。农村工业化的发展给农民带来的工资性收入不断增加，农村工业化已成为农民致富和实现小康生活的主要途径。

6.4.4 农村工业化成为吸纳农村剩余劳动力的主渠道

人多地少是中国农村的一大特点，也是制约农村经济发展、农民收入增长的主要原因。我国以乡镇企业为主体的农村工业化发展，为农民提供了更多的就业机会，成为解决农业剩余劳动力的主要渠道。

大量的研究结果表明，乡镇企业的创办者通常把解决本村、本乡的农民就业放在首位。1958~1978 年，全国农村社队企业平均每年吸收 130 万人。1978 年，乡镇企业吸纳的就业人口为 2826.56 万人，只占当年农村劳动力的 9.5%。进入 20 世纪 80 年代，乡镇企业吸纳农村富余劳动力的能力大大增强，职工人数迅速增加，到 1995 年，这一数字已经增长为 12 862.06 万人，到 1996 年达到 1.3 亿人，成为历史上转移劳动力最多的一年，如表 6-3 所示。

表 6-3　我国乡镇企业发展情况

年份	企业数/万个	劳动力/万人	总产值/亿元
1978	152.4	2826.56	493.07
1979	148.04	2909.34	548.41
1980	142.46	2999.67	656.9
1981	133.75	2969.56	745.3
1982	136.17	3112.91	853.08
1983	134.64	3234.64	1016.83
1984	606.52	5208.1	1709.83
1985	1222.45	6979.03	2728.39
1986	1515.3	7937.1	3540.87
1987	1750.24	8805.1	4764.26
1988	1888.16	9545.4	6495.66
1989	1868.63	9366.7	7428.38
1990	1850.4	9264.7	8461.64
1991	1907.88	9609.1	11 621.69
1992	2079.2	10 581.1	17 975.4
1993	2452.9	12 345.3	31 540.7
1994	2494.5	12 017.5	42 588.5
1995	2202.67	12 862.06	68 915.2

注：1984 年前为乡村两级数，1984 年后为乡镇企业全部数。

资料来源：根据《中国乡镇企业年鉴》和《中国统计年鉴（1985~1995）》资料整理。

1998 年，由于受国内外经济环境的影响，乡镇企业从业人员有所减少，但仍有 1.25 亿人，占农村劳动力总数的 27%，占农业剩余劳动力的 50% 以上，极大地缓解了我国的就业压力，优化了农村劳动力就业结构，同时为农业适度规模经营和发展现代农业创造了条件。这种农村劳动力的就地转移，为发展中国家解决农村剩余劳动力的就业问题提供了新的成功经验。

如表6-4所示，乡镇企业的就业结构中，在工业领域就业的劳动力占就业劳动力比重的60%，第三产业就业所占比重较低；农业产值所占比重在不断下降，乡镇企业的主要经营活动集中于工业领域，工业产值占乡镇企业产值的比重在70%以上（1985～1988年稍低），第三产业所占比重很小，在大部分年份里为6%～8%。

表6-4　乡镇企业就业结构状况　　（单位：%）

年份	农业	工业	建筑业	交通运输	商业
1978	0.21	0.61	0.083	0.036	0.051
1979	0.18	0.62	0.102	0.04	0.05
1980	0.15	0.64	0.11	0.037	0.051
1981	0.12	0.66	0.117	0.036	0.051
1982	0.11	0.66	0.135	0.036	0.052
1983	0.09	0.67	0.142	0.033	0.051
1984	0.05	0.7	0.131	0.024	0.087
1985	0.03	0.59	0.113	0.016	0.24
1986	0.03	0.6	0.16	0.069	0.14
1987	0.027	0.59	0.156	0.07	0.147
1988	0.026	0.59	0.155	0.07	0.149
1989	0.025	0.6	0.149	0.07	0.149
1990	0.025	0.6	0.145	0.076	0.151
1991	0.025	0.6	0.144	0.076	0.149
1992	0.024	0.59	0.145	0.075	0.156
1993	0.023	0.58	0.147	0.075	0.165
1994	0.021	0.57	0.134	0.060	0.203
1995	0.024	0.58	0.150	0.074	0.163

资料来源：根据《中国乡镇企业年鉴》和《中国统计年鉴（1985～1995）》资料整理。

同时，农村工业化使我国的劳动力配置中，农业劳动力不仅仅由农业转向城市非农产业部门，而且还迅速转向农村非农产业部门。值得强调的是，在吸纳农业剩余劳动力方面，农村非农产业的力量要比城市非农产业大得多。从表6-5的资料反映出，改革开放以来，我国农业劳动力比重的下降，甚至绝对数量的减少，是由城市非农产业和农村非农产业共同作用的结果。其中，农村非农产业吸纳的农村剩余劳动力数量要比城市大。1980～2000年，农村非农产业部门共新创造了12 107万个劳动就业岗位，同期内城市非农产业新增加劳动就业岗位10 228万个，前者是后者的1.18倍，如表6-5所示。

表 6-5　城乡劳动力资源配置结构

年份	从业人员总计	农业		城市非农产业		农村非农产业	
	劳动力/万人	劳动力/万人	比重/%	劳动力/万人	比重/%	劳动力/万人	比重/%
1980	42 361	29 122	68. 75	10 181. 7	24. 04	3057. 3	7. 21
1985	49 873	31 130	62. 42	12 029. 4	24. 12	6713. 6	13. 46
1990	63 909	38 428	60. 13	16 808. 9	26. 30	8673. 1	13. 57
1995	67 947	35 468	52. 20	19 771. 7	29. 10	12 707. 3	18. 70
2000	71 150	35 575	50. 00	20 410. 5	28. 69	15 164. 5	21. 31

资料来源：根据国家统计局《中国统计年鉴（2001)》资料整理。

6. 4. 5　农村工业化推进了农业现代化

一般而言，发达国家的农业现代化与工业现代化之间有一个时间差，即农业现代化的实现要滞后于工业现代化的实现。因此，发达国家农业现代化所遵循的轨迹是，城市工业发展在达到相当高的水平之后，反过来支持农业，对农业进行技术改造，为农业提供农业机械，吸纳因农业劳动生产率提高而转移出来的剩余劳动力。而我国的工业化道路与发达国家迥然不同，中华人民共和国成立以来，中国工业化道路的基本特点是：以重工业发展为内涵、以城市发展为中心、以城乡隔离为基本框架。这种工业化道路发展的结果必然是牺牲农业、拒绝农民的城市化、延缓农村的进步。而农村工业化的发展为实现农业现代化奠定了物质基础——为农业生产积累了大量的资金，增加了农业投入，提供了大量农业生产资料。与传统的城市工业化不同，农村工业化的发展与农业发展不是一种对立和剥夺的关系，而是在资金上支持、补助农业发展。在乡镇企业利润分配中，每年都有一部分用于农村的发展和农业的基本建设。1978～1998 年的 20 年间，乡镇企业用于支农、补农、建农的资金达 1000 多亿元，仅 1998 年乡镇企业支农资金达 128 亿元。2002 年全年上交支农、建农资金 308 亿元，相当于同期国家财政支农支出的 30% 左右。这就大大改善了农业生产条件，增加了农业技术装备。有些地方利用农副产品资源优势，以加工企业为龙头，大力发展农副产品加工业和储藏、保鲜、运销业，延长了农业产业链，逐步实现种养加一体化、产供销一条龙，为农户与市场之间架起桥梁，带动农业的企业化、集约化和产业化，降低了农业的自然风险和市场风险，促进了农产品的增值，提高了农业的整体素质和效益，支持了农业的发展。

6.4.6 农村工业化加快了小城镇建设

农村工业化是经济转轨时期的产物。长期的城乡二元结构体制不仅造成了农村的贫困，而且也形成城市承载力的低下。与计划经济时代的城市化模式不同，改革开放之初应运而生的乡镇企业，在大大推进农村工业化的同时，也大大推进了农村城镇化，成为小城镇建设的基本依托，为中国的城市化进程提供了全新的动力。首先，乡镇企业的兴起本身就是市场化取向改革的产物，乡镇企业的资本形成、员工来源、分配模式等，相当程度地发挥了市场在资源配置中的基础性作用，由此而形成城市化的动力机制。这在本质上看就是一种市场化力量。其次，农村工业的发展和集聚，是小城镇发展和繁荣的基础，小城镇建设的资金也较多地利用了市场化力量。不同于大中城市建设资金主要来自于政府，小城镇建设资金很大程度上依托了市场形成的多元化投资渠道。当大批从土地上解放出来的农村剩余劳动力涌向附近的小城镇，集中兴办乡镇企业，从事第三产业时，通过两种形式推动了小城镇的发展：第一，部分农村工业企业在依托原有乡镇集中发展起来后，农业剩余劳动力由农业转向工业，带动了为工业生产和职工生活服务的第三产业的发展，大量农民不断聚居，形成了小城镇；第二，同行业的农村工业企业不断集聚，开始出现专业市场，随着专业市场商品交易规模的不断扩大，带动了人口的集中和第三产业的发展，从而推动了小城镇建设。在农民城市化进程中，农村工业化进程还通过两种途径有效地促进了城市化资金的投入：一是通过向出资承租和承购城镇土地设厂开店、务工经商或付费取得城镇户口的农民集资建城；二是为促进农民进入小城镇，地方政府进行制度创新，采取了更多的市场化形式。如在户籍管理上，国家降低了农民进镇的门槛，国务院 1984 年颁发的《关于允许农民进城务工经商和在集镇落户的通告》，就明确“口粮自理”，这样，使更多的打工型、创业型及投资型的农民进镇，激活了小城镇发展的市场动力；同时，政府放宽了建制镇的设置标准，有力地推动了小城镇的发展。改革开放之初，我国建制镇为 2176 个，乡 52 534 个，镇乡比例为 1:24；到 2001 年，我国的建制镇增长了近 10 倍，总数达 20 374 个，而乡的数量则减少了近 2/3，为 19 341 个，建制镇数量首次超过乡。1978 ~ 2003 年，全国建制镇平均每年增加 831 个，是同期全国城镇数量增长速度的 1.8 倍；目前，建制镇常住人口 2.75 亿人，占全国人口的 22%。而在经济发达、交通便利、人口密度高的长江三角洲、珠江三角洲等地区，随着社会经济的发展，小城镇发展速度更是突飞猛进。浙江省从 1985 ~ 1991 年短短数年间，全省建制镇增加几乎两倍，达到 700 多个。

1984 年，苍南县龙港镇干部与农民，首先运用市场机制由广大农民集资，在海滩上营造了中国“第一座农民城”。政府实行“谁投资、谁所有、谁受益”的方针，引导民间资金投向建制镇基础设施建设。据不完全统计，1981～1986 年，温州建制镇兴建了 1200 多个项目，投资 2. 2 亿元，其中，依靠农民集资约 1. 84 亿元，占总投资的 84%；1984～1995 年，基础设施投入的资金达 100 多亿元，其中 70% 以上来自于农民，20% 来自于集体，国家投入不到 10%。

下面以温州小城镇发展的例子来阐述农村工业化推进城镇化的民本特征。温州小城镇的发展模式可以概括为“三位一体”、城乡结合的建制镇城市化模式，即以家庭工业为基础，小商品市场为依托，建制镇为轴心，三者相互制约，相互促进，循环往复，逐步形成一个整体——家庭工业发展需要依赖于专业市场的组织、调节和交换，把千家万户生产的多种多样的产品，千变万化的需求衔接起来，实现产品的专业化、社会化和商品化；专业市场的兴起，又需要依赖于建制镇多功能作用的发挥以及提供情报、信息、能源和生活设施多方面的服务。据对温州宜山镇、金乡镇、柳市镇、桥头镇等拥有规模较大商品产销基地和专业市场的 12 个重点建制镇调查情况，在 20 世纪 80 年代中期，建制镇人口迅速增加，农民已成为建制镇人口结构中的主体。12 个建制镇中，自理口粮入镇定居的农民 4. 46 万人，使建制镇的非农业人口增加了 1 倍。常年活动于集镇，在集镇生产经营并取得主要收入来源的农民 3. 4 万人，超过了集镇常住人口的一半以上。这种就业在镇、歇业在村、早出晚归“钟摆式”的流动农民，经济利益与建制镇有直接和稳定的联系，命运与建制镇息息相关，客观上已成为建制镇人口的一个重要组成部分。依托农村工业化和专业市场发展起来的小城镇建设，充分挖掘了社会资本潜力，使千家万户农民家庭的积累资本成为发展城乡经济的积蓄；农民的这种资本投向，不仅把农村中一部分游资聚集起来，汇成了巨大财力，加快了建制镇建设。同时也有利于形成一种以城带乡、以乡促城的新型城乡关系。入镇就业的农民与广大农村有着千丝万缕的联系，他们凭着小城镇这块基地和直接参与经济活动的有利条件：一方面经常及时地为农村的亲戚朋友传递信息、传授技术、开拓产品、疏通渠道，把建制镇现代化生产的气息带到农村，对缺少经济推动力的落后乡村起到经济启动的作用；另一方面，又把乡村中勤劳苦干、精打细算、开源节流的精神带到了建制镇，影响建制镇。在他们的示范带动下，形成了城乡之间资本、技术和劳动力等生产要素相互对流的动态结构，把城乡关系建立在相互帮助、相互服务、相互吸引的基础上，扩大了集镇对农村的辐射力，增强了农村对建制镇的向心力，构成一个协调发展的经济和社会系统。同时，依托于专业市场的农村工业化进程，提高了农村人口的转化功能，促进了城乡人口结构的合理调整。小城镇经济结构的多样化，带来了就业结构的多样化，为进一步开辟就业途径，容纳农村剩余劳动力提供了物质基础和技术前提。小城镇发展有利于耕地向种田能手聚集，减缓了人口对农村的压力，推动了农村产业结构的调整和社会分工的发展。

综上所述，改革开放以来的农村工业化进程，在城市工业和农业之间成长出一个独立发展的农村工业，并迅速形成一个独立的产业体系，不但打破了我国原有的工业化格局，也冲破了原有的城乡二元经济结构。我国城乡经济结构不再是城市搞工业与农村搞农业的二元结构，而是形成了一种城市工业与农村工业、农业并行的双重二元结构。如果要给这种二元结构下定义，它是指由城市工业与农业、农村工业与农业在资源要素配置、财富创造和分配、农产品需求和工业品供给等方面所构成的双重二元经济体系。市场化力量的乡镇企业的发展和壮大，促使我国农村和城市的发展出现了新的方向，并对弥合城乡差距起到了至关重要的作用，这一作用在图5-1中清晰地表现出来：1984～1996年，我国城乡的二元结构强度是中华人民共和国成立以来最小的时段——即“喇叭口”中二元反差系数下降、二元对比系数上升（尽管期间有过波动）。可以说，来自于农民自发创新的、并在市场化过程中不断扩大影响的农村工业化制度，对我国城乡协调发展的意义非常深远，以农民为主体的自发的制度创新是我国制度变迁中不可或缺的一支重要力量。

6.5 对民本自发推进城乡一体化作用的认识

在中国的城乡二元体制之下，城市和农村被分隔为“城乡二元社会”，国家以不同的制度管理这两个社会，造成了城乡居民的不平等：农民的政治权利、分享各种社会资源方面的权利是不完整的，缺乏足够的话语权；社会保障制度的不健全，使得我国目前还必须坚持以土地作为生存保障的制度，农民在市场经济中的主体地位是不完整的；市场机制和城市的吸引力，使农民一方面成为受教育程度最低的社会群体，另一方面，农民中的各种人才又为追求更好的生活、工作环境流入城市，造成农村人力资源严重枯竭，影响了农村的可持续发展、农业进步和农民生活水平的提高。

内生于广大群众创造力的农村工业化，是来自于民间的自发的制度创新。乡镇企业、民营经济、集群经济，其最显著的特征是以广大人民群众为经济发展主体，其动力来自于民众对致富的渴望，充分体现了民资、民办、民营的主要内涵。广大农民通过自身的努力，发展经济，为地方政府提供了发展动力和财政税收、就业支持，更为城乡一体化提供了坚实的基础，如承接农村剩余的生产力，增加就业岗位提高农民的工资性收入，提供税收使政府扩大公共财政覆盖农村的范围和领域，增加对农村教育、就业、卫生、社会保障、农村各项社会事业的投入；同时，城乡一体化发展的成果又为农村工业化的发展营造了良好的社会环境，提升了诸如乡镇企业、民营经济的发展水平，改善了农民居住、工作、生活、教育学习的条件和环境，增进了福利，使广大农民能和城市居民共享改革开放成果。

农村工业化及民营经济的发展在很大程度上加速了城乡一体化的进程，彰显了农民通过自身力量自发推进农村经济社会发展的历史性作用，不仅极大地解放了农村生产力，而且也为农民追求公平正义的经济社会权利奠定了经济基础，显示出民本自发的制度创新行为可以逐步改变城乡二元制度的鸿沟，最终走向城乡一体化。城乡一体化发展的起点是民间依靠自身力量寻求农村居民与城市居民在经济权利上的平等，伴随着民本力量的不断壮大和民本意识的不断提高，打破城乡二元的社会体制，让农民享有和城市居民平等的社会和政治权利是历史的必然。城乡一体化既是政府自觉推进的结果，也是民本力量自发推进的结果，二者缺一不可。

第7章 政府自觉推进城乡一体化

对我国来说，由于是处在双重转型时期，即体制转型（从计划经济体制向市场经济体制转变）和发展转型（传统的农业社会向现代的工业社会转变），除了要解决经济发展中历史性、常规性所具有的城乡二元结构问题，更重要的是解决城乡二元体制结构问题。因此更需要充分发挥政府的作用，借助政府的力量来缩小城乡差距。从这个意义上说，当前强调政府在城乡一体化发展中的主导作用，具有非常重要的现实意义。

7.1 城乡发展失衡与政府行为缺位

城乡关系的变迁是一个国家和地区现代化的一条主线。一个国家和地区，如果城乡关系失衡，那么它绝不可能实现现代化。无论是发达国家还是发展中国家，在农业社会向工业社会过渡的过程中，由于城市本身的聚集功能和工业较高的比较利益，要素收益差异吸引而发生的、由农村地区向城市流动的回波效应，使得城乡发展差距的形成实际上是一个自然的、历史的过程。从发达国家的实践来看，随着工业化进程的推进，二元经济结构可以发展到现代经济结构，但其自然演进是一个漫长过程，因此一些发达国家在其工业化进入中后期时，都采取了一些政府干预措施以加快其演进。由此，城乡关系的演变是随着工业化、城市化的进程不断变化的，总的趋势是从工业化初期阶段的逐步失调，到工业化中后期阶段的逐步协调。但是，这种从失调到协调的演进并不完全是一个自然而然的过程，还与当政者是否把握规律和积极作为密切相关。

中国是一个农村人口占多数的国家，工业化、现代化的重点和难点都在农村。中华人民共和国成立以来，尤其是改革开放30年的艰辛努力，中国农村社会已经发生了巨大变化，取得了令人瞩目的成就。作为工业化进程中无可回避的问题，“三农”问题依然是党和政府关注的中心所在，依然是工作的重中之重。党和政府在制度安排、制度创新方面所做的努力，为改善城乡关系、解决新时期的“三农”问题奠定了一定的基础。

我国各级政府在“三农”问题上的“欠情”“欠账”，是“三农”问题形成的根源之一。农村经济体制改革30年的风雨，政府逐步加大了对承包经营权流转、农村要素市场、流通体制、户籍制度等方面的改革创新力度，加强了制度安排，改善了政府对农业的宏观调控方式，扩大了集体经济组织和农户的自主权。但是，在一些关键性的领域，政府缺位现象依然存在，对“三农”问题的解决、城乡关系的改善构成瓶颈性制约。

7.1.1 土地物权界定不清

土地是农民最基本的生产资料。要改善城乡关系、增加农民收入，就必须运用好这个最基本的生产资料。而要运用好土地，首先就要厘清土地产权关系，建立与农村生产力发展相适应的农村土地制度。农村土地制度是一系列对农民和土地的产权安排，以及在此基础上结成的人们在农业生产中相互关系的行为准则，是农村基本经济制度的核心，包括农村土地的所有权制度、经营制度、流转制度和管理制度。按照现代产权制度分析，我国目前的农村土地所有制存在着一些弊端，表现在以下两个方面：一是农村土地集体所有的产权界定不清。尽管《宪法》对土地属于国家和集体所有有明确的规定，但是国家对集体所有土地的征用没有严格地按照产权交易规则进行，也缺乏全面明确具体的规定，土地使用权交易比较难以操作，农民的土地财产权利经常被损害，致使土地征用失范。二是集体所有土地的产权主体不明确。由于对“集体”的理解不同，在实际操作中，集体所有的产权主体在各地都不相同。这种不统一，在地方容易造成地权的残缺和不完整。法律规定农村土地所有权归集体经济组织所有，农民个人只拥有农村土地的承包经营权，如何代表和行使所有权一直是个难题。

我国现行的农村土地制度采用集体产权与按劳均分的土地使用权并行的模式。实施初期，激励了农民的生产积极性，使农业出现了高速增长的局面，为我国经济体制的全面改革打下了一定的基础。但是随着改革的不断深入，这种制度导致了很多短期行为，阻碍了农业经济的进一步发展：第一，农民土地使用权潜在的不稳定性导致农民对土地追加投资的减少和土地交易成本的增加。农民不稳定的土地使用权源于土地集体所有制度的内在要求，由于农村土地不属于农民所有，农民不认为自己种的土地是自己的，所以没有长远投资于土地的打算，土地只能作为一种不能流动的资产，个人耕作或经营不好只能抛荒，因此难以实现资源优化组合，造成浪费。研究表明，不稳定的地权减少了土地投资，尤其是附着于土地上的投资（如水利设施投资）。第二，不稳定的地权（产权不明晰）加大了土地流转时的交易成本，不利于形成土地使用权流转市场，妨碍了农业经营规模的扩大。

7.1.2 农业财政制度规范欠缺

自从 1994 年实行分税制以来，中央财政和政府宏观调控能力大大增强，但分税制对各级政府的事权与财权划分还不是很清晰。首先，分税制虽然主要规定了中央政府与省一级政府之间的事权划分，确定两者之间的分税范围，但没有严格规定省以下政府之间的财权关系，因此实际工作中很难促进农村发展、农业升级、农民富裕；其次，分税制对我国的各级政府，即中央、省、市、县、乡(镇) 在农村、农业、农民投入中的关系没有明确划分。分税制实行的结果是省政府一般都对地级市政府实行财政包干，地级市政府又与县、区政府实行财政包干。这样逐级包干，好的财源往往被上一级政府抓走，其结果是地级市以上各级政府的财政有保证，而县政府的财政常入不敷出。行政主体为了自身利益，出现各种名目的乱摊派、乱集资、乱收费，农村基层政权的债务要靠征收当地税费来还，最终加重了农民负担。

7.1.3 农村公共服务供给不足

我国农村公共服务问题突出表现为：供给不足、分配不公、质量不高。供给不足具体表现在五个方面：农业基础设施严重不足；农业科技、农业相关信息的提供远远满足不了农民的需求；农村社会保障制度有待建立；农村义务教育问题突出；农村环境污染问题日趋严重。由于农村社会结构非常复杂，差异性极大，因而农村居民在基础教育、医疗卫生、社会保障和公共交通等诸多方面未能享受到与城市居民同等的服务，农村的公共服务供给实际上面临着更为突出的公平问题。同时，在向农村提供极为有限的公共服务时，还存在一个质量不高的问题：由于很多基层政府在提供公共服务时，没有很好地回应农民的需要，对关系农民生活质量的“软性”公共服务重视不够，供给从项目到数量都比较有限。这一问题的存在，损害了政府的形象和信誉。

7.1.4 农村金融比较薄弱

农村市场的微观主体是农民和农村企业，在市场化进程中，因为经营条件、管理水平、资金实力、法规意识和信用观念等的制约，难以实现高效、有序的运作。同时，农业是靠天吃饭的弱质产业，常常遇到气象灾害、生物灾害、地质灾害以及市场价格变动、安全标准等市场风险，以致频频引发农民和企业无法收回投资、资金链断裂的现象。而且，随着市场经济的发展，农民大规模流动、外出务工经商成为普遍现象，金融服务对象的流动性日益增大。由于流动区域分散、从事项目多、贷款借与用的地域分离性等原因，常会遇到贷款项目难评估、资金使用难监控、到期难清收、风险贷款难处置等问题，增加了管理成本和风险。目前，我国推行的农村金融体制改革力度不够，范围太小：第一，农村信贷规模不足，农业投融资渠道不畅，资金严重短缺。近年来，在国家资金供应非常充裕的情况下，农业和农村从国家银行系统获取贷款的份额却呈现逐年减少的趋势。第二，农村金融组织力量薄弱。国家农业银行和其他专业银行大多从县以下撤走，农村合作基金会举步维艰，农村地区只剩下农村信用社和邮政储蓄。农村信用社作为服务于农村的金融机构，它的利率往往高于国家正规银行的利率，对农民的贷款产生了极大的限制；而遍布于农村各地的邮政储蓄机构，由于体制原因，不办理贷款业务，其吸收的大量资金全部被调离农村，充当了农村资金的“抽水机”；商业银行分支机构出于对利润的追求，将大量资金从农村通过其上级行贷放到城市，加剧了农村资金的饥渴。由于农民很难从正规金融机构得到贷款，不得不依靠民间借贷并承担很高的利息，这无疑增加了农民生产成本，制约了农民的收入增长。

政府行为缺位严重影响我国城乡关系问题的解决，政府必须肩负起应有的责任，加大对“三农”的支持力度，彻底改变不适应的体制机制。

7.2　地方政府制度创新的理论分析

中国的改革开放是制度资源的优化配置和体制创新，对于解放和发展生产力、推动社会的全面进步发挥了巨大作用。党的十一届三中全会以来，随着国家制度供给方式的不断调整和修正，政府管理经济的模式正在发生嬗变——在经历了政府控制经济（计划经济）、政府主导经济（双轨制）的历史阶段之后，正在加速走向政府推动经济（市场经济体制）阶段，中国政府的职能和管理方式相应地正在经历深刻的制度变迁。改革开放的实践证明：政府制度创新是引导和推动经济社会发展的强有力杠杆；政府制度创新是提高行政效率、改善服务质量、增进公共利益的重要手段。对地方政府而言，市场经济体制改革给中国经济注入了新的血液。这场史无前例的制度变迁极大地释放并推动了生产力，同时也改变了中国的经济分布格局，经济区域化特征愈见明显。经济要素和资源在不同层次上迅速变化着，越来越集中于有特色的地区。地方经济实力的增强，直接得益于放权让利的改革背景中地方政府行为目标、行为能力的变化。拥有资源配置权的地方政府积极担当本辖区经济发展尝试的发起者和保护者，他们更善于探索并推广灵活实用的经济运行模式。地方政府作为国家机构的重要组成部分，已有能力并且应该成为主要的制度创新的主体之一。

7.2.1 地方政府制度创新的动因

地方政府作为依法管理地区公共事务的行政机关，促进本地公共利益的发展是其首要的责任和义务。地方政府制度创新是指地方政府作为制度创新主体，响应社会的需求和准确预测社会发展趋势的基础上，为了本地利益最大化，在既定的制度环境下提供新的制度安排的过程。经济学中“经济人”假设认为，无论是谁，只要他采取某种行动，必然期望有所收益，而且必然会追求尽可能多的预期净利益。不论何时个人觉察到某种行为能增加他们权利的价值，他们就会采取这种行动。不论个人是在市场、企业、家族、部落、政府，还是在其他组织中活动，这个道理总是普遍适用的。

新制度经济学从这一假设出发，认为政府追求自身效用最大化。地方政府行为本身并非唯一地为社会公众提供公共服务，它作为一个“经济人”，往往具有利己的倾向。地方政府作为有利益追求的政治组织，十分注重当地民众对其的评价，其重要标准就是地方政府的发展业绩；因此，地方政府必然会主动提供能够促进本地区经济发展、最大可能赢得民心的制度革新。地方政府制度创新的内涵主要包括经济制度的创新、行政管理制度的创新、在宪法和法律框架下的政治制度的创新等几种创新形式。因此，地方政府的制度创新行为由于利益的影响，不可避免地会产生一些偏差行为。诺思认为，制度变迁和制度创新与技术创新的原因和动机相似，即推动两者的都是行为当事人出于追逐潜在利润考虑而进行的。分权改革后地方利益、区域经济竞争能力等都成为其活跃创新实践的初始“理性”选择，地方政府竞争更趋明朗化。地方政府在与其他主体之间的竞争与博弈，使其不断协调利益分配格局，并在新的制度变迁中修正自己的行为。中国的市场化所具有区域非均衡的特征，市场化改革在不同地区不可能同步进行，这就为地方政府的制度创新提供了很大的空间。

7.2.2 地方政府推动制度创新的优势

中央政府和地方政府各自有制度创新的职责和优势。相对而言，中央是制度创新的主要承担者，但也不能忽视地方政府在制度创新中的重要作用。行政性分权与新的宪法秩序为地方政府的经济与政治实践提供了强有力的支持，使地方政府可以在更为宽松的政策环境中更加直接和充分体现其潜在的制度创新实践优势。

7.2.2.1 地方政府更了解制度创新的需求和预期收益

地方政府是在法律规定和中央政府授权下的子行动机构，从一定意义上说，拥有更加直接的信息优势。改革之前，地方政府作为中央管理地方的派出机构，按照中央的计划对地方事务进行管理，财权、事权基本上由中央决定。在这种情况下，地方政府既没有能力也没有动力从事追求本地利益最大化制度创新行为。而在改革过程中，地方政府利益和地方经济发展的紧密联系，赋予了地方政府制度创新的强大动力。随着以放权让利为特点的改革过程的进行，地方政府获得了诸多经济决策权和资源配置权。实行“分灶吃饭”的财政体制后，地方政府的预算规模取决于以下两个因素：与本地经济发展水平相联系的财政收入规模和中央与地方分享财政收入的比例。由于分享比例已预先确定，地方政府可支配财政收入的规模直接与本地社会总产出水平正相关。在这种情况下，地方政府逐渐成为一个追求本地经济利益最大化的组织。由于地方政府对特定的制度环境的认识更敏锐，加之我国各地经济社会发展不平衡的显著特征，与中央政府相比更了解制度资源的状况和微观主体的需求，同时受到来自微观主体要求实现其潜在利益的更大、更直接的压力，地方政府制度创新更易从形式到内容与本地区实际情况相结合，充分开发和利用制度资源，与微观主体达成一种现实的理解与共识。由此，地方政府与区域经济和非经济实体之间是高度的互利关系，他们的利益具有相当程度的重合性，从而更有利于两者之间的协同。地方政府在政策决策中关注各利益团体和个人的创新意图及其新制度的预期收益，能争取新制度在局部范围内的合法性。因而，地方政府的制度创新行为不仅受宏观制度环境的影响，还受到微观制度环境的制约。由于地方政府和微观主体之间具有较强的利益相关性，使得制度体系的协调有着互为激励可能，此时地方政府选择的政策规则有助于制度体系的发育，解决新制度安排之间的冲突。

7.2.2.2 地方政府制度创新是对中央政府制度安排的创造性应用

中央政府的行政性放权使地方政府拥有了较大的资源配置权，从而使之具有实现地方经济利益最大化的手段。地方政府财权和行政权力的扩大，改变了它们在政府权力结构中的地位和角色，使它们由高度集中体制下单纯的中央政府派出和代理机构，转而成为相对独立的行为主体，极大地改变了垂直控制模式下被动执行政策、消极执行命令、不独立思考、不独立行事、出了问题负不起责任的行为模式，而是在既定的宏观制度环境内进行制度创新以获取制度的潜在收益。地方政府对新制度模式的认同意味着对中央政府原有制度的突破，而“破”与“立”的过程，正是地方政府充分利用和挖掘本地区的发展潜力与优势、权衡革新的成本与收益的结果。

地方政府接近基层的优势使其对中央政策的可行性有很好的验证作用。地方政府结合区域经济发展实况来权衡中央政策实施的成本与收益，以确定政策的可行与否，并能及时发现中央政策安排中的不完善环节，在条件允许的情况下，进行调整和创新、创造。当然，这种“修正”的夸大变形会导致地方保护主义，中央政府要正确引导和规范，在地方事务地方化的基础上强化中央政府在全局性公共事务方面的制度化权威，调整中央与地方权责基本结构，既要赋予地方政府制度安排的供给权，调动地方政府制度创新的积极性，提高地方政府制度创新的能力，建立多级的分层调控和多层的制度创新体系；同时，又必须建立相应的中央调控机制，保证地方政府制度创新进入良性循环。相对于其他微观主体，地方政府有更强的组织集体行动和制度创新的能力，但也由此可能引发地方保护主义倾向。因此，中央政府不可放松对地方政府必要的约束和监管，以防止基层监督机制的扭曲。在调整中央与地方制度创新的体系时，一定的中央集权是需要的，找到一条既有利于中央适度集权又有利于调动地方积极性的两全之策，是政府制度创新的题中应有之义。虽然中央政府的制度创新能力和意愿是决定社会整体制度变化方向的主导因素，但是我国经济发展的不平衡性强化了地方争取自己具体利益的动机，即经济相对落后的地方强烈要求获得发展的新机遇、分配到较理想的政策和较多的资源；相对发达的地区希望稳定自己的位置，同时不希望中央从自己的盘子里过多的提取。巧合的是，这种经济发展的不平衡性导致的全国经济统一、协调运转的难度，使地方自主发展的愿望由可能变为了现实。

7.2.2.3 地方政府的主动制度供给有利于降低制度创新的风险成本

中国幅员辽阔，区域差异大，制度的供给和具体推行应因地区而异。

地方政府的主动制度供给有利于降低中央政府制度创新的风险成本。中央政府与地方政府在制度创新信息上存在的差距，再加上传递失误、信息漏洞等原因，中央政策难免不及时准确地把握制度变迁的方向和需求；大量调研成本、设计实施成本以及失败性政策带来的损失，使中央政府不能统一安排全国性制度。若一开始即由中央政府进行新的制度安排，不仅推行难度大、效果差，而且风险成本较高。若从地方范围的试点性制度创新出发，可以在制度的试行过程中及时修正问题，从而规避或减少中央政府制度供给的风险成本。

同样地，在地方政府和微观主体的互动中，地方政府制度创新降低了微观主体制度创新的成本。在存在制度创新进入壁垒的情况下，微观主体自主制度创新除受到风险障碍外，还需具有自主实施新制度所需成本的支付能力。地方政府作为一定地域内的权威行为组织，能够动用政治力量主动追求本地经济社会利益的最大化，相对于微观主体有更强的组织集体行动和制度创新能力，从而节约了制度创新成本。微观主体的根本特征在于追求机会的最大化——市场越自由，要素越活跃，市场机会越多，获利机会也就越多。

7.3 地方政府自觉推进城乡一体化的实践：浙江经验

政府与市场、社会有着多重的复杂联系，有着历史的、现实的与未来的复合关系，有着政治的、经济的、文化的等重叠的复式关联。我国目前处在体制转型和发展转型的双重转型时期，政府如何摆好自己的位置，在缩小城乡差距过程中充分发挥不可替代的作用，需要通过制度创新对自己的职能进行再定位。从这个意义上说，当前强调政府的制度创新和制度安排在推进城乡一体化发展中的主导作用，具有非常重要的现实意义。

中国区域经济和社会发展差距很大，因而地方政府行为和决策过程也是千变万化、异彩纷呈。经验表明，从制度供给来看，中国经济体制改革是诱致性变迁与强制性变迁结合、互动的过程，地方政府在群众探索制度创新的实践过程中，如何顺应民意、逐步提高制度供给质量是制度创新的关键所在。

对浙江改革和发展中地方政府的行为和决策过程评判和估价，大致上有以下几种说法：一为“无为”说。有人认为，浙江经济发展主要靠民间的自发力量，改革也主要表现为诱致性的自发创新，地方政府在改革和发展中的典型行为是“无为而治”，温州现象的出现是政府当时对局面失控的结果。二为“主导”说。也有人认为，浙江的改革固然有群众的首创精神起作用，但政府的推动作用功不可没。在一些重大的政策支持和决策过程中，政府起着主导作用，特别在建立市场体系、保护和支持乡镇企业发展以及基础设施建设方面，政府更是起着决定性的作用，在规划发展、政策保障和要素配置上发挥的作用更大。三为“有限支持”说。认为浙江的地方政府，对源自民间的改革和发展的自发力量，采取的是静观默察、因势利导和有限支持策略，一时看不清楚的事，不急于表态，也不将之扼杀，等发展到一定程度再下结论；即使是看准了应该予以支持的，也不包办代替，而是给以有限的政策支持，“四两拨千斤”；对于政治风险小，意识形态争议不激烈，而可以促进经济和社会发展的制度创新活动，则大力推进，如国有企业改革、横向经济联合、对外开放，以及稍后一些时期对个私企业和股份合作经济的支持和技术要素入股等。

浙江省地方政府在改革开放的历史进程中，在推动有利于城乡一体化发展的制度创新中，其变化轨迹和所发挥的作用，在时间和空间上呈现不同的方式和力度，在不同的层次和不同问题上很有差异，但对制度创新的支持、保护和引导制度供给是主流，采取的主要方式有默许、保护、组织和参与。

7.3.1 鼓励发展民营经济，拓展民本自发制度创新的空间

改革开放之初，家庭承包经营制的实行，促进了农业生产力的解放，在“交足国家、留足集体、剩余归已”的分配制度下，农村集体和农民家庭的农业剩余积累快速增长，从而为在城乡隔离的制度框架下，在农村内部产生的城镇企业的发展积累了原始资本，走出了一条有别于城市工业化的农村工业化道路。这种靠农民力量发展起来的农村工业化，从一开始就与“三农”有天然的联系，并与改革开放、建立市场经济体制和工业化、城市化的进程相适应，在不同阶段以不同方式反哺和带动“三农”。

1979～1984 年，浙江乡镇企业迅速崛起，形成农村集体经济组织内部的“以工补农”。这一阶段是乡镇企业的初创阶段，农村集体和农民家庭将农业剩余积累转化为乡镇企业的初创资本，形成了以浙北、浙中地区发展乡村两级集体企业为主，温台地区发展联户企业和个体私营经济为主的“两大板块”、“四轮驱动”的乡镇企业发展格局①。根据浙江人多地少的实际，浙江省委、省政府较早采取了支持、鼓励乡镇企业发展的方针，并出台了一系列政策措施。浙江省委 1979 年 1 月召开六届二次省委扩大会议，贯彻党的十一届三中全会精神，其中

① 参见浙江省农村政策研究室编写的《农村工作文献汇编（1979～1990）》（上、下卷）和浙江省农业和农村工作办公室编写的《农村工作学习文献汇编（1991～2000）》（上、中、下卷）。

强调要发展社队企业。稍后的3月，“省革委会”下发《关于发展社队企业若干问题的座谈纪要》，12月浙江省委、省政府转发省社队企业局的一个实施办法，对发展社队企业的范围及在财政、信贷和税收等方面的扶持政策作了详细规定。1985年4月，浙江省政府下发《关于乡镇企业经济政策的补充规定》，推行“一包三改”，即实行生产经营承包责任制；改干部任命制为民主选举制或招聘制，改固定工资制为计件或浮动工资制，改固定工制为合同工制。这些政策，在今天看来是最寻常不过的了，但是在20世纪80年代初、中期，却是大胆的举动，具有积极探索精神的政府行为。政府的鼓励、支持和引导与浙江人民在改革开放中焕发出来的旺盛创造力相结合，使浙江在发展乡镇企业过程中形成了浓厚的氛围，创造了许多有价值的经验。如发展初期的乡办、村办、联户办、家庭办“四个轮子一起转”，随后形成的“温州模式”，台州地区首创并在温台地区广泛推开的以劳动和资本结合为特征的“股份合作制”，后来普遍推行并取得明显成效的产权制度改革等。浙江乡镇企业通过多种形式的改革，整体素质明显提高，经济总量迅速扩大。在全省工业经济中，乡镇工业所占比重，从1993年的“半壁江山”，到1998年的“四分天下有其三”。这几年，浙江乡镇企业工业总产值、销售收入、利税总额、利润总额等指标在国内名列前茅。

7.3.2 呼应社会公共需求，初步实现城乡公共服务连接互通

服务社会公众是政府的基本职能，及时、准确地把握社会公众需求的变化是政府制度创新的起点和归宿，也是衡量政府公共管理能力的首要环节。从政府如何更好地向社会提供公共产品，以实现自己的本质职能来看，在新时期地方政府必须实现从“发展推进型”政府向“公共服务型”政府的转型。

所谓“发展推进型”政府，主要是指发展中国家在向现代工业社会转变的过程中，以“经济先行”为发展战略，以经济指标增长为主要目标，以担当经济发展的主体力量为主要方式，以经济增长作为政府自身政治合法性主要来源的政府类型。这一政府类型是我国从计划经济转向社会主义市场经济时期的主要模式，为我国经济持续快速发展起到了主导与保障作用。受竞争压力等方面影响，地方政府过度介入地区经济活动，成为“发展推进型”政府，表现为在招商引资、土地征用等方面介入经济活动的强烈冲动，具有“地方政府公司主义”的特征，GDP和财政收入增长成为政府活动的核心，而政府公共服务责任则退居其次，导致地方公共物品供给不足。

“公共服务型”政府以“协调和谐”为发展战略，以有效的制度、体制、机

制的建立为主要目标，以担当城乡统筹发展的调节者为主要方式，以提供私人、企业、社会公共部门不愿提供或无能力提供的“公共产品”为主要职能，并通过充分履行社会管理和公共服务的职能，防止和纠正“市场失灵”。建立“公共服务型”政府，取决于地方政府能否及时准确地把握社会发展的大趋势，其推行的政策是否符合社会生产力发展的要求。地方政府对新的公共管理环境应变能力是地方政府能力的基础，只有在对地方经济社会发展问题有了明确认识的基础上，才能制定出切实可行的公共政策及其实施方案，才能有针对性地提供地方公共产品与服务。对浙江地方政府来说，在市场经济体制的确立和推动城乡一体化发展的今天，以基础设施建设和公共服务向农村延伸为途径，以缩小城乡居民的国民待遇差别为目的，从担当经济发展的“主体力量”，到更多是担当社会发展的“推进力量”，从“发展推进型”政府转向“公共服务型”政府是历史的必然。

在过去的二元经济和社会体制中，政府的运行以城市为中心，地方财政主要投向城镇公共设施建设，其公共服务大部分面向城市居民，而农村、农民被排斥在外，除了农村的公共设施主要由农民自己投入而外，农民还承担着农村教育、医疗和养老的自我投入。浙江从解决这种二元隔离的状况入手，以政府的制度创新为抓手，全面动员政府各个部门以及各级政府，为城乡一体化提供资金、技术、行政、产业政策、体制改革等方面的支持。

在农村公共设施建设和公共服务向农村的互通方面，以实施“千村示范、万村整治”工程为载体，统筹城乡规划建设，努力形成“以城带乡、城乡联动”的建设格局。为了尽快改变农村建设缺乏科学规划、农村环境脏乱差、农村基础设施建设和公共服务发展滞后的状况，满足日益富足起来的农民群众对改善居住环境、提高生活质量的要求，从 2003 年开始，浙江省开始实施城乡一体化的交通网络、农村供水供电网络、污水垃圾收集处理设施、广播电视设施等方面的建设，提出了“千村示范、万村整治”工程，要求用 5 年时间，对全省 10 000 个村庄进行全面整治，并把其中 1000 个村建成全面小康示范村。各地把实施这项工程作为惠及千百万农民的德政工程和民心工程来抓，推动了城市基础设施向农村延伸、城市公共服务向农村覆盖、城市现代文明向农村辐射。按照城乡一体化规划的要求，搞好村庄布局规划和建设规划。坚持规划先行，每个县把城镇体系规划延伸到村，搞好县域村庄布局规划，形成县城、中心镇、中心村的一体化规划体系。以中心村为重点，建设农村新社区。各地以布局优化、道路硬化、村庄绿化、路灯亮化、卫生洁化、河道净化、住宅美化、服务强化为主要内容，全面开展村庄整治和新村建设。各地坚持因地制宜，通过改造城中村、拆除空心村、撤并自然村、合并小型村，推进中心村建设。同时，以中心村为载体，大力发展农村社区服务业，方便农民群众的生产和生活。政府要求整合部门力量，整体推进基础设施建设。各部门按照省委、省政府提出的“示范整治的点定在哪里，相关部门的服务和资金配套就跟到哪里”的要求，把“千村示范、万村整治”工程与万里清水河道、万里绿色通道、千万亩标准农田、千万农民饮用水、乡村康庄等农村基础设施建设工程紧密结合起来，大力推进农村改水、改厕、改路、改线、改厨，全面改善农民的生产和生活条件。迄今为止，已经投入423亿元整治村庄，其中财政投入、农民自筹、社会投入各占1/3。

基础设施和公共服务从城市向农村的延伸，是城乡一体化的重要内容之一，一方面意味着政府职能的转变；另一方面，则表明农民的基本国民待遇开始得到保证，高度体现了政府在城乡一体化发展中的自觉。首先，浙江省在全省范围内推行了新型社会救助体系（浙江省称之为“大社保体系”），社会低保制度已经覆盖城乡。浙江省委、省政府从促进经济社会协调发展和顺利推进现代化的大局出发，不断深化社会保障制度改革，到2002年全省基本形成了以社会保险为重点、资金来源多渠道、保障方式多层次、权利和义务相对应、管理服务社会化的社会保障体系。党的十六大以后，浙江省委、省政府按照“统筹城乡经济社会发展”和“建立健全同经济发展水平相适应的社会保障体系”的要求，加快扩大社会保险覆盖范围，大力建设社会救助体系，不断完善城市社会保障体系，积极建设农村社会保障体系，全省城乡基本实现了老有所养、病有所医、弱有所助、贫有所济、幼有所学，统筹城乡社会保障体系建设走在了全国前列。早在1996年浙江省开始构建社会低保体系的时候，就把农村纳入其中。目前，浙江省已经形成“保基本、全覆盖；多层次、相协调；可持续、高效率”的大社保体系。其次，浙江省加大对农村教育的投入。2004年已经普及从幼儿到高中的15年基础教育，在农村中小学实施了4项工程，即扩面工程（扩大资助贫困学生的范围）、爱心营养餐、食宿改造工程和教师素质提升工程。最后，向农村提供规划服务，以县市范围为单位对农村的道路网络、排水排污系统、供电系统、通信系统、教育卫生和环卫等进行全面的规划和编制。

7.3.3 引领制度创新，率先建立以公平为核心的城乡一体化制度体系

改革开放30年，浙江省凭借其在改革开放中形成的经济基础和体制优势，实现了从资源小省向经济大省、农业社会向工业社会、基本温饱向总体小康的三

大跨越。进入新世纪以来，浙江继续保持经济高速增长、社会全面进步的良好发展势头，跨入了工业化中后期的新的发展阶段。处在工业化中后期阶段，浙江既有破解难题、加快发展的历史机遇，也有制约增长、结构失衡的严峻挑战，统筹城乡发展、推进城乡一体化是事关全局和长远的重大战略，如何进行有效的制度安排成为工作的重心所在。省委主要领导指出，浙江省城乡协调和区域协调发展水平相对较高，经济发展比较快，综合实力比较强，完全有条件在统筹城乡发展、推进城乡一体化方面走在全国前列。实施这一战略任务，必须坚持以人为本，认真落实全面、协调和可持续发展的科学发展观，围绕加快全面建设小康社会、提前基本实现现代化目标，统筹城乡基础设施建设，统筹城乡环境保护和生态建设，逐渐缩小城乡差别，使城乡居民共同富裕、共享现代文明。统筹城乡发展、推进城乡一体化，规划是龙头，改革是动力，工业化、城市化是支撑，农业农村现代化是基础，投入是保障。这五个方面的重点工作要切实抓紧抓好。各级党委、政府要切实加强领导，集中更多的精力抓统筹城乡发展；要协调各方力量，整合各种资源，形成强大工作合力；要分类指导，从实际出发，因地制宜，有序推进；要遵循客观规律，大胆探索，务求实效，切实维护群众合法权益，把实事办好、好事办好。

在一省范围内推进城乡一体化实践，浙江省开全国之先河。浙江省在城乡一体化实践中，首先，强调城乡一体化的宗旨是使农民从城市化、工业化和现代化获得更多的好处，从而缩小城乡差别；其次，共同强调了城乡一体化发展中政府在制度供给、体制配套改革中的主导作用和民本力量的主体作用。

（1）实施推进城乡一体化纲要，有系统地推进城乡一体化的新型城市化实践

市场经济的快速发展和城市化战略的大力实施，加速了生产要素在农村与城市之间的互通和流动，推动了工业化提升、城市化提速，也带来了工农差别、城乡差别、市民与农民差别的不断扩大和“三农”问题的日益凸现。在这种情况下，浙江省委、省政府以党的十六大精神为指导，大力实施统筹城乡发展方略，制定和实施《浙江省统筹城乡发展　推进城乡一体化纲要》（以下简称《纲要》）。《纲要》对城乡一体化提出了总体要求，并提出了以建立健全以工促农、以城带乡的十大机制，更加全面地发挥工业化、城市化对城乡发展的带动作用，以促进城乡经济社会协调发展为目标，提出村庄整治建设、城乡教育均衡化、农民健康与农民素质培训、农村交通水利农田基础设施建设等六大任务、七条举措以及相应的组织保证等一系列工作。2006 年，浙江省委、省政府又出台了《关于进一步加强城市工作走新型城市化道路的意见》（以下简称《意见》），提出了

“走资源节约，环境友好，经济高效，社会和谐，大中小城市和小城镇协调发展，城乡互促共进的新型城市化道路”。《纲要》与《意见》一方面清楚地勾勒出城乡一体化的图景，另一方面提供了具体的落实举措和组织保证，标志着浙江在全国较早进行了城乡协调、互动发展的新探索。

（2）建立覆盖城乡的大社会保障（社会救助）体系

社会救助就是由国家和社会按照法定的程序和标准，在公民无法维持最低生活水平时，向其提供满足最低生活需求物质援助的社会保障制度。近几年来，浙江省按照统筹城乡经济社会发展的要求，从解决困难群众最关心、最迫切的问题入手，全面建立了覆盖城乡的医疗、教育救助制度，基本建立了以最低生活保障为基础，以养老、医疗、教育、住房等专项救助为辅助，以其他救助、救济和社会帮扶为补充的城乡一体化、组织网络化、管理社会化、保障法制化的新型社会救助体系。

20 世纪 90 年代以来，浙江由于市场经济的快速发展，在大多数农民快速增收的同时，部分社会成员收入增长困难和社会成员间贫富差距扩大的问题开始凸现。在这种情况下，浙江省委、省政府根据中央的有关精神和现代社会的发展规律，积极建立和不断完善覆盖城乡的社会救助体系，实现了城乡人人无饥寒、有书读、能看病。

最低生活保障是社会救助体系的最重要组成部分。1993 年上海市率先建立了城市最低生活保障制度，随后这一制度在全国快速推行，1996 年底全国已有 116 个城市建立了这一制度。浙江省在 1996 年建立了覆盖城乡的最低生活保障制度，这是全国第一个城乡一体的最低生活保障制度，当年全省就有 30 多个县建立了覆盖城乡的最低生活保障制度。2001 年 8 月，浙江省又以省政府令的形式颁布实施了《浙江省最低生活保障办法》，最低生活保障制度走向规范化、法制化，这也是全国首部省级城乡一体的最低生活保障办法。这一办法规定，家庭人均收入低于其户籍所在的县（市）或设区的市的最低生活保障标准的居民、村民，均有从当地政府获得基本生活物质帮助的权利；最低生活保障的标准由当地政府根据城乡差别分别确定，并根据经济社会的发展进行调整。

（3）实行城乡一体的生活救助体系

医疗、教育等救助是社会救助体系的重要组成部分。这种社会救助制度是为了帮助家庭经济困难人群在满足基本生活需求后，能够参与最起码的社会生活而由政府提供的一种保障制度。2003 年，浙江省政府印发了《关于加快建立覆盖城乡的新型社会救助体系的通知》，要求全省“加快构建覆盖城乡的新型社会救助体系，建立健全对困难群众的长效帮扶机制”。这样，浙江省又在全国率先建立了覆盖城乡的生活救助体系。

（4）建立新型农村合作医疗制度

新型农村合作医疗制度是由政府组织、引导、支持，农民自愿参加，个人、集体和政府多方筹资，以大病统筹为主的农民医疗互助共济制度。2003 年 8 月，浙江省政府出台了《关于建立新型农村合作医疗制度的实施意见》，明确了“低点起步、扩大覆盖，政府推动、多方筹资，县级统筹、保障适度，先行试点、逐步推广”的原则，提出了“争取到 2007 年全省基本建立以县（市、区）为单位的农村大病统筹合作医疗制度，80% 以上的农民参加，逐步形成以农村大病统筹合作医疗为主体、其他医疗保障形式为补充的多形式、多层次的农村医疗保障体系，使农民人人都享有医疗保障”的目标，要求各地政府负责解决农村五保户、“低保”家庭和特困残疾人等困难群体参加合作医疗的个人出资部分，规定职工（包括乡镇企业职工）可按自愿原则参加当地农村大病统筹合作医疗。于是，以 27 个试点县为重点，全省启动了新型农村合作医疗的试点工作。2006 年，全省 87 个有农业人口的县（市、区）全部实行了新型农村合作医疗制度。各地在建立新型农村合作医疗制度的过程中，注重与城镇职工基本医疗保障体制逐步接轨，探索建立合作医疗、医疗救助与农村社区卫生服务相衔接的农村医疗卫生服务机制，努力使农民“有地方看病，看得起病，加强预防少生病”。新型农村合作医疗制度的实施，为减轻农民医药费用负担，解决农村因病返贫、因病致贫问题起到了积极作用。2007 年末，全省筹集合作医疗资金 27 亿元，参加合作医疗人数 3000 万人，参加率为 89%；人均筹资 90 元；全省累计完成健康体检 2416 万人，占参加合作医疗农民的 80%，检出各种疾病患者 387 万人，检出率为 16%。

（5）切实解决农民工的医疗保险问题

2006 年，浙江省开展了以农民工参加医疗保险的专项扩面行动。此项行动以省会城市和大中城市为重点区域，以农民工比较集中的加工制造业、建筑业、采掘业和服务业等行业为重点行业，以与城镇用人单位建立劳动关系的农民工为重点对象，以农民工大病医疗保障为重点内容，按照“低费率、保大病、保当期、以用人单位交费为主”的原则，积极将农民工纳入医疗保险制度范围，确保参保农民工享受相应的社会保险体系的方向，要求有条件的地方按照养老保险的“双低”办法，直接纳入城镇社会保险体系。

（6）深化完善被征地农民社会保障

2003 年，浙江先后出台《浙江省人民政府关于加快建立被征地农民社会保障制度的通知》和《关于建立被征地农民基本生活保障制度的指导意见》，建立起了被征地农民基本生活保障制度。2005 年 4 月，浙江省政府印发了《关于深化完善被征地农民社会保障工作的通知》，提出“从2005 年1 月1 日起，各地对新增的被征地农民，必须做到即征即保”，要求各地“妥善解决被征地农民的医疗保障问题”，进一步推动了被征地农民的社会保障从以养老保险为主向包括医疗保障在内的全方位社会保障拓展，从解决被征地农民的生存问题向维护合法权益转变。2008 年上半年出台的《中共浙江省委关于全面改善民生促进社会和谐的决定》进一步提出，要针对农村转移劳动力特别是被征地农民加强就业和创业培训；不断完善被征地农民基本生活保障制度；加快制定或修订有关征地管理、房屋拆迁、劳动就业、医疗卫生、社会保障、环境保护、住房保障、社区建设等热点难点问题的法规制度，推进依法行政，完善依法解决民生问题的长效机制。据浙江省劳动保障部门统计，自 2003 年浙江省建立被征地农民基本生活保障制度以来至今，已有 310 万名被征地农民纳入社会保障范围，其中，260 万名参加基本生活保障，50 万名参加职工基本养老保险；已有 118 万名符合条件的参保人员按月领取基本生活保障金或基本养老保险金。目前，一个覆盖全省的、以“土地换社保”的被征地农民基本生活保障制度，已在浙江省建立起来，并保持着良好的发展态势。

7.4　城乡一体化发展水平评价

7.4.1　评价指标及其原理

7.4.1.1　指标设置原则

（1）全面性原则

城乡一体化发展涉及经济、社会、政治等各个方面，因此，在评价指标体系的设计上，首先要考虑的就是全面性原则，力求多方面、多角度评价城乡一体化的现状。

（2）客观性原则

客观是对浙江城乡一体化中各方面工作、成果的真实反映，以经济、社会发展中实际情况为评价的内容和对象，真实反映城乡一体化的进程。

（3）实用性原则

在评价指标选择上，追求实用性，尽量以现有统计指标或经过加工而得来的指标为对象，选取最有代表性的指标。

7.4.1.2　指标筛选思路

（1）评价内容

开展对浙江省城乡一体化进程的评价，主要从更加富裕的生活水平、逐步对接的基础设施、彼此共享的公共服务、密切关联的产业结构、功能鲜明的空间布局、开放互通的要素市场、协调有序的生态环境、互相衔接的制度安排八个方面对城乡一体化进展进行评价。由于相互衔接的制度安排主要涉及主观评价，当前难以获得有关数据和材料，因此，本书主要从前七个方面开展评价。

（2）基本思路

从七大领域出发，笔者筛选出了 35 个具有代表性的指标，然后从统计年鉴、历史资料等方面获得各指标的原始数据，并对一些指标的数据根据需要进行了初步加工；再对它们进行指数化处理，获得数据的实际值；接下来用实际值乘以权重，即获得了该指标的最后得分；将分领域的各指标得分相加，就可得到各个领域的值，各领域值的和即为城乡一体化的实际值。比较不同年度的实际值，就可以获得全省城乡一体化的进展情况。同理，还可以以 11 个设区市的数据获得每个市的城乡一体化实际值，从而进行横向发展水平的比较。当然也可以进一步比较 60 个县、市城乡一体化情况。

（3）筛选办法

筛选指标的时候，首先确定了三个原则：一是指标的代表性，尽可能地反映所处领域的发展情况；二是指标相互之间的替代性，避免相关性很强的指标，以减少重复性；三是指标的可获得性，只有指标数据可获取，才能实现最终的比较。

按照以上三个原则，筛选指标用了以下四个方法：一是借鉴现有研究成果，主要是借鉴了浙江省发展和改革委员会、浙江省统计局的两个成果——《浙江省经济社会发展综合评价体系》和《浙江省统筹城乡发展评价报告》，直接采用了部分指标，如参加社会保险人数占全社会从业人员比重等；二是从《浙江省统计年鉴》中选取了部分指标，如人均 GDP 等；三是设计了部分综合性指标，进行综合计算取得数值，如城乡居民文化娱乐教育、医疗保健支出比率等；四是从其他资料获得的指标，如城乡社会治安满意度比较等。

7.4.1.3　指标体系构建

指标体系的构建分为三个层次：城乡一体化总指数、7 个领域分指数和 35 个指标的具体指数。

一是最基础的35个指标的指数。对35个指标首先获取其实际值（通过年鉴或资料直接获取、进行简单计算获取）；其次是用实际值除以目标值，进行指数化处理；最后是用其指数乘以权重，即获得该指标的指数。每个指标的最高指数是其权重，最低指数为零。各指标的计算公式详见附录。

二是各领域指数的计算。因为已对所有指标进行了指数化处理，均为标准值，因此各分领域的指数即为本领域各指标指数的和。

三是城乡一体化总指数。为各领域指数的和，如表7-1所示。

表7-1　浙江省城乡一体化发展水平评价表

领域	序号	指标	权重	目标值
更加富裕的生活水平	1	人均GDP/(元/人)	3	80 000
	2	城乡居民人均收入差距/倍	3	1
	3	城乡物价指数比较	3	1
	4	城乡居民恩格尔系数比	3	1
	5	城乡居民文化娱乐教育、医疗保健支出比率/%	3	60
		小计	15	
逐步对接的基础设施	6	人均地方财政收入/(元/人)	3	6500
	7	财政支出中支农情况	3	
	8	农村安全饮用水普及率/%	3	90
	9	农村公路覆盖率/%	3	100
		小计	12	
彼此共享的公共服务	10	城乡生均教育事业经费比率/%	2	100
	11	新增劳动力人均受教育年限/年	2	15
	12	千人医疗资源/%	3	3
	13	群众文化经费支出增速/%	3	20
	14	参加社会保险人数占全社会从业人员比重/%	4	80
	15	城乡低保水平差异度评价/%	2	100
	16	城乡社会治安满意度比较/%	3	100
		小计	19	

续表

领域	序号	指标	权重	目标值
密切关联的产业结构	17	二、三产业比重/%	3	96
	18	市、县“三产”比重/%	3	50
	19	农业劳动生产率 /(元 /人)	3	25 000
	20	农业产业化经营综合评价/%	3	
		小计	12	
功能鲜明的空间布局	21	城市化率/%	4	70
	22	非农产业从业人员比重/%	4	90
	23	产业集聚程度评价/%	4	50
		小计	12	
开放互通的要素市场	24	农民培训转移率/%	2	100
	25	城乡居民人均交通通信费比率/%	2	70
	26	城乡居民信息化实现程度比较/%	2	80
	27	农业科技人员比重/%	3	10
	28	农业生产户户均耕地/亩	2	10
	29	农业及乡镇企业融资比/%	2	30
	30	城乡人均用电支出比较/%	2	70
		小计	15	
协调有序的生态环境	31	土地质量综合评价/%	3	100
	32	环境质量综合评分	4	6
	33	村庄整治率/%	3	100
	34	农村垃圾集中处理率/%	3	100
	35	农村卫生厕所普及率/%	2	95
		小计	15	
		总计	100	

7.4.2 评价方法及其程序

7.4.2.1 指标权重设计与计算

在评价指标体系的设计过程中，采用了由全局到局部的权重赋予方法，即先确定七个领域，并根据七个领域在城乡一体化中的作用和重要性不同，赋予其权重；其次是确定不同领域的指标，根据指标所能反映的内容赋予其权重。权重的赋予主要根据作者在实际工作中的经验，并部分借鉴了浙江省发展和改革委员会的研究成果。

根据以上的方法，结合各领域在城乡一体化中作用和重要性的不同，各领域的权重设计如下。

第一，公共服务是任何公民应平等享有的，不应区分城镇还是农村居民，而且浙江省目前正大力推动基本公共服务均等化工作，因此，赋予“彼此共享的公共服务”这一领域的权重为最高，达到19。这一领域从教育、医疗、文化、保障和公共安全五个方面选取了7个指标，并分别赋予了4、3、3、6、3的权重。

第二，经济发展、要素配置、环境保护是目前推进城乡一体化中很重要的工作，因此赋予“更加富裕的生活水平”、“开放互通的要素市场”和“协调有序的生态环境”三个领域各15的权重。“更加富裕的生活水平”领域从人均经济总量、消费环境和生活差距三个方面选取了5个指标，并分别赋予3、6、6的权重。“开放互通的要素市场”领域从劳动力、科技、土地、资金、能源五个方面的生产要素中选取了7个指标，并分别赋予6、3、2、2、2的权重。“协调有序的生态环境”领域从土地质量、环境质量、居住环境三个方面选取了5个指标，并分别赋予3、4、7的权重。

第三，基础设施的延伸、产业结构的升级、空间布局的合理是城乡一体化的重要抓手，因此赋予“逐步对接的基础设施”、“密切关联的产业结构”、“功能鲜明的空间布局”三个领域各12的权重。“逐步对接的基础设施”领域从财政保障、饮水、交通三个方面选取了4个指标，并分别赋予6、3、3的权重。“密切关联的产业结构”领域从非农产业比重、农业效率两个方面选取了4个指标，并各赋予6的权重。“功能鲜明的空间布局”领域从人口和产业两个方面选取了3个指标，并分别赋予8、4的权重。

7.4.2.2 评价标准分级

本书根据城乡一体化指数的分布范围，将城乡一体化的过程分为五个阶段，分别是对立阶段、起步阶段、发展阶段、基本融合阶段、完全融合阶段（表 7-2）。

表 7-2 城乡一体化发展水平评价阶段划分表

城乡一体化发展水平综合指数	50 以下	50 ~ 65	65 ~ 80	80 ~ 95	95 以上
城乡一体化发展阶段	对立阶段	起步阶段	发展阶段	基本融合阶段	完全融合阶段

7.4.3 城乡一体化发展水平评价结果

本评价体系的设计是按照对浙江省、浙江省所属 11 个设区市、浙江省所辖 60 个县级单位三个层次进行分别评价的，但限于数据的可获得性，本书只从浙江省全省层面进行评价。本评价体系以 2005 年为基期，期望值以 2020 年为目标年。

7.4.3.1 浙江省城乡一体化发展水平评价结果

按照以上指标体系，计算得出 2006 年浙江省城乡一体化发展水平评价结果表，如表 7-3 所示。

表 7-3 2006 年城乡一体化发展水平评价结果表

领域	序号	指标	权重	目标值	2005 年		2006 年	
					实际值	得分	实际值	得分
更加富裕的生活水平	1	人均 GDP/（元/人）	3	80 000	27 703	1.04	31 684	1.19
	2	城乡居民人均收入差距/倍	3	1	0.41	1.23	0.40	1.2
	3	城乡物价指数比较	3	1	0.997	2.99	0.999	3
	4	城乡居民恩格尔系数比	3	1	0.87	2.61	0.88	2.64
	5	城乡居民文化娱乐教育、医疗保健支出比率/%	3	60	0.402	2.01	0.42	2.1
		小计	15			9.88		10.13

续表

领域	序号	指标	权重	目标值	2005 年		2006 年	
					实际值	得分	实际值	得分
逐步对接的基础设施	6	人均地方财政收入/（元/人）	3	6500	2199	1.01	2628	1.21
	7	财政支出中支农情况	3		0.83	2.49	0.95	2.85
	8	农村安全饮用水普及率/%	3	90	72.4	2.41	77	2.57
	9	农村公路覆盖率/%	3	100	92.78	2.78	96.18	2.89
		小计	12			8.69		9.52
彼此共享的公共服务	10	城乡生均教育事业经费比率/%	2	100	73.4	1.47	81.6	1.63
	11	新增劳动力人均受教育年限/年	2	15	10.2	1.36	10.5	1.4
	12	千人医疗资源/%	3	3	1.92	1.92	1.93	1.93
	13	群众文化经费支出增速/%	3	20	18.8	2.82	13.8	2.07
	14	参加社会保险人数占全社会从业人员比重/%	4	80	29.68	1.48	36.66	1.83
	15	城乡低保水平差异度评价/%	2	100	49.7	0.99	49.7	0.99
	16	城乡社会治安满意度比较/%	3	100	94.1	2.82	94.8	2.84
		小计	19			12.86		12.69
密切关联的产业结构	17	二、三产业比重/%	3	96	93.4	2.92	94.1	2.94
	18	市、县“三产”比重/%	3	50	34.9	2.09	34.7	2.08
	19	农业劳动生产率/(元/人)	3	25 000	11 336	1.36	12 888	1.55
	20	农业产业化经营综合评价/%	3		0.388	1.16	0.423	1.27
		小计	12			7.53		7.84
功能鲜明的空间布局	21	城市化率/%	4	70	55	3.14	56.5	3.23
	22	非农产业从业人员比重/%	4	90	75.5	3.36	77.4	3.44
	23	产业集聚程度评价/%	4	50	27.6	2.21	30.5	2.44
		小计	12			8.71		9.11

续表

领域	序号	指标	权重	目标值	2005 年		2006 年	
					实际值	得分	实际值	得分
开放互通的要素市场	24	农民培训转移率/%	2	100	73.5	1.47	79.4	1.59
	25	城乡居民人均交通通信费比率/%	2	70	0.35	1	0.31	0.89
	26	城乡居民信息化实现程度比较/%	2	80	52.8	1.32	56.9	1.42
	27	农业科技人员比重/%	3	10	2.44	0.73	2.61	0.78
	28	农业生产户户均耕地/亩	2	10	2.64	0.53	2.96	0.59
	29	农业及乡镇企业融资比/%	2	30	23.8	1.59	20.2	1.35
	30	城乡人均用电支出比较/%	2	70	27.45	0.78	30.37	0.87
		小计	15			7.42		7.49
协调有序的生态环境	31	土地质量综合评价/%	3	100	99.9	3	1	3
	32	环境质量综合评分	4	6	4.86	3.24	4.84	3.23
	33	村庄整治率/%	3	100	21.7	0.65	34.8	1.04
	34	农村垃圾集中处理率/%	3	100	65	1.95	58.6	1.76
	35	农村卫生厕所普及率/%	2	95	80.1	1.69	79.4	1.67
		小计	15			10.53		10.7
		总计	100			65.62		67.48

7.4.3.2 浙江省城乡一体化发展水平评价结果判断

根据表 7-3 计算结果，得出 2006 年浙江省城乡一体化发展水平指数为 67.48，处于城乡一体化的发展阶段。与 2005 年相比，城乡一体化指数提高 1.86 个点，城乡一体化大力推进。

从七大领域横向比较看，基础设施、空间布局、生态环境三个领域指数实现程度均高于 70；生活水平、公共服务、产业结构三个领域的指数实现程度与总指数很接近，但公共服务、产业结构两个领域的指数实现程度低于总指数；要素市场领域的指数实现程度最低，只有 49.93。从七大领域纵向比较看，除公共服务领域的指数比 2005 年有所下降外，其他六个领域的指数均有所提高，如图 7-1、图 7-2 所示。

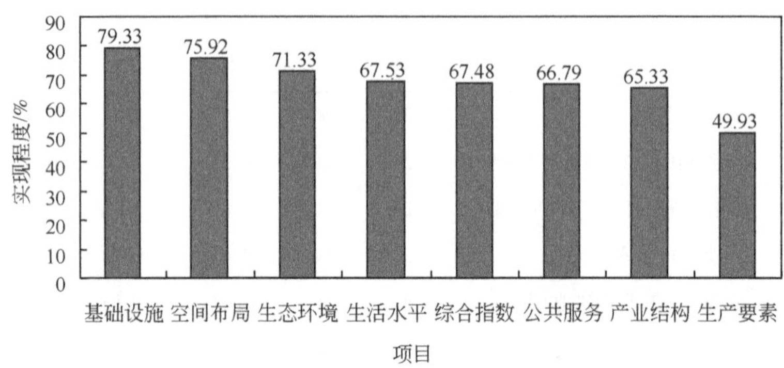

图 7-1　2006 年分领域目标实现程度

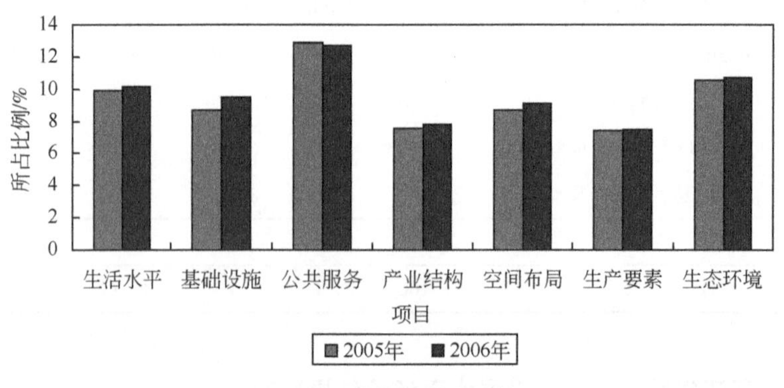

图 7-2　分领域纵向比较

7.4.3.3　浙江省城乡一体化发展成效及区域特征

从评价结果分析得出，浙江省在推进城乡一体化方面取得了以下成效。

（1）基础设施建设力度加大

近年来，浙江省政府分别推出了“五大百亿”工程和“三个千亿”工程，加大了财政对基础设施建设的投入力度，特别是加快建设高速公路和通村公路，大力推进农村自来水工程，逐步将基础设施延伸至广大农村地区。

（2）空间布局更趋科学

从人口分布看，浙江省的城市化率达到 56.5%，人口加快向城市集中，城市化提速；从就业人员分布看，非农产业就业人员比重已达 77%，二、三产业对农村人口的转移支撑作用正在加大；从产业的布局看，企业正向城市、园区集中，布局的科学性逐步提高。同时，这也反映了浙江的产业特色，就是产业集群特别发达，对产业的集中布局和农村人口向城镇转移，都有较大的带动作用。

（3）生态和环境保护的作用提高

不管是从宏观的森林覆盖率、耕地保护、水和大气环境改善，还是微观的农村居民生活环境的优化，浙江省均取得了积极成效，这也得益于生态省建设力度和“十一五”以来浙江对环境保护投入力度的加大。

（4）城乡居民生活水平不断提高

截至 2007 年，浙江省城镇居民人均可支配收入连续 7 年、农村居民人均纯收入连续 23 年列全国各省区第一位。

（5）公共服务加快向农村延伸

浙江省“五大百亿”、“三个千亿”工程建设中教育、医疗、文化等均是重要组成部分，近年来，又推出了“八八战略”、“文化大省”、“法治浙江”、基本公共服务均等化等发展战略，大力推进了公共服务向农村的扩展。

7.4.3.4 浙江省城乡一体化发展存在的不足及发展方向

从评价结果看，虽然浙江省城乡一体化已经进入加速发展阶段，但还存在一些问题，主要是：城乡要素市场的开放和互通度不高，要素的配置效率有待提高，如科技人员比重、土地流转等；产业结构不合理，表现在第三产业比重偏低、农业劳动效率低等方面；公共服务向广大农村拓展的力度不够，特别是城乡保障水平的差距较大；城乡一体化进程需要提速，如按照 2020 年进入完全融合阶段计算，城乡一体化指数年均需提高 1.96 点，但 2006 年仅提高 1.86 点，一体化工作应该进一步加大。

根据以上分析结果判断，今后浙江省城乡一体化工作的方向是：保持较快的经济增长，保障人民生活水平不断提高，加大财政对城乡一体化建设投入；加快基本公共服务均等化工程的推进，强化对广大农村地区的公共服务；加快改革步伐，探索和完善城乡要素配置，逐步提高农村劳动力素质和生产条件；大力发展服务业，尤其是生产性服务业和文化产业，提高第三产业比重，提升制造业科技含量；继续做好基础设施向农村地区延伸的工作。

附：指标解释及计算

一、更加富裕的生活水平

1. 人均 GDP。它是一个地区经济发展水平的综合反映，是衡量一个地区综合经济实力最有代表性的指标。

人均 GDP = GDP/常住人口，其中常住人口 =（年初常住人口 + 年末常住人口）/2，权重为 3，目标值为 80 000 元。

得分 =（实际人均 GDP/80 000）×3

2. 城乡居民人均收入差距。城镇居民和农村居民人均收入绝对额的比较，反映收入的绝对差距。

城乡居民人均收入差距 = 农村居民人均纯收入 /城镇居民人均可支配收入，权重为 3，目标值为 1。

得分 =（城乡居民人均收入差距/1）×3

3. 城乡物价指数比率。物价指数是反映综合消费状况的指标之一，这个指标反映城镇居民与农村居民消费上的差异。

城乡物价指数比较 = 1 − |城镇居民消费物价指数/农村居民消费物价指数 − 1|，权重为 3，目标值为 1。

范围指标，结果越接近 1，越理想。

得分 = 城乡物价指数比较 ×3

4. 城乡居民恩格尔系数比。反映城乡居民家庭经济富裕程度。

城乡居民恩格尔系数比 =（城镇居民恩格尔系数/农村居民恩格尔系数）× 100%，其中恩格尔系数 = 居民食物支出金额/居民消费支出金额，权重为 3，目标值为 1。

范围指标，越接近 1，说明城乡消费结构越类似。

得分 = 城乡居民恩格尔系数比 ×3

5. 城乡居民文化娱乐教育、医疗保健支出比率。包括家庭用于体育文化娱乐用品、参观旅游、文化娱乐服务、教育、医疗、保健健身等方面的支出。通过城乡间的比较，可以反映农村居民生活方式的转变和城市现代文明向农村辐射的成效。

城乡居民文化娱乐教育、医疗保健支出比率 =（农村居民人均文化娱乐教育医疗保健支出/城市居民人均文化娱乐教育医疗保健支出）×100%，权重为 3，目标值为 60%。

分值 = 城乡居民文化娱乐教育医疗保健支出比率 ×3

二、逐步对接的基础设施

6. 人均地方财政收入。它是衡量一个地方宏观经济产出效率的主要指标之一，也是地方推动城乡一体化的财政保障。

人均地方财政收入 = 地方财政收入 /常住人口，权重为 3，目标值：6500 元。

得分 =（实际人均地方财政收入/6500）×3

7. 财政支出中支农情况。反映一个地区财政对农村的支持程度，由当年地方财政支出中支农支出的比重和增幅分别按 50% 权重合成，其中支农支出比重的目标值为 10%、增幅的目标值为 15%。

财政支出中支农情况 =（财政支出中支农支出比重/10% + 支农支出增幅/15%）×50%，权重为 3。

得分 = 财政支出中支农情况 ×3

8. 农村安全饮水普及率。它是指通过改善饮用水的水质，改善供水方式，如管道式集中供水（自来水）而受益的农村人口比例。

农村安全饮水普及率 =（年末农村居民饮水安全人口数/年末农村居民人数）×100%，权重为 3，目标值为 90%。

得分 =（农村安全饮水普及率/90%）×3

9. 农村公路覆盖率。它是指一定区域内通标准化公路的行政村数占本区域全部行政村数的比重，反映城市和乡村间物资、人员交流的便捷程度。

农村公路覆盖率 =（通标准化公路行政村数/行政村总数）×100%，权重为 3，目标值为 100%。

得分 =（农村公路覆盖率/100%）×3

三、彼此共享的公共服务

10. 城乡生均教育事业经费比率。比较一个地区城乡基础教育投入力度。

城乡生均教育事业经费比率 =（农村生均教育事业费/城市生均教育事业费）×100%，权重为2，目标值为100%。生均教育事业费 = 教育事业性经费支出/在校生人数。

$$得分 =（城乡生均教育事业经费比率/100\%）\times 2$$

11. 新增劳动力人均受教育年限。反映新增劳动力的素质和从事劳动的能力。

权重为2，目标值为15年。

$$得分 =（新增劳动力受教育年数/15）\times 2$$

12. 千人医疗资源。反映城乡居民享受的医疗资源水平，由千人医生数、千人床位数分别按照50%权重复合而来。

千人医疗资源 = 千人医生数 ×50% + 千人床位数 ×50%。权重为3，目标值为3。

$$得分 =（千人医疗资源/3）\times 3$$

13. 群众文化经费支出增速。反映群众文化活动经费保障情况。

群众文化经费支出增速 = 当年群众艺术馆文化馆（站）经费/上年群众艺术馆文化馆（站）经费，权重为3，目标值为20%。

$$得分 =（群众文化经费支出增速/20\%）\times 3$$

14. 参加社会保险人数占全社会从业人员比重。反映从业人员的社会保障情况，通过对从业人员参加基本养老保险、医疗保险、工伤保险、生育保险的综合评价得出。权重为4，目标值为80%。

$$得分 =（参加社会保险人数占全社会从业人员比重/80\%）\times 4$$

15. 城乡低保水平差异度评价。通过对某一区域城市与农村间最低生活保障标准的比较评价，反映同为享受低保的城市居民与农村居民之间的保障差异程度。权重为2，目标值为100%。

$$得分 =（农村低保水平/城镇低保水平）/100\% \times 2$$

16. 城乡社会治安满意度比较。反映城乡社会治安状况的差异。

城乡社会治安满意度比率 =(农村社会治安满意度/城市社会治安满意度)× 100%,权重为3,目标值为100%。

范围指标,越接近100%越好。

四、密切关联的产业发展

17. 二、三产业比重。反映当地产业结构升级换代的趋势,代表了本地区经济发展综合水平。

二、三产业比重 =(二、三产业增加值之和/GDP)×100%,权重为3,目标值为96%。

得分 =(二、三产业实际比重/96%)×3

18. 市、县"三产"比重。它是反映统筹城乡发展的主要载体(县及县级市)的产业结构,体现了农村地区产业的高级化。

市、县三产比重 =(市、县第三产业增加值之和/GDP)×100%,权重为3,目标值为50%。

得分 =(市、县"三产"实际比重/50%)×3

19. 农业劳动生产率。它是农业生产力水平和现代化发展水平的综合体现。

农业劳动生产率 = 农业增加值/农业从业人员数,权重为3,目标值为25 000元/人。

得分 =(实际农业劳动生产率/25 000)×3

20. 农业产业化经营综合评价。综合评价农业产业化经营状况,反映农业与其他产业的关联度。由农业机械化程度、农业专业合作社带动农户比重分别按50%的权重复合而成,权重为3。

得分 = 农业产业化经营程度 ×3

五、功能鲜明的空间布局

21. 城市化率。体现一个地区的城市化水平,是经济社会现代化水平的主要指标之一。

城市化率 =（城市常住人口/地区常住人口）×100%，权重为 4，目标值为 70%。

得分 =（城市化率/70%）×4

22. 非农产业从业人员比重。反映工业化和现代化过程中劳动力由农业向工业、服务业转移的情况，反映生产力结构和社会结构的优化。

非农产业从业人员比重 =（二、三产业从业人员年末数/全部从业人员年末数）×100%，权重为 4，目标值为 90%。

得分 =（非农产业从业人员实际比重/90%）×4

23. 产业集聚程度评价。通过比较市县园区（开发区）内的工业增加值比重，反映产业的集聚能力。

产业集聚能力 =［园区（开发区）内工业增加值/市县全部工业增加值］×100%，权重为 4，目标值为 50%。

得分 =（市县产业集聚能力/50%）×4

六、开放互通的要素市场

24. 农民培训转移率。衡量农村需转移就业劳动力经培训后转移就业的比率。

农民培训转移率 =（培训后转移就业人数/培训人数）×100%，权重为 2，目标值为 100。

得分 =（农民培训转移率/100%）×2

25. 城乡居民交通通信费比率。反映区域城乡居民在人口流动方面的差别。

城乡居民交通通信费比率 =（农村居民交通通信费/城市居民交通通信费）×100%，权重为 2，目标值为 70。

得分 =（城乡居民交通通信费比率/70%）×2

26. 城乡居民信息化实现程度比较。反映城乡居民获取信息能力的强弱以及信息技术的发达程度。由彩电普及率、电话（固定电话和移动电话）普及率和计算机普及率三项指标按照 0. 2、0. 4、0. 4 权重加权得来。

城乡居民信息化实现程度比较 = 城乡居民彩电普及率比较 ×20% + 城乡居民电话普及率比较 ×40% + 城乡居民家庭电脑普及率比较 ×40%，权重为 2，目标值为 80%。

得分 =（城乡居民信息化实现程度/80%）×2

27. 农业科技人员比重。是一个地区乡（镇）街道以上事业和企业单位农林牧渔业专业技术人员相当于农业从业人员的比例，反映科技支农的实际状况。

农业科技人员比重 = 农业科技人员数/农业从业人员数，权重为 3，目标值为 10%。

得分 =（农业科技人员比重/10%）×3

28. 农业生产户户均耕地。以土地规模化经营状况来反映农村土地的流转情况，是土地要素流动的体现。

农业生产户户均耕地 =（年末耕地数/农业生产户户数）×100%，权重为 2，目标值为 10 亩。

得分 =（农业生产户户均耕地/10）×2

29. 农业及乡镇企业融资比。以农业及乡镇企业短期贷款金额占全部短期贷款的比例来反映资金要素在城乡之间的配置情况。

农业及乡镇企业融资比 =（农业及乡镇企业短期贷款金额/全部短期贷款金额）×100%，权重为 2，目标值为 30%。

得分 =（农业及乡镇企业融资比/30%）×2

30. 城乡人均用电支出比较。在电价统一的情况下，通过人均用电支出的差别来比较城乡在能源配置上的情况。

城乡人均用电支出比较 =（农村人均用电支出/城镇人均用电支出）×100%，权重为 2，目标值为 70%。

得分 =（城乡人均用电支出比较/70%）×2

七、协调有序的生态环境

31. 土地质量综合评价。反映某一区域生态环境中的土地质量情况，是体现环境优美的主要指标之一。由森林覆盖率、农业人口人均耕地变动两项指标分别按 50% 权重复合而成。其中，森林覆盖率目标值为 60%，农业人口人均耕地与上年的比率不低于 1。权重为 3，目标值为 100%。

32. 环境质量综合评分。包括城市空气环境质量、地表水环境质量（含交接断面水质）、饮用水水源地水质和城市区域环境噪声质量，是反映一个地区环境质量的综合指标。

主要标准：地表水达到Ⅰ～Ⅲ类水质标准的断面百分比；饮用水水源地水质达标率；城市环境空气全年达到Ⅰ～Ⅱ级天数的百分比；区域环境噪声等效声级。权重为4，目标值为6分。

33. 村庄整治率。指的是示范村和整治村的所占比率，根据浙江省委省政府部署的“百村示范、千村整治”工程的进度情况进行评价，反映农村基础设施、生态环境的整治情况。

村庄整治率＝(示范村＋整治村)/村庄总数×100%，权重为3，目标值为100%。

$$得分=(村庄整治率/100\%)\times 3$$

34. 农村垃圾集中处理率。从垃圾处理的角度反映农村环境的整治情况，是村、镇的垃圾集中率和处理率的综合反映。

农村镇、村的垃圾集中率和处理率的综合评估结果。权重为3，目标值为100%。

$$得分=(农村垃圾集中处理率/100\%)\times 3$$

35. 农村卫生厕所普及率。指使用各种类型卫生厕所的农户数占农村总户数的百分比，也是反映农村环境的治理成效的重要指标。

农村卫生厕所普及率＝(农村卫生厕所数/农村居民户数)×100%，权重为2，目标值为95%。

$$得分=(农村卫生厕所普及率/95\%)\times 2$$

参考材料：

1. 浙江省发展和改革委员会、浙江省统计局的《浙江省经济社会发展综合评价体系》。

2. 浙江省发展和改革委员会、浙江省统计局的《浙江省城乡统筹发展水平综合评价指标体系及方法》。

第8章 嘉兴市城乡一体化演进路径的实证研究

8.1 嘉兴市推进城乡一体化的条件分析

嘉兴市地处浙江东北部，东接上海，北邻苏州，西连杭州，南濒杭州湾，当钱塘江与东海之会，揽江、海、湖之形胜，素有“鱼米之乡”、“丝绸之府”之誉。嘉兴是新石器时代马家浜文化的发祥地。春秋时，嘉兴是吴越争战之地，吴越文化在此交汇相融，素有“吴根越角”之称。三国吴时，喜见“野稻自生”，更名为禾兴，后改称为嘉兴，此后“嘉兴”的地名沿袭至今。

嘉兴是中国共产党的诞生地。1949年5月7日嘉兴解放，分设嘉兴县、嘉兴市，后撤并频繁。1983年，撤销嘉兴地区行政公署，分设嘉兴市和湖州市。嘉兴陆地面积3915平方公里，下辖南湖、秀洲两个区，平湖、海宁、桐乡三个市和嘉善、海盐两个县，现有户籍人口336万，暂住人口168万。1985年中共中央、国务院批准嘉兴市区及所辖嘉善、桐乡、海宁列入长江三角洲经济开放区；至1988年，嘉兴市及所辖5县（市）均被列为经济开放区。经过30年的改革开放，嘉兴市的经济建设和社会发展取得了辉煌的成就，可谓是经济重镇、文化名城、港口新市、交通要地、旅游胜地和能源基地。

8.1.1 较高的经济发展水平、较为均衡的区域发展格局

嘉兴自古为富庶繁华之地。千百年来，嘉兴既有“鱼米之乡”、“衣被天下”的富足，又有“百工技艺与苏杭等”的繁华。嘉兴自古以稻米哺育天下，故有“嘉禾一穰江淮为之康，嘉禾一歉江淮为之俭”之说。明清时更为“国家财赋”之区，每年数十万石米粮漕运京师。嘉兴是中国商品经济发育最早最发达的地区之一，自古繁华，城为泽国之雄，明清被誉“江东一大都会”。改革开放以后，嘉兴又是国务院批准的长江三角洲“先行规划，先行发展”的14个城市之一。进入21世纪以来，嘉兴的生产总值增速在浙江省和“长江三角洲”城市中名列前茅，农业生产和对外开放领先全省，城市建设日新月异，工业经济特别是块状

经济发展不断加快，综合实力显著增强，所辖县（市）均进入全国百强县前32强和“浙江省小康县”行列。2007年，全市实现生产总值1585.2亿元，增长14.4%，按当年汇率计算，人均生产总值突破6000美元；完成财政总收入209.4亿元，其中地方财政收入105.2亿元，分别增长26.8%和29%；全市城镇居民人均可支配收入20 128元，增长12.9%，农村居民人均纯收入10 163元，增长13.5%。

嘉兴作为沿海开放地区，经过改革开放30年的不懈努力，经济和社会事业取得了显著成绩，尤其是各县（市）发展相对均衡，区域间比较协调，成为嘉兴推进城乡一体化最重要的基础条件。2006年所辖县（市）连续五届进入全国经济百强县前32位；各县（市、区）人均GDP已全部超过2万元，城乡居民收入差距明显小于全国、全省平均水平。从对区域（各县、市）差异度综合测评结果显示，嘉兴所辖各县（市）经济社会发展程度相近。在经济发展、居民生活、社会协调发展方面的一体化程度总体已经达到或接近80%，城乡居民生活水平已十分接近，良好的区域发展均衡为实现城乡一体化提供了良好的发展条件。

8.1.2 独特的区位优势

嘉兴区位条件得天独厚。它地处全国经济最为发达的长江三角洲的中心位置，位于我国两个最大的经济带——沿海经济带和长江三角洲经济带的交汇之地（图8-1）。嘉兴与沪、杭、锡、苏、湖、甬等城市相距均不到百公里，是长江三角洲及沿海地区14个率先对外开放的城市之一，也是浙江省接轨上海的前沿阵地和华东地区重要的能源基地，具有良好的区域经济协作优势。铁路、公路、水路四通八达，京杭大运河穿境而过，沪杭铁路复线、320国道、沪杭高速公路、乍嘉苏高速公路等贯通境内，已实现了市到县（市）的半小时交通圈和嘉兴到上海、杭州、苏州的一小时交通圈。从市区出发，在100公里半径范围内有上海浦东、虹桥和杭州萧山三个国际机场，一小时左右车程均可到达。沟通宁波和嘉兴的快速通道——杭州湾跨海大桥已建成通车。位于乍浦的嘉兴港已建成全国唯一的海河联运港，2001年4月嘉兴港正式作为一类口岸对外开放，已拥有外海泊位21个，其中万吨级以上泊位14个，千吨级泊位7个，2006年全港完成货物吞吐量2248万吨，集装箱4.5万标箱。目前，嘉兴正发挥岸线和滨海陆域资源优势，依托位于乍浦的国家级出口加工区和国家一类对外开放口岸——嘉兴港，统筹开发建设嘉兴港区、海盐大桥新区和平湖独山港区，加快总面积为217平方公里的滨海新区开发，重点发展临港产业，建设杭州湾滨海新市。

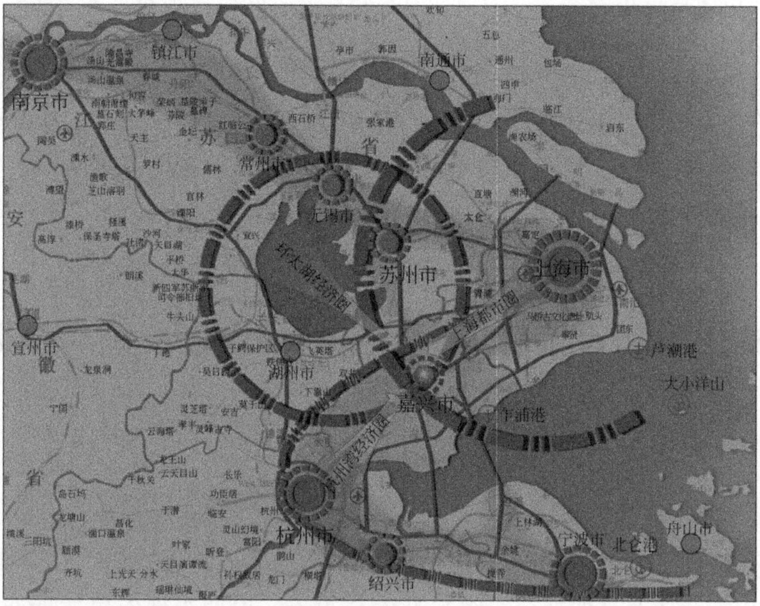

图 8-1 嘉兴市区位图

8. 1. 3 源远流长的文化传统

嘉兴古属吴越之地，水乡泽国，土膏沃饶，风俗淳秀，民风秉承吴越遗俗，既有吴国“泰伯辞让之遗风”，又有越国“夏禹勤俭之余习”，民性善良柔顺。自西汉以后，嘉兴儒家文化占统治地位，又深受佛教影响，“辞让”、“勤俭”的传统不断传承。嘉兴传统的优良风气表现主要有温厚勤劳、善良守礼、温和朴实、秀慧工巧、崇文好学、进取求新、追求进步。但也存在追逐时尚、重实惠安逸的一面，至今仍为显著。平原文化深深影响着嘉禾大地，这为追求平等、均衡的城乡一体化奠定了良好的文化基础。

8. 1. 4 苏南模式与温州模式的交互影响

嘉兴地处苏南浙北交界处，曾受苏南模式较大影响。随着经济的发展，嘉兴逐渐受到温州经济发展模式的影响。相对于苏南模式，温州模式的特点是以家庭工业为基础、以供销员为骨干、以农村集镇为依托、以专业化市场为纽带的市场主导。温州模式将从事家庭手工业的传统发挥到极点，形成了以家庭工业为纽带，以专业化市场为终端，以区域专业化生产为规模的产业集群。在激励机制上，通过股份合作制、股份制等方式实现资源共享，产生了良好的激励效果。温州模式形成过程中，市场机制发挥着广泛的作用，政府的作用主要表现在提供制度环境和公共产品上，管理职能相对弱化。嘉兴特色块状经济明显、民营经济发育充分，经济发展模式深深地受到了温州发展模式的影响，至今这种影响仍然存在。

8.2 嘉兴市城乡一体化路径演进分析：民本自发

8.2.1 农村工业化的推进

农村工业化兴起与发展的历程是农村经济和社会进步的过程。农村工业化的导因可分为三种：第一，农民自发、自主地发展非农产业；第二，外来投资者（包括政府、企业及其他社会组织）在农村投资，雇佣当地农民发展非农产业；第三，农民与外来投资者以投资人的身份联合发展非农产业。无论哪一种方式，农村工业化的发动者和参与者主要是从传统农业中分离出来却又根植于农村的农民，产业角色的转换和思想观念的变化使他们成为农村经济和社会变革的新生力量，在传统农业文明与现代工业文明的交织、矛盾、冲突、更替中，推动着农村向现代社会的进步。因此，可以看出农民在农村工业化进程中是自发的，是以发动者和参与者的身份推进农村经济社会的发展；进而，再将先进的工业经济形态和工业文明植入广大农村，使农村的经济结构和社会结构发生了根本性的变化，极大地促进了农村生产力的解放和发展，从而为推进城乡一体化发展进一步奠定了良好的基础。因为没有农村生产力的发展，就不能提高农民收入水平，就不能很好地解决广大农民的基本生产生活问题；没有经济的发展和农民收入水平的持续提高，农村教育卫生文化等社会事业发展就会成为无源之水、无本之木，农村人居环境和村容村貌就难以根本改善，农村健康、文明、和谐的新风尚就难以持久，农村民主政治的发展就会受到制约。唯有生产力得到更快更好的发展，才有条件谈农民增收、谈社会事业发展、谈人居环境改善、谈生态文明，才有可能使城市文明延伸、传播深入农村。实践证明，农民在农业工业化进程中扮演的主体和自发行为，为城乡一体化发挥了积极的作用。

8.2.2 民营经济的壮大

浙江省为何能够在短短 20 多年里，从一个经济小省一跃成为经济总量居全国前列的经济大省，这是民本力量在市场经济环境下作用的结果，是民营企业的形成与发展壮大，为浙江经济的持续增长奠定了良好的基础。浙江经济的发展可以描绘成这样一幅脉络清晰的图景：改革开放政策使得浙江农民获得了一定程度的流动自由和劳动自由→自由带来了浙江人的生产创新和生产外溢→浙江民营企业的形成发展和块状经济的诞生→扩散到全省→生产创新，生产外溢不断进行，民营企业不断发展壮大→形成了浙江经济的快速发展。嘉兴民营经济的发展轨迹也基本如此。2004 年嘉兴第一次经济普查的数据表明，嘉兴非农产业民营经济单位数已达 30.72 万个，占非农产业法人单位和个体户（以下简称“非农产业单位”）单位个数的 96.7%；民营经济从业人员已达 160.01 万，占非农产业的 75.7%；拥有固定资产原值 603.84 亿元，占非农产业的 32.4%，实现增加值（收入法）为 416.83 亿元，占非农产业增加值的 54.7%；其中生产税 58.42 亿元，占非农产业的 55.9%。嘉兴民营经济已吸纳和拥有了非农产业 3/4 的劳动力、1/3 的固定资产，实现了非农产业半数以上的增加值和生产税，民营经济已成为嘉兴国民经济发展的主力军。民营经济的形成是民间自发的，自发性是它最主要、最根本的特点。所谓自发性主要有两层含义：第一，民营企业的产生主要不是由政府推动的，而是民间自发选择的结果，是当地群众出于创业致富的行为产生的；第二，民营企业的形成也不是政府投资，而是由当地群众自发投资形成的。这种自主性在有着相似文化和民风的邻近地区产生了巨大的震撼和持久的吸引力。因此可以这样说，民营经济的发展主要是由民间自发形成的，是在自由的市场环境下才能产生的，动力来源于企业个体。在嘉兴城乡一体化路径演进过程中，民营经济的发展起到了极为重要的作用。

对城市而言，民营经济从许多方面促进了城市经济与社会的发展，使城市的各类生产要素得到全面充分利用，促进了城市产业结构的调整与提升，改变了计划经济时代不合理的产业布局，促进了各行各业尤其是第三产业的发展，为城市财政收入提供了更多的资金，也推动了科学技术的发展，为科研成果转化提供了机遇，加快了成果的转化进程。另一方面，民营经济的存在和发展大大促进了农村经济的发展，是农村经济与社会全面发展的巨大动力。首先，民营经济加快了农村经济的商品化和工业化，也促进了农村市场体系的发育和形成，改善了农业生产的结构，促进了农业的现代化，加快了农村剩余劳动力的转移，改变了农民以农业为主的单一收入增长模式，拓展了收入来源渠道，稳定的工资性收入的快速增长促进了农民增收；其次，对外开放以来，民营经济促进了农村外向型经济的发展，为对外合作创造了条件；最后，民营经济加快了农村城市化的步伐，使城乡差别逐步缩小。

民营经济的快速发展，促进了经济社会的发展。在这一历史进程中，各级政府对民本力量的认识逐步深化，促进民本经济发展的作用也日益突出。如2004年中共嘉兴市委、嘉兴市人民政府下发《关于促进民营经济新飞跃的若干意见》，明确了进一步解放思想，大胆实践，确保民营经济的主体地位平等、发展机会平等、政策扶持平等，以科技创新、制度创新和管理创新为动力，引导民营经济向规模型、外向型、科技型、效益型转变，推动民营经济增长方式全面转型、竞争能力全面提升、发展环境全面改善，努力在质的提高的基础上实现量的新扩张。在放宽民营经济市场准入条件、提升民营经济产业层次、支持发展外向型民营经济、加大民营经济发展支撑体系建设力度、优化民营企业发展环境等方面提出了政府推进民营经济发展的举措。

8.2.3 产业集群的发展

在嘉兴城乡一体化民本自发的演进历程中，区域特色产业集群的作用也日渐突出。民营经济发展过程中，一部分敢于冒险、敢于生产创新者率先行动，接着是民众大量跟进，生产和创新外溢形成块状经济，形成了特定区域之内的产业集聚和集群现象。产业集群凭借产业链的集成优势、低成本优势、市场优势，进一步提高了产业竞争力，促进了区域经济的发展。嘉兴区域特色产业发展呈现块状或集群明显，如海宁皮革、家纺，平湖服装，嘉善的木业，桐乡羊毛衫业等嘉兴市的传统区域特色产业，以及光机电产业、汽配业和临港型工业，经编业等，其中产值超百亿元的有4个，分别是海宁皮革业、秀洲纺织业、平湖服装业、海宁家纺业；50亿~100亿元的有5个，分别是嘉善木业、嘉善五金机械、平湖光机电、海宁经编、桐乡化纤；20亿~50亿元的有6个；3亿~20亿元的有27个。正是这种产业集群或产业集群的雏形，成为嘉兴市经济发展的强劲支撑和竞争力的源泉，突出了嘉兴各县（市、区）的特色产业优势，增强了城乡一体化的经济基础。作为地方政府，嘉兴高度重视产业集群的发展，在嘉兴国民经济与社会发展“十一五”规划中明确提出加快产业集群化发展：实施环杭州湾产业带嘉兴产业区规划，积极贯彻先进制造业导向目录，实施工业产业集聚提升战略，重点发展临港工业、高技术产业、装备制造业和特色优势产业等四大集群产业。临港工业以化工新材料、能源、造纸、新型建材、船舶修造业为主，高技术产业以电子信息、新材料、生物医药为主，装备制造业以汽车零部件、机械标准件、电器成套设备为主，特色优势产业以纺织服装、皮革制品、化纤、经编、家纺、家用电器和木业家具等为主，努力建成全国性化纤、皮革、纺织、出口服装、经编、家纺、特种纸等行业制造中心和长江三角洲的电子、石化、汽车配件、新型建材、船舶修造、木业家具等产业重要基地。

市场的作用加速了城乡一体化的进程，民营经济和产业集群的发展为城乡一体化提供了动力和坚强基础，弥补了政府单方面力量的不足。微观主体、中观的作用与政府宏观的力量是相辅相成、相互影响、相互促进的。

8.3 嘉兴市城乡一体化路径演进分析：政府自觉

经过 30 年改革开放，嘉兴经济建设和社会发展均取得了很大的成就。嘉兴历届市委、市政府认真贯彻中央和省委精神，十分重视解决“三农”问题和城乡统筹工作。

8.3.1 政府推进城乡一体化发展的历程

回顾改革开放以来嘉兴城乡一体化的发展历程，大体可以分为四个阶段。

第一阶段，从改革开放到 1998 年，为农村生产力快速提升阶段。

在这一阶段，随着土地联产承包制的全面实行，农民拥有了土地经营自主权，生产积极性得到了极大的调动，农业生产逐步走出了“唯粮是纲”的单一格局，农业结构调整开始起步，农业生产力得到了快速发展，农业效益显著提升，全市农业总产值从 1978 年的 9.69 亿元上升到 1998 年的 87.13 亿元。与此同时，在政府的推动和市场主导下，私营经济蓬勃发展，涌现出了海宁许村的轻纺、嘉善西塘的纽扣、桐乡的羊毛衫等私营经济产业群，到 1998 年，全市农村工业总产值达到 865.64 亿元，其中私营企业产值达到 480.71 亿元①。

第二阶段，从 1999 年到 2002 年，为农业、农村现代化加速推进阶段。

1998 年 10 月，江泽民同志在视察嘉兴时发出了“沿海发达地区要率先基本实现农业、农村现代化”的伟大号召。嘉兴市委、市政府根据中央领导的指示，通过研究总结前几年农业和农村工作的实践，出台了《关于推进“五个一”工

---

① 参见 2007 年 7 月嘉兴市委办公室汇报材料《嘉兴农业和农村的发展与现状》

程的实施意见》，要求各县（市、区）强化政策扶持，加大资金投入，创新体制机制，高起点、高标准、高水平地建设好一个中心镇、一个示范村、一个特色工业城、一个现代农业示范园区、一条现代农业产业带，以此为抓手，加快推进农业和农村现代化建设，争取“一年打基础，两年出形象，三年出成效”。通过三年“五个一”工程的实施，农业和农村经济结构的战略性调整取得了显著成效，农村基础设施建设不断加强，农业农村经济获得了快速发展，超额完成了既定目标任务。在此基础上，嘉兴市委于2002年出台了《关于加快推进农业和农村现代化建设的若干意见》，在全市范围内着力推进农业产业化、农村工业化、农村城镇化、环境生态化、农民知识化。

第三阶段，从2003年至2007年，嘉兴进入全面推进城乡一体化阶段。

2003年全国“两会”期间，省委主要领导对嘉兴市提出了要加快推进城乡一体化的明确要求。同年，嘉兴根据党的十六大提出“统筹城乡经济社会发展”要求，在市第五次党代会上把推进城乡一体化作为嘉兴经济社会发展的五大战略之一。2004年在全省率先制定了《嘉兴市城乡一体化发展规划纲要》和城乡空间布局、基础设施、产业发展、劳动就业与社会保障、社会发展、生态环境建设与保护六个一体化专题规划，全面实施城乡一体化发展战略。2004年3月，省委主要领导来嘉兴蹲点调研统筹城乡发展、推进城乡一体化工作，并召开全省统筹城乡发展、推进城乡一体化工作座谈会，指出：嘉兴市这几年发展很快，城乡面貌变化很大，尤其是在统筹城乡发展、推进城乡一体化方面做了大量工作，领导重视，制订规划，明确思路，落实措施，取得了明显进展；嘉兴城乡协调发展的基础比较好，完全有条件经过3~5年的努力，成为全省乃至全国统筹城乡发展的典范。

党的十六届五中全会作出建设社会主义新农村的重大战略部署后，嘉兴又制定了《关于建设现代新农村推进城乡一体化的意见》，提出了发展新产业、构筑新环境、建设新社区、培育新农民、营造新风尚、构建新体制等“六个新”为重点的目标任务，在新的起点上全面建设现代新农村，加快推进城乡一体化。

这期间嘉兴城乡一体化的工作和探索，集中表现在按照《嘉兴市城乡一体化发展规划纲要》和六个专题规划推进城乡一体化。一是不断完善城乡规划体系，初步形成覆盖全市域的城乡规划体系，编制完成了市域总体规划、市区城市总体规划、近期建设规划、市区分区规划、片区协调规划以及历史文化名城保护规划、城市总体风貌设计、城市水系规划、中小学布点规划、环卫设施规划、城市绿地系统规划、综合交通规划、运河文化保护与利用规划等一大批专项规划。

全市所有建制镇都编制了镇总体规划，整合中心村和农村居民点，编制全市村庄布点与建设规划。根据统筹城乡发展的要求，新一轮《城市总体规划》和《嘉兴市域总体规划》充分体现城乡一体化发展的理念。如《城市总体规划》将城市规划区扩大到整个行政区，将广大农村纳入到城市规划范围；《嘉兴市域总体规划》明确在新的发展背景下全市的功能定位和市域总体发展的战略目标，确定全市域的功能结构和空间布局。二是不断创新城乡一体的制度，如推进农村土地使用制度改革，探索农村集体建设用地流转机制，研究制定《农村集体建设用地流转管理办法》；探索“宅基地保持集体所有，使用权允许公开转让”的农村宅基地货币化试点工作，鼓励农民进入城镇购房和向中心村集中居住，加快城镇化进程；加快推进公共财政制度改革，扩大财政支农范围，加大财政支农力度；推进农村行政管理体制综合改革，明确乡镇、村等基层政权组织的事权，明晰乡镇政府的职能定位，提高基层政府发展经济、社会管理和公共服务的能力。三是推动城乡产业融合发展，区域经济呈现快速、协调、健康的发展态势。调整优化农业产业结构，发展区域特色主导产业。围绕现代都市型农业的目标，积极拓展农业的生产、生态和文化休闲功能，全面启动“四基地一中心”的建设，农业产业结构得到进一步优化，以优质油菜、设施蔬菜、花卉苗木、名特优水产品、湖羊和蚕桑为主的六大优势农产品生产区域更加明确。实施新型工业化战略，加快城镇工业化步伐，推动乡镇规模特色经济快速成长，加快农村工业化进程。农村工业依托城镇和乡镇工业功能区，走集群发展之路，在木业、皮革、毛衫、服装、化纤、丝织六大特色产业基础上，发展壮大经编、装饰布、小家电、毛皮等一批极具成长性的特色产业。四是推动城乡公共服务均衡发展，随着全市经济快速发展，以科技、教育、文化、卫生、体育和食品安全六个方面为主要内容的公共服务在城乡得以均衡发展，现代城市文明加快向广大农村辐射和扩散，城乡公共服务体系不断完善，城乡之间基本实现均衡发展。加强了社区卫生服务网络建设和城乡一体的医疗保障体系建设，促进城乡文化事业的发展。五是稳步推进交通、公交、环保、供水、电力、通信等基础设施建设，加快基础设施向农村延伸。深入推进交通设施一体化，构筑城乡三级公交网络，构筑城乡一体的垃圾收集处理体系，实现农村生活垃圾收集的全覆盖，加快城乡一体的环保基础设施建设，污水逐步实现集中处理。建设城乡一体的燃气建设体系、供水网络体系、电力设施建设体系和通信网络体系，平稳推进城市天然气管网建设，铺设城乡一体化供水管网。六是推动城乡劳动就业和社会保障一体化，逐步建立一体化、多层次、广覆盖的社会保障体系。出台了《嘉兴市城乡居民社会养老保险暂行办法》，率先实行城乡一体的居民社会养老保险制度，实现养老保险制度的全覆盖；建立基本医疗保险、补充医疗保险、医疗补助、医疗照顾、医疗救助等多层次的医疗保障制度，出台《关于进一步完善嘉兴市城乡居民合作医疗保险制度的意见》等政策文件，对各县（市、区）合作医疗保险实行统一筹资标准、统一参保对象、统一起报线、统一封顶线、统一统筹年度，并建立了筹资动态增长机制。在全市形成职工基本医疗保险制度和城乡居民合作医疗保险制度两大体系，不断完善城乡新型社会救助体系，完善城乡最低生活保障制度，在生活、就业、就学、就医、住房、法律援助等方面实施分层分类救助。初步形成公积金住房、经济适用房和廉租住房三位一体的城市住房保障体系，积极实施农村困难户危旧房改造工程。七是探索多元化的农民增收机制。农民增收始终是“三农”问题的核心，嘉兴着力增加农民工资性收入、家庭经营收入、财产性收入和转移性收入，重点推进以农民自主创业增收为主的多元增收机制。不断培育创业载体，搭建创业平台，发展各类专业市场、休闲农庄、农家乐等，使家庭经营、块状经济、专业市场步入互促共进的良性发展轨道；依托各类开发区、科创园区，建设和完善各类中小企业孵化器；依托小城镇工业功能区、商业街区等平台和载体，出台《嘉兴市农村合作金融机构农村住房抵押借款、登记管理暂行办法》和《关于开展农村住房抵押贷款试点工作的意见（试行）》，努力缓解农村融资难，积极引导和鼓励农民创业发展，形成集聚效应。

第四个阶段，从2007年12月开始至今，嘉兴进入城乡一体化工作的快速推进阶段。

2007年底，浙江省委、省政府将嘉兴列入浙江省统筹城乡发展综合配套改革试点，其目的是围绕打破城乡二元体制，通过规划引领、体制创新、政府推动以及市场运作、自主探索和政策支持，率先建立城乡公平的政策制度，加快形成有利于城乡统筹发展的规划布局、基础设施、产业发展、社会事业、生态环境和行政管理新机制，将嘉兴建设成为带动作用强、统筹水平高、体制机制活的统筹城乡发展先行区。嘉兴也清楚地认识到当前统筹城乡发展、推进城乡一体化进入了新阶段，一些制约性因素亟待解决：“三农”问题仍然是全面建设小康社会的重点难点，农业产业的弱质性、农村地区的相对落后、农民的总体素质较低等需要根本性改变，城乡二元结构尚需根本消除，制约城乡和谐发展的体制机制仍需破解，向纵深推进城乡一体化的瓶颈依然不少。2007年12月底，嘉兴市委、市政府出台《打造城乡一体化先行地的行动纲领（2008～2012年）》（以下简称《行动纲领》）及七个配套支撑体系文件，标志着嘉兴城乡一体化工作进入快速推进阶段。《行动纲领》确立了“全力打造城乡一体化先行地”的工作部署，明确今后一个时期的目标任务，即充分发挥城乡一体化综合配套改革试验区的改革发展空间优势，加快体制机制创新，健全完善规划布局、产业发展、基础设施、公共服务、社会保障、环境建设、组织保障七个支撑体系，力争到2012年城乡经济社会发展大部分指标实现接轨，城乡差距显著缩小，率先形成城乡一体化发展格局。

8.3.2 提供制度安排，促进城乡一体化

8.3.2.1 完善促进城乡一体化发展的制度体系

为深入改革阻碍城乡一体化的深层次制度性约束，嘉兴市政府出台了《打造城乡一体化先行地的行动纲领》，从健全完善规划布局、产业发展、基础设施、公共服务、社会保障、环境建设等几个方面，为推进城乡一体化发展提供制度支撑。

一是建立城乡一体规划布局支撑体系，结合新农村建设和进一步推进城乡一体化工作，编制完成《嘉兴市现代新农村建设规划纲要》，出台《嘉兴市培育中心镇工作的实施意见》，建立起市域总体规划—市区城市总体规划、县（市）域总体规划—分区规划—建制镇总体规划—详细规划、村庄规划的城乡全覆盖的规划体系。优化“主城—副城—市镇—中心村”的网络型城乡空间布局体系，初步形成一个以中心城区为主中心，各县（市）城区和滨海新区为副中心、以中心镇和一般建制镇为支撑、一主多副、功能互补的网络型大城市框架。实施“1640”工程，“做强”主城，“做优”六个副城，“做特”40个左右的市镇节点，发展“一镇一品”特色产业经济，将市镇建成为所在农村地区经济、文化、服务中心，主、副中心城市的特色功能区和卫星城，提升市镇对农村地区的辐射作用。

二是建立城乡一体产业发展支撑体系，以“四基地一中心”为重点，加快推进高效生态都市型现代农业建设。发展农产品加工业，提升休闲观光农业，积极完善农产品流通体系，重点扶持和建设一批区域性、功能齐全、设施先进的农产品批发市场，构建农产品现代物流网络；以集聚集约集群为重点，努力实现工业经济又好又快发展。加快工业产业结构创新，突出发展装备制造业，培育一批拥有自主知识产权、具有较强国际竞争力的装备制造企业，形成一批具有特色和知名品牌的装备制造业产业集群。提高工业创新能力，加快创建浙江省区域创新体系副中心，充分发挥嘉兴科技城的引领作用，加快“双核六园”建设。提升各类工业园区，把各类工业园区建成围绕主导产业集聚及其产业链上下游延伸拓展的产业集群，提高土地集约利用水平，提高园区的创新能力；以培育新型服务

业态为重点，构筑完善的现代服务业体系。培育发展现代服务业集聚区，完善专业市场体系建设，加快物流园区建设和物流资源整合，促进第三方物流发展，探索建设第四方物流项目。重点培育生产性服务业，发展金融保险、仓储物流、创意设计、科技研发、商务服务、职业教育等生产性服务业。

三是建立城乡一体基础设施支撑体系。加快推进长江三角洲交通一体化基础设施工程，建成“三纵三横三连”的高速公路网络，建立“一环一横五纵六射三连”干线公路网络以及其他主要县乡公路，基本形成城乡一体的快速交通体系。研究制定农村公交和城市公交的统一发展政策和经济政策。完善垃圾收集处理机制，建立健全全市垃圾统一调度机制和农村生活垃圾收集、转运、处理工作长效机制。完善污水收集处理机制，加快各县（市、区）污水处理厂的新建和扩建工作，强化对农村生活污水和畜禽养殖废水的收集处理。

四是建立科技、教育、文化、卫生、体育和食品安全等为主要内容的城乡一体公共服务支撑体系。全力推进浙江省区域创新体系副中心建设，均衡发展教育事业，落实“以县为主”的教育管理体制，推进学校标准化建设和农村社区教育。实施农村文体基础设施发展工程，加快农村文体基础设施建设，实施农村文化信息资源共享；加快推进农村公共图书馆服务体系建设，深化农村广播电视村村通工程；实施小康健身工程，健全群众身边的健身组织网络，构建“亲民、便民、利民”的多元化群众体育服务体系。完善公共卫生体系，建立健全卫生监督、疾病预防控制组织网络；建立以社区卫生服务中心（站）为主体，其他具有社区特色的专业医疗卫生服务机构为补充的社区卫生服务网络，完善社区卫生服务机构布局，加快社区卫生服务人才队伍建设。

五是建立城乡一体劳动就业和社会保障支撑体系。积极创建充分就业社区、村，消除“零就业家庭”；促进大中专毕业生充分就业，深入实施“一村一名大学生”引进和培养工程；加强创业培训，建立布局合理、功能完善、特色鲜明的公共实训基地；加快建立统一、多层次、全覆盖的城乡社会保险制度。全面实施城乡居民社会养老保险三年行动计划，实现城乡居民社会养老保险全覆盖；加快建设城乡统一的医疗、工伤和生育保险制度，深化基本医疗保险制度改革，健全医疗保障方式、运行机制和管理办法；实行城乡统一的职工失业保险制度，加快失业保险制度改革，统一缴费费率，统一征收管理办法，统一失业保险待遇，统一支付办法，建立城乡一体的失业保险制度。健全新型社会救助体系。推进低保管理规范化建设，完善最低社会保障制度，实现与再就业、社会保险、最低工资制度的衔接；结合不同的困难救助对象及各自需求，进一步实施分类救助办法，逐步形成以保障社会困难群体基本生活为主，帮助就业、帮困助医、住房解困、帮困助学等专项救助为补充的多层次、多方位的新型社会救助体系；落实廉租住房制度和经济适用住房制度，满足低收入家庭基本居住需求。

六是建立城乡一体环境建设体系。编制实施嘉兴地区（杭嘉湖平原）河网水污染防治规划，启动太湖流域水环境综合治理生态修复工程，有效改善水环境；建立跨行政区域河流交接断面水质管理制度；加强了重点行业、重点企业污染整治和清洁生产审核力度。大力发展循环经济，重点抓好循环经济建设试点乡镇、试点园区和试点企业建设。积极引进推广“农牧结合循环型”、“综合利用型”和“生化处理型”等生态养殖模式；深入实施“百村示范、千村整治”工程，逐步建立起道路养护、绿化管护、河道保洁、垃圾收集、公共服务设施的正常管理和维修等一系列制度。严格落实节能减排，完善排污许可权有偿使用和交易制度，全面实行排污许可证制度，依法对排污单位实行排污许可证制度，严禁排污单位无证或超总量排放排污。建立和完善了污染减排“考核、统计、监测、核查、调度、直报、备案、报告、公告、督察、预警”等多项制度。

新时期嘉兴推进城乡一体化总工作方针，旨在打破城乡二元体制，率先建立城乡一体的公平政策制度。

8.3.2.2 加快户籍制度改革步伐

户籍制度是二元城乡结构根深蒂固的制度性障碍。嘉兴在推进城乡一体化进程中，把改革户籍制度作为破解二元城乡结构的突破口，探索城乡户籍制度这一决定城乡居民身份和地位的根本性制度的变革。目前嘉兴在农民人均纯收入中，绝大部分来自于非农领域，反映出嘉兴农民收入增长与二、三产业发展的高度相关性，这一切与嘉兴加快户籍制度改革，打破城乡二元经济、社会结构和体制的举措密不可分。

2002 年 5 月嘉兴市政府办公室转发了《市公安局关于深化户籍管理制度改革实施意见的通知》，明确提出要逐步取消二元户籍制度，建立全面实行按居住地登记户口的管理制度。

嘉兴海宁是全国百强县（市）之一，经济和社会发展基础较好。2003 年嘉兴将海宁作为试点县，探索户籍改革，通过打破二元制户籍管理模式，建立并实行全海宁城乡统一、以居住地登记和人户一致为原则的户籍管理新制度，推动其他各项配套改革，最终达到整体推进城乡一体化的目标。具体措施有：①取消户口性质，实行全市户籍一元化制度。即在全市范围内取消农业、非农业、自理口粮等户口性质，统称居民户口。②实行户口迁移条件准入制度。取消农转非制度，以户口迁移准入条件全面取代以往的户口迁移政策限制，按照居住地登记户口和人户一致的原则，实行以合法固定住所、稳定职业和生活来源为基本落户条件。③继续实行人才引进、投资兴业鼓励政策。引进人才和投资兴业人员凭政府主管部门出具证明可以在人才中心落户，公安机关凭有关证明可以直接办理落户手续。④继续全面放开直系亲属投靠政策。⑤取消市局审批制度，实行网上迁移户口一所办理制。群众迁移户口只要到就近派出所，办理户口迁移。相关户口事宜在派出所当场办理，并取消部分费用。随着户籍改革逐步接近深水区，嘉兴市委、市政府又积极稳妥地开展了与户籍政策相关的社保就业、计生、农地处置、教育兵役等配套改革以及相关探索工作，有力推动了嘉兴城乡一体化改革的深入进行。

2004 年 11 月，嘉兴市委、市政府《关于加快推进农业农村现代化建设的若干意见》进一步放宽了户籍政策。在劳动就业方面，2002 年就停止了使用农村劳动力的计划审批制度，开始实行城乡居民劳动就业一视同仁的政策。完成了秀洲区城乡劳动就业一体化试点工作，并开始向各县（市、区）推广。

嘉兴市咨询委、市委政研室、市公安局曾组成联合调研组就户籍制度改革有关社保、拆迁、计生、卫生、教育、土地承包、司法赔偿等 15 个方面的城乡公共政策进行深入调研。联合调研组调研后认为，统筹与户籍挂钩的城乡公共政策，实行按居住地登记管理的户籍制度，消除（或逐步消除）附着在户籍制度上政策差异的条件已基本具备，时机已经成熟，可以考虑在城乡居民合作医疗保险、城乡居民养老保险、就业服务、失业保险、高龄老人补贴和遗嘱生活补助、家庭经济困难学生补助等方面率先并轨，消除城乡差异；在城乡退伍士兵优抚安置、“双农独女”学生中考加分等方面逐步并轨，逐渐缩小差距；在计划生育、农村土地承包、农村集体资产收益与分配、农村居民宅基地、市区经济适用住房、廉租住房、房屋拆迁、司法赔偿等方面承认差别，暂时维持现状。

2007 年嘉兴市委、市政府出台《关于改革户籍管理制度进一步推进城乡一体化的若干意见》，明确提出改革户籍管理制度，建立城乡一体的新型户籍管理制度势在必行，推进户籍管理制度改革有利于农村人口向城镇集聚，加快现代化网络型大城市建设，加快城市化进程，推动城乡协调发展；有利于推进城乡公共服务均等化，保障公民的合法权益；有利于转变政府职能，完善社会管理和公共服务。嘉兴市委、市政府改革户籍管理制度的具体做法包括：一是建立按居住地登记户口的新型户籍管理制度，实行城乡统一的户口登记管理制度，建立城乡统一的户口迁移制度，实行按居住地划分统计人口制度，进一步简化户口办理程序；二是加强户籍管理制度改革的相关政策衔接，稳定农村土地承包政策，保持计划生育政策的连续性，鼓励农村居民向城镇集聚，统一城乡职工保险政策，实行城乡统一的就业服务政策等。嘉兴的办法实际是要改革户籍制度背后的因农业、非农业户口不同而出现的社会利益分配的不均等性，改变因户口而使居民享受不同的社会保障、就业、教育、计划生育、住房等制度。可以认为，嘉兴政府主导的制度变革是有效果的。

8.3.2.3 加强外来人口服务

近年来，随着嘉兴经济社会的不断发展，越来越多的流动人口来嘉兴务工、经商、兴业，其中部分已安家扎根，为了更好地让奉献在嘉兴的外来人员共享改革发展成果，更好地为新居民服务，2007 年嘉兴成立了全国首家负责外来人员的服务机构——嘉兴市新居民事务局，标志着近 200 万新居民（外来人口）服务管理工作有了新开端。新居民事务管理局负责全市新居民服务管理工作的组织、协调、指导和综合管理工作，同时承担新居民服务管理和居住证制度改革试点工作的职责。根据新居民来嘉兴工作时间的长短、技术技能等具体情况和基本条件，实行临时居住证、居住证和技术员工居住证分类登记管理，逐步把新居民纳入嘉兴市公共服务体系，进一步落实新居民在政治生活、劳动就业、社会保障等方面的政策待遇，使他们共享经济社会发展成果，缩小因为城乡差别、身份差别、地位差别等原因而造成的生活、学习、工作差距，最大程度地帮助新居民改善生存、发展状况，以实现建设和谐社会的目标。这是政府主动的适应行政职能转变、建设服务型政府的体现，是推进城乡一体化的制度保障工作。

8.4 嘉兴市推进城乡一体化发展中存在的问题

8.4.1 传统体制性障碍仍然影响城乡二元分割

当前中国传统农业、农村与现代工业、城乡之间的二元经济结构比较明显，界线分明，造成这一现象的主要原因是政府的发展偏好存在偏差。改革开放后的很长时期内，政府的发展理念由于体制导向原因，不同程度地存在“三重三轻”现象，即重工业、轻农业，重城市、轻农村，重城市居民、轻农村居民。而且还通过政策性的利益输送链，在四个主要渠道如工农产品价格剪刀差、财政税收收支差、金融资金存贷差和土地征用出让价格差等，使农村产出为城市发展积累资金，维系这种城市发展偏好的利益格局。同时，政府财政支出主要用于城市的经济社会发展，而农村的教育、卫生、道路、交通等方面的投入明显偏少，很大程度上还要靠农民自己出来解决，距离统筹城乡发展的公共财政支出机制差距较大。能比较说明问题的是城乡土地制度的不合理性，随着国有土地使用制度改革的深入，城市非农建设用地已从行政划拨全面转向市场化的出让，土地出让价格大幅上升，但集体土地政策尚未松动，向农民集体征用土地的补偿办法和补偿标准尚未取得重大突破，国有土地出让的价格远远高于对农民的补偿。这种方式在一定程度上讲是一种新的财富转移模式，它客观上强化了农村发展的体制性障碍，削弱了农村的发展后劲。对于嘉兴而言，如何在现有体制政策的框架及惯性思维、路径依赖之上，积极有效破除二元体制的束缚，实现嘉兴城乡一体化，的确是一个现实难题。

8.4.2　城市化水平偏低造成城市吸纳力不强、带动力不足

城乡一体化推进是建立在较高的城市化水平基础上，为此必须不断增强大中城市的承载功能和辐射功能，充分发挥大中城市对周围小城市和农村小城镇的带动作用，使小城镇接受大中城市辐射作用，发展成为农业、农村经济的增长中心、重要节点和推进城市化的有效据点，起到维系大中城市和农村的纽带作用，集聚乡村工业为农村剩余劳动力转移和农民增收提供更多机遇。从理论上讲，无论是近期还是长期解决“三农”问题，一个重要问题就是要将大量农村剩余劳动力从农业领域向非农领域转移，而城市化过程又是实现农村剩余劳动力转移的重要途径。当前，嘉兴主城区规模偏小，工业总量不大，产业结构又正处于由粗放的劳动密集型向提高科技含量的集约型转型时期，资本替代劳动现象日益突显，加之每年数目庞大的高校毕业生不断涌入就业市场，城市失业率出现一定幅度上升，城市和产业人口集聚功能还不强，继续承接农村剩余劳动力转移的空间有限，持续大量转化农村剩余劳动力还有一定困难。

8.4.3　政府财力有限造成财政对城乡一体化投入不足

与其他地方一样，嘉兴过去也是“工农分割”、“城乡分治”，二元结构明显，农业、农村长期单向向工业发展和城市建设提供资金。现在实施的城乡一体化发展则是在生产力水平发展到一定程度之后，通过工业反哺农业、城市带动乡村，变单向推动为城乡结合、优势互补、共同发展的双向互动，是一种新的发展路径。虽然嘉兴改革开放以来积累起了一定的经济实力，但是这些财力与统筹城乡发展所需资金相比，还是捉襟见肘；而且，受国内外宏观经济环境以及金融财政政策变化影响，嘉兴又不能够重走以地生财的土地经营道路，因此寻找财源，

增强财力，建立合理的公共财政支出制度迫在眉睫。

8.4.4 农业产业化水平低影响城乡一体化推进进程

嘉兴地处杭嘉湖平原腹地，农业生产自然条件好，传统农业种植业仍占据主要地位，而农业（特别是粮食作物生产）在相当程度上是社会效益高、经济效益低的弱质产业，其影响的不确定因素比较多，使得资金、技术、人才等生产要素不会向农业集中，而会向收益较高的非农产业流动，这极大影响了农业发展及农业产业化进程。总体来看，嘉兴当前农业发展面临着与其他地区同样的两难选择。一般来说，人们从工业获得收入远远比农业收入要多得多，农业生产已成为嘉兴大部分农民非主要劳动对象，嘉兴农业产业化水平低，农户小规模生产，整体经济实力不强，农业产业化龙头和骨干企业数量少，产业化规模较小、产业化产值较低，对农户的带动、辐射能力不强，农产品加工层次低，产业链条短，不适应农业产业结构调整的需要。此外，农业产业化服务体系薄弱，中介组织发育不良，产业化组织体系不健全，缺少有效的产业化管理运转体制等现象，也在嘉兴农村经济发展中存在着。加快城乡一体化进程很重要的一个环节就是深入推进农业产业化经营，不断提高农业产业化水平，从而增强农村的自我发展能力。从国内外经验看，农业产业化是推动农村生产力发展的重要渠道，是实现农民增收的有效途径，也是市场经济条件下嘉兴农业和农村经济深化改革和进一步发展的必然选择。嘉兴已经深刻认识到上述问题，也明显感觉到城乡一体化进入了体制机制改革的关键阶段，目前正以建设浙江省城乡统筹综合改革配套试点为契机，以改革创新大力破解城乡一体化深层次问题，并于 2007 年开始了嘉兴城乡一体化新的探索，启动了深水区改革攻坚战。

8.5 嘉兴市城乡一体化路径演进的实践效果

嘉兴市委、市政府根据党的十六大提出的“统筹城乡经济社会发展”的要求，全面实施城乡一体化发展战略，认真落实《嘉兴市城乡一体化发展规划纲要》，城乡空间布局、基础设施建设、产业发展、劳动就业与社会保障、社会事业发展、生态环境建设与保护等一体化工作整体推进，取得了显著成效。主要表现在：多元化的增收机制初步建立，农民收入由缓慢提高转变为平稳较快增长，城乡居民收入比缩小至 1.99: 1；网络化的基础设施基本建成，城乡一体的公交网络日益完善，新农村电气化建设全面推进，农村信息化水平快速提高；公共服务全面推进，城乡教育均衡发展，农村公共卫生和医疗服务体系日益健全完善，农村文化建设成效显著，乡风文明建设出现良好的势头；城乡一体化政策体制逐步完善，农村社会保障水平不断提高，城乡就业一体化格局基本形成，被征地农民社会保障落到实处，新型城乡居民合作医疗保险制度不断完善，城乡居民社会养老保险工作全面实施；生态化的建设理念渐入人心，农村环境面貌发生深刻变化，“百村示范、千村整治”工程深入实施，户集、村收、镇运、县（市）处理垃圾集中收集处理机制日趋完善，农村生活污水无害化处理工作大力推进；制度化的基层民主日益健全，农民民主权益得到切实维护，党在农村的执政基础不断夯实，村民自治机制全面落实，平安创建深入开展。

8.5.1 城乡居民收入的比较

表 8-1 表明，无论是城镇居民人均可支配收入、农村居民人均纯收入，还是城乡居民收入差距比，嘉兴的情况好于全国。尤其是最近几年农村居民人均纯收入的增长速度明显快于全国水平，城乡收入差距不断缩小，由 2000 年的 2.04 缩小到 2007 年的 1.98；相比之下，全国由 2000 年的 2.78 扩大到 2007 年的 3.3。这充分说明，嘉兴这几年城乡一体化推进是卓有成效的，在城乡居民收入差距缩小方面取得的成绩是极为突出的。

表 8-1 嘉兴、全国城镇居民人均可支配收入、农村居民人均纯收入比较

年份	嘉兴城镇居民人均可支配收入 / 元	嘉兴农村居民人均纯收入 / 元	嘉兴城乡居民收入差距比	全国城镇居民人均可支配收入 / 元	全国农村居民人均纯收入 / 元	全国城乡居民收入差距比
1985	861	718	1.20	690	397	1.738 035
1986	1039	802	1.30	828	424	1.952 83
1987	1127	1012	1.11	916	463	1.978 402
1988	1403	1273	1.10	1119	545	2.053 211
1989	1613	1552	1.04	1260	602	2.093 023
1990	1954	1648	1.19	1387	630	2.201 587
1991	2035	1653	1.23	1570	710	2.211 268
1992	2439	1800	1.36	1826	784	2.329 082
1993	3441	2162	1.59	2337	921	2.537 459
1994	5368	2919	1.84	3179	1220	2.605 738

续表

年份	嘉兴城镇居民人均可支配收入／元	嘉兴农村居民人均纯收入／元	嘉兴城乡居民收入差距比	全国城镇居民人均可支配收入／元	全国农村居民人均纯收入／元	全国城乡居民收入差距比
1995	6700	3366	1.99	3893	1578	2.467 047
1996	7141	4088	1.75	4839	1926	2.512 461
1997	6999	4795	1.46	5160	2090	2.468 9
1998	7921	4236	1.87	5425	2160	2.511 574
1999	8224	4230	1.94	5854	2210	2.648 869
2000	9240	4527	2.04	6280	2253	2.787 395
2001	10 766	5111	2.11	6860	2366	2.899 408
2002	10 757	5136	2.09	7703	2476	3.111 066
2003	12 251	6034	2.03	8472	2622	3.231 121
2004	14 392	6953	2.07	9422	2936	3.209 128
2005	15 555	7936	1.96	10 493	3255	3.223 656
2006	17 129	8890	1.93	11 759	3587	3.278 227
2007	20 128	10 163	1.98	13 786	4140	3.329 952

资料来源：根据 1985 ~ 2007 年《嘉兴统计年鉴》，1985 ~ 2007 年《中国统计年鉴》资料整理。

图 8-2 表明，嘉兴自建市以来，城乡居民收入差距比基本维持在 1.00 ~ 2.00，一直低于全国水平；2000 年以后，全国的城乡居民收入差距更是超过了 3.00，远高于嘉兴水平，并有进一步扩大趋势。

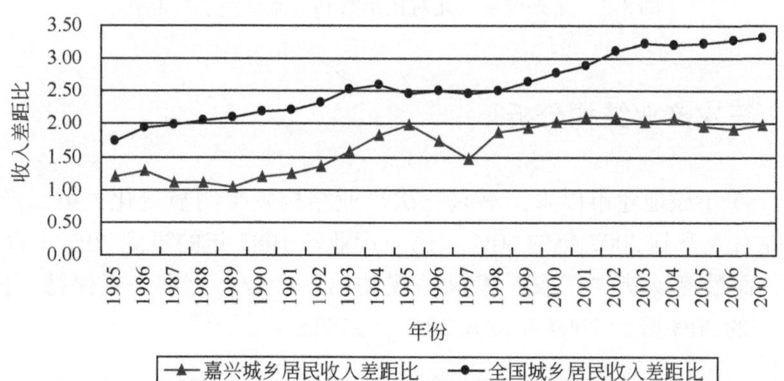

图 8-2　全国与嘉兴城乡居民收入差距比

8.5.2 二元反差系数与二元对比系数的比较

从图 8-3 可以看出，嘉兴二元经济结构的二元反差系数，从 1998 年开始下降，2001 年加速下降，2004 年后降至 0.100 附近，城乡一体化工作成绩显著；而二元对比系数 2000 年开始略有提高，2004 年增幅明显，表明农业与工业部门的差别变小，二元经济结构差异越发不明显。综合以上两系数走势变化，可以得出这样的结论：2004 年是嘉兴城乡一体化进程的一个重要拐点，之后，嘉兴城乡一体化进入了新的发展时期，即一体化深入融合发展时期。

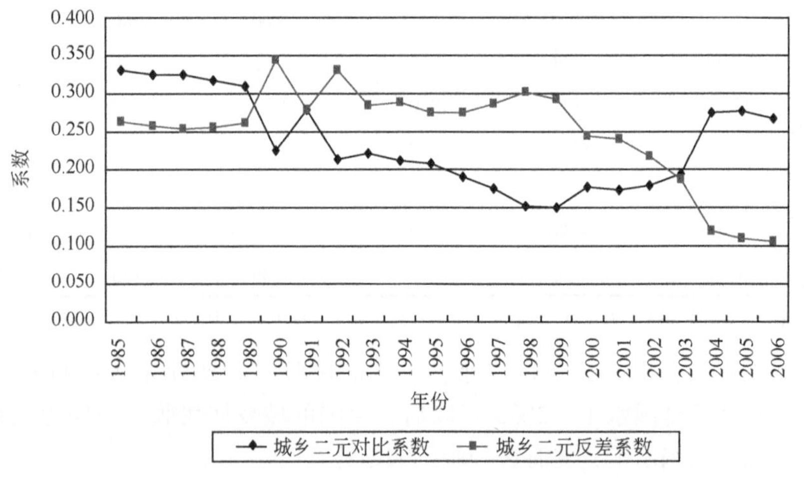

图 8-3 嘉兴城乡二元对比系数和二元反差系数走势

8.5.3 三次产业结构分析

自 1985 年撤地建市以来，嘉兴三次产业结构发生明显变化，第二产业占比从 50% 左右上升到 2007 年的 60%，第三产业从 1985 年的不到 20% 上升到 2007 年 34%，而最能反映“三农”发展情况的第一产业，比重一直保持下降态势，从 1985 年的 30% 降到 2007 年的 6.32%，如图 8-4 所示。

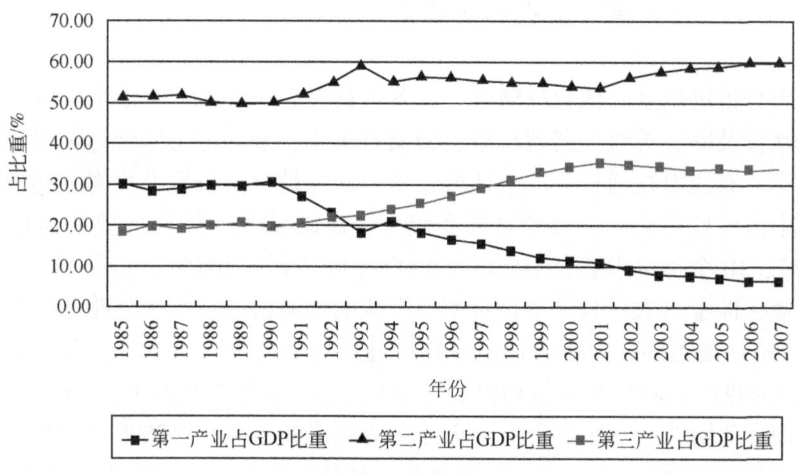

图 8-4　嘉兴三次产业结构变化

8.5.4　全社会从业人员从事第一产业的比例

统计资料还显示，嘉兴 2004～2006 年全社会从业人员从事第一产业的比例分别为 17.37%、16.23%、15.27%，比例逐年下降，如图 8-5 所示。

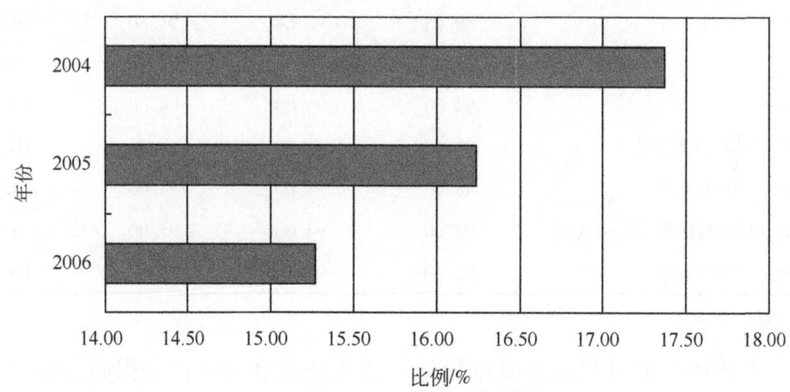

图 8-5　嘉兴 2004～2006 年全社会从业人员从事第一产业的比例

8.5.5 各项社会事业取得重大进展

嘉兴自推进城乡一体化战略以来，各项社会事业发展取得了重大发展。从农村自来水普及率、等级公路通村率、公交通车率、公共卫生综合达标率、合作医疗参保率、有线电视通村率、电话覆盖率、义务教育学校标准化率、初中毕业生升入高中段学校比例、省级教育强乡镇率等反映城乡一体化成效的典型指标看（表8-2），10个指标中有5个指标在2007年度达到了100%，实现了嘉兴市域内的全覆盖，即全市农村自来水普及率、有线电视通村率、等级公路通村率、有线（无线）电话覆盖率、省级教育强乡镇率建成率都达到了100%。其他的指标内容如市级标准的行政村文化活动中心（室）、电网覆盖率也达到了100%，省、市级“东海文化明珠”乡镇（街道）创建率达到了90.5%，较2006年的83.8%提高近7个百分点。2004～2006年，嘉兴城乡一体化的社会事业也取得了突出的成绩。具体指标的发展情况如图8-6、图8-7、图8-8所示。

表8-2　嘉兴社会事业典型指标　（单位：%）

指标内容	2004年	2005年	2006年	2007年
农村自来水普及率	78.00	80.00	85.00	100.00
等级公路通村率	90.00	95.00	100.00	100.00
公交通车率	83.00	89.30	93.50	99.79
城乡合作医疗参保	89.65	90.84	91.80	95.04
12项公共卫生服务综合达标率	92.00	96.00	97.78	98.50
有线电视通村率	94.00	96.00	98.00	100.00
有线（无线）电话覆盖率	97.00	98.00	99.00	100.00
义务教育学校标准化率	48.00	58.00	74.00	82.00
初中毕业生升入高中段学校的比例	93.00	94.00	95.00	95.00
省级教育强乡镇建成率	92.40	94.20	96.00	100.00

资料来源：嘉兴市委农办。

社会事业中，尤其是城乡基础设施一体化建设和城乡社会保障、教育、卫生一体化发展取得明显成效。“生态嘉兴”建设加快进行，城乡居民生产、生活环境不断改善，“三废”综合治理率达到97%，全市污水逐步实现集中处理。多数县（市）对城乡生活垃圾集中收集、统一处理的焚烧发电项目已提上议事日程，城镇生活垃圾无害化处理率达77.8%。城乡供水一体化进度加快，2006年全市城市供水管网覆盖人口已达 199 万，城乡一体化供水人口覆盖率达 59.4%。交通基础条件明显改善，城乡联系日趋便捷，初步形成以市区为中心的半小时交通经济圈，全市等级以上公路密度达到 51.24km/km^2，并仍然处于快速提高之中。农村实现了村村通公路，农村道路黑化、硬化率达 80%。村庄整治逐步推开，农村新社区建设开始起步。2001 年市政府下发了《关于做好城乡居民最低生活保障工作的通知》，明确将符合条件的所有城乡居民纳入低保范围。农村社会养老保险工作自 1994 年全面开展以来，取得显著成效。2007 年 9 月出台了《嘉兴市城乡居民社会养老保险暂行办法》，在全省乃至全国率先实行城乡一体的居民社会养老保险制度，实现了养老保险制度的全覆盖。城乡居民合作医疗制度不断完善，全市已形成职工基本医疗保险制度和城乡居民合作医疗保险制度两大体系，医疗保险制度覆盖了城乡居民，至 2007 年已有 309.4 万人享受医疗保障，占户籍总人口的 93.2%，农民参加新型农村合作医疗保险的比例达到 95%。城乡教育主要指标基本接近，全市农村中小学师资力量得到加强，教育教学水平不断提高。农村教育设施得到普遍改善，城乡居民享受优质教育的比例不断扩大。目前，嘉兴全市初中校均规模居全省第一，小学校均规模列全省第三，乡镇中心幼儿园的建设率达到 100%，居全省首位。15 年教育全面普及，7 个县（市、区）全部通过省级教育强县评估。职业教育加快发展，建成省级以上重点职业学校 11 所。公共卫生体系不断完善，加强了社区卫生服务网络建设，建成城乡社区卫生服务中心 92 个，社区卫生服务站 871 个。加强了城乡一体的医疗保障体系建设，嘉兴城乡居民合作医疗保险乡镇（街道）、行政村覆盖率均达 100%。

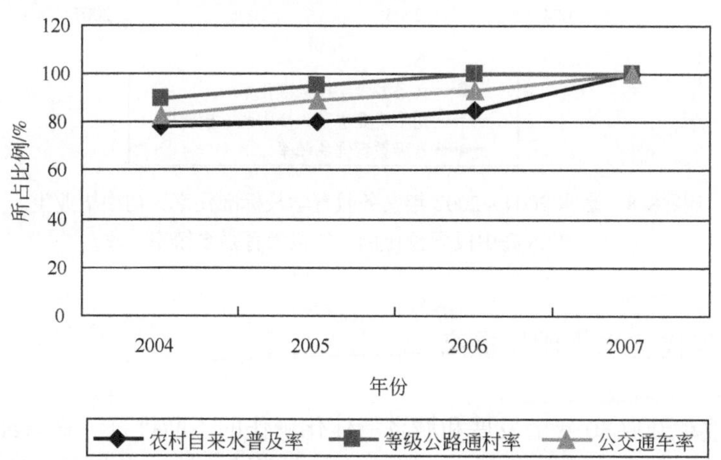

图 8-6 嘉兴 2004 ~ 2007 年农村自来水普及率、等级公路通村率、公交通车率

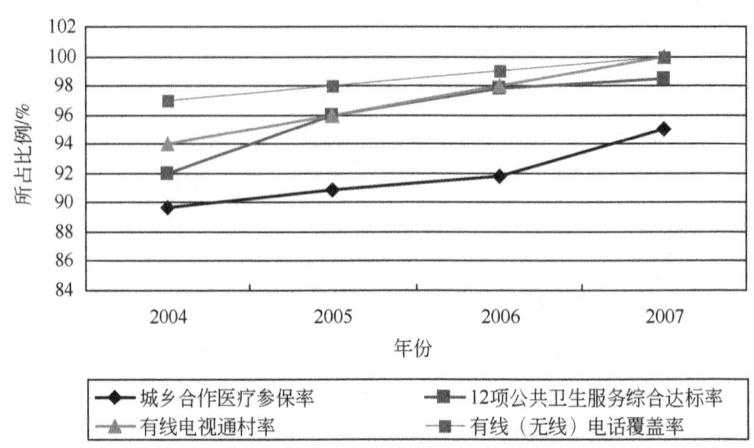

图 8-7 嘉兴 2004～2007 年公共卫生服务综合达标率、城乡合作医疗参保率、有线电视通村率、有线（无线）电话覆盖率

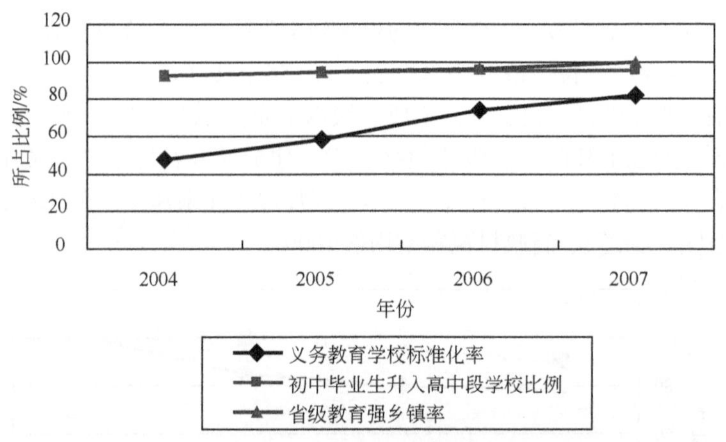

图 8-8 嘉兴 2004～2007 年义务教育学校标准化率、初中毕业生升入高中段学校比例、省级教育强乡镇率

8.5.6 现代化水平明显提高

经过改革开放 30 年的发展和城乡一体化工作的不断推进，嘉兴经济社会发展有了很大的进步，综合实力明显增强，在中国城市综合竞争力（2007 年）排名中位居第 37 位。从嘉兴基本现代化实现程度的测评结果来看，综合得分为

78.1 分，处于现代化的扩展阶段，即将进入爬高拉升阶段，若干指标表现出与基本实现现代化比较接近的特征。相对其他指标，嘉兴的生活质量现代化实现程度最高，达到93.2%，并在人均摄入蛋白质量、人均住房面积、电话普及率三个方面已经达到基本现代化标准，反映居民生活富裕程度的恩格尔系数也已接近标准要求。社会发展协调化程度较高，达到标准值的94.3%，人口自然增长率及失业率已达到标准要求。此外，外贸依存度、非农就业人口占比、人均预期寿命、千人医生数也已基本达到标准要求，这都显示出嘉兴已经具备了较高的现代化实现程度。

8.6 嘉兴市城乡一体化路径演进的启示

嘉兴城乡一体化工作的实际成效，得益于地方政府的自觉作为、制度创新和以民本为主的农村工业化及民营经济的共同作用。其中，政府主导的城乡一体化推进起到了重要作用。地方政府也是一个理性的“经济人”，是区域性经济实体和主要制度供给者，制度创新的动力来源于一个理性经济人的利益追求。在分权改革后，地方经济社会发展的竞争越来越激烈。面临发展的压力的地方政府如果能出台反映实际的规划、政策，推动促进城乡一体化的制度形成，就会取得良好的制度收益，促进当地经济社会的和谐发展。

嘉兴地方政府在具备城乡一体化的初始条件情况下，趁势借风主导了近几年的城乡一体化，把城乡一体化工作作为推动全市经济社会发展的主战略，加强了制度供给，充分发挥了政府主导的作用。从 2000 年以来的情况看，嘉兴地方政府至少充当了两类角色：一类是城乡一体化的实际践行者；二类是城乡一体化制度供给者。

从实际践行者角度来看，嘉兴地方政府针对城乡一体的规划工作、网络型城市及城镇化推进、城乡一体的产业体系、城乡一体的基础设施、城乡一体的公共服务、城乡一体的就业和社会保障以及公共财政资金的使用等均作出明确的引导规划，并加大投资力度、大力建设、切身实践、积极参与城乡一体化的具体工作。

从制度供给者角度来看，嘉兴地方政府主要作用在于制度创新，从战略高度和长远规划明确了城乡一体化的阶段性任务。如 2002 年出台了《关于加快推进农业和农村现代化建设的若干意见》，在全市范围内开始着力推进农业产业化、农村工业化、农村城镇化、环境生态化、农民知识化等。2004 年制定了《嘉兴市城乡一体化发展规划纲要》和城乡空间布局、基础设施、产业发展、劳动就业与社会保障、社会发展、生态环境建设与保护等“六个一体化”专题规划，全面实施城乡一体化发展战略。2005 年出台《关于建设现代新农村推进城乡一体化的意见》，提出了发展新产业、构筑新环境、建设新社区、培育新农民、营造新风尚、构建新体制等“六个新”为重点的目标任务，加快推进城乡一体化。而2007 年12 月市委、市政府提出的《打造城乡一体化先行地的行动纲领》及七个配套支撑体系文件，则标志着嘉兴城乡一体化工作进入快速推进阶段。嘉兴的实践说明，在当前形势下，地方政府推进城乡一体化大有可为，大有空间（表8-3）。

表 8-3　嘉兴城乡一体化相关重要政策

城乡一体化内容	2005 年度	2006 年度	2007 年度
城乡一体化规划布局	嘉兴市委市政府关于进一步加快小城镇建设和发展的若干意见（嘉委［2005］27 号）	嘉兴市委市政府关于进一步加快小城镇建设和发展的若干意见（嘉委［2006］2 号）	嘉兴市委办公室市政府办公室关于2007 年建设现代新农村推进城乡一体化工作的意见（嘉委［2007］19 号）
	嘉兴市政府办公室关于推进农村宅基地整理加快农村新社区建设的意见（试行）（嘉政［2005］52 号）		嘉兴市委市政府关于推进强镇扩权积极培育现代新市镇的若干意见（嘉委［2007］36 号）
城乡一体化产业发展体系	嘉兴市委市政府关于统筹城乡发展作好农业农村工作的若干意见（嘉委［2005］7 号）	嘉兴市政府关于进一步推进乡镇工业功能区建设的若干意见（嘉政［2006］16 号）	嘉兴市政府办公室关于加快推进农村土地承包经营权流转的意见（嘉政［2007］106 号）
	嘉兴市政府办公室关于推进农村社区股份制改革的实施意见（嘉政［2005］123 号）		
城乡一体化公共服务体系	嘉兴市委市政府关于推进城乡卫生一体化加强基层工作的意见（嘉委［2005］2 号）	嘉兴市政府关于加快市本级城乡一体化供水的实施意见（嘉政［2006］11 号）	嘉兴市政府关于加快发展城乡社区卫生服务的实施意见（嘉委［2007］28 号）

续表

城乡一体化内容	2005 年度	2006 年度	2007 年度
城乡一体化公共服务体系	嘉兴市政府关于进一步推进城乡教育一体化发展的若干意见（嘉政［2005］39 号）	嘉兴市委市政府关于加强嘉兴新居民服务管理工作的若干意见（嘉政［2005］30 号）	嘉兴市委市政府关于进一步加强公共文化服务体系建设的实施意见（嘉委［2007］28 号）
		嘉兴市委市政府关于加强嘉兴新居民服务管理工作的若干意见（试行）（嘉委［2006］35 号）	
城乡一体化劳动和社会保障体系	嘉兴市政府关于进一步推进城乡居民合作医疗保险工作的指导意见（嘉政［2005］30 号）	嘉兴市政府关于进一步完善城乡居民合作医疗保险工作的意见（嘉政［2006］45 号）	嘉兴市政府关于完善职工基本养老保险制度的实施意见（嘉政［2007］14 号）
	嘉兴市政府关于对城乡低收入困难家庭实施援助的意见（嘉委［2005］54 号）	嘉兴市政府关于进一步做好 2006 年市本级城乡居民合作医疗保险工作的意见（嘉政［2006］38 号）	嘉兴市政府办公室关于做好市本级 2008 年城乡居民合作医疗保险工作的意见（嘉政［2007］121 号）
		嘉兴市政府关于进一步做好市本级城乡居民合作医疗保险工作的意见（嘉政［2006］115 号）	嘉兴市政府关于做好全市 2008 年城乡居民合作医疗保险工作的意见（嘉政［2007］70 号）

续表

城乡一体化内容	2005 年度	2006 年度	2007 年度
城乡一体化环境保护建设	嘉兴市政府办公室关于进一步加强沼气技术推广工作的意见（嘉委［2005］6号）		嘉兴市委办公室市政府办公室关于深入实施“千百”工程全面开展农村环境综合整治的意见（嘉委［2007］11号）

资料来源：根据嘉兴市委农办《城乡一体化政策汇编》资料整理。

第9章　义乌市城乡一体化之路

9.1　义乌市城乡一体化进程

9.1.1　义乌市概况

义乌市位于浙江中部，公元前222年置县，初名乌伤县，因秦时颜乌孝敬父亲、感动乌鸦的故事而得名；公元624年，改名为义乌。市域面积1105平方公里，辖16个镇、5个乡，共792个村委会、55个居委会，本地户籍人口71.6万，外来建设者超过100万人。1988年5月经国务院批准撤县设市（县级）。义乌地处金衢盆地东缘，以丘陵为主，东、南、北三面环山，地势自东北向西南缓降，构成一个南北长、东西短的长廊式盆地，森林覆盖率达37.2%。全市共有耕地22 810公顷，其中水田18 990公顷，以种植水稻、麦类为主，为“国家级‘一优两高’农业示范区”，“省级商品粮基地”。义乌交通发达，是浙中交通枢纽。浙赣铁路复线纵贯义乌境内达42公里，杭金衢高速公路纵贯境西部，金甬高速公路在义乌与杭金衢高速公路相接，全市已实现村村通公路、乡乡公路硬面化的目标。联托运业务遍及全国140余个大中城市。民航义乌机场先后开通至广州、北京、深圳、汕头、福州、厦门、南京、郑州等地的航班。

义乌具有悠久、深厚的传统文化。传统义乌文化的演进和更新根植于“尚文好学”的学术传衍、“尚武勇为”的义乌兵精神、“尚利进取”的商业文化传统三大文化支柱。“尚文好学”的学术传衍，主要体现在地域学术的承传上；“尚武勇为”的义乌兵精神，指的是义乌子弟为保家卫国而敢于赴难的大无畏气概；“尚利进取”的商业文化传统，主要体现的是植根于民间以鸡毛换糖为特色的经商行为，或称之为行担经济，以及由此而孕育出的“拨浪鼓文化”传统。新时期，义乌市在组织新义乌精神大讨论时，总结出了“勤耕好学、刚正勇为、诚信包容”的“义乌精神”。“勤耕好学”是因为义乌地窄人稠，迫使人们精耕细作，勤劳俭朴；而“刚正勇为”则彰显了义乌人刚直清正、宁折勿弯和求真务实、敢于开拓创新的特性；“诚信包容”则更可以看作是义乌20年发展壮大的“立身之本”，义乌商人恪守“诚信为本”的商业道德和“海纳百川、兼收并蓄”的开放心态。

2007 年，义乌市实现地区生产总值 420.9 亿元，同比增长 15.7%；人均 GDP 59 144 元，约合 7800 美元，达到中等发达国家水平；而 1978 年，GDP 仅 1.28 亿元，人均只有 235 元。三次产业结构比例由 1978 年的 57.4∶21.1∶21.5 升级到2007 年的2.8∶46.1∶51.1，实现了“三二一”型产业结构，非农产业比重高达 97.2%。2007 年进出口总额达 18.3 亿美元，其中出口 16.7 亿美元，市场外向度高达 55%以上，商品出口到 215 个国家和地区。财政收入由 1978 年的 2000 万元增加到 2007 年的 58.9 亿元，其中地方财政收入达到 32.3 亿元。

改革开放 30 年以来，义乌市经济和社会发展取得惊人业绩，从一个贫穷落后的山区县发展成为世界知名的国际小商品城，城乡社会面貌发生了翻天覆地的变化。2006 年 6 月，浙江省委主要负责同志到义乌调研时强调，义乌人民创造的发展经验是浙江人民在贯彻“三个代表”重要思想和科学发展观的实践中所创造经验的生动体现。中央政策研究室、中央财经领导小组办公室联合调研组在总结义乌市 30 年改革开放的成功经验时指出：义乌充分利用市场先发优势，以创业创新为动力，以小商品流通为载体，推进市场化，带动工业化，催生城市化，演进为国际化，把一个贫穷落后的农业小县造就成“全球最大的日用商品批发市场”和实力雄厚的经济强市，创造出“无中生有、无所不有”的义乌奇观。

9.1.2 义乌市服务业发展与城市化

义乌市的发展是依托制度创新和区位优势，依靠小商品的市场流通带动工业化步伐，优先发展市场，推动了全市服务业发展，进而带动了工业化，推进产业集聚和人口集中，城市化水平稳步提高。

改革开放 30 年来，义乌市始终坚持“兴商建市”的发展战略，通过发展专业市场，尤其是国际小商品市场，带动整个服务业发展，加快国际性商贸城市建设，提升城市综合竞争力；通过对外开放与合作，积极推进和提升服务业的水平和层次。截至 2007 年，义乌市初步形成了以商贸流通为主体，以传统服务业为支撑，市场化、社会化、产业化特征明显的现代服务业体系。服务业增加值达到 215 亿元，是 1978 年的 298 倍，服务业占 GDP 的比重提高了近 30 个百分点，年均提高 1 个百分点。

义乌市的服务业发展首推专业市场。从“鸡毛换糖”、马路市场起步，到

1982 年在全国率先创办小商品市场以来，经过五易其址、十次扩建，义乌业已形成以中国小商品城为核心，11 个专业市场（通信市场、家电市场、旧货市场、汽车城、义乌装饰城、物资市场、义乌农贸城、家具市场、二手车交易市场、木材市场、出版物中心）、20 多条专业街相支撑，运输、产权、劳动力等要素市场相配套的市场体系。市场总面积达到 260 万平方米，汇集了 41 个行业 1901 个大类 40 余万种商品，市场经营户达 5 万余户。截至 2007 年底，义乌市场成交额已经连续 17 年位居全国各大专业市场榜首，小商品指数已经成为全球小商品价格的晴雨表，成为全球最大的日用消费品流通中心、展示中心和中国重要的商品出口基地。闻名全球的中国义乌国际小商品博览会（义博会）正是依托义乌专业市场发展而来，它是经国务院批准的日用消费品类国际性展览会，由商务部、浙江省人民政府、中国国际贸易促进委员会、中国轻工业联合会和中国商业联合会主办，至今已连续举办了十四届，是继广交会、华交会之后的国内第三大经贸类展会。2008 年“义博会”的 11 万多名参会客商中，有 1.7 万多名是来自境外 130 多个国家和地区，其中还有 80 多个贸易团队，以及 10 多家跨国零售集团的代表，实现展览成交额 103.6 亿元，其中外贸成交额 9.49 亿美元。同时，依托专业市场，义乌每年要举办 40 多个专业展会，其中有 15 家国家级行业协会到当地办展。

通过繁荣发展小商品市场，义乌市不仅带动了与小商品相关的生产制造，更促进了国际会展、物流、房地产、金融等现代服务业的发展和集聚，服务业的结构更加优化。如 2007 年义乌市房地产业增加值为 15.7 亿元，在服务业中所占份额由 1998 年的 2% 提高到 7.3%，金融业增加值比 1998 年增长 14 倍，在服务业中所占份额比 1998 年提高 4.4 个百分点，会展、中介等新兴服务业发展势头喜人，成为服务业发展的新亮点。

随着市场的繁荣和服务业发展的加快，以及工业化的推进，义乌市的城市化经历着不断的发展和完善，城市化水平进一步提高。改革开放 30 年来，义乌市的城市建设经历了小城镇—小城市—中等城市—大城市—城乡一体化等五个阶段，城市化水平由 1978 年的 8% 提高到 2007 年的 62%，建成区面积由 2.8 平方公里拓展到 73 平方公里，人口由 3 万增长到 71.6 万，先后荣获“浙江省文明示范城市”、“国家卫生城市”、“国家环保模范城市”、“国家园林城市”、“中国优秀旅游城市”等称号。

9.1.3 义乌市的市场发展与工业化

30 年来，义乌市的工业化与市场化相互支撑、共同推进，取得了巨大的成就。义乌市工业企业数量由 1978 年的 165 家增加到 2007 年的 26 509 家，工业总产值由 0.8 亿元增长到 858 亿元，并经历了三个阶段：第一个阶段是工业经济起步阶段（1978 ~ 1987 年），义乌采取了乡、村、联、个“四个轮子一起转”的工业发展战略，属于典型的浙江工业“村村点火、户户冒烟”模式，形成了前摊后厂式的千家万户加工业；第二个阶段是工业经济发展阶段（1988 ~ 1998 年），义乌提出了“引商转工、工商联动”的发展战略，开发建设工业小区和工业基地，初步培育出服装、袜业、饰品、毛纺、拉链、彩印等八大优势行业；第三个阶段是工业经济加速提升阶段（1999 年至今），义乌提出了“发展、壮大、集聚、提升”的发展思路，开发建设“一区五园”，促进了企业向工业园区集中。随着工业化的推进，义乌工业的所有制结构、产业结构不断优化。民营经济的不断发展和壮大是义乌市工业化的典型特征。2007 年义乌规模以上私营企业实现工业总产值 284 亿元，占规模以上工业总产值的 66%。同时，工业的产业结构不断优化和提升，由改革开放初期以农产品加工业为主逐步发展到工业制造业为主，行业集中度显著提高，逐步形成了纺织、服装、工艺品、印刷、文教体育用品制造、金属制品、塑料制品等一批有义乌特色的优势行业，2007 年末，上述行业的规模以上工业企业累计完成工业总产值 319 亿元，占全部规模以上工业总产值 73.7%。工业化的进一步发展为自主创新提供了基础，国际化的展示平台让企业看到了创新的战略意义，竞争的加剧令企业毅然走上创新之路。2007 年，义乌市规模以上工业完成高新技术产值 41 亿元，为 2003 年的 11 倍，国家级、省级新产品产值 23.5 亿元。2006 年，义乌规模以上工业科技经费投入 6.8 亿元，同比增长 22.1%，占全市 GDP 1.94%；获专利授权量 1803 件，同比增长 82.7%，在浙江省县（市、区）中列第一位（表 9-1）。

表 9-1 改革开放 30 年义乌市工业发展情况

年份	工业企业数/家	工业总产值/亿元	产值同比增长/%	规模以上工业企业数/家	规模以上工业总产值/亿元
1978	165	0.8	—	—	—
1979	198	0.9	12.5	—	—
1980	223	1.1	22.2	—	—

续表

年份	工业企业数/家	工业总产值/亿元	产值同比增长/%	规模以上工业企业数/家	规模以上工业总产值/亿元
1981	248	1.2	9.1	—	—
1982	280	1.4	16.7	—	—
1983	354	2	42.9	—	—
1984	486	3.1	55.0	—	—
1985	543	4.1	32.3	—	—
1986	5599	4.9	19.5	—	—
1987	7497	7.1	44.9	—	—
1988	7911	9.6	35.2	—	—
1989	7117	11.1	15.6	—	—
1990	6496	15.3	37.8	—	—
1991	7773	20	30.7	—	—
1992	9827	30.6	53.0	—	—
1993	9431	61	99.3	—	—
1994	13 155	120	96.7	—	—
1995	12 274	114.1	-4.9	—	—
1996	11 905	180.9	58.5	—	—
1997	11 187	196.4	8.6	—	—
1998	11 366	211.1	7.5	143	23.93
1999	10 078	221.4	4.9	142	24.29
2000	10 487	255.8	15.5	164	33.94
2001	10 508	285.3	11.5	165	40.1
2002	10 644	331.3	16.1	484	82.6
2003	12 941	402.6	21.5	575	132.5
2004	22 059	492.5	22.3	621	186.7
2005	22 491	593	20.4	711	251.5
2006	24 016	707.4	19.3	984	348.2
2007	26 509	857.9	21.3	1138	432.8

注：1998 年前无规模以上工业企业统计口径。

数据来源：义乌统计信息网。

9.1.4 义乌市的开放与国际化

改革开放初期，义乌还是贫瘠的内陆丘陵小县，经济社会事业发展和交通设施落后，处于相对封闭状态。但义乌人民靠着敢于拼闯的精神，用“鸡毛换糖”走出义乌，最早开始市场化；通过市场化互通有无，开始制造小商品，推进了自身的工业化。经过多年的发展，义乌的小商品已经遍及全国各地，义乌也成为小商品的代名词，成为市场化的标志。然后，义乌人并不满足于现状，于1995年开始举办小商品博览会，从国内到国外，逐步开始了国际化步伐。进入21世纪，义乌市的对外开放和国际化步伐加快，尤其是以每年的中国义乌小商品博览会（义博会）为平台，吸引各国、各地区的国际商人前来参展、采购。靠着开放，充分利用国内国外两种资源、两个市场，义乌市走出了自己独特的国际化之路。2007年，全年集贸市场成交额460.1亿元，同比增长10.2%，其中中国小商品城成交额348.4亿元，同比增长10.6%，连续第17次蝉联全国批发市场榜首；中国小商品城日均客流量达到21.4万人次，同比增长15.6%；义乌日出口集装箱1000个；全年共举办各类专业会展43个，比上年增加11个，展会成交额达165.9亿元，增长27.2%，其中2007年国际小商品博览会成交额108.9亿元，增长15.2%。义乌市全年完成自营进出口总额18.3亿美元，同比增长24.1%，其中出口16.7亿美元，增长24.9%；出口国家和地区不断扩大，达到177个国家和地区，其中美国、阿联酋、俄罗斯、德国、乌克兰列出口前五位。全年新批外商投资企业63家，合同利用外资9000万美元，实际利用外资13 749万美元。全年共组织226家企业参加37个国际知名展会，设展位332个；组织企业和市场经营户100余人次参加“浙洽会”、“厦洽会”、“俄罗斯浙江周”等活动。新增境外驻义办事机构414家。

9.1.5 义乌市的社会事业发展与城乡均衡化

随着经济的发展，义乌市财政收入和城乡居民收入不断提高，社会事业投入逐步加大，城乡社会事业发展步伐进一步加快，教育、科技、文化、卫生、体育等事业获得全面发展。①教育进一步均衡发展。2007年，义乌市九年制义务教育普及率和小学毕业生升学率均达到100%，初、高中毕业生升学率分别达到98.7%和73.1%。职业教育发展加快，2007年全市中等职业技术学校5所，在校学生达到2.8万人，1993年还创办了全日制高等院校义乌工商技术学院，在校生已达 7000 人。②科技事业快速发展。义乌市是“全国科技进步示范市”，2007 年全市科技活动经费支出 5.3 亿元，其中研究与发展（R&D）经费 4.4 亿元，专利申请量和授权量分别达到 1671 件和 1429 件，在浙江省各县（市、区）中名列前茅。③文化事业健康发展。社区文化、农村文化、广场文化等活动广泛、内容丰富。2007 年全市公共图书馆图书总藏量 27.8 万册，有线电视用户数达 24 万户，其中数字电视用户 1.32 万户，广播电视的综合人口覆盖率达到 100%。④卫生事业稳步发展。全市千人医生数和千人医院病床数分别为 2.5 人和 3.1 张，分别为 1980 年的 4.3 倍和 9.1 倍。人均预期寿命为 76 岁，比全国高 3 岁。⑤体育事业得到较快发展。义乌市为全国体育先进县、浙江省首批体育强市。截至 2007 年，全市共有体育场馆 15 个，室内体育活动室 806 个，健身路径 200 条，人均占有公共体育设施面积 2.12 平方米。⑥社会保障水平不断提高。2007 年，义乌社会保障机制不断健全，城镇职工基本养老、医疗保险参保人数分别为 18.8 万和 9.5 万；工伤保险参保 25 万，失业保险参保人数 8.5 万，女工生育保险参保 35.7 万。被征地农村居民养老保障应保尽保，参保 16 万人，其中领取养老金人数为 2.7 万，已做到征地和养老保障同步进行。继续实施被征地农村居民养老保障向城镇职工基本养老保险接轨政策，有 1.23 万人参保，1.2 万被征地农村居民享受到城镇职工养老待遇。城乡居民大病医疗保险政策不断完善，全市有 54 万人参保。低保制度进一步规范，实现了应保尽保。

就在 2008 年初，义乌市还相继出台了一系列城乡居民社会事业管理制度，推进城乡社会事业一体化，主要有：《义乌市人民政府关于促进养老服务业发展的意见》、《义乌市人民政府关于进一步加快发展城乡社区卫生服务的意见》、《义乌市被征地农村居民养老保险实施办法》、《义乌市城乡居民医疗保险实施办法》等。

9.2 义乌市城乡一体化发展的成效

经过 30 年的改革开放，义乌市由一个山区贫瘠小县一跃发展成为闻名全球的国际小商品中心，由主要依靠传统农业发展到二、三产业协调拉动，由城乡普遍贫穷成长为城乡居民共同富裕，成绩骄人。这期间，义乌市的城乡一体化进程明显加快。

一是城乡居民生活水平进一步提高。2007 年，义乌市城镇居民人均可支配收入 25 007 元，为 1998 年的 3.1 倍，年均增长 13.3%；农村居民人均纯收入 10 255元，为 1978 年的 75.4 倍，年均增长 16.1%，城乡居民收入比为 2.43:1，远低于全国 3.33∶1 的水平。城乡居民住房面积分别达到 32.2 和 62.4 平方米。农村居民恩格尔系数从 1980 年的 56.5% 下降到 2007 年的 32.2%，城乡居民储蓄存款从 1978 年的 18.2 元/人增加到 2007 年的 6 万元/人。农村居民的消费结构逐步升级，每百户农村居民家庭拥有彩电 141 台、手机 137 部、固定电话 94 部、生活用汽车 12 辆、家用电脑 27 台、电冰箱 80 台、空调 47 台。城乡居民生活水平在同步提高的基础上，差距呈现缩小的态势。

二是三次产业协调发展。城乡一体化的重要标志之一，就是三次产业的协调发展，尤其是就业带动能力强的工业和良好的服务业基础，对农业的反哺和支持能力要强。经过 30 年的改革开放，义乌的二、三产业的比重分别提高了 25 和 29.6 个百分点，一产的比重则下降了 44.6 个百分点，实现了“三二一”型产业结构。而且，近年来，义乌市服务业发展呈现加快趋势，结构呈现优化态势。截至 2007 年底，义乌市非农就业人口占全部就业人口的 87.6%，远高于全国和全省的平均水平。随着服务业和工业发展的加快和结构的优化，对农业劳动力的吸纳能力不断提高，大力推进了农村人口转移和农民的市民化进程。同时，农业产业结构不断升级，粮食作物和经济作物的产值比由 1978 年的 87.5∶12.5 发展到 2007 年的 30.7∶69.3，蔬菜、畜牧等农业主导产业占农业总产值的比重已高达 70% 以上。

三是城乡社会事业均衡发展。城乡社会事业均衡发展是义乌市改革开放 30 年的重要成就之一，科技、教育、文化、卫生、体育等事业获得了全面发展。作为“全国科技进步示范市”，义乌 2007 年从事科技活动人员数达 4791 人，研究与发展（R&D）经费支出占 GDP 的 1%，有大批农业技术人员活跃在农村地区。2007 年义乌市九年制义务教育普及率、小学毕业生升学率双双达到 100%。义乌市的城乡文化活动有声有色，不但农村文化、社区文化、广场文化等系列活动普及广泛，还连续举办十六届农村文化节。城乡居民看病更加容易。截至 2007 年，全市有医院卫生院 24 个、社区卫生服务中心 13 个、社区卫生服务站 69 个、规范性农村卫生室 389 家，做到了城乡社区卫生 100% 的覆盖率，真正实现“小病在社区，大病送医院，健康进家庭”的医疗保健体系。体育事业红红火火。义乌市不但城区体育事业发达，农村的体育活动不但设施齐全，内容更是丰富多彩，全市组建了 1500 余支宣传、文化、体育、娱乐、健身队伍，其中上规模的文艺表演队伍近 100 支，成立了老年人体协、农民体协和门球、乒乓球、篮球、武术、木兰拳、体育舞蹈等单项体育协会 15 个，培养和组织了农村体育辅导员 650 名，各级农村球类比赛裁判员 125 名，体育运动骨干队员 6000 多名。

四是农民社会保障逐步完善。义乌市以农村劳动力转移和社会保障扩面为重点，初步建成了城乡一体化的社会保障体系。改革开放 30 年，义乌市转移了农村劳动力 30 万人，从事农业的劳动力仅占全部劳动力的 12% 左右，远低于全国平均水平。在完善城镇职工养老、医疗、工伤、失业保险的同时，做到了被征地农民养老保险应保尽保。全部城乡居民实行大病医疗保险政策，共有 54 万人参保，占户籍人数的 87%，其中村（居）参保率达 100%。与此同时，义乌市还建立了低保制度，8000 多人纳入最低生活保障，五保集中供养率达到了 100%，人均供养标准达到 5500 元/年。

五是新农村建设成效显著。2002 年后，义乌推出了一系列行之有效的举措，大力开展社会主义新农村建设。通过"实施'小五化'建设（即，道路硬化、路灯亮化、卫生洁化、家庭美化、环境优化)"、"实施城乡一体化行动"和"全面实施新农村建设"三个阶段的扎实工作，义乌新农村建设取得了令人瞩目的成就。到 2007 年，全市共有 142 个村启动旧村改造，占全市村庄数的 18%，已完成的有 35 个，共拆除旧房面积 700 万平方米，新建住房面积 568 万平方米。开展环境整治 538 个村，其中基本完成整治 462 个村，实施村内道路硬化 892 公里，开展绿化 421 万平方米，安装路灯 28 880 盏，解决了 21. 13 万人口的饮用水问题。全市实施异地奔小康村 46 个，其中 5 个镇（街道）已完成异地奔小康安居小区一期工程建设，3000 多名山区群众已经搬入异地奔小康安居小区居住。通过新农村建设，义乌 80% 以上的村庄得到了整治，兴建了一大批农村基础设施，农村环境明显改善。通过新农村建设，促进了农业增效、农民增收。值得一提的是，义乌的村庄整治，不是就整治而整治，而是在整治过程中有意识地培育一些特色产业，既改善人居环境又增加农民收入，真正实现了农村、农业、农民的"三农"联动发展。

六是基层民主建设步入正轨。义乌市积极推进基层民主和村民自治，按照村民自治和民主选举、民主议事、民主决策、民主监督的要求，全面推行村务财务党务公开、村财镇管和村干部创业承诺制，健全完善村两委联合议事规则、村民代表大会议事规则等制度，建立村务监督委员会和村民理财小组，强化村（居）干部年度工作目标责任制进行考核，推进村级事务管理纳入民主化、规范化轨道。2008 年，义乌市委还出台了《义乌市村级组织工作规则（试行)》，规则共八章三十六条，分别就村级组织体制和职责、村党组织建设、村级组织议事规则、村干部队伍建设、村务公开与民主管理、村级公共服务六大方面进行了规范和要求，进一步提高基层组织的民主化、团结力和战斗力，提高带领广大农村居民参与城乡一体化的能力。

七是城乡互动机制逐步形成。作为城乡一体化的两个主体，城市和农村必须形成合力，必须共同推进经济社会发展，将城市和农村作为整体来统筹发展。在工业化初期，农业支持了工业、农村支持了城市，而到了城乡关系的第二个趋向时，工业反哺农业、城市支持农村就成为必要。义乌在这方面形成了自身的鲜明特色，也就是城乡互动催生城乡经济社会发展一体化新格局。中央政策研究室、中央财经领导小组办公室联合调研组对此进行了经验总结，指出义乌的农民在改革开放初期就敢于走出田埂，跑进县城开办小商品市场，进而又办家庭工业，繁荣了义乌市的城市经济，推进了城市化。义乌城区面积从 1982 年的 2.8 平方公里扩展至 1997 年的 15.2 平方公里。1997 年后，义乌又大力引入社会资金发展城市公共事业，加大旧城改造力度，中心城区面积已达 70 多平方公里。城市繁荣反过来又带动了农村发展，城市工商业不仅吸纳了大量农村劳动力，农民进城务工、创业，加快了市民化。义乌积极贯彻中央统筹城乡发展战略，实施工业、服务业反哺农业，城市支持农村战略，进一步推进城乡一体化进程。联合调研组认为，义乌通过实施“市场带百村”工程，引导山区农民发展小商品加工业，拓展了农民致富渠道；通过实施农业“强龙”工程，建立农业经济开发区、设立农业产业化扶持资金，鼓励工商业主投资农业领域，推进了农业产业化。率先制定并实施全国第一个城乡一体化行动纲要，按照城乡一体化社区布局规划推动新农村建设，把全市 800 个行政村统筹规划为 290 个社区，按照统一规划、统一标准、统一管理、鼓励统一建造的原则，对主城区、副城区、城郊区内的村庄分期分批推进新社区建设。按照政府补助、市场运作、信贷扶持、农户自筹的思路，广辟筹资渠道，市财政每年安排 1 亿元专项补助资金，加大农村基础设施和公共服务建设投入。从村庄整治入手，先抓“小五化”，再抓“穿衣戴帽”、拆违拆空、城乡垃圾一体化处理，以主城区城中村改造和远郊区异地奔小康工程为重点，建设示范带动功能强的现代化新社区，逐步实现农村向社区、农民向市民、农业向企业转变，实现城乡融合、共享现代文明。义乌的城市化与城市带动农村发展紧密结合起来，以农民创业繁荣二、三产业，推动城市化；城市发展反过来又支持农村建设、农业改造和农民生活改善，实现城乡互动发展，机制逐步趋于形成和完善。

八是 2008 年义乌成为城镇化全国示范区和浙江省统筹城乡综合配套改革试点单位。义乌市推进城乡一体化的做法得到了国家和浙江省的肯定。2008 年，建设部、人力资源和社会保障部等相关部委首次将“城镇化”作为一个独立领域立题，义乌市有幸成为城镇化全国示范区。确定为城镇化全国示范区后，建设部等有关部委将组织专家对义乌进行“城乡人口流动变化监测技术研究”、“城镇化用地建设强度监测技术研究”、“城乡经济要素配置评价研究”等 9 个课题的研究。同年 8 月 1 日，浙江省政府正式发文批复省级综合配套改革试点总体方案，同意义乌市统筹城乡综合配套改革试点总体方案。

9.3 民本力量与政府力量协力推进义乌市城乡一体化

虽然义乌市城乡一体化进程取得了巨大成就，城乡一体化进程已经处于全国前列，但仍然存在城乡居民生活水平差距较大、公共设施和服务分布不均、农业基础薄弱、农村社会管理制度改革滞后、农村居民权益保障不到位、基层组织建设薄弱等问题，今后必须加快建立城乡统一的要素市场、城乡基本公共服务均等化的制度安排，以及工业反哺农业、城市支持农村的长效机制，依靠民本自发与政府自觉协力推进城乡一体化。

义乌市城乡一体化进程的加快，主要得益于民本力量和政府力量的协调推进。首先是“民本”力量的自发推动。中国社科院研究生院刘迎秋研究员在总结义乌经验时认为，义乌市的发展不仅在于政府的科学有为，而且在于政府顺应了民意、适应了民心、实现了民想，体现了胡锦涛总书记多次强调的“权为民所用，情为民所系，利为民所谋”要求。民生、民想、民为与兴商文化的有机结合是义乌经验和义乌成功发展的内在基础。

9.3.1 义乌城乡一体发展中的民本力量

义乌市的城乡一体化主体是民本力量，从“鸡毛换糖”的农民创业，到摆地摊的小业主，靠的是市场自发力量推动了商贸的发展，也带动了相关小商品的生产，促进了第二、三产业不断发展，解决了大量农村剩余劳动力和城镇职工就业。不管是 20 世纪 80 年代义乌民营经济的起步和稳定增长阶段，还是 20 世纪 90 年代的拓展和 21 世纪的国际化阶段，义乌的民营经济一直占据着主体地位，靠着“民本”力量解决了产业升级、农民转移和农村建设等“三农”问题，推动了城乡一体化建设。因此，义乌也被命名为中国民营经济最具活力城市。

全国不同地方群众的民生、民想要求大体是相同的。义乌人强就强在了“民为”上。义乌人与其他地方的人不同，重要的一条就是义乌人更多地受到了发端于宋代的兴商文化思想的影响。当这种兴商理念与义乌地少人稠这样一种现实结合到一起时，便产生了义乌人的倚农兴商行为。

义乌市 30 年改革开放的巨大成就佐证了这一论断。20 世纪 80 年代，义乌人民抓住改革开放的历史机遇，克服闭塞、贫穷等困难，敢为人先，摇拨浪鼓开展“鸡毛换糖”的小本生意，靠着摆地摊建起了大市场；到了90年代，义乌又发展“以商促工，贸工联动”，依托大市场发展了大制造，从此“小商品义乌造”闻名全球；21世纪，义乌人民更是“胆大包天”，勇于走出去，不但走向全国，还走向全球，将义乌市场开向世界。靠着这种敢闯敢拼的精神，义乌民营经济在改革开放初期国有、集体独断天下的环境中异军突起，由弱到强，进而占据主导地位。1978～1987年小商品市场开始发展，民营经济开始起步；1988～1991年全国经济过热，国家进行了调控，民营经济步入稳步发展阶段；1992年，邓小平的“南巡”讲话为计划和市场的关系定调，为民营经济发展注入了无限的生机和活力，义乌的民营经济也进入全面拓展阶段；进入21世纪，随着我国加入WTO，义乌民营经济加速与国际接轨，积极参与国际竞争和合作，致力在更大的空间、更高的层次上实现新的提升和发展。到2007年，义乌民营企业数（包括个体户）占全市单位总数的99.6%，民营经济实现增加值357.7亿元，约占全市GDP总量的85%。足见民营经济在义乌经济社会发展中举足轻重的地位。义乌人靠着这种创业创新的精神，靠着闯天下、拓市场的民为，在全民小康社会的建设征程中，在推进城乡一体化的进程中，民本将会发挥更大的作用。

9.3.2 民本推动下的政府自觉

义乌城乡一体化发展的另一个特点是民本推进下的政府自觉。义乌市委、市政府审时度势，不仅尊重群众的首创精神，还敢为人先、带头改革；不但为民营经济发展营造良好的市场环境和规则保障，还自觉推动城乡一体化建设。

义乌市政府历来有尊重民众首创精神和市场发展规律的传统。改革开放之初，义乌市依靠思想解放，尊重群众选择，自觉帮助老百姓找到经营小商品的富裕路。1982年，义乌从实际出发，解放思想，大胆提出“四个允许”。也正是这个大胆的决策，成就了义乌的超常发展和义乌市场的诞生。随后，义乌市提出“兴商建市”的发展战略，从而使义乌市场建设在全国捷足先登。90年代，义乌市利用市场的大繁荣和大发展，审时度势，提出“以商促工，贸工联动”战略，自觉推动义乌市的工业化进程。义乌的政府自觉行动充分体现在了近些年义乌所出台的一系列推进城乡一体化的政策措施上。早在2001年，义乌就开始把目光投向广大农村，出台了《义乌市旧村改造暂行办法》，大力开展“小五化”运动。为了加强领导，义乌专门组建了“农村现代化建设领导小组”，由市委常委兼任办公室主任，并从镇街及国土、建设等相关部门抽调成员集中办公。市财政每年拿出1亿元资金，改造农村面貌。2001～2007年义乌对142个村实施旧村改造，对 462 个村实施村庄整治，新农村建设总投资额达到 40 亿元，其中市财政投入 3.5 亿元。2003 年义乌市颁布了《义乌城乡一体化纲要》，主动加快推进城乡一体化步伐，加大财政对农村和农业的投入，加强农村基础设施建设，推进农村社会事业发展和农民社会保障全覆盖。如将 1100 平方公里的市域面积，分成主城区、副城区、城郊区、远郊区，分别赋予不同的产业布局和功能。在这个高起点、大手笔的规划指导下，义乌城乡交通、水电、排污、卫生、教育等都作出了一体化安排。中央决定开展社会主义新农村建设后，义乌市委市政府 2006 年出台了《义乌新农村建设二十条》，内容包括如何繁荣农村经济、建设农村新社区、推进农民充分就业、培育新农民、完善农村公共服务等，并明确提出，到 2020 年，义乌要成为全国新农村建设先进市和示范区，让农民和市民享受“一体化”待遇。义乌市还出台了《义乌市新农村建设十大推进工程》、《被征地农民养老保障暂行办法》、《加快农村劳动力向二、三产业转移的若干规定》、《关于全面推进农村新社区建设实施细则》、《义乌市新农村建设工程管理办法》等相关配套政策。与此同时，义乌市加大财政对新农村建设的投入。1996 年开始，义乌就规定，从土地出让金中提取 10% 作为农业发展基金，为增加农业投入提供了一个稳定、可靠的渠道。依靠这一渠道，义乌投入 4 亿多元，建成了 20 万亩标准农田，补贴了 60% 的农业保费。2005 年，义乌市财政对“三农”投入累计 16.8 亿元，占财政总支出的 1/3 以上。市里规定，这一投入比例还将逐年增加。另外，现在义乌许多农村公共事业都由政府包办，如农村义务教育全部由政府买单；镇街中心卫生院由市、镇财政合力投入；市里一次性投入 4000 万元，买垃圾车、添垃圾桶、建垃圾房、雇环卫工人，推进环境卫生建设。

9.4 政府有为与民本创造在更高层次上合力推进义乌市城乡一体化

中央政策研究室、中央财经领导小组办公室联合调研组在总结改革开放 30 年义乌市的成功经验时指出，义乌的成功得益于群众创造和政府有为互动，也就是民本自发与政府自觉的合力推进了义乌市的城乡一体化。义乌小商品市场是人民群众的创举。“百姓推着政府走，政府领着百姓跑”，这是义乌成功的重要秘诀。改革开放之初，义乌农民把“鸡毛换糖”的货郎担交易演变为小百货买卖，产生了便于货郎担在当地配货的小摊贩并由此演变成小商品市场雏形。义乌县委和县政府尊重群众首创精神，早在 1982 年就突破农民不准经商、个体商贩不准经营工业产品和不准搞批发等禁区，先后出资在稠城镇和廿三里乡建立了设施简陋的第一代小商品市场，大胆提出“四个允许”（允许农民经商，允许从事长途贩运，允许开放城乡市场，允许多渠道竞争），并制定了扶持专业户和重点户发展政策，对他们实行政治上鼓励、资金上照顾、技术上指导、税收上优惠、法律上保护，确立了小商品经营者的合法地位和正当权利，赢得了市场先发优势。1984 年，义乌县委和县政府总结提升群众创造的经验，提出兴商建县战略并进行全面推广。在市场发展过程中，群众创新了交易方式、交易手段，创办了联托运市场、市场总代理、市场总经销，创办了家庭工厂，还到国外创办了小商品市场。与此同时，政府积极参与市场建设、提升市场业态、完善交易规则、培育交易组织成长，引领市场朝着健康的方向发展。小商品市场五易其址、十次扩建，推动了市场设施升级换代；实行小商品交易划行归市、分类集聚，为市场交易创造了公平竞争环境；当恶性竞争影响联托运市场发展时，及时进行规制，实行一线一点经营模式，稳定了经营者预期并提高了运输效率；当市场显露出缺乏产业支撑弊端时，实施以商促工、贸工联动的战略，为市场持续繁荣提供了产业支撑；牢牢把握市场建设主动权，实施市场发展总体规划，为交易活动提供了稳定、公正透明、可预期的制度环境和体制框架。

对未来的城乡一体化发展，义乌市将奋斗目标确定为“三步走、翻三番、争十强”，建设国际商贸城市的战略。即第一步到 2005 年，在全省率先基本实现现代化，经济外向度明显提高，人均 GDP 达到 3200 美元以上，社会经济综合发展指数在全国县（市）的位次力争向前移，为建设国际性商贸城市奠定基础；第二步到 2010 年，经济社会发展达到世界中等发达国家水平，人均 GDP 达到 6000 美元以上，社会经济综合发展指数力争进入全国县（市）前十五位，初步确立国际性小商品流通中心、制造中心和研发中心地位，形成国际性商贸城市雏形；第三步到 2020 年，经济社会发展达到更高水平，人均 GDP 达到 15 000 美元以上，比 2000 年翻三番，社会经济综合发展指数力争进入全国县（市）前十位，全面推进经济国际化、城市现代化、城乡一体化、社会文明化、领导科学化，成为国际上有较大影响的商贸城市。

从 2007 年经济社会发展情况来看，义乌市已经提前实现了第二步走的目标，人均 GDP 已经超过 6000 美元，成为全国县域经济十强之一，也确立了自己的国际小商品流通、制造和研发中心地位，成为名副其实的国际性商贸城市。而下一步的发展目标，也就是第三步走的目标的重点之一就是城市的现代化和城乡一体化。从目前义乌市城乡一体化进展分析，义乌已经取得了巨大成就，而且走在了全国前列，但仍然存在城乡要素流动不畅、基础设施分布不均、公共服务享受不等、社会保障不公等现象，这些领域多是政府应在城乡一体化中承担的责任。因此，今后政府应在民本推进下实现更高层次上的自觉，达到群众创造与政府有为“互动”。

一是完善农村基本经营制度，坚持以家庭承包经营为基础、统分结合的双层经营体制，鼓励农业规模经营，提高农业承担风险的能力。这方面义乌开始进行探索，如市委 2008 年专门出台《关于加快推进农村土地承包经营权流转的若干意见》，市财政将连续 3 年每年拨出 1000 万元资金专项用于土地流转补助和奖励，各镇（街）也相应配套补助政策。今后应继续鼓励土地规模经营和农业专业合作社建设，推进农业现代化。改革土地管理制度，探索推进农地多种形式的流转和宅基地确权等工作，保障农民对土地使用权收益的实现。义乌市农民在改革开放初期，大胆探索开创了义乌国际小商品中心的地位，今后义乌市应该更积极、更具探索性地推进土地管理制度改革，为农民对宅基地、耕地的长期使用权进行确权和制度保护，提高农民的融资能力和抗风险能力，为义乌农民第二次大创业创造坚实基础。

二是大力推进城乡基本公共服务均等化，完善农村居民社会保障。浙江省 2008 年已经出台了实施基本公共服务均等化 5 年行动计划，坚持底线公平、机会均等，着力缩小城乡之间、区域之间、群体之间的基本公共服务差距。通过 5 年的努力，扩大城乡就业、社会保险、社会救助、社会福利覆盖范围，促进城乡教育、医疗卫生、文化等事业均衡发展，努力使全省人民学有所教、劳有所得、病有所医、老有所养、住有所居。行动计划细分为 14 项基本目标，包括实现城乡劳动者平等就业，实现职工社会保险基本全覆盖；普及 15 年教育，符合条件的进城务工人员子女实现就地入学；推进城乡公共交通一体化；实现城乡邮政通信一体化，基本实现行政村“村村能上网”；基本实现城乡污水和垃圾处理一体化等。由此可以看到，行动计划的着眼点就是推进城乡基本公共服务的一体化。义乌市作为浙江省统筹城乡综合配套改革试验区，应加大制度创新和财政投入力度，大力推进改革，提前完成全省城乡基本公共服务均等化 5 年行动计划，在推进城乡社会事业一体化方面走在全省前列。

三是作为被国家劳动和社会保障部、国家发展和改革委员会、财政部和农业部列为“2006 ~ 2007 年全国劳动力平等就业试点市”，义乌市今后更应加大力度，落实已有政策措施，加快转移农村剩余劳动力，加大农民培训力度，提高农民文化素质和进城从事第二、三产业的能力，鼓励农民进城务工创业；率先改革户籍制度，实行城乡居民居住地登记制度。

四是大力推进服务型政府建设。政府的自觉有为对于统筹城乡发展、推进城乡一体化非常重要，而有为又必须是为民有为、科学有为，也就是要建设服务型政府。政府的着眼点和着力点是为广大群众提供优质、高效的服务，特别是要为公共服务不足的“三农”提供公共服务，优化城乡一体化的宏观环境。同时，要完善体制机制，继续加强城乡一体化工作领导小组的领导和综合协调，统一协调各方力量，协力推进城乡一体化工作。

五是加强基层组织建设。加快推进基层民主制度建设，完善基层选举制度，赋予农民更充分的政治权力。加强基层组织建设，提高乡镇、街道政府的服务水平，补充农村、社区党支部新鲜血液，提高党在基层的战斗力。

第 10 章　成都市开展城乡一体化的探索

10.1　成都市开展城乡一体化的条件分析

10.1.1　成都市概况

成都市位于中国西南，是四川省省会，地处成都平原腹心地带，总面积1.24万平方公里，其中中心城区面积为283.9平方公里，辖9区4市6县，全市户籍人口1112.3万，常住人口1257.9万。成都自古为西南重镇，三国时为蜀汉国都，五代十国时为前蜀、后蜀都城，文化遗产丰富，1982年被国务院公布为“国家历史文化名城”。成都有2300多年建城史。秦汉以来，成都就以农业、手工业兴盛和文化发达著称，历代都是中国西南地区的政治、经济、文化中心和长江流域的重要城市。1993年被国务院确定为西南地区科技、商贸、金融中心和交通及通信枢纽，综合实力列西部第一位。

勤劳的成都人民创造过辉煌的历史：始建于公元前250年左右、历时2000多年一直效益不衰的都江堰水利工程；公元前61年在临邛开采深井天然气，用于制盐、煮饭和照明；成都的蜀锦，又称“锦绣缎”，是世界上最早发明的锦缎丝织品，东汉（公元25～220年）年间的足踏织锦机又是当时世界上最先进的织机；到汉代（公元前206～公元220年），成都成为世界漆器工艺的中心和茶文化的诞生地；到唐代，成都在世界上最早发明和使用雕版印刷术，成都的卞家《陀罗尼经咒》、西川过姓金刚金残页、成都樊赏家历残页为世界现存最早的一批印刷品；北宋（公元960～1129年）年间这里的商人联合发行了世界最早的纸币“交子”，官府在这里设立了世界最早的管理储蓄银行“交子务”。还有诸多的“中国第一”，包括公元前250年左右李冰造石人作测量都江堰水则，这是中国最早水尺；公元前141年蜀郡太守文翁在这里建立了中国最早的地方官办学堂“文翁石室”；西汉（公元前206～公元25年）时的司马相如、枚乘、贾谊、杨雄、王褒奠定了汉赋的基础等。这些是成都献给世界的珍贵礼物，也是成都文化的精华所在。

2007 年，成都市实现地区生产总值 3324 亿元，同比增长 15. 3%，三次产业的比重结构为 7. 1:45. 2:47. 7。按常住人口计算，全市人均生产总值达 26 527 元（按 2007 年平均汇率折算为 3634 美元），同比增长 13. 7%。实现地方财政收入 286. 4 亿元，同比增长 38. 4%。全社会固定资产投资完成 2394. 7 亿元，比上年增长 26. 1%，其中民间投资完成 1461. 5 亿元，增长 39. 2%。全年实现社会消费品零售总额 1357. 2 亿元，比上年增长 17. 5%。全年实现进出口总额 95. 2 亿美元，比上年增长 36. 9%，其中出口总额 57. 1 亿美元，增长 37. 9%。年末全市从业人员达 687. 1 万，比上年末增加 47 万人，其中城镇从业人员达 360. 2 万，增加 50. 1 万人。全年城镇新增就业 14. 5 万人，失地农民和农村劳动力转移到非农产业就业新增 11. 0 万人。农村劳动力劳务输出人数达 158. 1 万。年末城镇登记失业率为 2. 7%。全市城镇单位在岗职工平均工资为 26 606 元，比上年增长 17. 9%；城市居民人均可支配收入 14 849 元，增长 16. 1%；农村居民人均纯收入 5642 元，增长 15. 0%，其中工资性收入 2381 元，增长 14. 4%。年末城乡居民储蓄存款余额 2466 亿元，增长 7. 2%。

10. 1. 2 成都市推进城乡一体化的条件逐步成熟

2003 年 10 月，中共成都市委、市政府在经过深入调查研究和试点的基础上，抓住有利时机，按照党中央、国务院和四川省委、省政府的要求，作出“统筹城乡经济社会发展、推进城乡一体化”的重大战略部署，大力破解城乡二元体制性障碍导致的“三农”问题顽症，努力构建城乡统筹发展的体制机制，积极探索“以城带乡、以工促农、城乡互动、协调发展”的路子。当时之所以作出这一重大战略部署，是因为成都市已经开始具备推进城乡一体化的条件。

（1）产业结构更加优化

2002 年，成都市国民经济持续快速增长，经济结构不断优化。全年国 GDP 1663. 2 亿元，同比增长 13. 1%，三次产业结构为 8. 4:45. 6:46. 0，已实现“三二一”型产业结构，二、三产业反哺农业的条件逐步成熟。人均 GDP 达到 16 239 元，按当年汇率计算，约合 2000 美元。农业经济结构进一步优化，农业竞争力逐步提高。全市实现农业总产值 227. 6 亿元，增长 6. 6%，其中种植业产值 127. 9 亿元，所占比重由上年的 58. 4% 下降为 56. 2%，牧业、渔业产值 95. 4 亿元，所占比重由上年的 40% 上升为 42%。农村非农产业快速发展，全年乡镇企业完成增加值 319. 5 亿元，增长 14. 2%。全市有产值或销售收入 5000 万元以上的龙头企业 65 个，农业产业化经营带动农户面达 43%。

（2）财力基础更加雄厚

居民及财政收入逐步增加。人民生活水平稳步提高，生活质量进一步改善。2002 年，全市在岗职工平均工资为 13 708 元，比上年增长 9.7%。城市居民人均可支配收入 8972 元，增长 10.4%；农民居民人均纯收入 3377 元，增长 6.3%。城乡居民消费性支出分别为 6874 元和 2549 元。全市财政总收入为 182 亿元，其中地方财政收入为 86.8 亿元。

（3）基础设施不断完善

2002 年，成都市全社会固定资产投资完成 702.2 亿元，比上年增长 20.6%，其中基本建设完成投资 335.6 亿元，比上年增长 19.2%，占全市总投资的比重达 47.8%。全年新、改建公路 2334 公里，增长 51.4%；年末公路里程达 14 817 公里，其中高速公路 351 公里，全市 100% 的村通汽车。年末城市铺装道路长度 1413 公里，铺装道路面积 2811 万平方米。交通邮电全面发展。年末全市电话交换机总容量 460.9 万门，增长 48.5%；全市电话用户 296.2 万户，增长 34.6%；移动电话用户达到 306.3 万户，年内净增 76.2 万户。

（4）社会事业加快发展

科学技术持续发展。2002 年，全市组织实施科技计划项目 482 项，比上年增长 62.3%；年内新上科技项目 416 项，其中国家级 84 项，省级 105 项。教育事业稳步发展。年末全市拥有普通大中专院校 66 所，在校学生 30.6 万，增长 26.5%；成人大中专院校 80 所，在校学生 25.6 万，增长 21.5%；中小学校点（含职业高中）2671 个，在校学生 135.2 万，学龄儿童入学率 99.96%，小学毕业生升学率达 100%；幼儿园 1694 所，在幼儿园儿童 25.1 万人。文化事业健康发展。2002 年，全市 11 个市属专业表演团体共演出 1644 场，观众达 141 万人次。年末全市有群众艺术馆 5 个，文化馆 15 个，博物馆 10 个，文物保护管理机构 24 个，公共图书馆 17 个，馆藏图书 281 万册。广播电视业稳定发展。年末全市拥有广播电台 2 座，制作节目 16 套；电视台 2 座，制作节目 25 套。卫生事业继续发展。年末全市共有卫生机构 8176 个，其中医院、卫生院 666 个；病床床位 4.2 万张，其中医院、卫生院 3.9 万张；卫生技术人员 6.1 万，其中执业（助理）医师 2.5 万。全年有农村卫生建设项目 35 个，投资总额 4703 万元，农村医疗网点覆盖率 78.0%。积极开展全民健身活动，全市 100% 的中心完小以上学校和教学点施行了《国家体育锻炼标准》，学生达标率为 98.1%。公用事业快速发展。2002 年末，全市公交营运线路网长度 1025 公里；公交营运汽车 3407 辆，增长 34.4%；全年公交客运量 6.6 亿人次，增长 12.9%；出租汽车 8703 辆。市区天然气供气量 23.1 亿立方米，年末用气人口 347 万，城市气化率 79.0。自来水日供水能力为195.5万吨。

10.2 政府自觉推进城乡一体化

政府主导是指政府在规划安排、制度设计、组织实施等诸多方面发挥积极作用。这是基于市场发育不健全、经济发展对城乡一体化的自发推动机制尚未完全形成的现实，在城乡一体化的初始阶段的必要选择。成都市是我国西南地区经济重镇，近年来经济社会发展取得了很大成就。成都市委、市政府审时度势，抓住我国经济社会健康快速发展的历史机遇，结合成都实际，及时提出城乡一体化发展战略，自觉推动经济、社会事业发展和制度建设，大力推进城乡一体化。

10.2.1 确立城乡一体化发展战略

成都市积极贯彻落实党的十六大关于统筹城乡发展的战略，着眼于解决日益扩大的城乡差距问题，并于2003年10月作出“统筹城乡经济社会发展、推进城乡一体化”的重大部署，目的是适应统筹城乡经济、社会发展要求，积极主动推动经济社会由“第一个趋向”向“第二个趋向”发展，即在工业化初期阶段，农业支持工业、为工业提供积累是带有普遍性的趋向；在工业化达到相当程度以后，工业反哺农业、城市支持农村，实现工业与农业、城市与农村协调发展，也是带有普遍性的趋向。自此，成都市打响了大力破解城乡二元体制、统筹城乡经济社会发展、加快解决“三农”问题的重大战役。

在推进城乡一体化进程中，成都市形成了以城乡一体化为核心、以规范化服务型政府建设和基层民主政治建设为保障的城乡统筹、“四位一体”科学发展的具有地方特点的发展模式，具体概括起来就是“三个集中”、“三大工程”和“六句话”。

“三个集中”，即努力促进工业向集中发展区集中、农民向城镇集中、土地向规模经营集中。“三个集中”的目的是推进产业布局的优化，以此带动人口布局的优化，促进农民向二、三产业为主的城镇集中，同时达到减少农业劳动人口，鼓励土地规模经营，提高农业劳动生产率的目的，实现工业反哺农业，城市支持农村的目的。

“三大工程”，即在农村地区大力推进农业产业化经营、农村发展环境建设和农村扶贫开发三大工程。“三大工程”的目的是针对“三农”问题的解决，着力用科技创新、制度创新带动农业现代化改造，解决农业的产业化经营，提升农业竞争力；通过城乡一体化规划建设和制度建设，优化农村发展环境；通过扶贫开发，解决落后地区和农村弱势群体的发展问题。

“六句话”，即坚持以县城和有条件的区域中心镇为重点，以科学规划为龙头和基础，以产业发展为支撑，以建立健全市场化配置资源的机制为关键，以制定和完善相关配套政策为保证，以农民身份转变为出发点和落脚点。“六句话”明确了推进城乡一体化的六大关键，一是明确以县城和中心镇为载体；二是明确以规划来优化布局、促进资源节约集约利用；三是明确必须以产业发展来支撑整个城乡一体化所需的经济、社会基础；四是明确市场在资源配置中的基础作用；五是明确城乡一体化需要系统化的制度建设和保障；六是明确城乡一体化的最终目的是解决农民的市民化问题。

10.2.2 明确城乡一体化目标

推进城乡一体化是一项系统工程，需要统筹城乡经济社会协调发展，明确相关目标至关重要。为此，成都市在 2004 年初即发布《中共成都市委、成都市人民政府关于统筹城乡经济社会发展推进城乡一体化的意见》，这一推进城乡一体化的纲领性文件，明确了推进城乡一体化的指导思想，从六大方面提出了城乡一体化的任务和目标，出台切实加强城乡一体化工作的保障措施。

成都市根据当时的发展状况，将整个市域分为中心市区和有关县市两个区域，提出了城乡一体化的总体目标，即充分发挥政府宏观调控管理职能和市场在资源配置中的基础性作用，着力构建城乡一体化发展新格局，力争用 5 年时间，初步建立城乡一体的经济社会发展管理体制和运行机制。突出建立和完善城乡基本统一的社会保障制度、城乡统一的新型户籍管理制度、土地管理和使用制度、公共财政城乡合理分配制度。到 2007 年，全市城市化率达到 42% 以上，人均 GDP 达到 3000 美元，农民人均纯收入达到 5000 元。

同时，成都市从推进城乡规划、城乡产业布局、城乡就业和社会保障制度、城乡基础设施建设、城乡社会事业发展、城乡政策措施等六个方面提出了具体的一体化任务和目标。

成都市还统一各级党委、政府的思想认识，要求按照统筹城乡经济社会发展、推进城乡一体化的工作部署，集中领导力量和工作精力，坚持和善于统筹，勇于和善于创新，精心组织实施，扎实开展工作。

在被国务院批准设立“全国统筹城乡综合配套改革试验区”后，中共成都市委召开十一届二次全委（扩大）会议，研究部署抓好统筹城乡综合配套改革试验区建设工作，并出台《中共成都市委、成都市人民政府关于推进统筹城乡综合配套改革试验区建设的意见》。意见指出，国家确立成都为全国统筹城乡综合配套改革试验区，是从全局和战略的高度作出的一项重大战略决策，是赋予全市人民的一项光荣而艰巨的政治任务，是成都实现更好更快发展面临的难得历史机遇。意见对下一步统筹城乡发展工作提出总体要求，试验区建设要坚定不移地按照城乡统筹、“四位一体”科学发展的总体战略部署，以“三个集中”为核心、以市场化为动力、以规范化服务型政府建设和基层民主政治建设为保障，全面提升城乡一体化水平。

意见提出统筹城乡发展的目标任务是：力争到 2017 年，“三个集中”取得显著成效，经济社会实现跨越发展，城乡差距得到明显缩小，科学发展体制初步形成。通过坚持不懈努力，巩固成都西南地区科技中心、商贸中心、金融中心和交通枢纽、通信枢纽的战略地位；把成都建设成为我国重要的高新技术产业基地、现代制造业基地、现代服务业基地和现代农业基地；确保成都成为中西部地区创业环境最优、人居环境最佳、综合竞争力最强的现代特大中心城市。

一是“三个集中”取得显著成效。工业集中度达到 80%，城市化率达到 70%，土地规模经营率达到 75%，现代城市和现代农村和谐交融的新型城乡形态初步形成。万元地区生产总值能耗减少 20%，生态环境状况指数（EI）达 75 以上，资源节约型、环境友好型社会初步形成。

二是经济社会实现跨越发展。全市地区生产总值突破 1 万亿元，在 2006 年的基础上翻两番；人均地区生产总值达到 8.2 万元；全口径财政收入突破 3000 亿元，经济实力和活力显著增强。民主法制更加完善，社会事业更加发达，政府服务更加规范高效，社会秩序良好，城乡居民的整体素质和社会和谐度明显提高。

三是城乡差距得到明显缩小。城镇居民收入稳步增长，农民人均纯收入年均增长 10% 以上，城乡居民收入比缩小到 2:1。城乡实现比较充分就业，社会保险实现城乡满覆盖，城乡教育、医疗、社会保障、公共服务实现基本均衡，城乡居民生活条件实现基本同质化。

四是科学发展体制初步形成。建立起较为完善的市场经济体制、公平正义的社会制度、执政为民的价值体系、廉洁高效的行政管理体制。经济、政治、文化、社会建设得到全面发展，改革发展的成果惠及城乡居民。城乡、区域和人与自然更加协调发展。

10.2.3 完善城乡一体化制度

城乡一体化涉及经济社会发展的方方面面，包括产业布局与促进、人口流动与引导、科教文卫体等社会资源的配置与优化、养老医疗生活等保障的完善和强化等，这些方面均需要不断变革制度安排，优化发展环境，提供良好的城乡一体化制度基础。

针对体制转轨出现的制度碰撞，政府的角色尤其重要。一般来说，一个适宜的制度形成有其规律性。首先，制度需求在制度创新中发挥着重要作用，而自上而下的制度安排过程，往往无法匹配经济和社会发展所实际产生的制度需求。这就需要政府积极地诱导和激励制度创新，尊重和保护人民群众的首创精神。成都市在推进城乡一体化的过程中，在总体上确立了“小区域、多元化”的推进原则，这就给各个地区、多种形式的制度创新提供了足够的发展空间，使得各种不同的现实需求，有可能孕育出各种不同的制度形式。其次，政府的作用还体现于对适宜制度的选择、肯定和推广。在“小区域、多元化”的推进模式下，新的制度创新往往在一个相对较小的区域内产生。因此，在更大的范围内提供制度供给就成为政府的重要职责。政府需要及时地发现各个区域内产生的新制度，对制度创新的普适性进行评估，并选择具有推广价值的新的制度安排，使其在更大的范围内发挥作用。

为此，成都市根据城乡一体化过程中对制度的需求，自觉为统筹城乡发展提供和选择制度，制定和完善相关配套政策，提供良好的制定保障。从开始实施城乡一体化发展战略起，市委、市政府就出台了《关于统筹城乡经济社会发展推进城乡一体化的意见》，作为统领全市推进城乡一体化工作的纲领性文件，从规划、户籍制度、产业布局、就业和社会保障、城乡基础设施建设、城乡社会事业发展、新农村建设等方面，明确了推进城乡一体化的思路、目标和措施，并制定了《成都市人民政府办公厅关于转发市公安局关于推行一元化户籍管理制度实施意见的通知》、《关于促进城乡充分就业的意见》、《成都市征地农转非人员社会保险办法》、《成都市人民政府关于进一步加强和规范城乡居民最低生活保障工作的通知》、《成都市人民政府办公厅转发市教育局关于统筹城乡教育改革和发展的意见的通知》等一系列配套文件，搭建了推进城乡一体化的政策框架，提高了统筹城乡发展的主动性、规范性和实效性，为顺利实施这项决策提供了制度保障。

10.2.4 健全城乡一体化规划体系

规划是未来一段时间某区域或领域发展的纲领，对于区域经济社会发展具有战略引导和综合调控作用。成都市在推进城乡一体化的战略中，高度重视城乡一体化规划工作，打破城乡规划分割的格局，建立城乡一体化规划的管理新体制。

（1）完善城乡规划编制体系，强化规划对统筹城乡发展的引导作用

成都市通过科学规划来合理配置各类资源，实现城镇、农村的合理建设，城乡产业的合理布局。编制城乡一体化规划并实现规划编制市域全覆盖，使全市城乡规划通盘筹划，将全市城乡规划纳入统一管理，包括加快分区规划和远郊市县城市总体规划编制，如全面完成《成都市城市总体规划（2003～2020年）》修编，完成了龙泉驿等7个卫星城的分区规划和都江堰市等8个远郊市县的城市总体规划编制，完成了中心城117平方公里新增城市建设用地规划，中心城区域实现了控规全覆盖，还编制了198平方公里非城市建设用地规划；加快乡镇规划编制和重大基础设施建设项目规划落地；积极推进农民新居工程建设规划和村庄整治规划编制。

（2）改革城乡规划管理体制，强化规划的战略指导作用和执行的权威性

成都市建立与加快推进城乡一体化相适应的规划管理新体制，实现城乡规划编制管理、实施管理和监督管理工作满覆盖。首先是进一步理顺规划工作关系，不断完善市规划委员会工作制度，充分发挥市规划委员会决策作用，健全其专业委员会的结构，加强市规划委员会办公室力量，理顺市规划委员会与各职能部门的职责关系，提高规划决策水平。调整区（市）县城乡规划制定程序，将村镇规划、城市户外广告总体规划及技术标准的编制等管理职能划转市规划局；将成都市高新区、双流县、都江堰市等15个区（市）县城乡规划行政管理机构的业务工作，由市规划局负责归口管理和指导。其次是不断健全城乡规划管理机构。在主城五区设置市规划局派出分局，负责中心城区城市规划实施管理工作。设置市政府派驻龙泉驿区、双流县、都江堰市等14个区（市）县城乡规划督察专员，负责所驻区（市）县城乡规划行政工作督察。组建成都高新区、双流县、都江堰市等15个区（市）县规划行政管理机构，负责所辖行政区域规划管理工作。设置派驻镇（乡）规划助理员，负责所驻镇（乡）规划实施与监督管理工作。再次是切实落实人员和工作经费，并明确干部管理权限。市政府派驻的督察专员、规划执法监督局的组织人事由市规划局统一管理。其余区（市）县规划管理部门领导班子成员的任免，征求市规划局意见，由当地区（市）县任免。

10.2.5 加强城乡一体化工作的领导

成都市在推进城乡一体化工作中，尤其重视对这项工作的领导和协调。在2004 年的《中共成都市委、成都市人民政府关于统筹城乡经济社会发展推进城乡一体化的意见》中，突出强调了切实加强推进城乡一体化工作的领导。首先是统一思想。意见强调，统筹城乡经济社会发展、推进城乡一体化是市委、市政府的一项重大战略部署，要充分认识到这项工作的重要性、紧迫性，同时也要认识到这项工作的长期性、艰巨性。其次是合力推动。成立市推进城乡一体化工作领导小组，负责指导、协调全市推进城乡一体化工作，办公室设在市委农工办，承担日常工作。各区（市）县也要建立相应的工作机构，配备必要的工作人员和落实必要的工作经费。市级各部门要结合工作职能，顾全工作大局，改进工作方法，加强调查研究，及时总结经验、不断解决问题，切实推进城乡一体化。要加强基层组织建设，充分发挥基层组织在推进城乡一体化中的重要作用。要抓点带面，搞好示范带动。再次是加强督查。建立相应的统计制度和目标考核管理办法，把各项工作量化分解到各级各部门，实行目标责任制。市委、市政府目标管理部门和牵头部门要对各区（市）县、市级有关部门的工作进行定期、不定期的督促检查。市级有关部门要结合本部门实际，制定统筹城乡经济社会发展、推进城乡一体化工作的具体配套政策，报市委、市政府审定后执行；各区（市）县要结合本地实际，提出具体的贯彻实施意见。

成都市加强城乡一体化工作的领导取得了重要成效。2007 年，被国家确定为“统筹城乡发展综合改革试验区”后，成都市根据国家要求，进一步改进了领导体制和制度，提高对该项工作领导的科学性和高效性。主要做法是：设立成都市统筹城乡工作委员会牵头综合配套改革，委员会既是市委的工作机构，又是市政府的工作机构，列入市委工作机构序列，主要负责成都市统筹城乡综合配套改革的相关工作。成立后的成都市统筹城乡工作委员会挂成都市全国统筹城乡综合配套改革试验区工作领导小组（成都市推进城乡一体化工作领导小组）办公室牌子，行使统筹城乡工作职能，主要职责包括贯彻执行国家、省有关统筹城乡发展的方针、政策，牵头负责成都市统筹城乡综合配套改革工作；负责成都市统筹城乡综合配套改革方案及重大政策的拟制，并提交领导小组审定；负责统筹城乡综合配套改革方案及政策的制定，拟定措施及工作计划，对实施情况进行监督、检查；负责指导全市统筹城乡综合配套改革工作，做好综合配套改革的调查研究和辅助决策工作；负责综合配套改革中对国家、省及市级各部门工作的衔接、协调；承担成都市全国统筹城乡综合配套改革试验区工作领导小组（成都市推进城乡一体化工作领导小组）办公室的具体工作。市农委承担的负责指导统筹城乡发展、推进城乡一体化牵头工作的职能也划入该委员会。该委员会人员主要从涉及城乡统筹工作的市级部门选调，强化干部的综合性，提高决策水平和领导效率。

10.3 成都市城乡一体化发展的成效

经过四年左右的努力，成都市城乡一体化工作取得了重要成效，主要表现在以下方面。

（1）成为“全国统筹城乡综合配套改革试验区”

2007 年 6 月，国务院正式批准成都、重庆设立“全国统筹城乡综合配套改革试验区”。这项战略部署要求成都全面推进各个领域的体制改革，并在重点领域和关键环节率先突破，大胆创新，尽快形成统筹城乡发展的体制机制，促进城乡经济社会协调发展，为推动全国深化改革，实现科学发展与和谐发展，发挥示范和带动作用。这标志着成都在推进城乡一体化工作中取得了重要阶段性成果。

（2）综合实力不断提升

2007 年，全市经济社会实现又好又快发展，地区生产总值达到 3324 亿元，同比增长 15.8%，人均超过 4000 美元；财政收入明显提高，财政总收入 942.9 亿元，其中地方财政收入 671.8 亿元，同比（同口径）分别增长 33.8%、33.6%，分别是 2002 年的 5.2 倍和 7.7 倍。全社会固定资产投资 2395 亿元，是 2002 年的 3.4 倍；全社会消费品零售总额 1357 亿元，是 2002 年的 1.9 倍；进出口总额达 95.2 亿美元，其中出口 57.1 亿美元，分别是 2002 年的 4.6 和 4.7 倍。

（3）城乡居民生活水平不断提高

城镇登记失业率下降到 2.7%。全市城镇单位在岗职工平均工资为 26 606 元，比上年增长 17.9%。城市居民人均可支配收入 14 849 元，增长 16.1%；农村居民人均纯收入 5642 元，增长 15.0%，其中工资性收入 2381 元，增长 14.4%。城乡居民收入分别达到 2002 年的 1.66 和 1.67 倍，城乡居民收入差距有所缩小。年末，每百户城镇居民家庭主要耐用消费品拥有量：家用电脑 65.1 台、空调 108.9 台、普通电话 92.6 部、移动电话 186.4 部、汽车 9.9 辆。每百户农村居民家庭主要耐用消费品拥有量：家用电脑 7.0 台、普通电话 67.3 部、移动电话 139.7 部、摩托车 67.8 辆、彩色电视机 116.5 台。

(4) 产业布局进一步优化

三次产业结构由 2002 年的 8.4∶45.6∶46.0 发展到 2007 年的 7.1∶45.2∶47.7，服务业比重提高 1.7 个百分点；工业进一步集中，将原规模小、布局散的 116 个工业开发区，通过规划调控和政策引导，归并为 21 个主导产业突出的工业集中发展区，目前入驻企业 1470 户，工业集中度达 65%；全市 43% 的耕地面积实现了规模经营，培育规模以上龙头企业 615 家、农民专业合作经济组织 1911 个，带动农户面达 65%。

(5) 城镇化水平不断提高

近年来，成都市不断加大户籍制度改革，并推出与城镇居民无差别的“农民工综合社会保险”，“失地农民社会保险”，“新型农民养老保险”等社会保障，完善就业、住房、就学等政策。五年来，新建城乡新型社区 602 个，38 万多农民入住，全市城镇化率提高到 63。2008 年还出台了《促进进城务工农村劳动者向城镇居民转变的意见》，首度将“成都籍”农民工纳入了经济适用房与限价房的申购人群。

(6) 制度改革进一步加快

加快城乡一体化中涉及的原有二元体制改革中，比较突出的就是农村土地产权制度改革。为此，成都市逐步完善农村基本经营制度，进一步解放生产力，并加强耕地保护。成都市为农村居民颁发土地“四证”(即《土地承包经营权证》、《集体建设用地使用权证》、《房屋所有权证》、《集体林地使用权证》)，同时还颁发“两卡”，即耕地保护卡和养老保险卡，全市和下属区县市每年拿出 26 亿元设立耕地保护基金。目前，成都市 206 个乡镇参加了农村产权制度改革试点，共涉及农户 58 万户，已有 60% 完成入户摸底调查，45% 完成土地测绘，27% 完成确权方案公示，11% 完成确权颁证，估计两年内全市可完成确权颁证工作。

(7) 基层民主建设迈出新步伐

成都市以发展基层民主，完善基层群众自治制度，扩大基层群众自治范围，推动城乡社区建设，深入推进政务公开、村务公开等政治体制改革，作为推进城乡一体化的重要推动力量。近年来，成都市大力实施了以推进城乡一体化为核心、以规范化服务型政府建设和基层民主政治建设为保障的城乡统筹、“四位一体”科学发展总体战略，同时加强基层民主政治建设，为成都的和谐发展提供制度保障。成都的基层民主政治建设由点及面，正在步入制度化、规范化轨道，与党的建设和完善基层自治组织相结合，是成都基层民主政治建设的两大特色。通过基层民主政治建设，广大人民群众在城乡统筹中的主体作用得到进一步发挥，干部的责任感有效增强、作风进一步转变，形成了促进发展的动力和合力，为城乡一体化战略的深入实施提供了强有力的保障。起步于2003年12月新都区木兰镇“公推直选”镇党委书记的基层民主建设，这几年改革步伐稳步推进、制度不断完善，逐步形成“公推直选”、“民主测评”和“三会开放”等模式，干群关系日趋和谐。“公推直选”由党员群众公开推荐、党员大会直接选举产生村(社区)和乡镇党委(支部)书记的办法，在成都各个区(县、市)逐步实行。通过基层民主政治建设方面的探索，把基层干部的选择权、基层事务的知情权、决策权和基层组织的监督权交到人民群众手中。在试验探索的基础上，成都市委2005年出台《关于加强基层民主政治建设的意见》，确立了建立科学民主的决策机制、积极稳妥地推进公推直选、积极推行党务、政务和村（居）务公开等基本的改革路线。2007年，成都又制定了村（社区）党组织公推直选、党务和村(居）务公开、议事规则、质询、罢免、奖惩等7项制度，进一步完善了基层民主政治建设配套制度，覆盖区（县、市)、乡镇、村（社区）的基层民主政治建设制度体系初步形成。

10.4 成都市城乡一体化进程中民本力量有待进一步强化

作为国务院确定的“全国统筹城乡综合配套改革试验区”，必须要勇于探索，善于改革，要在重点领域和关键环节率先取得突破。这不仅需要政府积极有为，更为关键的是要充分调动民本力量，也就是调动城乡一体化关键主体——群众的力量，才能真正形成合力，真正统筹城乡发展。而目前，与嘉兴、义乌等地比较，成都市的民本力量还显不足，主要表现为以下四个方面。

（1）成都市属于典型的“大城市带动大农村”模式

2007年，成都市非农人口595.6万，农业人口516.7万，城乡人口均超过了500万；中心城区的面积仅有284平方公里，农村面积为城市建成区面积的40多倍，属于典型的“大城市带动大农村”模式，城市带动农村的负担较重。

（2）民营经济成长较晚

2007年，成都市民营经济实现增加值1691.9亿元，增长21.2%，占GDP的比重为50.9%，对经济增长的贡献率达66.7%；民营工业企业完成工业增加值671.9亿元，增长32.6%，主营业务收入完成2018.9亿元，增长47.8%，利润增长62.4%。民营经济近几年才得到较快发展，成长较晚，推进城乡一体化的民本力量还较弱。

（3）城镇第二、三产业带动能力不强

2007年末，全市从业人员达687.1万人，其中城镇从业人员达360.2万人，占全部从业人员的 52.4%，另外有农村劳动力劳务输出人数达 158.1 万人，多数在省外务工。就业带动能力强的第二、三产业绝大多数集中在城镇，对农业的带动能力还不强。

（4）第三圈层县（市）经济实力较弱

都江堰、彭州、邛崃、崇州、金堂、大邑、浦江、新津等县（市）在成都市属于第三圈层，农业人口较多，而经济实力较弱。2007 年，这八个县（市）的农业人口占成都市的 64% 左右，而经济总量仅占成都市的 20% 不到，工业反哺农业、城市带动农村的负担较重，推进城乡一体化的工业压力较大。

10.5 充分发挥城乡一体化发展中民本力量的主体作用和政府的主导作用

城乡一体化最基础的前提是经济社会健康较快发展，只有具备了坚实的经济基础和健康的社会运行环境，才能成功推进城乡一体化。城乡一体化的关键是转移农村劳动力与提高农业劳动生产率，促进农民市民化。推动城乡一体化的主体力量应该是市场主体，即企业、社会公民等，政府的职能则是提供良好的社会环境和制度基础。

10.5.1 推进政府职能转变，创造良好的制度环境

进一步转变经济调节和市场监管方式，简化审批程序，规范审批行为，加强事前服务和事中、事后监管，健全四级高效便民服务体系，创造良好发展环境。完善公共决策的调查制度、公示制度和专家咨询论证制度，提高民主决策、科学决策水平。适应统筹城乡发展的需要，深化市和区（市）县机构改革，调整机构设置和职能配置，积极探索简政放权的思路和途径，完善市域范围内行政区划，积极推进撤县（市）建区工作；深化乡镇、村综合改革，探索开展乡镇党政“一肩挑”，适时进行乡镇区划调整和撤乡镇建街道办事处、村组合并和撤村建社区，强化农村社会管理和公共服务职能。发展规范社会中介组织，分类推进事业单位改革。

10.5.2 保持经济社会健康平稳较快发展，创造良好的宏观环境

宏观经济的健康发展是一切改革的基本前提和基础。推进城乡一体化是一个

体制改革和制度创新的过程，必须拥有一个健康的宏观经济环境。首先是保持宏观经济基本稳定，降低国际金融危机对成都的影响；其次是转变经济发展方式，强化节能减排约束，改变目前主要由出口和投资带动的经济发展模式，调低税率，刺激和鼓励国内消费，启动巨大的国内消费市场；第三是调整优化产业结构，大力发展服务业，变目前主要依靠工业带动为三次产业协调拉动；第四是改革垄断行业，加快事业单位改革，鼓励民营企业参与国有企事业单位改革、改制，促进民营经济发展。

10.5.3　增强城乡微观经济主体活力，提高农民就业和创业能力

积极推进国有产权制度改革，建立健全国有资产市场化流动机制。加快民营经济的发展，进一步营造鼓励民营经济健康快速发展的良好环境，支持民营企业以多种方式壮大规模。大力发展农业产业化龙头企业，积极引导有品牌、市场竞争力强的龙头企业采取重组、联合、兼并等方式扩大规模。大力支持农民专业合作社的发展，建立和完善产权明晰、责任明确、管理民主、充满生机和活力的新型集体经济发展机制。促进城市资金、信息和人才等进入农业农村领域，加快培育和形成一批有较强竞争能力的现代农业市场主体。

鼓励企业参与新农村建设。企业是参与新农村建设的重要力量，尤其是新农村公共设施建设和农村集中居住区建设。政府加大对新农村建设的财政支持力度，通过税费减免、财政补助和融资支持，鼓励企业参与公共设施建设和公共事业的运营；通过补贴和灵活的土地出让办法，鼓励企业参与农村集中居住区开发，腾空农村建设用地，减轻城市化对耕地的需求负担，真正实现土地的节约集约利用。

推进城乡一体化的关键之一就是提高农民的就业和创业能力，也就是提高他们市民化的能力。一是鼓励土地流转，对农民的土地长期承包经营权和宅基地使用权给予确认和保障，让农民与市民一样享有财产权；二是改革农村金融体制，允许以土地承包经营权和宅基地使用权抵押、质押融资，允许农户之间联保，提高融资能力和创业能力；三是加大农村劳动力的培训力度，重点培训农民的职业技能和文化水平，增强从事非农产业的能力；四是改革城乡二元的社会管理体制，完善进城从事第二、三产业的农村劳动力的社会保障，鼓励劳动力转移；五是制定鼓励个体工商户的税费优惠政策，支持发展个私经济，增加就业。

10.5.4 鼓励各区（县、市）因地制宜，推进城乡一体化模式创新

成都作为“大城市带动大农村”的典型地区，各地之间经济社会发展情况差异较大，资源禀赋和区位优势各不相同，推进城乡一体化的方式不可能千篇一律。因此，成都市在推进城乡一体化战略过程中，确立小区域、多元化的推进原则，最大限度地发挥各地的比较优势，并合理地处理局部发展和整体推进之间的关系。成都市所辖的行政区域内有 20 个区（县、市），城区所占的面积仅仅是行政区划面积的很小一部分。在这 20 个区（县、市）中，既包括较为发达的城区和初具现代城市格局的县级市，也包括一些仍然需要加速向现代城市转化的县区。行政区域范围较大，各个小区域的发展水平存在差别，无疑给整体推进城乡一体化带来了难度。在这种情况下，政府如果采取一种自上而下的推动模式，不仅会增加政策执行的成本，而且容易形成政策和实际脱节的情况，其结果将会提高政策执行的成本，甚至造成地区发展模式的扭曲，损害经济效率和社会公平。正因为如此，成都市确立的推进原则充分尊重了各个小区域的差异性。采取自下而上、多元化发展的推进思路可以较大限度地发挥各个区域的比较优势，创造出适合各个区域情况的一体化模式。例如，锦江区三圣乡“五朵金花”争奇斗艳。三圣乡地处成都近郊，当地政府以市场化运作方式，依托各村优美且各具特色的自然景观，打造出花香农居、幸福梅林、江家菜地、东篱菊园、荷塘月色等“五朵金花”，发展特色农业和生态观光旅游，探索出一条不征地、不拆迁、不失业、不失利、不失权和加大财政扶持的“五不一扶持”新农村建设路子。还有蒲江县复兴乡“土地整理”、邛崃市羊安镇“汤营模式”、双流县的“土地集中”、大邑县的“五区一线”等。也正是靠着这种小区域、多元化模式，成都市所属区（县、市）因地制宜，积极发挥自身比较优势，依托服务型政府创建和基层民主建设，探索统筹城乡发展的不同模式，创新城乡一体化之路。

10.5.5 提高农业劳动生产率，增强产业竞争力

转移农村劳动力是提高农业劳动生产率的必要条件，而鼓励土地规模经营和提高对农业的服务水平则是其充分条件。完善农村土地流转市场，鼓励土地以出租、入股、转让等方式流转，并强化对耕地和农民土地承包经营权的保护，让土地在流转中增值，让农民在土地增值中增收。加大农业基础设施投入力度，完善交通、电力、通信等公共设施，鼓励企业发展科技、流通等农业服务。支持农民

组建专业合作组织，增强农业竞争力。

10.5.6 深化基层民主政治建设，夯实统筹城乡发展的群众基础

基层民主建设是发挥民本力量的政治基础，发挥民本力量就必须加强基层民主政治建设。成都市在《中共成都市委成都市人民政府关于推进统筹城乡综合配套改革试验区建设的意见》中提出了明确的要求，必须发挥人民群众的主体作用，充分调动群众的积极性、主动性和创造性。

健全公推差额直选制度。全面推行乡镇党委书记和村（社区）党组织领导班子成员公推差额直选，逐步向学校、医院、企事业等基层党组织延伸，进一步健全质询、罢免、目标考核、民主评议等约束和激励制度。积极探索优秀村（社区）干部进入公务员队伍的途径和面向社会聘任村（社区）专职党务工作者的办法。

健全民主决策制度。坚持把政治协商纳入决策程序，就重大问题在决策前和决策中进行协商。进一步规范和深化区（市、县）“三会”开放，全面推行党员、群众代表列席乡镇党委和政府会议制度。建立城乡统筹发展重大政策、重大项目群众参与制度。完善重大决策咨询、决策前征求意见、决策失误责任追究等制度。完善城乡统筹的基层组织便民服务机制。积极推行区（市、县）级部门、乡镇（街道）、村（社区）决策听证制度，完善党委委员联系党代表、党代表联系党员、党员联系群众的制度，畅通社情民意沟通渠道。

健全民主监督制度。进一步完善领导班子和领导干部科学考核、社会评价制度，全面推行乡镇党委书记民主评议制度，完善评人与评事相结合的社会评价办法。建立健全区（市、县）、乡镇党代会年会制和党代表提案制度，拓宽党代表发挥作用的渠道。充分发挥所在乡镇人大代表、政协委员的作用，增强监督合力。完善乡镇（街道）、村（社区）党务、政务、村（居）务和公益事业单位的办事公开制度。

第 11 章　结论与展望

城乡关系是所有争取实现现代化的国家所必须面对的重大的理论和实践问题。对于中国这样一个大国来说，构建和谐社会的首要前提是城乡关系的平等和谐。然而，目前面临的城乡二元体制隔离与固化等问题，正严重制约经济社会发展全局，并对中国未来的政策方向甚至改革理念产生不容忽视的影响。那么，发展过程中城乡二元体制隔离与固化的原因是什么？我们应如何来认识城乡关系矛盾冲突的现状？城乡关系演变中是否有共性的规律？制度创新是否能够发挥弥合城乡差距的作用？制度创新弥合城乡差距的作用机理何在？通过本书的研究，我们可以得到以下基本结论：城乡一体化是建设和谐社会的重要途径，是全面建设小康社会、实现现代化的必由之路，体现了一种以构建和谐社会为目标、以追求公平和效率为己任的发展观，是对科学发展现的具体实践；城乡经济社会一体化发展的过程本身就是一个制度变迁和创新的过程，它是由民本自发推进的诱致性制度变迁和政府自觉推动的强制性制度变迁相互影响、共同作用的过程；这一制度创新的基本动力首先是来自农村、来自农民的不自觉的农村工业化和农村城镇化行为，而后逐渐上升为地方政府自觉的、强力主导的改善城乡关系的种种制度供给和制度创新的举措。这其中，民本的力量和政府的作为都是互为条件、相互作用、不可或缺的。改善城乡关系，推进城乡一体化，一方面要进一步加大政府制度供给和制度创新的力度；另一方面也要重视优化民本制度创新的环境，积极培育制度创新主体，提升农村的地位、重视农民的主体作用。

在推进和实施城乡经济社会发展一体化过程中，农村的变革具有举足轻重的作用。要稳定和完善农村的基本经营制度建设，要健全和规范农村土地管理制度，要建立现代农村金融制度，尤其在一体化过程中要加强党的领导，健全农村民主管理制度，注意反腐倡廉，只有这样，一体化的实现才会加速和卓有成效。

11.1 主要结论

结论一：城乡一体化是建设和谐社会的重要途径，是全面建设小康社会、实现现代化的必由之路，体现了一种以构建和谐社会为目标、以追求公平和效率为己任的发展观，是科学发展现的具体实践

科学发展观的第一要义是发展，核心是以人为本，基本要求是全面协调可持续发展。它要求切实保障人民群众的经济、政治、文化权益，让发展成果惠及全体人民，要求协调发展，统筹城乡发展。城乡二元经济结构是长期困扰农业和农村经济发展的深层次因素。在二元结构体制下的经济政策、户籍制度、就业制度、医疗制度、养老保险制度以及教育制度等，把城市与农村割成两块，造成城乡差距越来越大。要改变城乡二元结构，就必须消除城乡之间的制度差异，推进城乡一体化。推进城乡一体化，就是要把二元社会结构转变为现代化的一元社会，就是要取消城乡间的种种不平等待遇，使城乡居民和城乡各类经济主体都能享受公平的国民待遇，拥有平等的权利、义务和发展机会；就是要打破城乡界限、开放城市，使城乡居民和城乡各种生产要素都能自由迁徙和自由流动，提高城市化水平和生产要素配置的效率与效益；就是要改变城乡分割、各自发展的模式，发挥城市先进生产力和先进文化的扩散与辐射作用，走以城带乡、城乡互促的社会经济发展的路子；就是要在坚持城乡地位平等的基础上，通过城乡开放互通、互补互促机制的作用，加快缩小工农差距、城乡差距、农民与市民差距，实现城乡的共同繁荣与进步。

城乡一体化通过着眼于区域内部城乡的协调发展，把城市和乡村看成一个有机整体，对城市和乡村在经济、社会、生态环境、空间布局上实行整体性科学规划；城乡一体化通过户籍制度改革，实行新的城乡统一的就业管理制度，完善社会保障体系等措施，使城乡居民平等地拥有财产、教育、就业、社会保障、社会福利和个人发展等方面的权利；城乡一体化注重农村的发展，努力解决好“三农”问题，坚决贯彻工业反哺农业、城市支持农村的方针，逐步改变城乡二元经济结构，逐步缩小城乡发展差距，实现农村经济社会全面发展，实行以城带乡、以工促农、城乡互动、协调发展，实现农业和农村经济的可持续发展；城乡一体化通过以城市的文明带动农村的文明，形成城乡特色鲜明、相得益彰的发展格局；城乡一体化就是在科学发展观指导下，形成城乡优势互补、分工合作和第一、第二、第三产业联动的发展格局；城乡一体化通过新农村建设，改善和提高

农村居住环境和生活质量。

1979 年邓小平同志第一次提出了“小康之家”的概念，以此来描述中国式的现代化进程。经过了 30 年的改革开放，虽然社会经济面貌发生了历史性变化，但是我国现在达到的小康还是低水平的、不全面的、发展很不平衡的小康。因此，党的十六大明确提出要紧紧抓住本世纪头 20 年这一重要战略机遇期，集中力量全面建设惠及十几亿人口的更高水平的小康社会，从经济、政治、文化和持续发展等方面对全面建设小康社会的目标提出了全面要求。随着全面建设小康社会、基本实现现代化的推进，需要有更加协调、更加和谐的城乡关系作为条件。不缩小城乡差距，不从根本上改变城乡二元结构，就不可能基本实现现代化。全面建设小康社会，必须在全面和更高水平上下工夫。这里的关键是协调，包括一、二、三产业的协调，经济社会的协调，地区发展的协调，经济发展和人口资源环境的协调等，最本质的是城乡结构的协调。我们要在实现经济体制和经济增长方式根本性转变的同时，推进社会结构由城乡对立、城乡分割到城乡融合、城乡一体的历史性跨越。因此，积极推进城乡一体化，是全面建设小康社会，加快推进实现现代化的有效途径。

结论二：城乡经济社会一体化发展的过程本身就是一个制度变迁和创新的过程，它是由民本自发推进的诱致性制度变迁和政府自觉推动的强制性制度变迁相互影响、共同作用的过程；这一制度创新的基本动力首先是来自农村、来自农民的不自觉的农村工业化和农村城镇化行为，而后逐渐上升为地方政府自觉的、强力主导的改善城乡关系的种种制度供给和制度创新的举措，这其中，民本的力量和政府的作为都是互为条件、互相作用、不可或缺的

在以城市为重心的重工业化时期，为了在经济发展水平很低的基础上建立起完整的工业体系和国民经济体系，国家通过垄断制度供给进行工业化，具体体现在：农村集体经济组织取代了适应农业生产要求的家庭经济组织，从而加强对农业生产的控制，减少获取农业剩余的成本，保证工业化的资本积累；在较大的城乡经济差距的条件下控制农村劳动力向城市转移，而在农村集体经济组织内部，生产由集体在政府主导下统一安排、统一指挥，按统一标准分配。由于每一个成员的劳动都具有极强的外部性，劳动付出和成果的分享缺乏直接联系，劳动积极性不能充分发挥；由于集体经济的组织管理者缺乏激励，管理、监督的动力不足，积极性也受到抑制。因此，适应于城市工业化优先的制度安排一方面导致农村剩余的大量流出，影响农村经济的发展后劲；另一方面严重地压抑了农民的劳动积极性，导致资源的极大浪费，经济增长率长期低于潜在增长水平。长期实施偏向城市的工业化战略，使农业难以承受来自城市工业扩张和人口增长的压力，成为经济发展的重要制约因素。农民在强烈的生存欲望激励下，在农村为重心的经济体制改革阶段，先后进行了以家庭承包经营责任制为主和以乡镇企业为主的农村工业化的制度创新。制度创新适应了农业生产和农村发展的特点，促进了农村资源的一定程度的合理配置，缩小了城乡二元经济差距。在农民进行家庭承包经营责任制和以乡镇企业为主的农村工业化的制度创新时，政府的态度由默许到支持，使得在局部地区进行的制度创新很快推向全国范围，降低了其他地区农村制度变迁的创新成本，以较低的成本获得了较高的制度收益，加快了中国城乡二元经济结构的转化，促进了城乡发展。因此，民本的制度创新和政府的默许及其后的强力促进，共同推进了城乡一体化发展。

结论三：改善城乡关系，推进城乡一体化，必须适时转换政府职能，进一步加大政府制度供给和制度创新的力度，完善城乡一体化发展的制度框架体系

改革开放以来，地方政府在向现代工业社会转变的过程中，以推动经济发展为主要目标，以长期担当经济发展的主体力量为主要方式而成为所谓的“经济增长型政府”。经济增长型政府大大推动了我国经济的持续快速发展，但是随着改革的不断深入，我国各种所有制成分的企业逐渐成为市场经济的主体，政府不应当也不可能再充当经济建设的主体力量。在经济建设取得巨大成就、市场经济体制初步建立的新历史条件下，政府必须适时实现角色的转型，由经济增长型政府转变为公共服务型政府，即政府以“管理就是服务”为根本理念，在履行经济调节、市场监管职能的同时，更要注重履行社会管理和公共服务的职能，实现经济社会协调发展，为社会提供私人或社会不愿意提供或没有能力提供的公共产品。统筹城乡发展、推进城乡一体化就是公共服务型政府的重要职能。

第一，建立以农村为本的发展战略，从制度上改善现有的国民经济格局，使工农业关系由过去的农业哺育工业的转向工农业平等发展的。正如胡锦涛同志在2004 年一次讲话中提出的重要观点：综观一些工业化国家发展的历程，在工业化初始阶段，农业支持工业、为工业提供积累是带有普遍性的趋向；但在工业化达到相当程度之后，工业反哺农业，城市支持农村，实现工业与农业、城市与农

村协调发展，也是带有普遍性的趋向。现在，我国的工业化已经达到了相当的发展程度，基本已进入工业化的中期阶段，正是工业反哺农业、城市带动农村，以实现社会协调发展的时候，这也是符合经济发展的一般规律的。这时，必须充分强调协调发展，必须遏止城乡社会断裂——即城乡经济联系日渐疏远，城市对农村的依赖性减弱，农村在整个社会发展中日益处于边缘状态的不良趋势。这是落实科学发展观的要求，也是构建和谐社会的要求。

第二，实施“以工哺农、以城带乡”的发展战略，走以农村为本的发展道路。在实施“以工哺农、以城带乡”的发展战略时，要引导城乡产业的合理分工，走以农村为本的发展道路，彻底改变过去那种造成工农关系紧张和城乡关系割裂的“农业哺育工业、牺牲农村以发展城市”的发展模式。一方面，基于城乡资源优势的不同，制定合理的产业政策，引导城乡根据各自的比较优势确定自己的主导产业和优势产业，实行城乡产业的合理分工，协调好农村工业化与城市工业化的关系，促进中国的工业化进程，实现城乡一体化的战略转型；另一方面，注重发挥乡镇企业在“以工哺农、以城带乡”战略中的积极作用。导致我国目前日益扩大的城乡经济差距与社会不平等的根本原因，在于城乡隔离体制和过度扭曲的资源配置机制，表现为“工业化超前，城镇化滞后”的形态。要改变这种状况，就要大力推进农村工业化，通过农村工业化推动城镇化进程，通过农村的城镇化实现工业反哺农业和城市带动乡村的战略转型。

第三，建立促进城乡一体化发展的社会激励结构。城乡一体化发展是对过去以牺牲农业优先发展工业和以牺牲农村来发展城市的战略的否定。作为社会经济发展阶段的重大的制度变革，关键在于设计制度变迁中的关键变量——即在工业与农业之间、城市和农村之间设计形成促进城乡互通、互动的有效的社会激励结构。通过社会激励结构的调整，节约农业或农村发展中的交易成本，形成有利于工农合作、城乡互促的激励和治理机制。

结论四：改善城乡关系，推进城乡一体化，要重视优化民本制度创新的环境，积极培育制度创新主体，提升农村地位、重视发挥农民的主体作用和首创精神

马克思主义唯物史观认为，“历史是群众的事业”，是“追求自己目的的人的活动的历史”。人民群众是社会历史的主体，是社会物质财富和精神财富的创造者，是社会发展的决定性力量，人民群众的实践也是获得正确认识的基本源泉。在创造社会历史的过程中，在改造人的生存环境的社会实践中，在认识世界

和改造世界的自觉行动中，人民群众的主体能动作用得到了越来越充分的发挥。马克思曾一再强调："创造这一切、拥有这一切并为这一切而斗争的，不是'历史'，而正是人，现实的、活生生的人。"

中国改革发展的辉煌历程，是党和政府领导广大人民群众充分发挥积极性、主动性和创造性，走中国特色现代化道路，不断推进社会主义建设的历史。党和政府正确的路线方针政策和每一项重大的改革举措，不是凭空而来的，都是从群众实践经验中总结出来的，都是尊重人民主体作用和首创精神的历史产物。党和政府在领导改革发展、带领国家走向现代化的进程中，相信群众、依靠群众，对广大农民的改革创新因势利导，并善于正确总结农民在生动的社会实践中的活动经验，将其提炼上升为具有统一性和指导性的政策，用以推动农业和农村的发展。如果离开了农民的创造性实践活动，党和政府的政策就成了无源之水、无本之木。

中国的改革开放得益于农民的主体作用和首创精神。作为中国历史和现实主体的重要组成部分，农民是一个富于创造性的社会群体，他们在自我改造、自我完善、自我提高的现代化进程中，创造了一个又一个奇迹。农村改革发展的伟大实践，极大地解放和发展了农村的社会生产力，极大地改善了广大农民群众的物质文化生活。在 30 年的改革中，人民——尤其是农民的探索和实践无时无刻不在进行着。30 年的改革实践积累了许多宝贵经验：家庭联产承包责任制是农民创造的，乡镇企业是农民创造的，基层组织的建设也是农民创造的……农民一系列的创造推动了农村经济社会的全面发展。从中国改革的历史经验看，以农民为改革主体，充分调动起他们的改革冲动与潜能，农村的发展才能积极有效地推进。当年的"联产承包责任制"就是充分尊重了农民的自主创新意识，通过政策的适时引导，完成了一次农村巨变，最大限度地释放了农业生产力。邓小平多次强调："农村搞家庭联产承包，这个发明权是农民的。农村改革中的好多东西，都是基层创造出来，我们把它拿来加工提高作为全国的指导。"可以说，在农村有多少需要解答的难题，就有多少探索破解的努力。人民的改革创新精神生生不息，正是这些来自基层的改革创新，为破除城乡发展的制度性障碍提供了新思路，找到了新方法，为解放和发展社会生产力提供了不竭动力。

农民在中国社会处在举足轻重的地位，任何时候都不能忽视农民的问题和侵害农民的利益，都要切实维护和保障农民的权益。中华人民共和国成立以来，党和政府一直致力于改造传统的农村与农民，实施了一系列改造农村社会、发展农村经济、提高农民素质的政策与措施，取得了明显的成效。今天，我们推进城乡一体化，农民的主体作用日益显现。重视农民的主体作用主要表现在：充分尊重农民，充分尊重其积极性、能动性和创造性作用。推进城乡一体化发展，从根本上说是亿万农民的事业，最终目的在于从根本上转变农民传统的生产方式、生活方式和价值观念。因此，通过各项政策引导，让亿万农民既有获得更多社会资源的能力，有与其他阶层一道共享所创造成果的制度安排，也有推动自身富裕和农村现代化的强烈进取心，有改变自己命运和建设社会主义新农村的创新精神，由此成为建设自己家园的创造主体。当前，农村各项改革站在了新的历史起点上，建设社会主义新农村、发展现代农业、推进城乡一体化发展等都是新时期确定的重大战略部署。要顺利完成这些重大任务，依然要坚持走群众路线，充分尊重广大农民的主体地位，切实保障农民权益，把实现好、维护好、发展好广大农民根本利益作为农村一切工作的出发点和落脚点；依然要坚持以人为本，尊重农民意愿，着力解决农民最关心最直接最现实的利益问题，保障农民政治、经济、文化、社会权益，提高农民综合素质，促进农民全面发展；依然要重视和尊重农民的创造。只有充分尊重、维护和发扬农民的主体作用和首创精神，才能从根本上保障农民权益、搞活农村经济、促进农业发展，也才能最终推动农村各项改革，实现农村经济社会新的跨越。可以说，尊重农民的主体意识和首创精神，既是30 年改革开放的宝贵经验所在，又是今后进一步深化改革的“助推器”。

结论五：政府与社会成员的良性互动是促进城乡一体化的根本路径

城乡一体化的实现，有三个必不可少的基本条件：一要发挥市场机制的作用；二要培育公民的主体意识；三要发挥政府作用。

城乡一体化进程虽然有一个自然的发育过程，但一个好的或坏的经济制度和政府行为选择具有主导性作用，可以在很大程度上影响这一进程。在城乡关系的演进过程中，政府往往既是城乡一体化制度供给者，又是城乡一体化的实际践行者。地方政府承担了城乡一体化的主要责任，通过建立领导机制、政府体制创新等有效地整合资源、制定规划、组织实施；在尊重市场规律，重视社会力量，尊重农民的主体地位、首创精神和权利的条件下，形成政府、市场、社会三者之间互补、合作的良性互动格局。

政府发挥其在构建城乡一体化中的主导作用，最关键的是培育和完善市场机制。理论和实践已经充分证明，市场机制是资源配置以及协调经济发展的最有效机制，因此在我国推进城乡一体化进程中，同样必须充分发挥市场机制的基础作用。目前我国市场经济发育程度仍然较低，城乡市场发育也还存在一定差距，这就需要加快市场化进程，不断培育和完善市场机制。市场的发育和完善一方面取决于市场环境的改善，诸如法律、规章的健全和规范；另一方面则取决于市场主体的发育，多元市场主体的形成。无论是市场环境的改善还是市场主体的发育，都离不开政府作用的发挥。

充分发挥政府机制与市场机制在城乡一体化中的作用，必须考虑我国城乡发展的具体阶段和实际情况，确定政府和市场的不同定位与作用，探寻出一条优化政府与市场关系的路径。我国属于典型的政府主导模式国家，无论是在计划经济时期，还是在改革以来的经济转型期，政府在城乡经济社会发展中都起着十分重要的作用。在市场机制还不完善，制度创新的主体还有待于进一步培育的情况下，我们目前在推进城乡一体化进程中，应相对突出政府的力量和作用，强化政府在城乡生产要素流动、农村公共物品供给、城乡居民机会平等等方面的作用；当市场力量逐步强大，政府作用应适时弱化，最终建立起市场主导与政府支持相结合的机制。市场应作为资源配置、收入分配的主导机制，政府主要的作用在于保障市场竞争环境和促进社会公平。

强调政府在推进城乡一体化中的责任，并不意味着由政府大包大揽。政府进行社会管理、提供公共产品和服务是有成本的，存在着一个质量和效率问题，政府必须向公民提供高质量、高效率的公共产品和服务；政府能力是有限的，企业、公民社会等都需要在构建和谐社会的进程中发挥重要作用。不仅如此，整合包括企业、公民在内的社会资源，提高社会成员参与社会管理的广泛性，建立健全与社会主义市场经济相适应、符合现代公共管理与服务理念的社会发展管理体制和运行机制，也是转变、完善政府职能，创新政府职能履行方式的客观要求。

11.2 以民本自发与政府自觉“一体两翼、合力推进”城乡一体化

民本自发与政府自觉“一体两翼、合力推进”，充分发挥社会的最大潜力和政府的调控力量，推动城乡经济发展和社会进步，应该成为我国城乡一体化的基本路径。改革开放以来我国城乡一体化建设的历程，生动印证了民本自发与政府自觉“一体两翼、合力推进”的实践意义。民本力量和政府有为任何一方的缺失，都将造成单翼状态，不管是政府还是民本，无论哪一方独自承担经济社会建设的重任，都会造成或者因垄断而缺乏活力，或者因市场无序竞争而浪费社会资源，难以达到公平与效率的最佳统一。

改革开放前，我国农村实行“一大二公”的人民公社体制，农产品实行统

购统销，农民劳作和吃饭均是集体化，大批农民被锁定在农村、黏附在农业上，农业生产率低、农民积极性低、农村活力低，生产力长期得不到解放，政府单翼驱动被证明难以成功。改革开放后，实行家庭联产承包责任制，农民的积极性被调动起来，农业生产力得到解放，农村活力不断涌现，不但满足了城市的农产品和原材料需求，还逐步解决了农村的温饱问题。同时，农民不甘贫穷落后，利用勤劳换来的原始资本积累和伟大的创造精神，大力发展乡镇企业，不仅活跃了农村经济，还解决了大量因农业劳动生产率提高而分离出来的农民就业，成为世界首创，为推进城乡一体化奠定了基础。这其中，政府的正确引导和积极有为，推动了农民成为城镇化建设的有生力量，初步形成了一条大中小城市和小城镇协调发展的新型城镇化道路。

然而，随着科技的进步、我国开放程度的不断提高和世界竞争的加剧，城乡一体化进程中政府自觉推动的力度还远远不够，主要依靠民本推动的城乡一体化出现了严重的问题。一是民本无力克服城乡二元社会管理制度的限制，进城农民工难以获得平等的就业机会、公共服务以及良好的社会保障，亟待转移出来的农村剩余劳动力难以获得良好的职业教育，无法跟上城市二、三产业发展的需求；二是我国工业、服务业生产率不断提高，而对作为弱势产业的农业“反哺”力度不大，农业基础设施落后，农产品流通体系薄弱，农业科技服务滞后；三是由于“三农”的优质资源逐步被非农产业和城市所吸取，土地大量转化为建设用地，水和空气被污染，农村的生态环境和生产条件有所恶化；四是农村公共服务严重滞后，造成农民生活成本相对较高，健康和营养水平大大落后于城市，综合素质提升缓慢。这些问题造成我国近年来城乡差距不但没有缩小，还有进一步扩大的趋势，生活在广大农村地区的九亿农民的生活水平与城市居民的差距逐步拉大，生产能力难以提高，进一步转移农村劳动力的难度、进一步提高农业生产率的难度和进一步改善农村面貌的难度，都在不断增加。事实证明，无论是政府或市场，单翼难以解决我国复杂的“三农”问题，必须实行政府自觉与民本自发相结合的两翼驱动的城乡一体化路径。

11.2.1 政府自觉提供制度供给

胡锦涛总书记在党的十六届四中全会上提出，综观一些工业化国家发展的历程，在工业化初期阶段，农业支持工业、为工业提供积累是带有普遍性的趋向；但在工业化达到相当程度以后，工业反哺农业，城市支持农村，实现工业与农业、城市与农村协调发展，也是带有普遍性的趋向。以党的十六大提出“统筹城乡经济社会发展”这一重大战略思想为标志，我国进入了政府主导下的以工促农、以城带乡、促进城乡关系均衡化发展的新阶段，只有创造良好的制度环境，提供完善的公共服务，才能激发农民创业热情，充分发挥民本作为推进我国城乡一体化的主体力量。

政府首要的职能是提供制度供给和基本公共服务。在我国的城乡一体化进程中，政府在广大农村地区的制度供给缺位问题突出，造成农业发展、农民转型和农村繁荣缺乏制度保障。因此，政府应在城乡一体化中加大制度创新力度，提供包括农村基本经营制度、城乡统一的社会管理制度在内的城乡一体化配套制度体系，尤其重要的是农村土地管理制度、户籍管理制度的改革，前者是保障农民的财产权，让土地这一农民最重要的财产流动起来，真正实现它的价值；后者是让农民本身流动起来，解除对农村劳动力流动的限制，鼓励农民转化为市民，真正实现城乡居民的平等。不管是土地，还是劳动力，都是关键的生产要素，只有建立城乡顺畅的生产要素市场，才能为经济社会发展提供要素保障。

第一，着力推进土地制度改革。土地既是农民最重要的生产要素，又是农民生活的基本保障来源，可以说是农民的命根子。目前，我国土地实行集体所有、家庭承包制，农民拥有土地的使用权；但土地流转市场不健全，土地价值无法得到市场真实的信号，土地在作为抵押物、入股经营等流通方面还存在诸多制度上的限制。随着我国工业化进程的推进和城市化步伐的加快，对外开放更加深入，产业竞争更加国际化，提高农业生产效率迫在眉睫；加快建设全面小康社会，关键的短板是九亿农村居民的全面小康，包括生活水平的提高、综合素质的提升、社会地位的认同，必须趁势而上；工业化造成广大农村地区土地被征用，环境被污染，建设环境优美的乡村，事关全局。这些问题的解决，都与土地管理制度紧密相联。只有加快土地流转，鼓励农业规模经营，才能提高农业生产率；只有承认农民对土地的长期经营权和保障他们收益权，才能实现农民进行土地抵押融资或入股经营，增加农民收入来源，鼓励农民进城居住和创业，进而实现城乡居民的平等；只有推进对农民土地的保护，才能避免低价征用农用地进行建设，才能严厉打击不法企业对农村的污染，保护生态的和谐。推进土地管理制度改革，关键是加快土地流转体制创新：一是承认农民对土地的长期经营权，鼓励农民加大对农业的投入和对土地的保护；二是加快土地流转，建立土地流转市场，加快形成公平的土地市场价格，鼓励农民以土地使用抵押贷款、入股经营、出租转让等，形成农业的规模经营，并通过流转实现土地价值和增值收益；三是出台农村宅基地管理制度，保障农民对宅基地的使用权和附着于宅基地上房屋的所有权，生活于农村的后代还拥有继承权；四是鼓励农民以宅基地和农用地使用权换取市民身份，为其家庭提供城市经济适用房和社会保障。当前农村发展面临的最大任务就是盘活土地资源，让土地流动起来。由于城乡二元结构的影响和对公共政策影响力的差别，农民最终得到的土地资本利润很少。因此，要依法、自愿、有偿流转土地承包经营权，积极探索和创新土地流转机制，制定鼓励和保护土地流转的政策措施，切实保护合法的流转关系和各方的权益，为土地流转提供良好的政策环境。

第二，着力加快户籍制度改革。为城乡大市场之间劳动力这个重要生产要素的流动创造条件。户籍制度是制约城乡一体化发展的一大障碍。户籍制度是我国为保障重工业的发展而设立的限制农村居民市民化的管理办法，将农民以户籍固定于农业和农村，实行城乡差别化的公共产品供给制度，目的是集中农业剩余和农村劳动力剩余等要素，发展工业和城市。这一制度对促进我国工业化起到了一定积极作用，但总体上是弊大于利，造成城乡差距进一步扩大，“城市像欧洲，农村像非洲”，实现全面小康社会的任务更为艰巨。主要表现在：一是限制了农村居民迁徙的自由，造成城乡居民“生而不平等”的观念，造成社会阶层的割裂；二是城乡居民收入差距拉大，并呈逐步扩大趋势，而且农村居民收入增长压力加大；三是农村社会事业比较落后，农村居民生活成本高，农民科学、文化素质提升缓慢，难以适应城市产业发展需求，造成农民市民化进程受阻；四是社会保障严重不足，造成历史欠账过大，给未来留下很大包袱；五是农村居民的相关选举权、被选举权、参与权、监督权等政治权力有待加强。通过户籍制度的改革，将为城乡劳动力提供更多的就业机会，促进城乡劳动力的合理分工，为农村工业化的发展提供更大的发展空间。应致力于建立城乡统一的户口登记管理制度，打破农业、非农业“二元结构”的户籍管理模式；放宽户口迁移的限制，以具有合法固定的住所、稳定的职业或生活来源为基本落户条件，实现户口自由迁移；逐步取消入托、上学、就业等户口的附加功能，以此彻底消除城乡壁垒，疏通人口城镇化和产业工人化的渠道；通过发展劳动密集型产业，为城乡劳动力提供更多的就业机会，促进城乡劳动力的合理分工，增加收入；同时，应致力于就业制度和社会保障制度改革，彻底破除城乡分离的就业制度，逐步建立城乡统一的就业和失业登记制度、城乡统一的劳动力市场和劳动用工管理制度，完善农村社会保障制度，从而降低社会分工过程中的交易费用。实施劳动力就业培训工程，使农民能够拥有职业培训的机会，让农民和市民在统一的劳动力市场上进行公开、公正、公平的就业竞争，让农民进城就业制度化、合法化。

第三，着力完善社会保障制度。我国建设全面小康社会的难点在农村，农村的难点在农民保障体系的落后和历史欠账过大；我国经济发展方式转变的难点在消费过低、过多依赖出口和投资，而消费过低的难点在农村消费一直不活跃，除农民收入增长较慢外，另一个关键因素是农民社会保障程度低。当前医疗、教育支出过高，而且未来养老、医疗、教育等方面支出的不确定性也很高，抑制了农民的消费意愿。随着我国经济持续健康发展，财政收入保持多年高速增长，着手解决农村居民社会保障问题的时机已经成熟，今后各级政府工作的重点之一就是逐步完善农村各类社会保障体系的建设，初步实现城乡统一的社会保障制度。一是完善新型农村合作医疗制度。在实行农民参保全覆盖的基础上，逐步提高缴费标准和各级财政负担的比例；调整和完善统筹补偿方案，提高住院补偿水平，适当增加门诊补偿，扩大受益面；开展新型农村合作医疗与城镇居民基本医疗保险相衔接的试点，使进城务工农民和失地农民等特殊群体享受到基本医疗保障；开展大病统筹与门诊统筹相结合的试点，以及有条件的地区开展地市级统筹试点。二是完善农村社会养老保险制度。我国自 1992 年开展农村养老社会保险以来，由于农村地区经济发展缓慢、城乡社会保障制度二元化等原因，农村养老社会保险筹资困难、缴费方式单一以及社会统筹力度小等问题突出。今后要加大农村社会养老保险制度建设，增加财政投入，实行财政、集体和个人共同负担的资金筹措方式，对经济欠发达地区，财政支付比例要逐步增加，经济发达地区财政比例可以适当降低；个人养老账户可以随本人就业移动，并强化就业单位的缴纳义务；缴费方式采取灵活多样的办法，可以多次分批缴纳，也可以一次性缴纳；制定管理办法，有条件的地区可以逐步实现城乡养老保险社会统筹。三是建立保障农民收入来源稳定和逐步增长的机制。对在城镇就业的农民工，鼓励参加失业保险，对仍然选择从事农业的农民，建立农村最低生活保障制度，财政给予农民基本生活保障。在建立、健全社会保障制度的同时，及时研究城乡社会保障制度的对接，鼓励有条件的地区先行推进城乡一体化的社会保障体系建设试点，逐步实现城乡统一的社会保障制度。

第四，着力强化农村基本公共服务。以政府为主导，全面提高农村社会事业发展水平，是推进城乡一体化的重要保障。一是加快农业公共服务体系建设。加大对农业科技进步、农业市场服务体系、农产品质量安全、农业结构调整和农民合作经济组织的支持力度。二是加强农村中小型基础设施建设。重点支持与农民生产和生活直接相关的农村道路、人畜饮水、农田水利、能源等中小型基础设施。三是深化城乡公平教育体制改革。调整优化教育网点布局，建立优质教育资源向农村和欠发达地区流动的体制机制，继续改善欠发达地区农村办学条件，确保家庭经济困难学生公平接受教育的机会和权利。四是加强农村公共卫生服务体系建设。不断健全县、乡（镇）、村三级农村卫生服务网络，着力提高新型农村合作医疗的保障能力。五是强化农村公共文化服务。建立公共财政投入的稳定保障机制，进一步加大农村特别是镇村级文化基础设施建设，深入推进广播电视“村村通”、“农家书屋”、农村电影放映、文化信息资源共享等工程，推动公共文化服务的范围向老年人、未成年人、残疾人、外来务工人员等各种困难群体、特殊群体和弱势群体延伸，努力保障农村群众听广播、看电视、读书看报、参与公共文化鉴赏、参加公共文化活动等基本文化权益。

11.2.2 激发民本创业推进城乡一体化

我国推进城乡一体化业已取得的现实成果，既是农民“逼”出来的，又是政府“放”出来的；既是农民“闯”出来的，又是政府“导”出来的。勇于尝试探索、富有创业精神的农民，与敢于面对客观现实、尊重农民首创精神的一方政府，有机互动、默契配合、形成合力，使民间创造财富的源泉充分涌流，农民创业创新的活力竞相迸发。浙江的实践充分证明了这一结论。在城乡分割的二元社会中，不甘贫穷的浙江农民为了求生存、图发展，掀起了发展乡镇企业、建设小城镇的农民创业浪潮，几百万的普通农业劳动者变成了现代产业的投资经营者，上千万的传统农业生产者变成了现代产业的劳动就业者，走出了一条以农民为主体的市场化、工业化、城市化道路。这其中，各级党委、政府坚持解放思想、实事求是、与时俱进的思想路线，不唯上，不唯书，只唯实，以“三个有利于”为标准，尊重、支持、引导、推广农民的创造，既不缺位又不越位，适时适地推进自身改革、转变职能，该管的管住管好，不该管的放手让市场调节，形成了农民市场和政府调控的合力。

充分发挥民本创业在推进城乡一体化中的重要作用，政府的责任义不容辞，政府的职能转变至关重要。必须在自觉地为农业、农民和农村提供制度供给、公共服务、基础设施及社会保障的同时，积极为农民、企业及其他参与新农村建设的民本力量创造良好的政策和市场环境，大力保护、激发和引导农民创业创新的积极性，鼓励城市支持农村、工业反哺农业，合力推进城乡一体化进程。

第一，为民本创业加大政策扶持。农民是新农村建设的主体，是推进城乡一体化的关键力量。30 年前，我们通过改革农村基本经营制度，激发了作为市场主体的农民的积极性；30 年后的今天，也只有再次激发农民的积极性，通过提供切实有效的政策支持，鼓励他们进城务工、创办企业，开展新一轮创业创新，才能从根本上解决“三农”问题。一是开展小额信贷。农民创业或进城安家的障碍之一就是资金来源问题，农民缺乏抵押物，信用担保机构又不针对农民开展业务，造成农民融资极其困难。今后，在改革土地管理制度的基础上，应允许农民用自己的宅基地及附着其上的房产或土地经营权作为抵押，到金融机构融资。同时，要鼓励信用担保机构为农民融资提供担保服务，解决农民融资难的问题。二是制定农民创业税费优惠制度。不管是农民进城创办企业，还是在城市就业的农民回乡创业，免除工商行政收费，并给予创办前期减免企业所得税的扶持。三是促进农用土地流转。健全土地承包经营权流转市场，加强土地流转中介服务，让土地使用权作为生产要素进入市场自由流转；扶持土地流转、规模经营，鼓励现有种养大户扩大经营规模，引导和支持新生代创业农民租用土地、发展现代农业。四是加大对新型创业方式的支持。研究制定对带动农民创业的企业和能人的鼓励政策，特别是要支持农业龙头企业带动农民发展规模化农产品基地、农产品加工流通项目，支持劳动密集型加工企业、经纪人带动农民兴办来料加工企业（点），支持各类企业和能人带动农民合作创业。

第二，为民本创业提供有效服务。政府应坚持执政为民、以人为本的理念，牢固确立农民群众在发展中的主体地位，确立“不求所有，只求所在”、“百姓创业创富，政府管理服务”、“人民办企业，政府造环境”等新的理念，不断改进政府的管理与服务。一是大力培养农业创业人才。针对城市二、三产业的需求，开展农民技能培训，增强他们从事二、三产业的能力，并采取全部培训费用税前列支及为农民工发放培训券等方式，鼓励城市企业加大对进城务工农民的培训，支持他们尽快融入城市，实现市民化。积极发展农业高等教育和中等职业教育，完善免费就读农业种养专业政策，加快培养现代农业创业人才。加强对专业大户、专业合作社服务人员、龙头企业经营人员发展现代农业技能的培训，选派青年农民免费接受高等农业职业教育，加快培养适应当地特色农业发展需要的农业创业人才。二是加强创业要素供给服务。充分发挥市场在资源配置中的基础性作用，完善城乡一体的人力资源市场，促进城乡人才和劳动力有序流动，为农民创业提供人才和人力资源的支撑。完善覆盖城乡的技术市场，健全网上技术市场功能，开展技术开发、转让、承包、入股、咨询、中介、培训、管理等服务，为农民创业提供技术支撑。三是积极提供农民创业信息服务。充分利用广播、电视、报纸、网络等媒体，发挥农村远程教育网优势，为农民创业提供人才、技术、商品等供求信息服务和业务辅导服务。

第三，为民本创业构筑平台支撑。通过扩权强县、扩权强镇，把县城和中心镇作为农民创业的主要平台。一是充分发挥县城在城市化发展中的龙头作用。落实扩权强县政策，结合县域经济社会发展实际，按照精简、效能、便捷的思路，全面扩大县级政府管理权限，并以此为核心，积极探索政府职能转变的有效途径，着力提高县级政府对区域经济社会发展的统筹协调、自主决策、科学决策和公共服务能力，为县级政府全面履行职能提供制度保障。进一步明确县城的发展定位，健全服务功能，改善发展环境，降低准入门槛，引导农村企业和创业农民进城落户创业。积极引导农村中小企业向工业园区和功能区集聚，在更大平台上推进中小企业技术进步和结构调整。打破城乡户籍界限，在就业、教育、医疗、社保、购房等方面给予进城农民同等待遇，使县城成为农民市民化的主阵地。二是充分发挥中心镇在集聚农民创业中的重要作用。完善中心镇布局和总体规划，促进农村人口和农村企业向中心镇集聚、在更高的平台上创业创新，并把有条件的中心镇建设成为现代化的小城市。完善中心镇的行政职能和服务功能，改善中心镇的投资环境和人居条件，吸引更多的农民和企业进镇创业，把以块状经济和专业市场为依托的中心镇打造成为农民创业的集聚中心。

第四，为民本创业激发精神动力。综观改革开放以来城乡一体化实践走在前列的区域，民间所特有的创业创新精神发挥了巨大的能动作用。这种创业创新精神源自“义利并重”的价值观念和“工商皆本”的文化传统，源自先天不足的资源条件和人口密集的生存压力，源自对外交往的悠久历史和多样文化的相互激荡，是以改革创新为核心的时代精神的生动体现，是人民群众千百年来孕育出来的宝贵精神财富。加快推进城乡一体化，同样要大力弘扬和发展创业创新精神，激发人民群众自觉投身创业创新的内在动力，营造创业创新的浓厚文化氛围。大力开展创业创新精神宣传教育，纳入国民教育和精神文明建设全过程，在全社会树立有利于创业创新的思想意识，树立尊重劳动、尊重知识、尊重人才、尊重创造的价值导向，树立以创业创新为荣的价值导向，树立支持创业、鼓励创新、宽容失败的价值导向，让民本创业的积极性充分焕发、创造活力充分激发。大力挖掘、总结和宣传体现创业创新精神的先进典型，树立民本创业创新的精神标杆，促进在全社会形成创业创新的示范效应。

第五，为民本创业拓展广阔空间。推进城乡一体化的根本前提是宏观经济的平稳健康较快发展，大力发展先进产业特别是先进制造业和现代服务业，繁荣经济，增加财富，进而带动农业发展。只有经济平稳健康发展，才能增加财政收入，才能带动更多就业，才能实现工业反哺农业、城市支持农村。一是大力推进工业化。以信息化推动工业化，改造提升传统产业，大力发展先进制造业，增强我国工业竞争力。二是大力发展服务业。服务业不仅带动就业，生产性服务业还能为工业的转型升级提供动力和支持，新型消费性服务业可以提高城乡居民的生活水平和精神文化生活。三是适度发展劳动密集型产业，包括部分传统服务业和轻工产业，为逐步转移农村劳动力创造良好的宏观环境。四是改造提升乡镇企业。加大对乡镇企业的改造和扶持力度，鼓励乡镇企业集聚发展，支持乡镇企业转型升级，促进乡镇企业环境治理，倒逼乡镇企业减少消耗。五是大力发展农村服务业，特别是为农业提供育种、化肥等产前服务，为农业提供技术咨询、信息服务等的产中服务，为农产品提供快捷、高效的流通体系的产后服务，提高农业竞争力。

推进城乡一体化，是深入落实科学发展观、转变经济发展方式的过程，是建立城乡统一的社会管理制度、科学合理的产业布局制度的过程，是逐步缩小城乡差距、为城乡居民提供平等公共服务的过程，是转移农村剩余劳动力、培育城市中产阶层的过程，归根结底，是推进社会主义和谐社会建设的过程。加快推进城乡一体化，对于全面建设小康社会，推进社会主义现代化建设，都具有重要的战略意义。

参考文献

阿瑟·刘易斯.1983. 劳动无限供给条件下的经济发展. 北京：商务印书馆

阿瑟·刘易斯.1989. 二元经济论. 北京：北京经济学院出版社

阿瑟·刘易斯.1984. 劳动无限供给条件下的经济发展. 见：现代国外经济学论文选（第八辑）. 北京：商务印书馆

埃比尼泽·霍华德.2000. 明日的田园城市. 金经元译. 北京：商务印书馆

埃德加·M 胡佛.1990. 区域经济学导论. 王翼龙译. 北京：商务印书馆

巴顿 K J. 1986. 城市经济学——理论与政策. 北京：商务印书馆

巴泽尔 Y. 1997. 产权的经济分析. 费方域，段毅才译. 上海：上海人民出版社

包永江.1991. 中国城郊发展研究. 北京：中国经济出版社

伯克 J H. 1985. 二元社会的经济学和经济政策. 北京：商务印书馆

蔡昉，杨涛.2000. 城乡收入差距的政治经济学. 中国社会科学，(4)：11~21

车生泉.1999. 城乡一体化过程中的景观生态格局分析. 农业现代化研究，(3)：140~143

陈波翀，王家庭.2004. 韩国城市化快速发展的动力机制研究. 宁夏党校学报，(9)：40~43

陈光庭.2002. 城乡一体化与乡村城市化双轨制探讨. 规划师，(10)：14~18

陈吉元，韩俊.1993. 中国农村工业化道路. 北京：中国社会科学出版社

陈吉元.1989. 乡镇企业模式研究. 北京：中国社会科学出版社

陈希玉.2003. 论城乡统筹. 发展论坛，(10)：50~52

陈锡文.2003. 城乡统筹解决三农问题. 改革与理论，(3)：10~11

陈先发，包永辉.2008. 新一轮农村改革突破口. 瞭望，(40)：24~26

陈晓红，李诚固.2004. 我国城市化与城乡一体化研究. 城市发展研究，(11)：41~44

陈兴中，周介铭.1989. 中国乡村地理. 成都：四川科学技术出版社

陈志林，贾琴娟，应子义.2008-06-10. 令人惊叹的义乌服务业——改革开放30年义乌经济社会发展成就（服务业篇）. http：//tjj. yiwu. gov. cn/025/06/01/200806/t20080618_137171. html

陈宗胜.2000. 发展经济学——从贫苦走向富裕. 上海：复旦大学出版社

成都市发展和改革委员会.2007-01-05. 突破城乡二元体制障碍，坚定不移推进城乡一体化. http：//www. sdpc. gov. cn/tzgg/dfgg/t20070105_109102. htm

成都市统计局，国家统计局成都调查队.2002年成都市经济和社会发展统计公报.2003-02-16. http：//www. chengdu. gov. cn/cd_know/detail. jsp? id=97800

成都市统计局，国家统计局成都调查队.2008-06-10. 2007年成都市经济和社会发展统计公报. http：//www. chengdu. gov. cn/cd_know/detail. jsp? id=182964

楚成亚，刘祥军 . 2002. 当代中国城市偏向政策的政治根源 . 当代世界社会主义问题，（4）：75 ~ 81
丛海彬 . 2007. 服务业与城市化互动发展的机理分析 . 黑龙江对外经贸，（6）：67 ~ 68
崔功豪，武进 . 1990. 中国城市边缘区空间结构特征及其发展——以南京等城市为例 . 地理学报，（4）：31 ~ 35
道格拉斯 · C 诺思 . 1994. 制度、制度变迁与经济绩效 . 上海：上海三联书店
道格拉斯 · C 诺斯 . 2004. 新制度经济学及其发展 . 见：转轨、规则与制度选择 . 北京：社会科学文献出版社
邓丽君 . 2001. 城乡一体化之 . 现代城市研究，（2）：10 ~ 15
邓小平 . 1993. 邓小平文选（第 3 卷）. 北京：人民出版社
杜肯堂 . 1997. 论城乡一体化与农村劳动力转移 . 经济体制改革，（4）：120 ~ 124
恩格斯 . 1965. 家庭、私有制和国家的起源 . 见：马克思恩格斯全集（第 21 卷）. 北京：人民出版社
范从来，陈超 . 2000. 论城乡经济的可持续发展战略 . 南京社会科学，（5）：33 ~ 37
范磊 . 1998. 城乡边缘区概念和理论的探讨 . 天津商学院学报，（3）：28 ~ 33
范子文 . 1997. 台湾"城市化与都市农业"考察报告 . 台湾农业探索，（3）：5
费孝通 . 1986. 小商品大市场 . 浙江学刊，（3）：4 ~ 13
费孝通 . 1992. 行行重行行：小城镇，再探索 . 银川：宁夏人民出版社
冯海发 . 1997. 我国农业劳动力转移的现状、前景和对策 . 学习与探索，（1）：28 ~ 34
冯雷，解慧，孔祥敏 . 2003. 城市郊区农业产业化与城乡一体化联动发展研究 . 农业现代化研究，（2）：116 ~ 120
冯雷 . 1999. 中国城乡一体化的理论与实践 . 中国农村经济，（1）：69 ~ 72
冯源 . 2008-10-21. 2008 年义乌中国国际小商品博览会开幕 . http：//news. xinhuanet. com/newscenter/2008-10/21/content_ 10228944. htm
高潮主 . 2002. 小城镇建设运筹与管理实务全书 . 北京：新华出版社
"构建社会主义和谐社会"课题组 . 2005. 构建社会主义和谐社会研究 . 经济研究参考，（20）：18 ~ 20
顾朝林 . 1993. 中国大城市边缘区特性研究 . 地理学报，（4）：399 ~ 411
顾益康，邵峰 . 2003. 全面推进城乡一体化改革——新时期解决"三农"问题的根本出路 . 中国农村经济，（1）：21 ~ 27
官锡强 . 2007. 从台湾农村城市化模式看广西农村城镇化的路径选择 . 城市发展研究，14（3）：21
郭江平 . 2004. 城乡一体化：解决"三农"问题的根本出路 . 理论探索，（1）：57 ~ 59
郭庆 . 1991. 中国工业化问题初探 . 北京：中国科学技术出版社
郭书田，刘纯彬 . 1990. 失衡的中国 . 石家庄：河北人民出版社
郭翔宇 . 2004. 统筹城乡发展的理论思考与政策建议 . 山东财政学院学报，（5）：76 ~ 78

郭小聪 . 2000. 中国地方政府制度创新的理论、作用与地位 . 政治学研究，(1)：67 ~ 73
国家统计局 . 2006. 中国农村调查报告 . 北京：中国统计出版社
韩俊 . 2005-03-10. 调整好城乡关系：构建和谐社会之关键 . 中国经济时报，第四版
韩琦 . 1999. 拉丁美洲的城市发展和城市化问题 . 拉丁美洲研究，(2)：43 ~ 48
韩永文 . 1999. 我国农业在国家工业化建设进程中的贡献分析 . 当代中国史研究，(2)：66 ~ 78
赫希曼 . 1991. 经济发展战略 . 曹征海，潘照东译 . 北京：经济科学出版社
洪银兴，陈雯 . 2003. 城市化和城乡一体化 . 经济理论与经济管理，(4)：5 ~ 11
胡必亮 . 1996. 中国的乡镇企业与乡村发展 . 太原：山西经济出版社
胡锦涛 . 2007-12-24. 高举中国特色社会主义伟大旗帜　为夺取全面建设小康社会新胜利而奋斗——在中国共产党第十七次全国代表大会上的报告. http：//news. xinhuanet. com/newscenter/2007-10/24/content_ 6938568. htm
胡进祥 . 2004. 统筹城乡发展的科学内涵 . 学术交流，(2)：113 ~ 120
黄继忠 . 2001. 区域经济不平衡增长论 . 北京：经济管理出版社
黄少安 . 2004. 关于制度变迁的三个假说及其验证 . 中国社会科学，(4)：15 ~ 19
吉利斯等 . 1998. 发展经济学 . 彭刚，杨瑞龙等译 . 北京：中国人民大学出版社
嘉兴学院课题组 . 2006. 嘉兴市块状经济研究课题报告（内部资料）
江常文 . 1983. 关于市管县后经济管理体制改革若干问题的探讨 . 经济研究，(10)：22 ~ 25
江时学 . 2005. 拉美国家的收入分配为什么如此不公 . 拉丁美洲研究，(5)：3 ~ 11
江时学 . 2007. 拉美形势展望 . 拉丁美洲研究，(1)：32 ~ 33
江泽民 . 2002-11-09. 全面建设小康社会，开创中国特色社会主义事业新局面 . 人民日报，第 1 版
姜长云 . 2006. 我国城乡发展的不协调及其深层原因 . 经济研究参考，(9)：34 ~ 44
姜涛，周富强 . 2005. 树立城乡统筹观　指导解决“三农”问题 . 河南商业高等专科学校学报，(1)：17 ~ 20
姜作培 . 2004. 城乡一体化：统筹城乡发展的目标探索 . 南方经济，(1)：5 ~ 9
蒋荣 . 2005. 韩国近年城市化多元发展趋势的微观分析 . 世界地理研究，14，(5)：64 ~ 69
焦伟侠，陈俚君 . 2004. 关于统筹城乡经济协调发展的思考 . 经济体制改革，(1)：37 ~ 40
金祥荣，柯荣住 . 2005. 经济转型期农村经济制度的演化与创新——以沿海省份为例的研究 . 杭州：浙江大学出版社
金勇兴 . 2002. 聚集与扩散——温州建制镇城市化研究 . 北京：社会科学文献出版社
金允进，陈利亚 . 2008-06-10. 三十年风雨嬗变义乌市场蛹化蝶——改革开放 30 年义乌经济社会发展成就（市场篇）. http：//tjj. yiwu. gov. cn/025/06/01/200806/t20080618 _ 137168. html
景普秋，张复明 . 2003. 城乡一体化的进展与动态 . 城市规划，(6)：31 ~ 35
景天魁 . 2006. 统筹城乡发展 . 哈尔滨：黑龙江人民出版社

鞠正江，张益刚，房清波．2003. 论“统筹城乡经济社会发展”的丰富内涵和对策措施．中共济南市社会主义学院学报，(3)：65～68
科斯．1991. 财产权利与制度变迁——产权学派与新制度经济学派译文集．上海：上海人民出版社
蓝海涛．2005. 改革开放以来我国城乡二元结构的演变路径. 经济研究参考，(17)：5～9
李非．1994. 台湾经济迈向服务产业时代．亚太经济，(4)：32～34
李非．2004. 台湾经济发展通论．北京：九州出版社
李广舜．2006. 国内外城乡经济协调发展研究成果综述．地方财政研究，(2)：22～25
李建民，赵慧．2005. 试论财政与城乡统筹发展．经济研究参考，(22)：18～27
李茂生．2004. 中国：农民减负、县乡财政解困的财税对策．财贸经济，(1)：45～54
李同升，库向阳．2000. 城乡一体化发展的动力机制及其演变分析——以宝鸡市为例．西北大学学报（自然科学版），(3)：256～260
嘉兴市 2008 年政府工作报告. 2008-03-17. http：//www. jiaxing. gov. cn/art/2008/01/30/art_40_ 45865. html
李周．2002. 改革以来的中国农村发展．见：中国农村发展研究报告（No. 3）．北京：中国社会科学文献出版社
廉伟，王力．2001. 小城镇在城乡一体化中的作用．地域研究与开发，(2)：23～26
廖正才．2004. 城乡一体化是解决“三农”问题的根本出路．成都行政学院学报，(4)：42～44
林毅夫，蔡昉，李周．1999. 中国的奇迹：发展战略与经济改革．上海：上海人民出版社
林毅夫．2004. 经济发展战略与中国的工业化．经济研究，(7)：48～58
凌岩著．2000. 农村城市化论．上海：学林出版社
刘斌，张兆刚，霍功．2005. 中国三农问题报告．北京：中国发展出版社
刘巩，钟成义，王炯明．1985. 略论城乡经济综合交流．经济研究，(8)：76～80
刘国炳．2004. 城乡统筹发展战略及其实施构想．经济与管理研究，(5)：12～15
刘国亮．2001. 中国乡镇企业增长与效率．北京：经济科学出版社
刘维新．2003. 中国城镇发展与土地利用．北京：商务印书馆
刘易斯·芒福德．1989. 城市发展史．倪文彦，宋峻岭译．北京：中国建筑工业出版社
刘应杰．2000. 中国城乡关系与中国农民工人．北京：中国社会科学出版社
卢现祥．2003. 西方新制度经济学．北京：中国发展出版社
卢现祥．2003. 新制度经济学（修订版）．北京：中国发展出版社
陆易农，王元新．2005. 韩国城市化状况考察．城市，(5)：59～61
马尔科姆·吉利斯．1998. 发展经济学．黄卫平等译．北京：中国人民大学出版社
马晓河．2004. 结构转换与农业发展．北京：商务印书馆
倪鹏飞．2007. 城市竞争力蓝皮书．北京：社会科学文献出版社
牛若峰．1997. 中国农业的变革和发展．北京：中国统计出版社
潘永江．2001. 中国城市化进程与城乡一体化发展．现代经济探讨，(12)：17～18

乔·奥·赫茨勒．1990. 乌托邦思想史．张兆麟等译．北京：商务印书馆
青木昌彦．2001. 比较制度分析．上海：远东出版社
邱泽奇．1999. 乡镇企业改制与地方威权主义的终结．社会学研究，(3)：82～92
任保平．2004. 论中国的二元经济结构．经济与管理研究，(5)：3～9
邵继华．1997. 北京郊区经济城乡一体化的发展历程．北京党史研究，(5)：41～44
邵秦．1986. 略谈台湾城市人口与城镇化特点．社会学研究，(5)：92
十六届四中全会《决定》辅导读本．2004. 北京：人民出版社
石忆邵，何书金．1997. 城乡一体化探论．城市规划，(5)：36～38
石忆邵．2003. 城乡一体化理论与实践：回眸与评析．城市规划汇刊，(1)：49～54
石忆邵．2003. 专业镇：中国小城镇发展的特色之路．城市规划，(7)：27～31
世界银行．1995. 1995 年世界发展报告．北京：中国财政经济出版社
宋洪远．2006. 中国农村经济分析和政策研究．北京：中国农业出版社
苏振兴．2001. 发展模式与社会冲突：拉美国家社会问题透视．北京：当代世界出版社
苏振兴．2004. 拉美经济：在复苏路上蹒跚而行．拉丁美洲研究，(1)：1～4
苏震兴．2005. 增长、分配与社会分化——对拉美国家社会贫富分化问题的考察．拉丁美洲研究，(1)：1～11
速水佑次郎．2003. 发展经济学．李周译．北京：社会科学文献出版社
孙宽平．2004. 转轨、规则与制度选择．北京：社会科学文献出版社
台湾研究会．1994. 台湾一九九三．北京：中国友谊出版公司出版社
谭峻．2001. 台湾地区市地重划与城市土地开发之研究．城市规划汇刊，(5)：58
陶武先．2004. 统筹城乡经济　发展特色产业——四川丘陵地区经济发展情况调查．经济体制改革，(1)：29～36
童星．2005. 发展社会学与中国现代化．北京：社会科学文献出版社
汪巽人．1983. 论我国的非城市化道路．求索，(5)：18～21
王改弟．2001. 发展小城镇与实现城乡一体化．河北学刊，(6)：37～41
王娟丽．2006. 城乡统筹发展的系统思考（硕士论文）
王思明．1995. 工业化、城市化与农业变化——中美农业发展比较研究．中国经济史研究，(3)：117～124
王小鲁．1999. 农村工业化对经济增长的贡献．改革，(5)：97～106
王振亮．2000. 城乡空间融合论．上海：复旦大学出版社
王自亮，钱雪亚．2003. 从乡村工业化到城市化——浙江现代化的过程、特征与动力．杭州：浙江大学出版社
魏芙蓉．2000. 韩国工农业政策（50—80 年代）演变分析．东北亚论坛，(3)：25～27
吴伟年．2002. 城乡一体化的动力机制与对策思路——以浙江省金华市为例．世界地理研究，(4)：46～53
武进，马清亮．1990. 城市边缘区空间结构演化的机制分析．城市规划，(2)：38～42

谢文蕙，邓卫.1996. 城市经济学. 北京：清华大学出版社
徐明华，盛世豪，白小虎.2003. 中国的二元社会结构与城乡一体化发展. 经济学家，(6)：20～25
许学强，周一星.1999. 城市地理学. 北京：高等教育出版社
许学强，朱剑如.1988. 现代城市地理学. 北京：中国建筑工业出版社
许学强.2002. 城市地理学. 北京：高等教育出版社
阎利民.2002. 城市化问题学术观点综述. 城市开发，(3)：27～29
杨德才.2002. 工业化与农业发展问题研究——以中国台湾为例. 北京：经济科学出版社
杨培峰.1999. 城乡一体化理念——跨世纪的思索. 规划师，(1)：105～108
杨荣南，张雪莲.1998. 城乡一体化若干问题初探. 热带地理，(1)：12～17
杨荣南，张雪莲.1996. 台湾省产业结构演进与城市化初探，经济地理，16（3)：62
杨荣南.1997. 关于城乡一体化的几个问题. 城市规划，(5)：41～43
杨新欣.2005. 委托——代理关系中的政府决策. 行政论坛，(2)：39～41
杨永华.2007. 发展经济学流派研究. 北京：人民出版社
杨治.1988. 产业经济学导论. 北京：中国人民大学出版社
叶兴庆.2004. 关于促进城乡协调发展的几点思考. 农业经济问题，(1)：14～18
伊里尔·沙里宁.1986. 城市：它的发展、衰败与未来. 北京：中国建筑工业出版社
义乌发展的文化探源”课题组.2007-08-06. 义乌传统文化发展的三大支柱.http：//www.cass. net. cn/file/2007080696916. html
义乌市统计局.2008-04-07. 2007年义乌市国民经济和社会发展统计公报. http：//www. stat－yw. gov. cn/Article. asp？ArtID＝501&BClassID＝5
易纲.1994. 台湾经验与大陆经济改革. 北京：中国经济出版社
易中天.2007. 成都方式——破解城乡改革难题的观察与思考. 桂林：广西师范大学出版社
郁建兴，周建民.2006. 统筹城乡发展与地方政府——基于浙江省长兴县的研究. 北京：经济科学出版社
袁东振.1995. 浅析拉美经济发展与社会公正的关系. 拉丁美洲研究，(2)：34～40
袁恩桢.1987. 温州模式与富裕之路. 上海：社会科学出版社
曾业松.2004. 城乡统筹是解决“三农”问题的根本途径. 当代思潮，(4)：4～9
张国光，武迪生.1989. 城市一体化理论与实践. 沈阳：沈阳出版社
张皓若.1998. 辉煌的历程——中国改革开放二十年. 北京：中国商业出版社
张家唐.2000. 简述拉美现代化进程及问题. 河北大学学报（哲学社会科学版)，(1)：11～15
张家唐.2003. 拉美的城市化与“城市病”. 河北大学学报，(3)：35～37
张利生，项军.1998. 城乡一体化与农村劳动力转移. 山东经济战略研究，(11)：44～46
张培刚.1988. 农业与中国的工业化. 武汉：华中工学院出版社
张培刚.1992. 新发展经济学. 郑州：河南人民出版社
张叶.1999. 小城镇发展对城乡一体化的作用. 城市问题，(1)：9～12

章伯年．2004．以城乡一体化的理念，加快新农村建设．今日浙江，(7)：16～18
赵勇．2004．城乡良性互动发展战略．北京：商务印书馆
浙江省农业和农村工作办公室课题组．2003．统筹城乡发展的战略意义．浙江经济，(21)：16～17
甄峰．1998．城乡一体化理论及其规划探讨．城市规划汇刊，(6)：28～31
郑秉文．2007．拉美的“增长性贫困”与社会保障制度的作用．中国劳动保障，(7)：54～55
郑杭生．2003．社会学概论新修（第三版）．北京：中国人民大学出版社
中共嘉兴市委政策研究室．2006．推进城乡一体化综合研究——以嘉兴为例课题研究报告（内部资料）
中共中央国务院关于推进社会主义新农村建设的若干意见．2005-12-31 http：//news. xinhuanet. com/politics/2006-02/21/content_ 4207811. htm
中共中央马克思恩格斯列宁斯大林著作编译局．1956．斯大林全集（第6卷）．北京：人民出版社
中共中央马克思恩格斯列宁斯大林著作编译局．1971．马克思恩格斯选集（第20卷），北京：人民出版社
中共中央马克思恩格斯列宁斯大林著作编译局．1972．马克思恩格斯选集（第3卷），北京：人民出版社
中共中央马克思恩格斯列宁斯大林著作编译局．1975．资本论（第1卷），北京：人民出版社
中共中央马克思恩格斯列宁斯大林著作编译局．1979．马克思恩格斯全集（第46卷）（上）．人民出版社
中共中央马克思恩格斯列宁斯大林著作编译局．1995．马克思恩格斯选集（第1卷）．北京：人民出版社
中国（海南）改革发展研究院．2008．强国之路：中国改革步入30年．北京：中国经济出版社
中国城乡问题划分标准专家研究会．1988．关于中国城乡划分标准及有关问题讨论意见书．人口与经济，(5)：6
中国共产党第十六届中央委员会第六次全体会议公报．2006-12-11. http：//news. xinhuanet. com/politics/2006-10/11/content_ 5190605. htm
中国共产党第十六届中央委员会第三次全体会议公报．2003-10-14．http：//news. xinhuanet. com/newscenter/2003-10/14/content_ 1123116. htm
中国共产党第十六届中央委员会第五次全体会议公报．2005-10-12. http：//news. xinhuanet. com/politics/2005-10/12/content_ 3607188. htm
中国社会科学院，成都市社会科学院联合课题组．2005-07-18．成都市城乡一体化的模式探索及其普遍意义．http：//www. ndrc. gov. cn/tzgg/dfgg/t20070116_ 111242. htm
中国社会科学院财政与贸易研究所．2005．科学发展观：引领中国财政政策新思路．北京：财政经济出版社
中国社会科学院经济研究所温州农村调查组．1986．温州农村商品经济考察与中国农村现代化

道路探索．经济研究，(6)：3～18
中国社会科学院农村发展研究所，国家统计局．2006. 农村经济绿皮书．北京：社会科学文献出版社
周琳琅．2005. 统筹城乡发展：理论与实践．北京：中国经济出版社
周伟．1991. 台湾省的城市化与人口的分散化．外国经济与管理，(9)：36
周玉，张铁．1985. 从新民县看城乡结合振兴经济的新潮势．经济研究，(3)：72～77
周振华，杨宇立．2005. 收入分配与权利、权力．上海：上海社会科学院出版社
朱光磊．2002. 当代中国政府过程．天津：天津人民出版社
朱家瑛．1998. 城乡一体化系统规划探讨．重庆建筑大学学报，(3)：73～78
朱磊．2000. 城乡一体化理论及规划实践——以浙江省温岭市为例．经济地理，(3)：44～48
朱新武．1998. 把农村流失的资金返还给农村——城乡经济结构失衡问题严重．中国国情国力，(9)：27～28
邹军，刘晓磊．1997. 城乡一体化理论研究框架．城市规划，(3)：14～15
Bhishma Nanda Bajracharya. 1995. Promoting Smal Towms for Rural Development. Nepal-Asia-Pacific Population Journal, 10 (2)：58～62
Friedmann J. 1966. Regional Development Poliey：A Case Study of Venezuela. Cambridge, Mass：M. I. T. Press
Kanbur S M R. McIntosh J. 1986. Dual Economy Models：Retrospect and Prospect. University of Essex Discussion Paper
McGee. 1989. New Regions of Emerging Rural-Urban Mix in Asia：Implications for National and Regional Policy. Paper Presented at the Seminar on "Emerging Urban-Regional Linkages：Challenge for Industrialization. Employment and Regional Development". Bangkok, (8)：16～19
Mike Douglass. 1998. A Regional Network Strategy for Reciprocal Rural-Urban Linkages：An Agenda for Policy Research with Reference to Indonesia. Third World Planning Review, (1)：20
North D, Weigst B. 1989. Constitutions and Commitment：Evolution of Institutions Governing Public Choice. Joumal of Economic History. (2)：803～832
Otsuka. 1996. Rural Industrialization in East Asia. Tokyo Metropolitan University
Scarlett Epstein. 2001. David Jezeph. Development-There is Another Way：A Rural-Urban Partnership Development Paradigm. World Development, (8)：29
Walther G Hoffmann. 1958. Growth of Industrial Economics. Manchester Manchester University Perss

附录　中华人民共和国成立以来城乡关系问题的若干重大事件和文件参考

1949 年

11 月 24 日　第一届全国税务会议举行。决定：农民负担已经很重，不能再增加，今后增加税收主要应该在城市工商业税收上多想办法。

12 月 20 日　农业部召开全国农业生产会议。会议指出：中国目前农业经济占整个经济比重的 80% ~90%，恢复和发展农业经济，在当前是极其重要的问题。

1950 年

2 月 27 日　政务院指出：今年农业以恢复为主，生产中心是增产粮食和棉花。

2 月 28 日　政务院发布《关于新解放区土地改革及征收公粮的指示》。

7 月 14 日　政务院通过《农民协会组织通则》。

1951 年

1 月 4 日　国家对棉纱进行统购。

5 月 11 日　中共中央确定新区组织和建立供销合作社的原则。

6 月 6 日　手工业生产工作会议强调稳步发展手工业生产合作社。

6 月 21 日　政务院强调加强农业税收工作。

7 月 16 日　公安部公布并施行《城市户口管理暂行条例》，加强城市户口管理。

10 月 29 日　财政部颁布《合作社交纳工商税暂行办法》，共十一条。

1952 年

2 月 15 日　政务院提出 1952 年农业生产战略部署。

4 月 10 日　《人民日报》发表社论推广互助组和合作社的“结合合同”。

本月　中共中央作出《关于省以上党委建立农村工作委员会的指示》。

9 月 23 日　土地改革运动在全国范围内基本完成。

11 月 12 日　中共中央发出《关于农业税收问题的指示》。

1953 年

2 月 15 日　中共中央通过《关于农业生产互助合作的决议》。

本月　中共中央农村工作部成立，这是中央专门负责农村工作的机构。

3 月 8 日　中共中央纠正农村工作中的急躁冒进倾向。

4 月 3 日至 23 日　中共中央召开第一次全国农村工作会议。

4 月 17 日　政务院发布《关于劝止农民盲目流入城市的指示》。

10 月 16 日　中共中央作出《关于实行粮食的计划收购与计划供应的决议》。

10 月 26 日　第三次农业互助合作会议召开。

11 月 5 日　政务院通过了《关于国家建设征用土地办法》。

1954 年

1 月 7 日　政务院决定清理农业贷款、减轻农民负担。

2 月 16 日　中共中央通过《关于发展农业生产合作社的决议》。

3 月 12 日　中央农村工作部要求控制发展合作社的数量。

本月　内务部、劳动部要求劝止农民盲目流入城市。

6 月 3 日　中央农村工作部规定农业生产要赶上工业发展的需要，要求 1960 年前后全国主要地区基本实现农业合作化。

7 月 20 日　中华全国合作社联合总社更名为中华全国供销合作总社。

8 月　国家计委提出未来 15 年远景规划。

12 月　中央指示农业合作化不能急躁草率，以避免与农民的紧张关系。

1955 年

1 月 10 日　中央发出《关于整顿和巩固农业生产合作社的通知》。

3 月 25 日　中国农业银行成立。

4 月 21 日　中央农村工作会议提出今后农业合作化的总方针是停止发展、全力巩固。

5 月 17 日　毛泽东强调农业合作社应以发展为主。

6 月 2 日　国务院提出在过渡时期内基本扫除农村中的青壮年文盲。

9 月 25 日　毛泽东批评在农业合作化问题上，1953 年春和 1955 年春的两次反冒进是“完全不应该有的动摇”。

10 月 4 日　中国共产党召开扩大的七届六中全会，通过《关于农业合作化问题的决议》。

11 月 1 日　全国开始使用全国通用粮票和地方粮票。

11 月 7 日　国务院确定城乡划分标准。

12 月 21 日　中央发布由毛泽东主席起草的《农业十七条》征询意见。

1956 年

2 月 18 日　全国乡村邮电工作会议要求七年内普及乡村邮电网。

4 月 2 日　邓子恢谈农村合作社的整顿巩固问题。

4 月 29 日　全国各地相继出现“包工包产”。

4 月 30 日　全国农村基本上实现了初级形式的农业合作化。

6 月 30 日　《高级农业生产合作社示范章程》正式颁布。

9 月 12 日　中共中央、国务院发出《关于加强农业生产合作社的生产领导和组织建设的指示》。

10 月 24 日　国务院发出《关于放宽农村市场管理问题的指示》。

11 月 10 日　《人民日报》批评农业合作化中存在的问题。

12 月 15 日　国务院批准财政部关于农村工商税收的新规定。

1957 年

2 月 7 日　基层政府进行并乡撤区的组织调整。

2 月 12 日　中国农业银行撤销。

3 月 1 日　中国农业科学院在北京成立。

4 月 8 日　《人民日报》发表社论《关于中小学毕业生参加农业生产问题》。

5 月 24 日　国务院通过《中华人民共和国水土保持暂行纲要》。

8 月 8 日　中央决定在农村进行大规模的社会主义教育。

8 月 9 日　国家计划和统一收购的农产品不准进入自由市场。

9 月 14 日　中共中央发出指示要求做好农业社的整顿和生产管理工作。

12 月 9 日至 24 日　全国农业工作会议举行。

12 月 18 日　中共中央、国务院发出《关于制止农村人口盲目外流的指示》。

12 月 21 日　国务院发布《关于正确对待个体农户的指示》。

本月　全国掀起空前规模的农田水利建设运动。

1958 年

1 月 6 日　《国家建设征用土地办法》颁布实施。

1 月 9 日　《中华人民共和国户口登记条例》公布实施。

2 月 2 日　《人民日报》发表社论提出国民经济“全面大跃进”的口号。

2 月 3 日　《人民日报》发表社论《鼓足干劲，力争上游》。

4 月 5 日至 8 日　中央政治局批准成都会议通过的农业机械化、小社并大社等文件。

4 月 11 日　国务院改进粮食管理体制，加大地方的权限和责任。

6 月 3 日　《中华人民共和国农业税条例》出台。

6 月 8 日　《人民日报》连续报道全国农业“亩产”放“卫星”。

本月　农业部向中央提出《农业大有希望》的报告。

7 月 8 日　《人民日报》宣传农村办公共食堂的好处。

8 月 1 日至 9 日　农业部召开全国第一次农村水电会议，掀起农村电气化高潮。

8 月 27 日　《人民日报》发表以《人有多大胆，地有多大产》为题的一封信。

8 月 29 日　中央作出《关于在农村建立人民公社问题的决议》。

10 月 1 日　全国基本实现人民公社化。

10 月 25 日　《人民日报》发表社论《办好公共食堂》。

12 月 7 日　全国粮食供应紧张。

本日　中共中央要求人民公社大办轻工业。

12 月 18 日　国务院作出《关于适应人民公社化的形势改进农村财政贸易管理体制的决定》。

1959 年

1 月 2 日至 13 日　全国农业工作会议对 1959 年的农业生产作出安排。

1 月 13 日　全国农村工作部长会议强调要建立和健全生产责任制。

2 月 4 日　中共中央发出《关于制止农村劳动力流动的指示》。

2 月 17 日　朱德就农村办公共食堂问题提出意见。

4 月 29 日　毛泽东致信各级干部谈农业问题。

5 月 7 日　中共中央发出《关于农业的五条紧急指示》。

7 月 12 日　中央提出改进“党社合一”等不良领导方法和工作作风。

8 月 26 日　国家统计局发布《关于修订 1958 年农业统计数字的公报》。

10 月 15 日　中央提出在农村彻底批判“右倾邪气歪风”。

10 月 18 日　邓子恢发表《中国农业的社会主义改造》一文。

1960 年

2 月 6 日　中央指示大办业余农业高中。

2 月 8 日至 22 日　农业部召开全国农业工作会议。

3 月 5 日　中央批转广东省委《关于当前人民公社工作中几个问题的指示》。

3 月 18 日　中共中央发出加强农村公共食堂的指示。

4 月 13 日　《人民日报》发表社论《各行各业都来支援农业》。

5 月 15 日　农村开展反贪污、反浪费、反官僚主义的“三反”运动。

本日　中央要求适当安排农村劳动力。

8 月 10 日　中央发出“全党动手，大办农业，大办粮食”的指示。

11 月 3 日　中共中央发出《关于农村人民公社当前政策问题的紧急指示信》(又称十二条)。

11 月 15 日　毛泽东告示全党“现在是下决心纠正错误的时候了”。

12 月上旬　中央决定从国外进口粮食。

12 月 17 日　中央《关于 1961 年劳动力的安排要点》要求精减 500 万职工。

1961 年

1 月 1 日　《人民日报》元旦社论要求全面贯彻以农业为基础、以工业为主导的方针。

1 月 20 日　《关于农村整风整社和若干政策问题的讨论纪要》发出。

2 月下旬　毛泽东在广州主持起草《农村人民公社工作条例（草案)》（简称“农业 60 条”）。

4 月 25 日　中央要求对农村工作的若干关键问题进行调查。

5 月 21 日至 6 月 12 日　中央工作会议讨论《农村人民公社工作条例（修正草案)》和《中共中央关于坚决纠正平调错误、彻底退赔的规定》。

5 月 29 日　毛泽东批转胡耀邦《农村商业要办活一点》一文。

5 月 31 日　陈云提出要动员城市人口下乡。

1962 年

2 月 13 日　中央发出《关于改变农村人民公社基本核算单位问题的指示》。

2 月　广西很大一部分农村党员干部主张单干。

3 月 10 日　《人民日报》发表社论，要求把农业工作做细做扎实。

5 月 24 日　邓子恢致书中央和毛泽东，提出《关于当前农村人民公社若干政策问题的意见》。

7 月 7 日　邓小平谈农业生产关系应采取多种多样形式。

7 月上旬　毛泽东否定“包产到户”的主张。

8 月 11 日、17 日　北戴河中央工作会议中心小组会上，刘少奇、邓子恢、周恩来先后就形势估计和包产到户等问题作自我批评和说明。

8 月 2 日　毛泽东对邓子恢关于农村工作政策意见提出批评。

9 月 27 日　中共八届十中全会通过《关于进一步巩固人民公社集体经济、发展农业生产的决定》、《农村人民公社工作条例修正草案》。

11 月 5 日至 29 日　全国农业会议在北京召开。

11 月 9 日　中央决定：撤销中央农村工作部，其业务合并于国务院农林办公室。

11 月 22 日　中共中央、国务院作出《关于发展农村副业生产的决定》。

1963 年

1 月 1 日　《人民日报》社论强调集中力量恢复和发展农业。

2 月 8 日至 3 月底　全国农业科学技术工作会议在北京举行。

5 月 20 日　中共中央发出《关于目前农村工作中若干问题的决定（草案)》(后来称为《前十条》)。

9 月 6 日至 27 日　中共中央举行工作会议，制定了《关于农村社会主义教育运动中一些具体政策的规定（草案)》(简称后十条)。

11 月 12 日　中国农业银行正式成立。

12 月 16 日　邓小平提出关于制定农业长期规划的意见。

1964 年

1 月 4 日　国务院批准农村工商税采取新的征收办法。

1 月 16 日　中央决定动员和组织城市知识青年参加农村社会主义建设。

2 月 10 日　《人民日报》发表宣传大寨事迹的报道和号召学习大寨精神的社论。

3 月 10 日至 4 月 11 日　国务院召开全国农业长期规划会议，提出农业第三个五年计划的主要任务。

4 月 24 日　中央批转共青团中央《关于组织城市知识青年参加农村社会主义建设的报告》。

1965 年

1 月 14 日　中央下发《农村社会主义教育运动中目前提出的一些问题》(简称《二十三条》)。文件规定，城市和农村的社会主义教育运动，今后一律简称“四清”：清政治、清经济、清组织、清思想。

2 月　中央安置城市下乡青年领导小组召开全国安置工作会议。

6 月 26 日　毛泽东提出“要把医疗卫生工作的重点放到农村去”。

8 月 23 日　中央下发《关于当前农村工作问题的指示》。

9 月 5 日　中共中央、国务院发出《关于大力发展农村副业生产的指示》。

1966 年

1 月 13 日　国家经委拟定《1966 年工业交通企业支援农业的 10 项措施》。

1 月 18 日　中央要求纠正农村工作中一些不良现象。

2 月 1 日　中央要求大力发展农村副业生产。

3 月 23 日　全国安置工作座谈会召开，提出城镇知青的安置主要是上山下乡。

9 月 14 日　中共中央下发《关于县以下农村文化大革命的规定》。

1967 年

2 月 20 日　中共中央发出《给全国农村人民公社贫下中农和各级干部的信》。

1968 年

11 月 15 日　中共中央、国务院发出大专院校毕业生应面向农村、面向工矿的通知。

12 月 3 日　新华社报道：中国农业在连年丰收的基础上，1968 年又喜获丰收。

12 月 22 日　《人民日报》发表毛泽东指示，号召知识青年和城镇居民“上山下乡”。

1969 年

2 月 14 日　入冬以来农田基本建设成绩显著。

9 月 15 日　农村批“资本主义”道路。

1970 年

2 月 3 日　《人民日报》转载《我国社会主义农业的发展道路》一文。

5 月 12 日　中央转发国家计委《关于进一步做好知识青年下乡工作的报告》。

12 月 8 日　周恩来同外宾谈中国农业问题。

1971 年

8 月 16 日　国务院召开第二次全国农业机械化会议。

8 月 21 日　实行粮食征购任务一定五年的政策。

12 月 26 日　中央要求做好农村人民公社分配工作。

1972 年

2 月 17 日　中国城乡居民储蓄存款有较多增长。

4 月 16 日　《人民日报》发表社论：《以粮为纲，全面发展》。

5 月 16 日　中国农村积极开展群众性选育和推广农作物良种科学实验活动。

9 月 28 日　对边远地区和深山地区收购三类农副产品实行运费补助。

1973 年

1 月 7 日　全国计划工作会议要求着重解决农轻重比例失调等问题。

8 月 7 日　《人民日报》发表《进一步做好知识青年上山下乡的工作》的社论。

9 月 26 日　农村合作医疗大发展。

12 月 22 日　5 年来 800 万知识青年上山下乡。

1974 年

10 月　国务院成立知识青年上山下乡领导小组。知青办设在农林部。

1975 年

1 月 30 日　全国供销合作总社恢复。

7 月　邓小平要求树立“农业第一”的思想，把农业搞上去。

8 月 18 日　国务院讨论《关于加快工业发展的若干问题》（后简称《工业二十条》）。

9 月 15 日至 10 月 19 日　国务院召开全国“农业学大寨”会议。

9 月 23 日至 10 月 21 日　邓小平主张对各个行业要进行整顿。

10 月 11 日　《人民日报》发表《伟大的光明灿烂的希望——河南巩县回郭镇公社围绕农业办工业、办好工业促农业的调查》。

12 月 30 日　我国在连续 13 年丰收基础上又夺得了农业的全面丰收。

1976 年

6 月 1 日　农村教育获得发展。

12 月 10 日　第二次全国农业学大寨会议在北京召开。

1977 年

1 月 19 日　中共中央转发国务院《关于 1980 年基本上实现农业机械化的报告》。

7 月 6 日　全国农田基本建设会议召开，这是解放以来规模最大的一次农田基本建设会议。

10 月 10 日　全国办起社队企业 109 万个。

10 月 30 日　中共中央批准设立国务院农业机械化领导小组。

11 月 18 日　中央要求做好粮食工作。

本月　安徽省委制定的《关于当前农村经济政策几个问题的规定》受到农民欢迎。

12 月 11 日　《人民日报》发表社论《加快农业发展速度是全党的战斗任务》。

1978 年

2 月 1 日　邓小平谈农村和城市政策问题。

2 月 3 日　《人民日报》报道中共安徽省委抓落实农村政策。

2 月 11 日　我国杂交水稻研究推广取得新进展。

2 月 16 日《人民日报》发表文章，要求尊重生产队的自主权。

3 月 6 日至 8 日　第三次全国城市工作会议提出控制大城市规模，多搞小城镇。

10 月 3 日　邓小平谈农业合作化问题。

10 月 31 日　全国知识青年上山下乡工作会议决定彻底改变插队政策，将上山下乡工作纳入劳动就业的轨道，并通过了《国务院关于知识青年上山下乡若干问题的试行规定》。

11 月 10 日至 12 月 15 日　中央工作会议讨论《关于加快农业发展速度的决议》和《农村人民公社条例》(草案)。

12 月 2 日　国务院批转财政部《关于减轻农村税收负担问题的报告》。

12 月 18 日至 22 日　中共十一届三中全会深入讨论了农村改革和农业问题。

1979 年

1 月 11 日　中央印发《关于加快农业发展若干问题的决定》(草案)和《农村人民公社工作条例》(试行草案)。

2 月 9 日　财政部确定进一步减轻农村社队税收负担。

2 月 19 日　《人民日报》发表文章《一部分农民先富起来应受到鼓励》。

6 月 15 日　万里肯定凤阳农村“大包干”生产责任制。

7 月 6 日至 11 日　李先念在全国农田基本建设会议上指出，我国要走农业现代化的道路。

9 月 28 日　中共十一届四中全会通过《中共中央关于加快农业发展若干问题的决定》。

11 月 25 日　解决粮食问题必须坚持“立足国内，自力更生，发展生产，厉行节约”的方针。

1980 年

1 月 11 日　国家农委在北京召开全国农村人民公社经营管理会议。

5 月 31 日　邓小平谈农村改革和肃清封建主义影响问题。

11 月 23 日　中央提出要认真总结农业学大寨运动的经验教训。

1981 年

1 月 30 日　国务院调整农村社队企业工商税收。

3 月 2 日　中央要求重视发展多种经营。

3 月 8 日　中共中央、国务院作出《关于保护森林发展林业若干问题的决定》。

3 月 9 日　中央为邓子恢平反。

3 月 11 日　开展对粮油议购议销。

3 月 30 日　中央转发国家农委《关于积极发展农村多种经营的报告》。

4 月 17 日　国务院发出制止农村侵占耕地建房的通知。

5 月 4 日　国务院作出《关于社队企业贯彻国民经济调整方针的若干规定》。

5 月 5 日　国家发出《关于解决城镇集体经济和个体经济所需场地问题的通知》。

6 月 6 日　国家授予籼型杂交水稻特等发明奖，棉花良种鲁棉一号一等发明奖。

7 月 7 日　国务院发布《关于城镇非农业个体经济若干政策性规定》。

8 月 10 日　国务院批转《农副产品议购议销价格暂行管理办法（草案）》。

10 月 4 日至 21 日　中央召开农村工作会议，讨论起草放宽农业政策的文件。

10 月 5 日至 21 日　全国农业工作会议召开。

11 月 26 日至 12 月 5 日　全国农村宣传工作座谈会召开。

12 月 30 日　国务院要求严格控制农村劳动力进城做工和农业人口转为非农业人口。

1982 年

1 月 1 日　中央批转《全国农村工作会议纪要》(即 1982 年中央一号文件)。

1 月 13 日　国务院决定实行粮食征购、销售、调拨包干一定三年不变的办法。

4 月 12 日　中共中央、国务院发出《关于＜宪法修改草案＞中规定农村人民公社政社分开问题的通知》。

4 月 27 日　《人民日报》刊登调查报告《完善生产责任制中的几个认识问题》。

本月　中国农村发展研究中心成立。

5 月 14 日　国务院公布《国家征用土地条例》。

6 月 15 日至 22 日　全国城乡建设环境保护工作会议在北京召开。

6 月 17 日　国务院发出《关于疏通城乡商品流通渠道扩大工业品下乡的决定》。

8 月 14 日　党的十一届三中全会以来，我国农村社队企业进一步得到发展。

9 月　浙江义乌县宣布正式开放义乌城镇小商品市场。

10 月 16 日　全国小商品市场现场会在武汉召开。

10 月 29 日　中共中央办公厅、国务院办公厅转发《关于切实解决滥占耕地建房问题的报告》。

11 月 5 日至 23 日　中央召开全国农业书记会议。

12 月 4 日　国务院发出《关于改进“划分收支，分级包干”财政管理体制的通知》。

12 月 17 日　国务院批转公安部《关于解决有关农村落户问题的请示》。

本月《毛泽东农村调查文集》出版。

1983 年

1 月 2 日　《中共中央关于当前农村经济政策的若干问题》(即 1983 年中央一号文件)。

1 月 26 日至 2 月 2 日　首次全国农村科技工作会议在北京举行。

2 月 5 日　国务院发布《城乡集体贸易管理办法》。

2 月 11 日　国务院批转《关于改革农村商业流通体制若干问题的试行规定》。

4 月 14 日　国务院颁布《关于城镇集体所有制经济若干政策问题的暂行规定》。

5 月 2 日　我国农民纯收入四年增加一倍。

5 月 6 日　中共中央、国务院发出《关于加强和改革农村学校教育若干问题的通知》。

8 月 30 日　胡耀邦发表《怎样划分光彩与不光彩》的讲话。

9 月 1 日　国务院批转《关于进一步放开小商品价格的报告》。

9 月 3 日　国务院办公厅转发财政部《关于调整农村社队企业和基层供销社缴纳工商所得税率的规定》。一律按照八级超额累进税率计征。

9 月 29 日　我国农、轻、重的比例关系趋于协调。

10 月 12 日　中共中央、国务院发出《关于实行政社分开、建立乡政府的通知》。

11 月 19 日　国务院发出《关于制止买卖、租赁土地的通知》。

11 月 28 日至 12 月 15 日　中央召开全国农村工作会议。

12 月 1 日　中共中央、国务院发出关于县级党政机关机构改革的通知。

1984 年

1 月 1 日　《中共中央关于 1984 年农村工作的通知》（即 1984 年中央一号文件）。

1 月 17 日至 26 日　全国农业工作会议召开。

2 月 27 日　国务院发布《关于农村个体工商业的若干规定》。

3 月 1 日　中共中央、国务院转发《关于开创社队企业新局面的报告》。

7 月 5 日　中共中央、国务院提出关于农村工作的意见。

7 月 19 日　国务院批转《关于进一步做好农村商品流通工作的报告》。

9 月 27 日　国务院作出《关于加强乡镇、街道企业环境管理的规定》。

10 月 13 日　国务院发出《关于农民进入城镇落户问题的通知》。

11 月 29 日　国务院同意民政部关于调整建镇标准的报告的通知。

12 月 13 日　国务院发出《关于筹措农村学校办学经费的通知》。

12 月下旬　中央召开全国农村工作会议。

1985 年

1 月 1 日　《中共中央国务院关于进一步活跃农村经济的十项政策》（即 1985 年中央一号文件）。

3 月 6 日至 12 日　全国土地管理工作会议在北京召开。

5 月 17 日　农业税由征粮为主改为折征代金。

5 月　中共中央、国务院批准实施“星火计划”。

7 月 13 日　公安部发布《关于城镇暂住人口管理的暂行规定》。

10 月 31 日　中共中央、国务院发出《关于制止向农民乱派款、乱收费的通知》。

12 月 5 日至 21 日　中共中央、国务院召开中央农村工作会议。

1986 年

1 月 1 日　《中共中央国务院关于 1986 年农村工作的部署》（即 1986 年中央一号文件）。

5 月 7 日　中国承诺在 2000 年实现人人享有卫生保健。

6 月 25 日　《中华人民共和国土地管理法》公布施行。

8 月 19 日　《人民日报》报道，城乡个体工商业者十年增加近百倍。

9 月 6 日　中央提出加强农村基层政权建设七点要求。

11 月 8 日至 12 日　中央农村工作会议召开。

11 月 12 日　鼓励科技人员承包领办乡镇企业。

1987 年

1 月 22 日　中央政治局通过《把农村改革引向深入》的文件。

3 月 2 日　五部室提出保障农业持续稳步增长八条建议。

3 月 12 日　乡镇干部实行选任制和聘用制。

4 月 1 日　国家开征耕地占用税。

6 月 8 日　中央提出稳定和完善土地承包的意见。

7 月 7 日　国家教委和财政部联合发出《关于农村基础教育管理体制改革若干问题的意见》。

7 月 9 日　乡镇企业劳动卫生管理办法颁发。

7 月 15 日　农牧渔业部提出《关于完善乡村集体企业承包经营责任制的意见》。

7 月 22 日　乡镇企业劳动保护工作的规定颁发。

7 月 29 日　《农民技术人员职称评定和晋升试行通则》颁发。

11 月 10 日　开展土地登记发证试点工作。

11 月 24 日　《村民委员会组织法》公布。

1988 年

1 月 18 日至 26 日　全国农业工作会议召开。

1 月 21 日　《水法》公布。

2 月 22 日　中国科学院决定将进行农业科技“黄淮海战役”。

2 月 27 日　中央书记处农村政策研究室改为中央农村政策研究室。

2 月 28 日　中央提出关于修改中华人民共和国宪法关于土地的个别条款的建议。

5 月 4 日　国家教委制定《关于组织实施“燎原计划”的意见》。

7 月 7 日　农业部组织实施“菜篮子工程”。

8 月 18 日　我国更改农业、非农业人口划分标准。

10 月 9 日至 16 日　首届农运会举行。

10 月 28 日　国务院批转了《关于推动乡镇企业出口创汇若干政策的规定》。

11 月 2 日至 7 日　中共中央、国务院召开全国农村工作会议。

11 月 8 日　国务院发布《土地复垦规定》。

1989 年

4 月 7 日　我国 30 多万农民获得技术职称。

4 月 10 日至 13 日　全国农村科普工作会议召开。

10 月 15 日　国务院作出《关于大力开展农田水利建设的决定》。

10 月 25 日至 29 日　农业机械化工作会议提出下世纪中叶达到全国基本上实现农业机械化的战略目标。

11 月 27 日　国务院发出《关于依靠科技进步振兴农业，加强农业科技成果推广工作的决定》。

1990 年

1 月 5 日至 9 日　全国乡镇企业工作会议召开。

1 月 13 日　中国乡镇企业协会在北京成立。

1 月 13 日至 18 日　全国农业工作会议召开。

1 月 18 日　农业部决定 1990 年为农业科技推广年。

2 月 3 日　国务院发出切实减轻农民负担的通知。

2 月 12 日　农业部发布《农民股份合作企业暂行规定》。

4 月 13 日　农业部发布乡镇企业承包经营责任制规定。

5 月 21 日　农业部发出《关于坚决制止并纠正改变乡镇企业所有制性质和隶属关系的通知》。

6 月 3 日　《乡村集体所有制企业条例》发布。

6 月 16 日至 22 日　农村工作座谈会召开。

7 月 9 日　《1990—2000 年全国农村教育综合改革实验区工作指导纲要》发布试行。

本日　我国科技“火炬”、“星火”、“八六三”计划全面展开。

8 月 8 日　国务院同意编制农业区域开发总体规划。

9 月 11 日　国务院发出《关于建立国家专项粮食储备制度的决定》。

9 月 25 日　《国家星火奖励办法实施细则》发布。

10 月 12 日　全国第一家省际议价粮食批发市场中国郑州粮食批发市场开业。

12 月 1 日　中共中央、国务院发出《关于 1991 年农业和农村工作的通知》。

1991 年

1 月 4 日　《中华人民共和国土地管理法实施条例》发布。

1 月 17 日　国务院转发《关于改革和加强农村医疗卫生工作的报告》。

1 月 8 日至 23 日　全国农业工作会议召开。

3 月 8 日　国务院批转《关于进一步加强村镇建设工作的请示》。

6 月 18 日至 24 日　农村教育国际研讨会在山东省泰安市举行。

6 月 21 日　中国确定 6 月 25 日为“土地日”。

7 月 14 日　全国排出 100 名农业产值大县。

9 月 9 日　国务院颁布《城镇集体所有制企业条例》。

10 月 7 日至 8 日　江泽民邀请农业科学家座谈。

11 月 11 日至 16 日　全国粮食工作和粮食储备工作会议在北京召开。

11 月 25 日至 29 日　十三届八中全会审议通过了《中共中央关于进一步加强农业和农村工作的决定》。

12 月 15 日　国务院决定放开食糖经营。

1992 年

1 月 8 日　李鹏同受表彰的乡镇企业家座谈。

2 月 12 日　国务院发出《关于积极实行农科教结合推动农村经济发展的通知》。

3 月 18 日　国务院批转农业部《关于促进乡镇企业持续健康发展的报告》。

3 月 30 日　我国首次粮食远期合同价格由郑州粮食批发市场向海内外发布。

4 月 1 日　国务院决定再次提高粮食价格。

6 月 17 日　新华社报道我国乡镇企业加快发展。

9 月 12 日　国务院批转农业部《关于加强农业承包合同管理的意见》。

9 月 22 日　国家体改委提出改革棉花流通体制。

9 月 25 日　国务院发布《关于发展高产优质高效农业的决定》。

9 月 28 日　国家物价局进一步放开农产品价格。

12 月 29 日　国务院召开农业工作电视电话会议。

1993 年

1 月 29 日　国务院通过《中华人民共和国农业基本法（草案）》。

2 月 14 日　国务院作出《关于加快发展中西部地区乡镇企业的决定》。

2 月 20 日　国务院发出《关于调整农林特产税税率的通知》。

3 月 19 日　中共中央、国务院要求切实减轻农民负担。

3 月 30 日　我国农村贫困人口减少。

6 月 20 日　国务院召开全国减轻农民负担工作电话会议。

9 月 18 日至 21 日　国务院召开全国乡镇企业工作会议。

10 月 18 日至 21 日　中央召开农村工作会议。

11 月 4 日　国务院印发《90 年代中国农业发展纲要》。

11 月 5 日　中共中央、国务院发出当前农业和农村经济发展的若干政策措施。

1994 年

1 月 23 日　国务院发布《农村五保供养工作条例》。

1 月 25 日　我国城乡小康住宅示范工程启动。

3 月 14 日　国务院办公厅转发农业部《关于实施“绿色证书工程”的意见》。

3 月 23 日　中央农村工作会议召开。

4 月 10 日　中共中央、国务院发出关于 1994 年农业和农村工作的意见。

4 月 19 日　国务院决定组建中国农业发展银行。

5 月 9 日　国务院要求深化粮食购销体制改革。

5 月 25 日　全国农村电气化工作会议提出本世纪目标。

8 月 18 日　国务院发布《基本农田保护条例》。

8 月 30 日至 9 月 2 日　全国土地使用制度改革工作会议召开。

11 月 5 日　中央发出《关于加强农村基层组织建设的通知》。

11 月 21 日　全国农村经济工作座谈会提出“九五”期间农村经济发展的重点。

12 月 23 日　中共中央组织部要求进一步整顿软弱涣散和瘫痪状态的党支部。

1995 年

1 月 10 日至 13 日　全国农业工作会议召开。

1 月 18 日　国务院部署首次大规模农业普查。

2 月 16 日　农业部发布《全国乡镇企业家管理办法》。

2 月 27 日　中共中央、国务院发出《关于深化供销合作社改革的决定》。

3 月 28 日　国务院批转农业部《关于稳定和完善土地承包关系的意见》。

6 月 16 日至 19 日　全国耕地保护工作会议召开。

1996 年

1 月 5 日至 8 日　中央农村工作会议召开。

1 月 8 日　国家粮库实行企业化管理。

1 月 30 日至 2 月 2 日　全国农业工作会议召开。

7 月 13 日至 14 日　全国农村金融体制改革工作会议召开。

8 月 22 日　国务院作出进一步深化农村金融体制改革的决定。

9 月 12 日　星火计划“九五”发展纲要出台。

9 月 23 日至 25 日　中共中央、国务院召开扶贫开发工作会议。

9 月 25 日至 27 日　全国“星火计划”工作会议提出未来 5 年至 15 年战略措施。

10 月 20 日　农业部、国家计委要求促进大中型乡镇企业发展。

10 月 29 日　《中华人民共和国乡镇企业法》颁布。

11 月 6 日　第一届全国棉花交易会在郑州举行。

1997 年

1 月 10 日至 13 日　中央农村工作会议举行。

2 月 25 日　中国农业科学院专家科技下乡团到达贵州。

4 月 15 日　中央发出进一步加强土地管理切实保护耕地的通知。

8 月 6 日　国务院发出按保护价敞开收购议购粮的通知。

1998 年

1 月 7 日至 9 日　中央召开农村工作会议。

1 月 26 日　《中国农业科学技术政策》正式发布实施。

4 月 20 日至 22 日　江泽民到江苏考察乡镇企业。

4 月 27 日至 29 日　朱镕基强调改革粮食流通体制。

6 月 10 日　中央要求在农村实行村务公开和民主管理。

7 月 13 日　我国耕地锐减的势头没有得到遏制。

7 月 27 日　中央要求切实做好减轻农民负担工作。

9 月 21 日至 26 日　江泽民在安徽考察农业和农村工作。

10 月 4 日至 7 日　江泽民考察江苏、上海、浙江农业和农村工作。

10 月 15 日　中国粮食人均占有量超过世界平均水平。

10 月 22 日　6000 学者联手编写农业百科全书。

11 月 6 日　我国六成农村确立村民自治制度。

12 月 28 日至 30 日　中央农村工作会议在北京举行。

1999 年

1 月 11 日　中共中央、国务院要求切实做好 1999 年农业和农村工作。

6 月 8 日至 9 日　中央扶贫开发工作会议在北京召开。

7 月 20 日　选拔高校毕业生到农村基层工作。

8 月 26 日　国家统计局资料表明我国城市化进入快速发展阶段。

11 月 22 日　十一部委要求深入开展文化科技卫生“三下乡”活动。

2000 年

1 月 5 日至 6 日　中央农村工作会议在北京举行。

1 月 16 日　中共中央、国务院发布做好 2000 年农业和农村工作的意见。

1 月 24 日　西部地区开发会议在京举行。

5 月 18 日　国家计委公布，2000 年将在西部地区新开工十大工程，这十大工程是西部大开发的序幕工程。

4 月 14 日　中共中央、国务院决定进行农村税费改革试点。

5 月 16 日至 18 日　21 世纪初中国扶贫战略国际研讨会在北京举行。

5 月 28 日　国务院会议要求进一步落实和完善粮食流通体制改革。

7 月 4 日　中共中央、国务院发表《关于促进小城镇健康发展的若干意见》。

本日　我国首次查清土地资源“家底”。

8 月 6 日　安徽进行农村税费改革试点。

2001 年

1 月 4 日至 5 日　中央农村工作会议在北京举行。

2 月 17 日至 19 日　全国农村税费改革试点工作会议在安徽召开。

2 月 19 日　袁隆平获得 2000 年度国家最高科学技术奖。

4 月 28 日　国务院发布《农业科技发展纲要（2001—2010 年）》

5 月 24 日至 25 日　中央扶贫开发工作会议在北京举行。

11 月 20 日　历经 20 年的全国土地资源调查工作圆满结束。这是我国迄今为止最系统、全面、准确的土地国情国力资料。

12月17日　中央召开座谈会，听取党外人士关于农业发展问题的意见和建议。

2002年

1月7日　中央农村工作会议在北京闭幕。

3月7日　《人民日报》报道，据国家统计局调查，2001年农民收入增幅回升。

4月8日　历时三年的第一期全国农村电网建设与改造已经完成，农村电力体制改革和城乡用电同网同价工作已取得阶段性成果。

11月15日　中国共产党第十六次全国代表大会召开。大会提出要统筹城乡经济社会发展。

12月26日　中共中央政治局召开会议分析和研究2006年农业和农村工作。

2003年

1月7日至8日　中央农村工作会议举行。

1月16日　中共中央、国务院发出《关于做好农业和农村工作的意见》。

3月27日　国务院发出《关于全面推进农村税费改革试点工作的意见》。

4月3日　全国农村税费改革试点工作电视电话会议举行。

8月8日至9日　全国农业工作会议在北京召开。

9月12日　国务院在北京召开农村税费改革试点工作座谈会。

9月17日　国务院作出《关于进一步加强农村教育工作的决定》。

10月11日至14日　中共十六届三中全会召开。作出《关于完善社会主义市场经济体制若干问题的决定》，要求按照统筹城乡发展、统筹区域发展、统筹经济社会发展、统筹人与自然和谐发展、统筹国内发展和对外开放的要求，更大程度上发挥市场在资源配置中的基础性作用。并提出建立逐步改变城乡二元经济结构的体制作为完善社会主义市场经济体制的七大目标和任务之一。

12月12日至17日　胡锦涛在山东、河南就进一步解决好“三农”问题进行调研。

12月25日　中央农村工作会议闭幕。

12月31日　中共中央、国务院发出《促进农民增收若干政策的意见》。

2004年

2月8日　《中共中央国务院关于促进农民增加收入若干政策意见》（即

2004 年中央一号文件）发布。

3 月 23 日　国务院召开全国农业和粮食工作会议，就农业税免征、减征试点和对重点粮食品种实行最低收购价作出部署。

3 月 29 日　中央政治局研究支持粮食生产区和种粮农民的政策措施等问题。

4 月 9 日至 13 日　胡锦涛赴陕西就进一步解决好“三农”问题等进行调研。他强调，从长远和根本上说，要开辟我国农业发展的广阔前景，关键在于农业技术进步。

5 月 23 日　国务院发出《关于进一步深化粮食流通体制改革的意见》。决定：放开购销市场，直接补贴粮农，转换企业机制，维护市场秩序，加强宏观调控。

5 月 26 日　《粮食流通管理条例》公布施行。

5 月 28 日　中央政治局会议研究健全和完善村务公开和民主管理制度。

7 月 11 日　《中共中央办公厅国务院办公厅关于健全和完善村务公开和民主管理制度的意见》正式发布。

9 月 16 日至 19 日　中央召开十六届四中全会。胡锦涛同志在会议上提出了关于“两个趋向”的论断，即“纵观一些工业化国家的发展历程，在工业化初始阶段，农业支持工业、为工业提供积累是带有普遍性的趋向；但在工业化达到相当程度以后，工业反哺农业，城市支持农村，实现工业与农业、城市与农村协调发展，也是带有普遍性的趋向”。

12 月 31 日　中共中央、国务院发出《关于进一步加强农村工作提高农业综合生产能力若干政策的意见》。

本年 小岗村开始将土地集中起来，搞合作化经营。

2005 年

1 月 30 日　《中共中央国务院关于进一步加强农村工作提高农业综合生产能力若干政策的意见》（即 2005 年中央一号文件）发布。

6 月 6 日至 7 日　全国农村税费改革试点工作会议在北京召开。

7 月　国务院发出《关于 2005 年深化农村税费改革试点工作的通知》。

10 月 11 日　十六届五中全会通过《中共中央关于制定国民经济和社会发展第十一个五年规划的建议》。中央提出了建设社会主义新农村的重大历史任务，为做好当前和今后一个时期的“三农”工作指明了方向。

12 月 29 日　全国人大常委会决定，1958 年 6 月 3 日通过的《中华人民共和国农业税》自 2006 年 1 月 1 日起废止。

12 月 31 日　中共中央、国务院发出《关于推进社会主义新农村建设的若干意见》。

2006 年

1 月 31 日　国务院发出《关于解决农民工问题的若干意见》。

2 月 14 日至 21 日　中央举办省部级主要领导干部建设社会主义新农村专题研讨班。胡锦涛、温家宝先后在开班式和结业式上讲话。

2 月 21 日　《中共中央国务院关于推进社会主义新农村建设的若干意见》(即 2006 年中央一号文件) 发布。

8 月 31 日　国务院发出《关于加强土地调控有关问题的通知》。

9 月 1 日至 2 日　全国农村综合改革工作会议举行。

10 月 8 日至 11 日　中共十六届六中全会召开。全会通过的《关于构建社会主义和谐社会若干重大问题的决定》提出的目标和任务中，将逐步扭转城乡发展差距扩大的趋势、建立覆盖城乡居民的社会保障体系、逐步实现基本公共服务均等化作为重要内容。

10 月 8 日　国务院发出《关于做好农村综合改革工作有关问题的通知》。

10 月 23 日　胡锦涛在中共中央政治局集体学习时，指出：要走中国特色医疗卫生改革发展道路，坚持公共医疗卫生的公益性质，建设覆盖城乡居民的基本卫生保健制度。

10 月 31 日　《中华人民共和国农民专业合作社法》获得通过。

12 月 5 日至 7 日　中央经济工作会议举行。会议指出，必须坚持把“三农”问题放在经济社会发展全局的突出位置。

12 月 22 日至 23 日　中央农村工作会议在北京举行。

2007 年

1 月 29 日　《中共中央国务院关于积极发展现代农业扎实推进社会主义新农村建设的若干意见》(即 2007 年中央一号文件) 发布。

6 月 16 日　中共中央政治局召开会议，研究加强公共文化服务体系建设。会议指出：要把建设的重心放在基层和农村。

本月　国务院批准重庆和成都成为全国统筹城乡综合配套改革试验区。

7 月 11 日　国务院发出《关于在全国建立农村最低生活保障制度的通知》。

10 月 1 日　《中华人民共和国物权法》实施。规定，土地承包经营权人依法对其承包经营的耕地、林地、草地等享有占有、使用和收益的权利，有权从事种植业、林业、畜牧业等农业生产。耕地、草地、林地承包期届满，由土地承包经营权人按照国家有关规定继续承包。土地承包经营权人依照农村土地承包法的规定，有权将土地承包经营权采取转包、互换、转让等方式流转。未经依法批准，不得将承包地用于非农建设。

10 月 15 日　中国共产党第十七次全国代表大会召开。提出要走中国特色的农业现代化道路，形成城乡经济发展一体化的经济格局，建立以工促农、以城带乡的长效机制。

12 月 22 日至 23 日　中央农村工作会议在北京举行。

2008 年

1 月 30 日　《中共中央国务院关于切实加强农业基础建设进一步促进农业发展农民增收的若干意见》(即 2008 年中央一号文件)。

7 月 14 日　中共中央、国务院发布《关于全面推进集体林权制度改革的意见》。

10 月 12 日　中共十七届三中全会在北京举行，全会通过了《中共中央关于推进农村改革发展若干重大问题的决定》。

本年　新型农村合作医疗制度基本实现全覆盖。在全国全面实施城乡免费义务教育，这是我国教育发展史上具有里程碑意义的大事情。

主要参考资料

线装书局．中国二十世纪大事记．2001

后　　记

城乡关系无论在中国当前还是在历史上，都是一个有特殊地位的基础性问题，是国家发展战略所必须面对的首要问题，也是关系到中国前途命运的长期问题。中国自古以来就是以农立国，自农业国向工业国的转变过程中，城乡差距日益突出地表现为城市和农村之间的政治、经济、社会和文化发展的非均衡性，并成为实现现代化和构建和谐社会的突出障碍。研究城乡关系的变迁及其规律，探索如何化解二元结构、走向城乡一体化发展，是理论工作者和实际工作者责无旁贷的使命。

以“城乡一体化”为题进行研究，于我而言，可谓是“感情所致、理论所需、形势所迫”。我出生成长在闽西农村，对城乡差距有着真切的感受，加之长期的地方工作经历，使我对“三农”问题的关注成为无法割舍的情怀。怎样科学理解城乡关系，确定城乡一体化的路径选择，解决“三农”问题，一直是我在工作实践和理论学习中长期思考并致力探索的问题。在福建师范大学、中央党校和清华大学的系统学习，为我从理论层面分析问题打下了一定的基础；而福建龙岩、浙江湖州、嘉兴等地的统筹城乡、推进城乡一体化发展的实践探索，则让我充分领悟到各级领导对基层自主性制度创新的理解、支持和爱护，也深切感受到地方党委、政府在充分尊重人民首创精神基础上的制度创新所焕发的巨大生产力。

我的故乡闽西，是中国革命根据地之一，我在那里生活、工作了四十余年。1999 年，交流到浙江，在杭嘉湖平原工作已近十个年头。从福建到浙江，虽然两地的地理环境、人文背景有所不同，但农民群众吃苦耐劳、善良包容的品格，坚韧不拔、勇于创新的禀赋却是相同的。他们的创业精神，是我不懈追求、努力创新的动力之源。2003 年 3 月，我到嘉兴工作，在省委、省政府领导的大力支持和鼓励下，我和同事们一道，在广泛深入调研的基础上形成了城乡一体化规划纲要并加以实施。当年 10 月，选择在海宁实行户籍制度改革，新的户籍政策取消了农业户口和非农业户口，无论是农村人还是城镇人，都统一登记为居民户口，这是全省乃至全国最早取消城乡户籍区别的城市之一。这一改革成果入选了《中国改革三十年创新案例》，得到了有关领导、专家的肯定和鼓励。城乡空间布局、基础设施建设、产业发展、劳动就业和社会保障、社会发展、生态环境建设与保护等六个方面的一体化全面推进，并取得阶段性成效。目前，嘉兴已被浙江省确定为统筹城乡综合配套改革试点区，城乡一体化呈现良好的发展态势。

这些年来，我一直有个愿望，想对自己在学习、工作和生活中形成的对统筹城乡发展、推进城乡一体化发展问题的认识做些比较系统的梳理。2005 年，我有幸走进了清华园；2008 年，我承担了国家社会科学基金重点项目“城乡经济社会一体化发展路径研究”，因而有了实现自己学习研究愿望的机会。我尝试以马克思主义的立场、观点、方法和现代经济学、管理学的理论与方法，结合自己工作体会，运用多学科的知识，对中外缩小城乡差距、促进城乡经济社会一体化发展的理论与实践进行系统解读和阐释。首先，对城乡一体化发展的科学内涵进行了系统探讨。在目前对“城乡一体化”的含义有多种认识的情况下，从“城乡一体化”的理论溯源、演变历程、价值目标等入手，力图全面深入地把握这一概念的科学内涵，从而为我国在现阶段生产力水平不够发达、区域发展差距很大的现实条件下推进城乡一体化进行理论铺垫。其次，构建了中国城乡一体化发展的“民本自发——政府自觉”的解释框架，对城乡一体发展的路径进行了深入研究。认为从城乡差别走向城乡一体化的具体方式可能是多样的，但它的演进有共性的规律，归根结底是党的“解放思想、实事求是、与时俱进”的思想路线和人民群众实践创造相结合的产物，是党和政府审时度势、顺应民意，促进城乡之间要素资源的自由流动，调节现代化发展成果在各个社会阶层之间的合理分配，平衡城市利益和农村利益关系的过程和结果。因此，推进城乡一体化发展的基本路径是“民本自发”与“政府自觉”相结合，二者是互为条件、相互促进的。“民本自发”是人民的首创精神，是创造历史的原动力；“政府自觉”是尊重人民的首创精神，以促进经济发展和维护社会公正为出发点，提供现代化发展所必需的制度安排和政策。第三，对推进城乡一体化发展的动力机制进行了深入研究。认为消解城乡二元结构的重要动力，是农民改革排头兵、生力军作用的发挥。这种力量发起对阻碍城乡一体化的旧体制的强大冲击，从而诱致了城乡二元制度的变革。坚持一切从实际出发，充分尊重农民的意愿、选择和首创精神，鼓励农民的创新行为，是我国城乡一体化得以推进的前提条件。

几年求学，我深深地领略了专家学者的大师风范和清华园厚重的文化积淀。我由衷地感恩，正是改革开放、经济社会的快速发展引领着城乡面貌的深刻变化；我由衷地感谢，浙江尤其是嘉兴、义乌以及成都的同志们在城乡一体化发展上的率先探索和丰富实践，为我的学习、工作、研究提供了充足的营养和宝贵的素材。

本书的基础是我的博士学位论文。尽管对城乡差距有切身的感受、也有推进城乡一体化发展的实践经历，但在研究的选题构思、谋篇布局上，抽丝剥茧，几经批删，艰辛和喜悦交织其中。论文是在我的导师施祖麟研究员的悉心指导下完成的。清华大学薛澜教授、王有强教授、龙登高教授、殷存毅教授、巫永平教授，中国人民大学翟振武教授、杜鹏教授、段成荣教授，农业部农村发展研究中心蒋中一研究员，中央党校严书翰教授，浙江省农办顾益康先生，浙江大学黄祖辉教授等诸多专家学者对我的研究给予了悉心的指导和很大的帮助。在本书的研究和写作过程中，我参阅并吸收了国内外许多专家的大量文献，从他们的研究成果中得到了很大启发，从而深化了对城乡一体化的认识。嘉兴、台州、湖州、金华、绍兴和苏州市委政研室的同志们在课题调研过程中给予了大力支持。陈锡文先生在百忙之中，拨冗作序，对我的研究是莫大的鼓励。书稿付梓，科学出版社专业而高效的编辑使得本书得以顺利出版。在此，一并致谢。

本书出版之际，适逢党的十七届三中全会召开。全会明确提出了到 2020 年基本实现城乡一体化的目标，统筹城乡发展、推进城乡一体化越来越成为人们密切关注和探讨的焦点。对城乡一体化的研究是不断深化的过程，希望本书的出版，能对读者认识中国城乡发展的历史与未来有所帮助，能为该课题今后更深入、更全面的研究提供借鉴。同时，由于水平和经验有限，书中难免有疏漏和不妥之处，恳请广大读者批评指正。

资坤明

2008 年 11 月